The Merchant of Power

Sam Insull, Thomas Edison
and the Creation of the
Modern Metropolis

● [美] 约翰·F. 瓦希克 著

● 徐丹 译

电力商人

塞缪尔·英萨尔
托马斯·爱迪生
以及现代大都市的创立

上海教育出版社
SHANGHAI EDUCATIONAL
PUBLISHING HOUSE

献给我的父母——

弗吉尼亚·弗朗西斯·瓦希克和阿瑟·斯坦利·瓦希克

愿他们健康长寿

目录

目录

序

我在最喜欢的路线上骑行时，最终总是会停留在同一个地方。利伯蒂普雷里（Liberty Prairie）是一个位于芝加哥以北 40 英里处的自然保护区，沿着道路骑到尽头，我就置身于一片密集的高压电塔下，这些电塔能向全国输送 34.5 万伏的高压电。电线在我头顶上嗡嗡作响，激烈地震动着，好像雨水有节奏地击打着金属屋顶。电流会产生少量臭氧并将电子传送到未知的地方。如同观察货运列车的孩子一样，我产生了疑问：电究竟从何而来，又向何处去？在探索的旅程中，答案指向了一个人。

正是塞缪尔·英萨尔这样的人使电的广泛应用成为可能。虽然爱迪生和威斯汀豪斯（Westinghouse）[1] 的名字更为人所知，但却是英萨尔——他是那个时代的比尔·盖茨、沃伦·巴菲特和 P. T. 巴纳姆（P. T. Barnum）[2]——将电普及到了几乎每个家庭、办公室、商业大楼

---

[1] 威斯汀豪斯（1846—1914），美国企业家、发明家，1868 年因发明气闸而闻名，1886 年创办西屋电气公司并购买了特斯拉的交流电动机专利，将交流电引入美国输电系统，向爱迪生的直流电系统发起了挑战。（本书所有页下注均为译者注，后文不再一一说明。）

[2] P. T. 巴纳姆（1810—1891），美国马戏团经纪人，通过一位号称 161 岁的黑人老妇希斯发家致富，1841 年在纽约买下一座废弃博物馆，专门展出奇人异物，如长着大胡子的女人、侏儒、连体双胞胎等。

和工厂。不幸的是，自1932年英萨尔的帝国大部分坍塌后，他并未受到历史的善待，其贡献也被当时最大规模的企业破产掩盖了。

然而，英萨尔坍塌的废墟上也产生了很多社会效益，其中最重要的就是全球电力的高效配送以及政府对华尔街欺诈行为更强力的监管。

英萨尔与伊利诺伊州最腐败的政客们争辩，而且常常更胜一筹。他罕见地集出色的金融家、首席执行官、梦想家、广告商、艺术赞助人、慈善家、暴君和恶棍于一身。从敛财大亨横行的蒸汽时代，到无线电流行的罗斯福进步新政时期，英萨尔的一生极为非凡。不过，更值得我们注意的，是伴随英萨尔兴衰的事物。在他的一生中，现代企业、摩天大楼出现了，电子化生活方式成为热门。而这些现代文明的基础正是由芝加哥大都会的发电机创造的——这是一首无限活力和无限荒谬并存的史诗，它塑造了人类历史，远远拓宽了其边界。英萨尔生活在芝加哥，在那里，几乎没有哪个名人比他更有权力，也更声名狼藉。一路走来，英萨尔作为一位电力商人，也影响了包括从富兰克林·德拉诺·罗斯福（Franklin Delano Roosevelt）、弗兰克·劳埃德·赖特（Frank Lloyd Wright）① 到约翰·多斯·帕索斯（John Dos Passos）② 和奥森·韦尔斯（Orson Welles）③ 在内的一些才俊。

---

① 弗兰克·劳埃德·赖特（1867—1959），伟大的美国建筑师，师从摩天大楼之父、芝加哥学派（建筑）代表人路易斯·沙利文，是"田园学派"的开创者。
② 约翰·多斯·帕索斯（1896—1970），美国小说家，代表作为"美国三部曲"，包括《北纬四十二度》《一九一九年》以及《赚大钱》。
③ 奥森·韦尔斯（1915—1985），又译"奥逊·威尔斯"。美国演员、导演、作家、制作人，代表作有戏剧《恺撒》、广播剧《世界大战》、电影《公民凯恩》。

讽刺的是，英萨尔创建的"超级电力"（superpower）确立了有史以来最大的电信网，这种基础设施使手机到互联网的一切成为可能。很少有人真正理解弗洛伊德、特斯拉（Tesla）[①]、爱因斯坦和费米（Fermi）[②]这些与英萨尔同时代的人取得的成就。其实，只要有电源插座和家用电器，任何人都能很快意识到用电便利多么重要。然而获取这种创造性的能源并不是没有代价的，随之而来的是对电力和政治权力的无尽欲望，环境污染，全球变暖，而最后一个可能是最大的代价。

英萨尔的经历也让人不禁对麻烦重重的资本主义（这些麻烦如今依旧存在）提出一些值得注意的问题：管理层究竟应该拥有多少财富和权力？雇员是否应该购买雇主发行的股票？公司的管理流程要保证多大的透明度，才能既避免违法又防止破产？在当代一些更大规模企业破产（我脑海中浮现出安然［Enron］、世界通信公司［WorldCom］以及许多破产的网络公司）的背景下来考虑公司权力的含义时，想想英萨尔对此作出的贡献吧。这就是现代国际大都市——一张不断扩展的能源网，信息不再被地理所限制，更不会为想象力所制约。

约翰·F. 瓦希克，2006 年

[①] 尼古拉·特斯拉（1856—1943），美籍塞尔维亚裔发明家、电气工程师、机械工程师，因设计现代交流电系统而闻名，研究领域涵盖无线电系统、无限电能传输、涡轮机、放大发射机、雷达系统等。

[②] 恩利克·费米（1901—1954），美籍意大利物理学家，1938 年物理诺贝尔奖得主，领导建立了人类第一台可控核反应堆，被誉为"原子能之父"。

急速发展壮大的英萨尔帝国内部日趋复杂，这一切都逃不过见多识广的
《芝加哥论坛报》政治漫画家约翰·T.麦卡琴敏锐的眼睛。

二十多岁的塞缪尔·英萨尔，当时还是托马斯·爱迪生的秘书。

1890 年代的格拉迪丝·沃利斯；这是她演员时期的宣传照。

1920 年代中期处于权力顶峰的塞缪尔·英萨尔

格拉迪丝·英萨尔与
儿子小英萨尔；照片
拍摄于1905年左右。

英萨尔祖孙三代；照
片拍摄于1930年代。

中年时期的
格拉迪丝·英萨尔

英萨尔一家三口

引 言

1938 年 7 月 16 日，巴黎

　　这位 78 岁的商人体型肥胖，长着乳白色的胡子。他转身最后一次凝视着"光明之城"①。呈现在他眼前的是带有金色尖顶饰的巨大金属围栏②，保护着巴黎最迷人的公园——杜伊勒里公园③，就好像它真能挡住过去那些愤怒的满怀报复心的群氓一样。他回忆着这个地方跌宕起伏的历史。路易十六及王后玛丽·安托瓦内特企图逃离大革命，却在瓦雷纳（Varennes）④被拦截，最后被软禁在这座曾让周围熠熠生辉的宫殿里。1792 年 8 月 10 日，巴黎的警钟敲响了，一群乌合之众攻占了波旁王室最后一处避风港，杜伊勒里宫里横尸千具。16 世纪后期，凯瑟琳·德·美第奇（Catherine de Medici）曾经一度在这座由勒诺特尔⑤设计的精致公园里散步闲逛。如今，数不胜数的花坛和

---

① 原文的"the city of light"指巴黎。
② 原文为"filials"，疑为"finial"之误。
③ 杜伊勒里公园位于卢浮宫与协和广场之间，是 1871 年被焚毁的杜伊勒里宫的一部分。
④ 瓦雷纳位于立陶宛南部。
⑤ 全名为"安德烈·勒诺特尔"（André Le Nôtre，1613—1700），法国园林师，是路易十四的御用花园设计师，最著名的作品是凡尔赛花园，此花园代表了法国古典园林的最高水平。

成排的小路依旧是其特色。小路两边的雕像想要翩翩起舞，舞入池塘。情侣、儿童和孤独的老人则坐在绿色的金属椅上。

这位老人从香榭丽舍大道购物归来，琢磨着这个宫殿曾经是什么模样。1871 年与巴黎公社发生冲突后，杜伊勒里宫被公社成员焚毁。他感受到了路易十六在面对群氓和一心想把自己送上断头台的政府时所产生的那种恐惧。他的敌人们也曾把他与波旁王朝的君主作比，甚至更糟。他轻声笑了起来，笑里带着一丝苦涩的自嘲，因为他突然想到自己也曾经拥有一个企业帝国，覆盖的范围有整个法国那么大，他还拥有一个 4000 英亩（约 16.2 平方千米）的庄园，杜伊勒里公园与之相比也会黯然失色。他了解几乎失去一切是什么感觉，也了解在一个强大的国家，愤怒的政府和人民把一个人变成一头活该被猎杀的野兽是什么感觉。

他觉得呼吸不畅，叹息声也缩短了。他转身想要朝协和广场和方尖碑再看最后一眼。这座方尖碑已经有 3300 年的历史，是通往拉美西斯三世（Ramses III）在卢克索（Luxor）的宫殿的标记。他试图去想象断头台的场景，在"恐怖统治"时期有将近 3000 名死囚在革命广场遭到砍头。他感到胸口特别沉重，可能是因为想象到了反革命的恐怖。更有可能是因为想到了仅仅半年前自己也堕入了无底深渊。

再一次左转后，他考虑要不要从公园走到卡鲁索广场，在那里拿破仑仿照君士坦丁凯旋门 ① 修建了卡鲁索凯旋门 ②。凯旋门顶端的四

---

① 位于罗马，在罗马斗兽场和帕拉蒂诺山之间。
② 也称"小凯旋门"，为庆祝拿破仑在 1805 年奥斯特里茨战役的胜利而建造。

引 言 | 3

匹骏马雕像，是这个小个子下士从威尼斯的圣马可教堂搬来的 [①]。他心想：我曾经也是工业领域的拿破仑，为世人所知，为世人所惧。现在我就在这里，成了一个流亡者，我的滑铁卢把我逼到了这里，这里没人了解我，但也没人蔑视我。

他盯着华丽的有金属质感的地铁入口，痛苦地想到，自己本来也可以在芝加哥修建起全世界都惊羡的地铁的。新艺术运动（Art Nouveau）的格子图案使他回忆起自己第一次到芝加哥时，发现路易斯·沙利文（Louis Sullivan）[②] 的新建筑充斥着有机装饰材料。1900年，巴黎第一条地铁线路开通了，同年，他正准备收购并运营一家城市轨道交通，同时他还想创建世界上最庞大的电力系统。

他开始下楼梯，惦着午餐的约会。他身穿红色条纹的灰色西装，头戴一顶棕色毡帽，遮住白发，他的穿着一如既往地得体。他讨厌拖拖拉拉，但是越来越强烈的疼痛不断蔓延到他的脖子、肩膀和手臂。下楼去乘地铁的过程中，他突然感到一阵恶心晕眩。他开始流汗了。他想尽快赶到售票处，竭力想喘口气。医生早就警告过他不要再那么拼命，因为他过于肥胖，又患有糖尿病。妻子格拉迪丝也曾警告过他千万不要乘地铁，对心脏不好。但他从来就不是个会听取别人意见的人。要是能到售票处就好了，他就能休息一下，喘口气，那样他的心律就会恢复正常。他把手伸进口袋，掏出车费。

---

① 现存为复制品，原品已归还。

② 路易斯·沙利文（1856—1924），美国建筑师、芝加哥学派的代表人物，被称为"摩天大楼之父"，曾提出"形式追随功能"的思想，代表作有芝加哥会堂大楼、圣路易斯温赖特大楼等。

世界即将遭受比这位老人要去的未知国度还要糟的事情。几个月前，希特勒吞并奥地利，建立了第一座死亡集中营。佛朗哥（Franco）① 宣布在西班牙内战中取得胜利。日本向中国宣战。两天前，贝尼托·墨索里尼发表了反犹太反黑人宣言。几个月后，英国首相内维尔·张伯伦将与希特勒在慕尼黑签订臭名昭著的慕尼黑协定。纳粹领导人将宣称一个犹太人在巴黎枪杀了一位德国外交官，煽动后来被称为"水晶之夜"（Kristallnacht）② 的暴乱，并发动犹太人大屠杀。

3

饱受大萧条折磨的西方国家开始转移他们的注意力。他们随着本尼·古德曼（Benny Goodman）③ 和其他大乐团（big bands）的音乐翩翩起舞，看着乔·刘易斯（Joe Louis）在第一回合击败马克斯·施梅林（Max Schmeling），关注一个叫霍华德·休斯（Howard Hughes）④ 的古怪商人完成他的第一次环球飞行。与此同时，战线正在形成。年轻的奥森·韦尔斯在广播剧中假想火星人入侵地球，吓坏了哥伦比亚广播公司（CBS）的听众。讽刺的是，韦尔斯后来将这位巴黎老人作为年长的"公民凯恩"（Citizen Kane）的部分原型。他甚至还吩咐化妆师给自己贴上英萨尔的白色胡子。

在售票处，这位年迈的绅士感到令人窒息的黑色帷幕笼罩了自己，就像他建造的歌剧院的幕布一样，既美丽又可怕。他想起了《阿

---

① 弗朗西斯科·佛朗哥（1892—1975），西班牙内战期间推翻民主共和国的国民军首领。1939 年内战结束后，他成为国家元首，开始实行独裁统治。
② 又译"帝国水晶之夜"，指 1938 年 11 月 9 日至 10 日希特勒青年团、盖世太保和党卫军袭击犹太人的事件，标志着纳粹对犹太人有组织的大屠杀的开始。
③ 本尼·古德曼（1909—1986），美国单簧管演奏家、乐队领队。
④ 霍华德·休斯（1905—1976），美国企业家、飞行员、电影导演、慈善家。

依达》（*Aida*）中的一幕，想起了剧院上演的首部歌剧的悲惨结局，那家剧院是他为人们建造的。当他把手伸向售票处时，一头黑色的厚皮动物猛烈地撞击了他的心脏。还没等剪完票，他就放弃了。他趴倒在地，夹鼻眼镜也撞成碎片，冠状动脉阻塞使他的心脏停止了跳动。

塞缪尔·英萨尔被送到医院时已经死亡。通过酒店的洗衣单据和印有他名字首字母的手帕，人们才确认了他的身份。显然，他的钱包被人偷了，里面或许有 2 万美元。这位在 1932 年身价超过 1 亿美元的老人，死时身上只有 84 美分（据巴黎 2023 号警探所说）。他的演员妻子格拉迪丝·沃利斯（原名玛格丽特·安娜·伯德）呜咽着告诉记者，她的丈夫将被安葬在他的故乡伦敦。

这个被托马斯·爱迪生称为"美国最伟大的商人"的人，挺过了投资公司的破产，挺过了富兰克林·德拉诺·罗斯福的公开指责，挺过了被控欺诈而接受的三次审讯，挺过了公众的诽谤。1932 年他的公用事业控股公司倒闭后，60 万名股东和 50 万名债券持有人遭到了毁灭性打击。他们辱骂他，好像他是一个被废黜的暴君。他变得和同时代的阿尔·卡彭（Al Capone）[①] 一样臭名昭著。英萨尔在 1920 年代是如此有权有势，以至于"疤脸"有一次还提供了保镖服务来保护这位工业巨头。讽刺的是，这个匪徒的领地里，大多数良好公民会回想起卡彭的慈善姿态，而不是英萨尔的。英萨尔捐献了数百万美元，控制着 38 个州的公用事业公司和铁路公司，创造了这个国家 10% 的

[①] 阿尔·卡彭（1899—1947），又称"疤脸"（Scarface），美国黑帮成员，芝加哥"奥特菲集团"首领，在禁酒时期通过贩卖私酒大发横财。

电力，也从未对任何人造成生理伤害；但是，卡彭的传记数量却是英萨尔的二十倍之多。

英萨尔是那个时代首屈一指的金融企业家，他将爱迪生中央发电站的理念在成千上万的城市付诸实践，他使现代大都市成为可能。作为一个杰出的金融家、建筑商、经营者、市政领导者、慈善家和赞助人，英萨尔属于那个时代，却又超越那个时代。他非凡的事业几乎影响了每一个打开电灯，使用家用电器，步入现代工厂、住宅或办公室，以及从电脑和网络挖掘巨大信息财富的人。

这位曾经的爱迪生助理是如何成为 20 世纪最著名、最遭人憎恨、几乎被遗忘的人物的呢？他的经历无疑是一部霍拉肖·阿尔杰（Horatio Alger）① 式的奋斗史。他是白手起家的大亨，通过融资、引诱、哄骗、欺诈和智胜芝加哥最腐败的政客等手段，把电带给了广大群众。在芝加哥，腐败是一种古老的艺术形式。

哈罗德·伊克斯（Harold Ickes）是罗斯福政府的内政部长，曾在 1920 年代与英萨尔有过几次冲突。他在得知英萨尔的死讯时说道："认识他以后，我就暗自欣赏他，正如我发现自己欣赏很多我没能批准为公民的人一样。他很强大，即使他对我们的经济福祉很危险，对美国机构也是个威胁。"1

英萨尔是经典的美国之谜。他出身贫困，最后却建造了一个帝国。他几乎没有真正的朋友。虽然他的企业在传播现代文明的成果方

---

① 霍拉肖·阿尔杰（1832—1899），美国作家，作品大多讲述出身贫困的年轻人如何通过勤奋、毅力、勇气和诚实过上中产阶级的生活，对镀金时代的美国产生了重要影响。

面发挥了重要作用，但他本人却被视为一个企业恶魔。大概在 1930 年代初，英萨尔被控欺诈而受审的那段日子里，他在芝加哥街头常常被问道："萨姆①，钱都去哪了？"他富有诗意的回答提供了一些见解，据说他回答道："去了忍冬花缠绕的地方。"这个回答使那些一度崇拜他的公众困惑不解——美国最炫目的商业生涯就这样结束了。然而，英萨尔不仅仅是个被遗忘的巨头，他的成就扎根于工业世界的每个角落。通过非凡的想象力和强大的意志力，英萨尔达到了亚历山大·汉密尔顿（Alexander Hamilton）所说的那种"危险的伟大"[2]，将商业和技术与社会进步永远地联系起来。

要了解英萨尔以及他在 20 世纪初现代大都市的创立中所起的作用，我们必须想象一下蒸汽时代的终结，那时马克·吐温（Mark Twain）②带领他的读者坐着明轮船沿着密西西比河顺流而下，"借助灯光通过某些极其狭窄而又错综复杂的岛间急流"[3]。那时电力照明还是个名副其实的新兴事物，一个来自新泽西州门洛帕克（Menlo Park）的奇才③，即将改变世界。

---

① 与下文萨米（Sammy）均为教名"塞缪尔"（Samuel）的昵称。
② 马克·吐温（1835—1910），美国作家、企业家、出版商、演说家，代表作有《汤姆·索亚历险记》《哈克贝利·费恩历险记》。"马克·吐温"是他的笔名。
③ 指爱迪生。

奔流不息

来自爱迪生的召唤

> 菟丝也正是这样温柔地缠附着芬芳的金银花。①
>
> ——威廉·莎士比亚,《仲夏夜之梦》第四幕

> 电张力具备的引起周围形成相反的电状态的这种能力,统称为"感应"。
>
> ——迈克尔·法拉第,《电学实验研究》[1]

　　这位伟大的发明家等待着新任年轻英国秘书的到来。仅仅两年前,爱迪生用他的智慧送给世界一盏白炽灯,而现在他正一如既往地想办法为他不断壮大的企业帝国筹措资金。第一个灯泡会促成无数更多灯泡的诞生。这些灯泡会有更高的效率、更明亮的灯光、更持久的照明时间,更重要的是,任何人都可以使用。显然,爱迪生想象的未来是民主的。在他想象的这个未来世界里,每个街道、工厂、办公室和家庭都会因为他的发明而灯火通明。但如何运输和配送电力呢?这需要钱,需要一些聪明才智从吝啬的纽约银行家手中索取资本。这些

---

① 《莎士比亚全集》第一卷,朱生豪译,译林出版社 2016 年版,第 365 页。

银行家起初觉得爱迪生的冒险事业与电报线路、炼钢厂和铁路这些稳赚不赔的买卖比起来，不过是个有趣的新鲜事物罢了。

1881 年 2 月 28 日下午 6 点，一个瘦小的人走进了位于第五大道65 号的爱迪生办事处。这栋建筑不怎么起眼，入口在二楼，顶层装着带条纹的遮阳棚。爱迪生的新任秘书，塞缪尔·英萨尔，大概有 5英尺 3 英寸高（约 1.6 米），脸色苍白，戴着眼镜，高颧骨，鬓角延伸到下巴，稀疏而又整洁的棕色头发剪得很短。这个 21 岁的年轻人看起来更像是逃离普法战争的难民，而不是未来帝国的缔造者。这个英国人脸上有着年轻人特有的红晕，颧骨上没多少肉。他的体重只有 117 磅（约 53 千克），刚在"切斯特市"号上度过了两个月的艰难航行，大部分时间里他都在努力咽下食物，但就是咽不下去。刚下船不久，他就被领进了爱迪生的办公室。他们互相盯着对方看。起初两人陷入一阵尴尬的沉默，谁都没有动弹。34 岁的爱迪生没有刮胡子，穿着标志性的双排扣礼服大衣，脖子上随便系着一条白色围巾，头上耷拉着一顶类似墨西哥阔边帽的帽子，蓬松茂密的头发过早地花白了。他慢慢地向后靠在木椅背上，以便更好地看清衣着整齐的英萨尔。这位给世界带来了更优越的电报、电话、油印机、证券报价机、留声机和灯泡的发明家，用炽热的黑眼睛打量着这个年轻人。接着，爱迪生微笑着介绍了自己。他热情地与英萨尔握手，开始介绍英萨尔的第一个任务。

"萨米，这就是我需要的，"爱迪生开始用他的中西部口音轻松地说道，"我已经在实验中投入了成千上万的钱，我需要钱。银行不会再借给我了，而我还有很多事要做。我可能不得不卖掉我的资产或者抵押我的专利来筹措更多的现金。"

爱迪生掏出一本支票簿，给英萨尔看他在银行里的存款："我想创办一个机械厂、一个地下电缆厂和一个生产小家电的工厂。而我只有8万美元。约翰逊（爱迪生在伦敦的代理人）准备明天前往欧洲，看看我在那边有什么能够变现。我们一直在等你过来告诉我们那边有什么可以转换成钱。"

英萨尔目瞪口呆地盯着爱迪生，部分是出于敬畏，部分是出于害怕。他担心爱迪生要找一个技能迥异的人，而自己可能并不符合要求。除了记账以及花费数小时在爱迪生的伦敦办事处速记外，英萨尔在财务方面没有什么经验。这个英国小伙子也很难弄懂爱迪生的中西部发音方式——爱迪生在那个地区作为一个性情多变的报务员度过了他的成长期。

英萨尔挺得像衣架一样直，鼓起勇气郑重其事地回答说，他已经研究了爱迪生在欧洲的所有权益和合同，而且很有信心自己能帮上忙。现在轮到爱迪生听不懂英萨尔说的话了，这并非因为他的耳聋问题越来越严重，而是英萨尔浓重的伦敦东区口音难住了他。

"那好吧，"爱迪生皱着眉说，"我应该付你多少工资呢？一个月100美元怎么样？这里有张200美元的支票，用来支付你的旅费。你现在最好去吃晚饭。在约翰逊凌晨5点乘坐'亚利桑那'号返回伦敦前，我们还有很多工作要做。"

"没问题，先生。"英萨尔回答道，他没想到旅费还可以报销。尽管工资只是他在伦敦挣的一半，他还是同意了。他摆出一副泰然自若的样子来压抑内心的兴奋，现在他被自己的偶像——世界上最著名的发明家雇用了。

　　尽管旅途耗尽了他的体能，英萨尔还是在晚上 8 点左右立刻投入了工作。他开始细查爱迪生杂乱无章的财务文件。英萨尔有种预感，爱迪生可以充分利用他的欧洲权益获得更多资金。爱迪生只看到了资产和向摩根银行抵押这些资产的能力，英萨尔看到的却是无数的担保品、按揭贷款、有息债券和信用债券。分类账簿就是一个果园，所有这一切就像果园里的果子一样等待着采集和收割。通过刻苦学习、运气、强烈的好奇心和机缘凑巧的一次会议，英萨尔学到了这方面的知识。

　　1859 年 11 月 11 日，塞缪尔·英萨尔出生于伦敦的兰贝斯区（Lambeth）。他是三个存活下来的孩子之一，在八个孩子中排行第五。他们一家就住在伦敦南部的联和街（Union Street）和威斯敏斯特桥路（Westminster Bridge Road）拐角处的贫民区附近，离议会大厦（Houses of Parliament）① 只有五分钟的路程。作为公理宗非国教徒，他的家庭是一个从英国圣公会分离出来的异见团体的成员，因此他们无法享受获得国家支持的圣公会教徒所拥有的那些社会特权。他们的教堂不是很大，大多摇摇欲坠。经常失业的父亲也叫塞缪尔，他做过商人，做过挤奶工，最后做了一个禁酒牧师。老塞缪尔的"理想更多的是在脑子里，而不是钱袋子里"。他希望自己儿子也能成为牧师。老塞缪尔加入了联合王国联盟（United Kingdom Alliance），这个

---

① 议会大厦又称威斯敏斯特宫（Palace of Westminster），位于伦敦中心的威斯敏斯特市，是英国议会举行会议的地方。

组织鼓动在整个英国禁酒或部分地区禁酒。他成了该运动的一个非神职布道者，而且还是该联盟在牛津郡的一个领薪酬的代表。小塞缪尔的一个叔叔曾经在约翰·班扬（John Bunyan）教堂当了二十年的新教牧师，其他叔叔则从事制造业。

　　埃玛·肖特·英萨尔（Emma Short Insull），他敬爱的母亲，也发誓要戒酒。这位"美丽的英国妇人"恳求年轻的萨姆永远做到最好，追随自己的雄心壮志，并坚持戒酒。在商界取得成功后的很长一段时间里，她都是他生活中的一股强大力量。他的爷爷奶奶、外公外婆都出身于老实本分的自耕农家族，他的外公外婆肖特一家也赞成禁酒。肖特家族里最杰出的人要属他的舅舅乔治，他是一个技艺高超的石匠，参与了温莎城堡（Windsor Castle）圣乔治教堂（St. George Chapel）① 的修复工作。阿尔贝特亲王（Prince Albert）② 非常赞赏他的工作，为他在军队谋了一个职位，之后他因在克里米亚战争中修筑的防御工事而闻名。同大多数异见人士一样，英萨尔家族和肖特家族是英国社会的边缘人物。他们的教友大多在英国内战前后迁居国外，成为美国社会的重要力量，比如贵格会（费城）③、公理宗（新英格兰废奴主义者）④ 以及浸礼宗（约翰·D.洛克

---

① 原文为"St. George Castle"，疑为"St. George Chapel"之误。

② 阿尔贝特亲王（1819—1861），又译"艾伯特亲王"，维多利亚女王的表弟及丈夫。他支持民众诉求，实行教育改革，推行废奴运动等，积极参与了1851年世博会的举办。

③ 贵格会（Quakers），正式名称为公谊会（Religious Society of Friends），兴起于17世纪中期的英国。贵格会没有成文的教义，无圣礼与节日，直接依靠圣灵的启示指导信徒的宗教活动与社会生活。

④ 公理宗（Congregationists），新教主要宗派之一，主张各个教堂自治，由每一堂区的教徒公众管理，不设统管教堂的上级行政总机构。

菲勒）①。在小塞缪尔出生四年后，老塞缪尔成了一名牧师。他们一家搬到了雷丁（Reading），后来又搬到了牛津郡，小塞缪尔在那里受到了对他这个阶级的小男孩来说相当不错的教育，之后他们又搬回了伦敦。

由于父亲没钱把他培养成一个真正的牧师，年轻的萨姆在 14 岁那年就被送到伦敦参加工作。他很快就学会了一个 1870 年代的伦敦办公室职员应该具备的各种技能。英萨尔遵照母亲的教诲不断提升自己，开始参加商业教育，业余时间学习速记和记账，阅读他能弄到手的一切书籍，提高糟糕的书写水平，并承担勤杂工和速记员的各类工作。那个时候打字机还没有普及，所有文字依然以普通写法（longhand）②记录下来。在一家房地产拍卖公司，他一步步晋升到了文书的职位——说穿了，就是个接收并记录口述内容的速记员——英萨尔准备好前进了。在 1879 年 1 月的一个寒冷的日子里，公司的一个合伙人叫英萨尔到他的办公室去。

"你所有的工作都跟得上吗？"合伙人用一种居高临下、公事公办的语气问道。

"是的，先生。一切都好。"他回答说。

"塞缪尔，你的工作做得很好，我们希望你知道这一点。"

英萨尔明白有什么事正在计划中，但他没有畏缩。

"很遗憾，下周一早上有位见习雇员要来。他不需要报酬，所以

---

① 浸礼宗（Baptists），又称"浸信会"，因施洗时全身浸入水中而得名。该教派反对婴儿受洗，只有成年人能够接受浸礼，实行公理制教会体制。
② 指非打字或速记的写法。

我们不再需要你了。你可以继续待在这里，直到你找到另一份工作。"

这个大有前途的职员就要被一个有钱客户的儿子取代了。但是，英萨尔压下自己的怒火，唐突无礼但又有所克制地回答道："好吧，现在是 11 点半，我会待到 12 点，然后我就离开，永远不会回来。如果我的工作对你来说一文不值，如果这个人做我的工作不仅不要报酬，还反过来给你付钱，这对你来说更有利的话，那么我想我是时候离开找份别的工作了。所以，我不需要几周的时间，像您愿意允许的那样，我会拿走截至今天的工资，中午就走。"

英萨尔平静地走到自己的办公桌，开始清理东西。他感到解脱了，每周 5 美元的薪水简直是一种侮辱。现在他的工资是他最初做勤杂工时的四倍，但他知道自己还可以做得更好。他已经在做一些利润丰厚的兼职工作，为报纸出版商、《名利场》编辑、国会议员做秘书。英萨尔想要的是伦敦上流社会商人可能永远都不会给他的——掌管一间办公室、一家公司、一个企业的机会。

翻阅《泰晤士报》时，一个合适的机会很快引起了他的注意。"招聘：美国驻伦敦办事处私人秘书，工作时间上午 11 点到下午 3 点。"这个时间正好和他的其他工作没有冲突，于是他就申请了。他要担任的是纽约商业信托公司和爱迪生的欧洲代理人乔治·古罗上校（Colonel George Gouraud）的秘书。英萨尔非常了解爱迪生。作为伦敦南部文学协会的秘书，他熟谙爱迪生的经历和发明，他甚至还向协会提交了一篇有关这个发明家的文章。英萨尔突然迷上了自力更生、自我提升、个性这些想法。他渴望成为一个维多利亚时代的绅士，博览群书，遵守诺言，以勤奋和无可争辩的决心闻名于世。他满腔热忱地读完了苏格兰作家塞缪尔·斯迈尔斯（Samuel Smiles）的作品，这位英国的霍拉肖·阿尔杰在励志小品文里讲述着穷小子成功的故事，他的《自救》（*Self-Help*）和《伟大工程师的人生》（*Lives of the Great Engineers*）都是些老套的书。

英萨尔一到，新办公室的其他职员就窃笑起来。他们立马告诉他，他得到这份工作的唯一原因就是他要的报酬比别人低。英萨尔没有理会他们，他知道自己在那里主要就是做些简单的通信，享受这份工作，并"提高我的智力"。他还喜欢与进进出出的技术人员待在一起，那些在当时并没有受过正规大学电气工程培训的工程师们正试图改进爱迪生的电话、电池和线路。

当时在蓬勃发展的电话和电气行业里，专业人员屈指可数，所以爱迪生公司的年轻职员们都必须成为多面手。除了担任速记员和档案员以外，英萨尔还是爱迪生伦敦小型电话系统的第一个总机接线员。他还和一个叫萧伯纳（George Bernard Shaw）①的固执爱尔兰人一起维护电话的电池。那个时候，爱迪生正在推销一种电话，这种电话使用膜板带炭精的送话器。虽然远远不如现在的电话，但据说，这种电话产生的音量明显要高于竞争对手贝尔公司的产品。考虑到当时的电话产生的音量有多小，这就是个明显的优势。当"扩声电话"被介绍给伦敦政治掮客的时候，爱迪生的公司拉了一条电话线，以便首相威廉·E. 格拉德斯通（William E. Gladstone）及其夫人能成为第一批在伯林顿府（Burlington House）使用这种新装置的人。听筒这边的格

①　萧伯纳（1856—1950），爱尔兰作家，于1925年获得诺贝尔文学奖，曾在爱迪生电话公司工作过，其代表作品有《圣女贞德》《伤心之家》《华伦夫人的职业》等。

拉德斯通夫人和交换台那边的英萨尔进行的第一次通话大概是像下面这样：

"电话那端是个男人还是女人？"

"是个男人！"电话里传来一声愤怒的叫喊。

萧伯纳不为所动，他很快就承认自己并不适合 1879 年的电话产业。他把扩声电话称为"一个过于精巧的发明，正如事实证明的那样，这只不过是个声音响亮的电话而已，它让最私密的通话大声地传遍整个屋子，而不是多少有些谨慎地低声耳语。这不是英国股票经纪人想要的。所以，公司在文学史上挣得一席之地后①，很快就被国家电话公司（National Telephone Company）并购。非常偶然的是，这刚好为我提供了一份工作"。之后萧伯纳在他的小说《不合理的姻缘》（*The Irrational Knot*）中写下了这段经历，回忆起这些电话先驱：

> 这些执迷不悟、异想天开的人使我能够了解美国技术熟练的工人阶级。他们唱着那些充满真情实感的过时的感伤歌曲。他们的语言，甚至对一个爱尔兰人来说，都是可怕的。他们工作时有着用不完的精力，却与实际取得的成果不成比例。[2]

萧伯纳不太可能和英萨尔有很大关系，考虑到他们不同的自我和抱负。英萨尔是个大歌剧迷，与自由的社会主义者萧伯纳相比，这个清教徒工业家正朝着一个完全不同的方向前进。英萨尔还想建造一

---

① 指出现在萧伯纳的作品中。

些有形的事物，而不是生活在一个抽象的世界里。讽刺的是，三十年后萧伯纳和英萨尔却间接地联系在了一起：那时英萨尔的妻子主演了萧伯纳的《伤心之家》（*Heartbreak House*）——一场由英萨尔赞助的演出。

就在电话演示后不久，当英萨尔坐在办公室里，爱迪生在伦敦的总工程师爱德华·约翰逊（Edward Johnson）走了进来，疯狂地咒骂着。他很生气，因为他找不到一个速记员为爱迪生与贝尔公司的诉讼准备一份案情摘要。这是爱迪生在他漫长的职业生涯中提起的诸多诉讼之一，他必须确信自己的技术是最早的、最重要的、最值得未来数百万的许可费和专利费的。英萨尔看到了自己的机会。

"好啦，约翰逊，"英萨尔说道，炽热的双眼透着坚定，"我来帮你做这件事。我本来是准备去看板球比赛的，但我会帮你做这件事。"英萨尔冷冷地说，就好像他推迟了和女王的预定见面，来为这位工程师提供便利一样。

"你为什么愿意这样做呢？"约翰逊回击道，对英萨尔的狂妄作出回应。

"首先，"他以一种乡绅的语气说道，"我想帮助你。其次，我想我会从中获得一些资讯。"

英萨尔从记录中获得的不仅仅是资讯。他沉浸在了爱迪生电话的技术之谜里，还有爱迪生在大陆两岸的其他各种权益的合同、许可证和融资。英萨尔没有任何的技术背景，所以一头扎进了爱迪生的生意中，了解收入是从哪来的，又是怎样花掉的。英萨尔对爱迪生新兴技术的前景着了迷。他说服约翰逊让自己做他的私人秘书，晚上在其他工作中挤出时间来完成约翰逊那边的工作。约翰逊同意了，因为英萨尔晚上似乎只需睡 4 个小时，甚至更少。于是英萨尔就开始负责约翰逊每周寄给爱迪生的关于"欧洲电气形势"变化的信件。

在开始直接为约翰逊工作后不久，英萨尔得到了德雷克塞尔和摩根公司（Drexel，Morgan & Company）纽约办事处的一个速记员职位。巨大的摩根大通大楼坐落于宽街（Broad Street）和华尔街的拐角处，当时主导着美国的投资银行业务。英萨尔不经意地向约翰逊提起了这个工作机会，他傲慢的语气中隐藏着一个不可告人的目的。

"不过，我去美国的唯一方式就是做爱迪生先生的私人秘书。"英萨尔坚定地说。

"你是认真的吗？"约翰逊惊讶地大叫道，"爱迪生先生急需一位私人秘书。他的往来信件处理得很糟糕。你想做这份工作吗？"

"从处理他与伦敦这边的往来信件中，我就可以回答，"英萨尔幽默地说道，"是的。"

约翰逊口述完了几封寄给新泽西州门洛帕克的爱迪生助手的信件。

"萨姆，我们再写一封吧。'我正向我的一位年轻的英国朋友口述这封信。他是爱迪生先生伦敦代理人的私人秘书，空闲时间里为我工作。他正是那种应该成为爱迪生先生私人秘书的人。'"

听到这淡淡的赞美和推荐信，英萨尔脸红了，毕竟这封信之后还要由他自己写下来。一看完爱迪生公司的所有文件，他就踏上了旅程。

英萨尔记住了爱迪生在欧洲和美国商业事务的每个细节，谈起这些话题时滔滔不绝，这或许让爱迪生感到惊讶，但给一心扑在工作上的爱迪生留下更深印象的是，英萨尔跟得上他的工作节奏。爱迪生讨厌睡觉，常常在他实验室的小床上打盹儿。这两个人工作了一整晚，试图想出一个新的融资计划。第二天黎明，约翰逊收到了出发的命令，这个命令来自他的前助手——一个被爱迪生称为"如潮水般不知疲倦"的人。

英萨尔的职业道德有力地结合了加尔文主义（Calvinism）和戒酒。在19世纪末的英格兰，作为非国教徒的英萨尔一家并没有行驶在通往财富和声望的快车道上。这个"支持禁酒"的非国教徒团体在1828年以前甚至被明令禁止进入牛津大学或剑桥大学。贵格会和救世军（Salvation Army）的禁酒斗士们曾与英国自由党（British Liberal Party）合作，限制酒的销售，将从事酒类生意看作不道德的行为。事实上，在1870年代，大多数非国教牧师都"签署了承诺书"，发誓戒酒。3000名公理宗牧师中，有2500名是绝对禁酒者。英萨尔将成为禁酒事业的终生支持者，甚至在1920年代美国芝加哥"反对禁酒"的那段日子里，禁酒令不过是个可笑的失败政策，他也依然坚持着。

英萨尔这样的非国教徒在很大程度上被排斥在有着根深蒂固等级制度的英国的权力结构之外，他们在新世界反而做得风生水起。在那里，等级制度并不与英国国教徒身份挂钩。虽然禁酒起源于宗教运动和道德运动，但它也给了英萨尔这样的局外人一个机会，把精力投入在自我发展、专注商界和取得成就上。

当英萨尔专注于手头的工作时，他控制住了自己的情绪。与他合住在第五大道 65 号的年轻同事们常常因为他严肃的举止和口音取笑他。英萨尔也没怎么努力融入其中，他不是那种能和别人合得来的人。据说，在纽约最初的那段日子里，英萨尔只有一次公开流露了感情。当时他站在窗边，思念着故乡伦敦，听着其他职员谈论他们在这个城市里的家。"家！家！你们这些家伙全都有家可回，我的家却很遥远。"爱迪生实验室的助手之一弗朗西斯·杰尔（Francis Jehl）为英萨尔感到难过，常常邀请英萨尔去他新泽西州新不伦瑞克（New Brunswick）的家里做客。杰尔也会取笑英萨尔，但英萨尔对一切都泰然处之。抵达纽约后不久，英萨尔就前往新泽西州门洛帕克实验室，在实验室里他碰到了独自一人的杰尔。

13   "你有什么事吗？"杰尔问道。

"噢，你不知道吗？"英萨尔得意扬扬地说，"我是爱迪生先生的新任英国秘书，我叫塞缪尔·英萨尔。"

杰尔是一个粗犷的纽约东区人，他模仿伦敦东区的拖腔很快反击道："说实话，英萨尔先生，很高兴见到你，我很乐意带你参观托马斯·爱迪生先生的实验室。"

门洛帕克的各项工作在 1881 年开始放缓。自从爱迪生发明了灯泡，这个地方的鼎盛时期就过去了。他迅速壮大的公司已经不再需要那几栋建筑、铜矿和小型电气化铁路。爱迪生的锡箔制圆筒式留声机闲置在实验室的桌子上，正如对专利权诉讼失去兴趣的爱迪生本人一样。他不情愿地向英萨尔承认："哎呀，萨米，他们永远都不会试图偷走留声机的。它又没有商业价值，没人会试图把它从我身边拿走。"

曼哈顿下城的格克街（Goerck Street）上突然出现了一家新的机

械厂暨导体厂，同时，爱迪生的大部分基础研究正向西奥兰治（West Orange）转移。后来，亨利·福特（Henry Ford）[1] 在底特律附近的格林菲尔德村（Greenfield Village）[2] 重建了门洛帕克实验室，以此向他的良师益友致敬。

在简单地参观了门洛帕克的机械厂和玻璃厂后，英萨尔突然发现了一辆小型电力机车，他问杰尔机车是否能够拉动几辆载人拖车。还在取笑英萨尔口音的杰尔回答道："当然了，我亲爱的先生。你想出去兜个风吗？"

杰尔发动了机车，卸下了连接车厢的钩子。他们不慌不忙地以每小时 30 英里的速度在轨道上行驶。英萨尔看起来似乎对这三分之一英里的短途旅行很满意。机车最后停在了门洛帕克的一座小铜矿那里。

"你有没有听说过'苏格兰飞人'？"英萨尔笑着问道，他指的是英国最快的火车，运行区间为苏格兰的爱丁堡到伦敦。"和那列火车相比，你这辆机车的速度根本算不了什么。"

"哦，原来你追求的是速度！"杰尔大笑道。他随即再次启动发动机，小型机车开始在轨道上飞驰。突然的加速使英萨尔大吃一惊，他抓住刹车把手，恳求杰尔减速。前面的轨道上突然出现了一些小东西，顷刻之间羽毛漫天飞舞。杰尔猛地拉住刹车，手中的把手都脱落了。英萨尔成功地拉住了他那边的刹车，让机车停了下来。他俩回头

[1] 亨利·福特（1863—1947），美国商业大亨，福特汽车公司的创始人。
[2] 格林菲尔德村与福特博物馆同属爱迪生学院——美国最大的室内室外综合历史博物馆。村庄内陈列有名人故居、复原场景、农场等。

一看，发现轨道上躺着两只火鸡的尸体。门洛帕克的一个同事留下了那两只火鸡，以备将来的盛宴。

"好吧，杰尔，一辆电力机车确实可以达到惊人的速度，毫无疑问可与蒸汽机车一决高下。"英萨尔一边说着，一边擦拭额头上的汗水。作为一位未来的电气城际铁路的投资者，英萨尔从未忘记这次经历。在三十年后写给杰尔的信中，他称这次旅途"差点把我的魂都吓飞了"。

14　　　除了资金短缺这个老问题外，爱迪生还在 1880 年代初陷入了两次不同的困境。他想建造首座城市中央电站和工厂，这些工厂将生产使他的输电系统能够大规模运转的必要设备。作为爱迪生的秘书，英萨尔参与了所有这些活动，包括获得爱迪生的委托书、支付账单、订购补给、看着钱不断涌入（主要是涌出）爱迪生的保险柜。英萨尔还得把爱迪生的个人事务处理得井井有条——帮他买衣服，偿还他的个人债务。

　　　1880 年代中期，阻碍爱迪生集团势不可挡的创新文化的是长期的资本不足，而不是意志、想法和实践的缺乏。爱迪生时代之前，激动人心的电磁世界在一些相对较长的时期里几乎一无所得。自从富兰克林在 18 世纪中叶第一次把电描述为一种能被控制的独立自然力量以来，世界就一直渴望着利用这种开创性能源。在美国革命（American Revolution）① 和拿破仑战争期间，研究工作暂时停滞了。

————————

① 美国革命（1765—1783），是英属殖民地为脱离大英帝国而进行反抗的一系列事件，最终 13 州成功独立，并创建美利坚合众国。美国独立战争（1775—1783）是美国革命的一部分。

汉弗莱·戴维爵士（Humphrey Davy）① 于 1801 年发现，两个碳电极之间的电弧会产生连续光源。法拉第在 1830 年代所进行的一系列杰出电磁实验促进了维多利亚时代科学的飞速发展。1839 年，一个叫格罗夫 ② 的英国人发明了首个燃料电池，通过氢气和氧气来释放电子。1860 年，法国人普兰特 ③ 发明了首个铅酸蓄电池 ④。比利时人格喇姆 ⑤ 发明了首台用于工业生产的发电机，这是一台利用电磁发电并带有活动部件的设备。弧光照明是 19 世纪初期到中期技术创新的一部分，这种明亮的光源是高压电流穿过两个碳电极之间产生的。在蒸汽时代的最后几年，大规模的电弧光照明是个突破，但却是个糟糕的解决方案——弧光灯需要巨大的电压才能工作，而且经常烧坏，必须时常更换。由于其刺眼的光线，弧光灯并不适合大多数室内场合。室内照明方式主要是通过不安全地使用煤油、蜡烛和煤气来实现的。除了爆炸威胁以外，如果火焰熄灭，煤气灯还有让人窒息的危险，所以使用煤气灯需要在装有大窗户的宽敞房间里。虽然是当时室内照明的最佳可用技术，但煤气灯也会闪烁，有强烈的气味，只能象征性地增加亮度，而且经常引起人们头痛。总之，煤气灯是有害的。

① 汉弗莱·戴维（1778—1829），英国化学家、发明家，用电解法发现了钾、钠、钙、锶、钡、镁、硼等元素，同时也是法拉第的伯乐。
② 威廉·罗伯特·格罗夫爵士（Sir William Robert Grove，1811—1896），威尔士法官、物理学家，是燃料电池技术的先驱，发明了格罗夫伏打电池。
③ 雷蒙·路易·加斯东·普兰特（Raymond Louis Gaston Planté，1834—1889），法国物理学家。铅酸蓄电池是首个投入商业使用的可充电电池，被广泛应用于汽车。
④ 原文为 "lead-cell battery"，疑为 "lead-acid battery" 之误。
⑤ 泽诺布·格喇姆（Zénobe Gramme，1826—1901），比利时电气工程师。格喇姆之前的发电机只是一些实验性装置，而他发明了首台可用于工业生产的直流发电机。

15   爱迪生，和差不多与他同时发明白炽灯却相当低调的约瑟夫·斯旺（Joseph Swan）一样，早就意识到新的照明方式如果想要成功，就必须独立，必须可以长时间照明，耗能相对小，没有爆炸的危险。而且这些新式灯泡需要随时可用的电源，以便在一天的任何时候都可以点亮它们。电池胜任不了这项工作（无论是当时，还是已经过了很长一段时间的现在）。这意味着要么每家每户都拥有一台蒸汽驱动的发电机，要么家家户户都能更高效地获得中央电站的电力。

  不过，发电站需要发电机、滑轮、电缆、保险丝、接线盒、开关以及无限长度的电线和线管。爱迪生以 6.5 万美元购买了曼哈顿下城珍珠街的一处地基，用来建造他的第一座大型中央发电站，而且已经拥有维持电站正常运营所需的大多数设备。接下来的一个小问题就是如何把电输送到客户那里，这需要大量的线管——由硬纸板、沥青和亚麻籽油覆盖的钢管（当中有铜线）。

  爱迪生的业务现在分散在好几家公司，必须进行管理和协调，才能使珍珠街发电站正常运营。电灯泡公司（Electric Lamp Company）生产灯泡。电灯公司（Electric Light Company）拥有照明和电力设备的专利权。电力管公司（Electric Tube Company）生产输送电流的导线管。爱迪生机械厂生产发电机和发动机等重型设备。爱迪生还持有生产电气设备、电话和电报装置的伯格曼公司（Bergmann Company）的股份。为了在纽约以外的城市修建发电站，爱迪生独立照明公司（Edison Company for Isolated Lighting）成立了。珍珠街发电站的王牌就是纽约爱迪生电力照明公司（Edison Electric Illuminating Company of New York）。爱迪生的合伙人要么是官员，要么是不同公司的董事，虽然他们缺乏中央管理架构，但名义上都由爱迪生领导。

英萨尔竭尽全力了解各公司的重叠权益和融资需求，尽管这些公司不断受到资金、空间和指导不足的困扰。抵达美国后不出两年，英萨尔就成了爱迪生大部分公司的秘书。比如，爱迪生曾任命英萨尔为电力管公司的秘书，该公司位于华盛顿街 65 号一栋 20 英尺（约等于 6 米）长的建筑里。正如当时爱迪生大多数野心勃勃的项目一样，电力管公司也面临着资金短缺的问题。因为导线管的长度超过 20 英尺，所以必须把它们推出窗户才能调转方向。在华盛顿街，英萨尔与约翰·克鲁齐（John Kruesi）密切合作，他是个聪明的大胡子瑞士工程师，只能讲一口蹩脚的英语。

在纽约的第一年，英萨尔目睹了爱迪生没完没了的金钱危机，他常常请求爱迪生把各个公司的股份和权益作为自己的薪水。到 1881 年底，爱迪生已经给了英萨尔价值大约 1.5 万美元的证券，这在当时是一笔巨款。在伦敦工作时，英萨尔所有工作的薪水加起来一年最多也就 2000 美元。英萨尔觉得自己值得这么多。毕竟对爱迪生来说，英萨尔是随叫随到的，而且他直接与所有公司的银行家、工程师和工人们打交道。英萨尔几乎为爱迪生做任何事，这使他常常被嘲笑为门洛帕克最"粗鲁的人"，这些"粗人"中的许多人专门从事实验和研发的某些方面。爱迪生在日记中提到，有一个工人称这位英国助手为"我的智慧的仆人"，这使英萨尔感到恼火。作为一个勤杂工，他一定受到了无休止的奚落，但他无视这些，继续研究爱迪生分散的商业计划和财务管理的每个细节。

尽管一直对金钱感到焦虑，爱迪生还是继续进行自己的项目。受

16

他内在指南针（总是引导他为公众生产更好的产品）的驱动，爱迪生仍然需要另一个胜利来重获动力。珍珠街发电站就是那个奖励，不仅能让爱迪生进入发电行业，还能让英萨尔学到相关知识，将爱迪生的愿景转化为一个国家的体系。这将是从摩根财团手中撬动若干所需资本的支点。

蚌中珍珠

爱迪生的电厂

> 爱迪生还只有 35 岁（在 1882 年）。这种为无数美国人把黑夜变成白天的机会吸引了他，他宣布自己已经确定无疑地成了一个商人，会"在发明方面休个长假"。
>
> ——丹尼尔·布尔斯廷（Daniel Boorstin），
>
> 《美国人：民主的历程》[1]

在做实验和与银行家扭打的间隙，爱迪生细细品味着一个有趣的恶作剧。在他计划将珍珠街发电站正式投入运营前不久，有一天晚上他叫英萨尔去他的实验室。英萨尔从爱迪生闪闪发亮的眼睛里就知道老板正在酝酿什么邪恶的计划。爱迪生请来他两个最优秀的数学家，要求他们为他确定其中一个灯泡的确切体积，并强调他想尽快得到结果。他转过身来对英萨尔说："萨米，你现在最好下楼回家睡觉。告诉看守人明天早上 6 点叫你起床。你起床后，就过来叫醒我。我要躺下来睡觉了，接下来这些家伙可有得忙了。"

第二天早上，英萨尔叫醒了爱迪生，然后他们一起前往实验室。数学家们仍在工作。他们已经筋疲力尽，痛苦不堪，淹没在写满各种公式的废纸里。爱迪生转向英萨尔，悄悄地要他去拿一个灯泡和一个测量液体体积的量筒。接着爱迪生把灯泡装满水，再把水倒入量筒，从而得到了灯泡的体积。爱迪生走到他的员工面前，详细阐述他的方法。

18　　"一点实践经验有时比世界上所有的理论知识更有价值，"爱迪生严肃地说，"你们可能一直计算到世界末日却还是算不出个结果，这个量筒立马就能得出。"随后，爱迪生、英萨尔和员工们大笑起来，一起去吃早饭。

虽然在解决严肃问题上，爱迪生是出了名的坚持不懈，但他其实有着强烈的幽默感，也喜欢娱乐（在门洛帕克实验室里他有一架管风琴）。英萨尔问他是否相信天才，爱迪生回答说："我更相信好记性和对成千上万不起作用的事物的了解。"英萨尔在之后的几十年里一直记着这句话，因为他每天都要依赖自己的知识，他知道自己可以在很多方面贯彻爱迪生的务实精神。

1882 年里大部分时候，爱迪生都在忙着珍珠街发电站的事情。有无数的细节需要处理，于是，英萨尔应邀做了兼职的调解纷争者。必须拆除整条街道以安装电缆，这就意味着要与管理马路清洁工的坦慕尼协会（Tammany Hall）① 协商。这些清洁工已经忙得不可开交，每天要收拾近 15 万匹马的 300 万磅粪便——这些马承担了纽约大部分的交通。城市大佬们还希望有巡查员来监督街道工作，他们直接由爱迪生公司支付每周 25 美元的薪水。为了保持坦慕尼时期行贿雇员

———————
① 坦慕尼协会是一个纽约政治团体，于 1789 年 5 月 12 日成立，为民主党政治机器。

这个令人厌恶的传统，巡查员们只在周六出现，接受基本等同于贿赂的金钱。除此之外，还有其他阻碍。其他街道工人会破坏爱迪生铺设的一些管道，这不仅会造成进一步的延误，还会导致马踩到切断的电线触电，受到惊吓而横冲直撞。

随着爱迪生不断推迟珍珠街发电站的开业日期，夏日暑气也逼近了，这使得本就肮脏恶臭的垃圾、过期啤酒、马粪和尿液更加臭不可闻。发电站基本上可以为附近金融区半英里范围内的公司提供电力，所以他希望一切对头。如果他失败了，他的宏图伟业又要耽误好几年。而如果他成功了，这个国家最重要的城市就会任由他支配，其他城市则会吵着要中央电力。另外，灯火通明的金融区还能向银行家和股东证明，这是可以做到的，值得更大的投资。毕竟，到目前为止，他一直忙着在小型实验室和店面创造现代电气工业所需的一切设备。那时，他的主要竞争对手西屋电气公司（Westinghouse）和汤姆孙-豪斯顿电气公司（Thomson-Houston）也是小企业，还不是今天的大型设备制造商。

爱迪生必须通过珍珠街发电站的正常运营来赢得这场公关战役，这样银行家们才会看到他的想法切实可行，接着资本就会流入他的公司，使他能在每座城市建造发电站。他几乎把一切都押在珍珠街发电站上，给金融区的所有主要公司安装了电线。就连《纽约时报》的办公室都布了线，点亮了 52 只灯泡。

1880 年代初，发电站屈指可数，而且效率极低。安装在蒸汽机上的发电机要么放在地下室，要么放在相邻的房子里。这些发电机很吵，经常发生故障，只能用于照明，而且通常并不是全天候运行。约

19

翰·皮尔庞特·摩根（John Pierpont Morgan）① 是为数不多的住宅用电客户之一。他那嘈杂的小型发电站持续不断的噪声和烟雾激怒了默里山（Murray Hill）的邻居们。他的麦迪逊街大楼安装了电灯，但这位杰出的银行家是世界上少数几个能买得起电灯的人。爱迪生最初的独立发电站中，有一座甚至都不在陆地上。1880 年，他在金融家亨利·维拉德（Henry Villard）② 的"哥伦比亚"号游艇上安装了一个照明系统。和摩根一样，维拉德在铁路行业持有大量股份，是爱迪生的一个早期支持者。正是维拉德鼓励爱迪生研发电力火车，他希望电力火车最终能在每个城市流行起来，从而遏制马车和蒸汽驱动的电车造成的大量污染。爱迪生造出了电力火车，但他一心扑在珍珠街发电站上，这个项目就搁置了。然而，维拉德和摩根似乎并不信任彼此，虽然他们是同行，而且还拥有纽约最赫赫有名的两所房子。维拉德对爱迪生倾向于采取不干预政策，这正是这位发明家喜欢的。而摩根则更为保守，对控制和合并有着极大的兴趣。维拉德知道自己的投资需要时间才能盈利，而摩根却希望在向爱迪生打开他的支票簿之前，通过大型合并企业（他能控制的）在短期内看到成果。爱迪生早期的大量融资在很大程度上都依赖于摩根。

爱迪生每天晚上会去珍珠街及其周边测试发电站的各种元件，英萨尔总是陪着他的老板，协助他进行测试。虽然英萨尔因为几乎整天忙着处理爱迪生的事而疲惫不堪，但他还是同意帮忙。

---

① 约翰·皮尔庞特·摩根（1837—1913），美国金融家、银行家，1892 年促成爱迪生通用电气与汤姆孙-豪斯顿电气公司合并为通用电气。

② 亨利·维拉德（1835—1900），美国记者、金融家，曾任北太平洋铁路公司董事长。

　　典型的一周也就意味着周一周二彻夜工作，周三晚上睡觉，一直工作到周六，然后周日休息。英萨尔总是在早上或是下午的早些时候处理信件和文书工作，晚上就跟着爱迪生去他的实验室。由于没有太多时间来记录和誊写口述，英萨尔通常自己起草并签署爱迪生的信件和商业指令。他有这位发明家的委托书，受到他的绝对信任。

　　爱迪生的精力令英萨尔惊叹不已。这位发明家声称他可以连续工作十天，而且几乎不睡觉。英萨尔在珍珠街发电站开幕并点亮 1.5 万多个灯泡前写信给英国的一个朋友，他说一想到自己也是这历史性事件的一部分，他就骄傲得脸红。　　20

> 　　我估计这个地区会在三到四个月内灯火通明。那个时候你就会看到你将看到的。你会亲眼看见那些英国科学家被迫承认自己失败的惊人画面，正如我在英国的时候，约翰逊在信中跟我提到的那样。[2]

　　在爱迪生能享受他的荣耀之前，还有数不尽的技术细节等着他来解决。爱迪生不想让一团乱麻的高压电线（用于弧光照明）悬挂在头顶上，他想把电线埋在地下，这就产生了大量问题——地下电缆价格昂贵，不易获得，而且还需强化绝缘。爱迪生不希望电线的任何一部分随意地悬挂在街道上方。这些电线的电压高达 3500 伏，常常导致人们触电身亡。

　　一天晚上，英萨尔在观察电流计（电压指示器）的时候睡着了，当时爱迪生正在街上漫步，一个本该叫醒他的好心巡警却没能叫醒他。爱迪生有些不安，弄醒了英萨尔并对他说："我想电流计是可以无人看管的。"

在那年夏天即将结束时，报纸开始喋喋不休地对发电站表示怀疑，因为接连不断的延误引发了更多的延误。在获得了 60 万美元的投资后，爱迪生终于准备在 9 月初启动开关。如果成功了，金融区附近的每一家报纸都会立刻知道；但如果失败了，他就要灰溜溜地回到门洛帕克。

1882 年 9 月 4 日，爱迪生穿着棕色礼服大衣，戴着白色高顶常礼帽，看起来更像是花花公子"钻石"吉姆·布雷迪（Diamond Jim Brady）①，而不是衣着皱巴巴的发明家。他和一个助手打赌灯泡会亮，赌注是 100 美元。他掏出了怀表，等待电工约翰·利布（John Lieb）扳动珍珠街的断路器并将电流输送到新系统的那个时刻。爱迪生待在摩根的华尔街办公室里，和一群投资银行家聚在一起。下午 3 点，利布把电输送至华尔街，接着爱迪生启动了摩根总部的一个开关。

"它们亮了！"董事们大声喊道。大约 100 个爱迪生灯泡慢慢发出闪烁的光，然后就达到了最大亮度。总计 400 个灯泡照亮了空荡荡的金融区。晚 7 点，夜幕降临了，《纽约时报》的员工们在新闻编辑室里见证了世界上最伟大的进步时刻。

21

"电灯让自己广为人知，并向人们展示它有多明亮多稳定，"《纽约时报》报道说，"它看起来几乎就像在日光下写作……光线柔和、

---

① 吉姆·布雷迪（1856—1917），原名詹姆斯·布坎南·布雷迪（James Buchanan Brady），美国镀金时代的商人、金融家、慈善家，因对珠宝（尤其是钻石）和美食的爱好而闻名。

悦目。"《纽约时报》诗意地描述了灯泡产生的相对较低的热量和灯光的柔和度。一种理想的照明方式现在投入了使用，其明亮程度居于弧光灯刺眼的光线和煤气灯危险又黯淡的光线之间。正如珍珠街发电站的成功所表明的那样，对富有的金融家来说已经不再是新鲜事物的电力和照明是可以广泛配送的。显然，这是爱迪生的胜利，英萨尔对此做了详细的记录。

爱迪生称这一事件是"我做过的项目中责任最重大的，是史无前例的"。随着资本不断流入爱迪生的制造企业，4 亿美元的煤气股价格暴跌。尽管煤气照明这种方式一直持续到 20 世纪最初的二十年，但煤气在技术上已经过时了。目前最大的障碍就是生产足够的、合适的电力设备来满足需求，这种需求在珍珠街的这次成功后开始呈指数增长。

在销售和管理发电站设备的这份新工作中，英萨尔忙得像个陀螺。作为爱迪生大部分公司的秘书，他必须审查各公司的财务报表，确保爱迪生及时了解公司的运营情况，还要试图保证这些公司具备偿付能力。爱迪生现在的权益比他在门洛帕克的企业大了不止四倍，但却没有集中的办法来跟踪并管理整个企业。除了生产成千上万的灯泡以外，爱迪生公司现在还要制造用于发电站、管道和安装的机器和部件。需要发明、测试、完善和生产的装置数不胜数。爱迪生如果要与西屋电气和汤姆孙-豪斯顿电气竞争，就必须在他当时还非常小的生产车间里研发和改进连接器、保险丝盒、电路板、开关以及绝缘装置。最严酷的现实就是不仅要生产，还要盈利。

灯泡和整体系统也必须变得更加高效。如果灯泡耗电量更少且照明时间更持久，那么最终对消费者来说，费用也就更低。客户的用电量是个未知数，因为爱迪生是按灯泡收费的。那个时候还没有电表。

使电能够大规模应用的关键就是根据发电效率相应地降低照明成本。经济学家约翰·凯（John Kay）[1] 对此作了详细说明，比如，柴火的光与能量的物理效率比（或者用电气术语"流明/瓦特"）为0.002，这就意味着你必须燃烧大量的木头来产生光。相对来说，蜡烛的效率比为0.01。煤气灯的效率比增加了二十五倍。到1890年，效率比又提高了十倍。一个世纪之后，照明效率提高了七倍。而现在，最高效的非电子照明方式的效率是1990年的五倍以上。每登上一级技术阶梯，效率都会转化为更低的成本——用更少的电力完成更多的工作（或照明）。这样的进展意味着电力在工厂、市政府、办公室和家庭的各种应用正变得越来越有利可图。爱迪生非常了解这个公式，而英萨尔正在学习如何应用它。

成本更低的电力不仅会在价格上刺激客户，鼓励他们用电，而且还会改变商业建筑和住宅的建造方式。位于伊利诺伊州利伯蒂维尔的安塞尔·库克之家[2]（那里现在挂着英萨尔的肖像，尽管他从来没有住在那里），就是一个很好的例子。库克之家由一位富有的教师、立法委员及石匠于1878年建造[3]，他还修建了著名的芝加哥水塔

---

[1]　约翰·凯（1948—　　），英国经济学家，伦敦政治经济学院的访问学者，曾在牛津大学圣约翰学院任职。

[2]　又称库克纪念图书馆（Cook Memorial Library）。库克在遗嘱中将这所私人住宅捐赠出来作为公共图书馆。库克去世后，其遗孀继续居住于此多年，最终于1921年向公众开放。

[3]　指美国建筑师威廉·W.博英顿（William W. Boyington，1818—1898），他设计了芝加哥及其附近几栋著名建筑，同时还是海兰帕克（Highland Park）的镇长。

（Chicago Water Tower）①。库克之家有着新古典主义的外观和典型的维多利亚式室内布景。房间的天花板很高，主要是为了防止煤气爆炸，因为较大的房间能容纳一定体积的煤气。房子靠七个壁炉取暖，有两个客厅，一个招待客人的前厅，以及一个主要用于葬礼的相邻空间。在安装煤气灯之前，枝形吊灯的燃料是煤油。库克是利伯蒂维尔的成功人士，他装得起一台用于照明的私人发电机，这在 1887 年是极为罕见的。发电机安装在后院。利伯蒂维尔的城镇直到十年后才有了路灯，其主要街道直到 1920 年代中期才用砖石铺平。正如库克之家所示，电在 19 世纪末是上流社会的专属，直到它通过中央发电站得到了广泛高效地配送，如英萨尔目睹的那样。

珍珠街发电站运营三周后，英萨尔将爱迪生的财务状况尽收眼底。他仔细研究了所有的账簿、发票、账单和微薄的收入。同往常一样，爱迪生过度扩张了，英萨尔不得不整顿爱迪生不断缩水的资产以维持公司的运营。虽然英萨尔在爱迪生公司的任职时间还不满三年，但这位发明家相信这个英国小伙子的簿记和秘书才能。现在爱迪生那些杂乱无章的企业的未来正受到英萨尔的监督，但他之前没有任何经验来管理一家日后世界上最大的工业企业的资本。

不过，这些财务细节似乎启发和培养了英萨尔，就像实验带给爱迪生批判性眼光一样。在详查公司削减成本和筹集资金的方式时，英萨尔重视每一个项目。作为爱迪生从未真正任命过的首席财务官，英

①　芝加哥水塔是芝加哥地标性建筑，建于 1869 年，于 1871 年的一场大火中幸存，如今作为城市画廊的中心，展出当地摄影师、艺术家和制片人的作品。

萨尔要求爱迪生的高层管理人员出示他们花的每一笔钱的单据，这是他们在门洛帕克随心所欲做实验的那段日子里不习惯做的事情。试图实现爱迪生很多目标的英萨尔，想要建立的其实是一种适合现代企业而不是创业企业的财政纪律，无论他当时是否意识这一点。

英萨尔开始和查尔斯·巴彻勒（Charles Batchelor）一起监管爱迪生混乱的账簿。巴彻勒是爱迪生手下一个能干的副总裁，在管理爱迪生的研究和发展制造业务方面发挥了重要作用，还是门洛帕克时代的先驱。目前尚不清楚他如何看待英萨尔。英萨尔既没有在门洛帕克工作过，也没有在1970年代与爱迪生并肩作战过，但现在却用一种军人口吻发出了行动指令。在1882年9月28日写给巴彻勒的一封信中，英萨尔概述了自己的财政策略，梳理了爱迪生的各个主要公司："我认为最好先处理最花钱的项目。灯泡厂还在不断耗钱，虽然目前每天能生产800到1000个灯泡，但仍在亏损。"

英萨尔不仅批评了爱迪生最受吹捧的部门（当时是一家独立公司）的损益表，还详细讨论了为其提供资本的股票以及公司财务如何得到支持，包括提高灯泡的价格："如果我们能提高灯泡的价格，那么灯泡厂的一切都会变得坚实可靠。此外，我们还将向电力照明公司索取5万美元左右用于实验工作。我们打算将这笔钱记入电力照明公司的借方账户，然后把任何他们可能有权获得的未来利润记入贷方账户来抵消，直到灯泡公司在每个灯泡上获得5美分的固定利润。"

除了这些会计手段以外，英萨尔还深入研究了生产发电站所需设备的机械厂的技术细节。事实上，英萨尔在工程方面的经验甚至比他在大公司会计方面的经验更少。他努力了解爱迪生在让所有设备正常运转时遇到的许多困难，甚至还向巴彻勒提出了一个令人惊讶的技术建议：

> 我的电气知识太贫瘠，无法向你描述造成这种困难的原因……我能做的就是陈述事实，让爱迪生来告诉你原理。就在两三天前，要使珍珠街中央电站同时运行一台以上的发电机还是完全不可能的。前天晚上爱迪生试着用固定发动机的连接装置做了个实验，结果大获成功……既然这种连接装置已经被永久固定了，那我们就没有理由不连接 4000 或 5000 只灯泡。目前，从德雷克塞尔和摩根公司到《纽约时报》大厦，从大厦到东河①，都不断地有客户使用我们的电灯。[3]

尽管早就掌握了财务现实，英萨尔最终还是选择相信爱迪生的判断，即他的照明业务将继续快速增长："因此，爱迪生很有信心，只要经济保持这样发展，一切都会好起来的。约翰逊（爱迪生的一个高级工程师）正帮爱迪生减少客户数量，爱迪生立即向他保证，他会安排大批人员来连接 4000 到 5000 个灯泡，然后我们将有可能看到我们一直翘首以盼的爱迪生热潮。"[4]

1882 年的电力公司工人也是公司的巡查员。爱迪生公司不仅生产和销售电力，而且还要制造灯泡和所有的固定装置，给建筑布线，安装基础设施以生产和运输电力。想象一下微软公司，除了编写计算机操作系统外，还要制造计算机的每个组件、提供电力来运行计算

---

① 东河位于纽约曼哈顿下城的一个潮汐河口，北临长岛海峡，南临上纽约湾。

机、给房屋布线以及拥有并管理发电站。这就是 19 世纪末刚刚萌芽的电气工业。

除了运营问题外，英萨尔还密切关注爱迪生公司的资本化情况。他监控每个公司的股票价格，建议哪些股票应该出售盈利、哪些股票应该继续持有。爱迪生经常将自己公司的股票分发给英萨尔和高层管理人员，他们随时可以自由买卖。他们当时的工资微薄，爱迪生现金短缺的时候，还会拖欠工资，免费股票往往是唯一的补偿，所以英萨尔会密切关注每一只股票。

爱迪生的员工们希望可以获得丰厚的利润，因为他们正用血汗产权交换交投清淡股。英萨尔也不例外。但是，在珍珠街大获成功后，爱迪生公司没有一笔财富被立马创造出来。当爱迪生的副手想要购买或出售股票时，英萨尔也会提供建议并听从他们的吩咐。他直言不讳地与巴彻勒讨论股价表现：

> 总公司股票尚未因为我们照亮金融区而高价售出。市场上至少有 150 股股票被抛出。我认为这个价格相当好，表现出公众对我们公司的信心……我想，等到 4000 或 5000 只灯泡亮起来，我们就会看到爱迪生股票相当可观的增长，不过，正如我刚才所说，这些股票正以大约 600 美元的价格易手（交易），几乎没有人报价（出售），每个人都在等待更高的价格。[5]

英萨尔继续在信中向巴彻勒指出，照明公司股价"什么变化都没有"，而独立公司（发电站）"生意相当红火，从每股 235 美元增长到

240 美元"，这主要是因为，和爱迪生的许多其他公司不一样，发电站目前能够创造"50% 的毛利润"。

电力公司是爱迪生生意最景气的公司。它收到的订单远远超过了其生产能力，已经有了三个月的积压。英萨尔甚至向爱迪生提到"自己以 110 美元溢价购买了一些（股票）"。

作为爱迪生公司账簿的监管者，英萨尔在成长型企业如何利用资本进行扩张以及保持企业朝着正确方向发展的重要性方面获得了宝贵的经验。虽然爱迪生极富魅力，但他并不是一个管理者，这个奇才更喜欢待在他最有前途的企业的车间或前线，他雇用英萨尔的一个原因就是要他负责订购零件、支付账单、保持现金流动这些普通而又必要的工作。如果没有英萨尔的敦促，爱迪生会在任何商业事务上落后于人。英萨尔常常为此感到沮丧，他在 1883 年 7 月写道：

> 我亲爱的爱迪生：前几天我给您发了电报，问您我该如何处理路易斯维尔博览会上展出的调节器和开关。您还没有回复我。有一大堆事情等着您来处理，我非常焦急地期待您的归来，否则我担心石膏会变得过分浓稠，凝固在我们的胃中。[6]

爱迪生的照明系统在世界各地的博览会和演示会上展出。高效生产灯泡和做出其他发明的单一目标已经一去不复返了。爱迪生现在想要迅速控制中央发电站业务，这就意味着在大城市建立爱迪生电力特许经营权，当地很多电力公司至今仍保留了"爱迪生"这个名字。由于爱迪生的重点是全球扩张，英萨尔无法完全处理爱迪生电力公司的

26 事务，这些电力公司已经从珍珠街扩展到每个需要照明的城镇的主要街道。从经济上说，广泛分布的电力是一个突破性商品，不仅比煤气便宜，而且还可以为其他用途提供动力。在现代大都市的形成过程中，电正变得越来越重要。

虽然工作量一定是难以承受的，但英萨尔还是主动承担起评估爱迪生客户状况的工作，这是他在职业生涯的大部分时间里都会保持的一种事必躬亲的方法。《纽约先驱报》（ *New York Herald* ）①，爱迪生首座发电站的客户之一，正仔细留意花了多少电费。《先驱报》大楼属于珍珠街发电站开业时首批布线的建筑。英萨尔知道《先驱报》要为煤气照明支付2万美元左右的费用。煤气照明不适合报社工作所需的高强度照明，而且还会带来煤气的其他安全问题，尤其是在到处都是报纸的环境中。"《先驱报》的员工正在观察运行它们（电灯）的确切成本，我希望今年年底这笔花销会出现在他们的（会计）分录中，这将是对我们独立发电站的有力支持。"[7]

如果《先驱报》可以通过运行爱迪生的灯泡来节省一大笔钱，他估计这笔钱大概是每年8000美元，那么这不仅会降低报社的运营费用，而且还可能创造未来的支持。如今已经快23岁的英萨尔正在考虑市场调研和广告——另一个他完全没有经验的领域。

爱迪生的公司正受益于新的技术和产业，很多历史学家认为，这

---

① 《纽约先驱报》是詹姆斯·戈登·本内特（James Gordon Bennett，1795—1872）于1835年5月6日创办的一家纽约报纸，是1845年美国最受欢迎的日报，1924年与其竞争对手《纽约论坛报》合并为《纽约先驱论坛报》。

种新的技术和产业始于塞缪尔·F.B. 摩尔斯 ① 在美国内战前夕发明并普及的电报。爱迪生在早期技术推动中也发挥了一定作用，他发明了可以快速传递信息的复用电报，改进了摩尔斯的发明。从美国内战结束到爱迪生发明留声机，这之间存在着一大段空白，最后白炽灯泡出现了。当时还是"镀金时代"，洛克菲勒这样的敛财大亨支配着他们所处的行业，国家大部分的财富都集中在少数家族和企业里。因为蒸汽是这一时期新能源的主要来源，所以大城市依然充斥着马粪的臭气，现代城市卫生设施还处于起步阶段。斑疹伤寒、肺结核、霍乱的流行几乎摧毁了每个城市社区。未经高温消毒的牛奶和被未经处理的污水污染的饮用水是细菌污染的主要来源。

社会批评家刘易斯·芒福德（Lewis Mumford）把这一时期称为 27
"棕色年代"（Brown Decades），他指的是覆盖街道、建筑和城市天空的阴霾、污垢和煤烟。从城市火车站到家里的壁炉，煤炭燃烧的火焰喷出大量有毒的烟雾。包括马拉出租车、马拉电车和蒸汽驱动的火车在内的公共交通工具，在整个城市中心地带制造了大量烟雾和煤渣。对 19 世纪末的许多见证者来说，这种城市景观使得但丁想象的地狱都有些讨人喜欢了。

蒸汽时代伟大的工程梦想家们在能够更好地处理有毒的煤块之前，采取了一些措施来建设现代化城市。芝加哥最初的摩天大楼是用钢骨架建造的，这使得建筑师能够采用一种新型结构钢建造十层以上

---

① 原文为"William F.B. Morse"，疑为"Samuel F.B. Morse"之误。摩尔斯（1791—1872），美国画家、发明家，以欧洲电报机为基础发明了单线电报机，是摩尔斯密码的联合创立者。

的建筑，无须修建厚厚的砌体墙来支撑它。电梯也使高层建筑更加实际。随着城市越来越拥挤，房地产成本越来越高，创造更大的垂直空间就能有效地利用土地。由于城市地区的快速扩张，建筑热潮正向四面八方蔓延开来。现在，新的工程技术也就意味着更高的建筑以及更长的隧道和桥梁。

1883 年 5 月 23 日，布鲁克林大桥①落成典礼的前一天晚上，爱迪生和他的同事们（英萨尔那天晚上很可能在工作）在新建筑上漫步。这个伟大的工程成就是由约翰·罗布林及其儿子华盛顿·罗布林（John and Washington Roebling）以及将近 30 名因此丧命的工人（包括设计师约翰·罗布林在内）设计和管理的。当地迷信的说法是——大自然本身就与设计师和建筑商作对。开幕当天，有人绊倒在大桥中心附近，在桥上行走的人群因此惊慌失措，人们像多米诺骨牌一样倒下。当人群试图逃离他们以为快要倒塌的大桥时，十几个人惨被压死。尽管发生了悲惨的事故，但这个双塔高耸的庞然大物几乎岿然不动。

艾尔弗雷德·O. 泰特（Alfred O. Tate），一个精力充沛的加拿大人，是爱迪生新一任的勤杂工，也是英萨尔的徒弟。当时他和爱迪生的同事一起在桥上漫步，后来他说起这次大桥混乱："似乎盘旋在大桥上方的恶魔，对建造大桥感到愤恨不平，现在终于得到安抚了。"爱迪生很少谈论迷信或宗教，他知道自己也是一个现代版的普罗米修斯，试图违抗自然之神。在大桥落成典礼前后，有一天晚上，英萨

---

① 布鲁克林大桥是纽约标志性建筑，连接着布鲁克林区和曼哈顿岛，于 1869 年开始动工，1883 年落成，是世界上首座用钢材建造的大桥。

尔和爱迪生在第五大道办公室工作时，一道耀眼的闪电照亮了整个房间。

"这就是反对者，萨米，"爱迪生苦笑着打趣道，"有个工程师，在某个地方。"

1884 年，爱迪生机械厂开始生产新发电站的设备。机械厂于当年 1 月成立，股本为 10 万美元，几乎不足以生产大型发电机和相关设备。正如爱迪生打算的那样，英萨尔成了机械厂的秘书。刚从法国回来的查尔斯·巴彻勒则被任命为总经理，1882 年他在塞纳河畔伊夫里（Ivry-sur-Sein）成功建立法国爱迪生公司。巴彻勒很快就会推广爱迪生公司新的三线制系统，这一系统使得建筑者可以将铜的成本降低 62%。对爱迪生公司来说，铜至关重要，因为它是一种相对容易操作的电导体，而且易于获得。不过，铜最大的缺点就是价格昂贵，而爱迪生的直流电（direct current）公司要使用大量的铜。从发电站向客户输送电力的电线有树干那么粗，管道必须粗大，一方面是低压直流电源电压的需要，一方面是因为电力只能毫无损失地输送一英里左右，超过这个距离就会失去其原有的强度。就算有了三线制系统，也无法回避直流电仅在几个街区和牵引系统中才起作用的事实。一种使用交流电（alternating current）的竞争系统，电子在电线内来回移动（在直流电系统中，电子沿着一条虚拟的直线运动），使得在几英里的距离内进行有效的大规模发电在工程上更说得通。

巴彻勒在法国雇用员工时遵循了爱迪生的模式：寻找那些年轻、不知疲倦、埋头苦干的人，他们最好才华横溢，能够听从命令，拿着

28

微薄的薪水没日没夜地工作。开始管理纽约的爱迪生机械厂之前，他将与自己的一个欧洲工人发生一次有趣的邂逅。

尼古拉·特斯拉是一个骨瘦如柴的克罗地亚人，他十分讨厌握手，对知识和食物有着如饥似渴的欲望。他在奥地利的格拉茨（Gratz）接受了教育。加入巴彻勒的法国公司前，他曾在布达佩斯的一家电话公司工作。特斯拉来自塞尔维亚-克罗地亚和黑山共和国（Serbo-Croatia and Montenegro）的一个地区，在他1856年出生的时候，那里还属于奥匈帝国。他的父亲是塞尔维亚东正教祭司。然而，特斯拉并不符合爱迪生对员工的要求。他傲慢无礼，难以置信地自恋，鄙视团队合作。他还有一些古怪的习惯。游泳的时候，他会不多不少地游27圈，然后就不游了。他要求每顿饭都准备17张餐巾纸，这样他就可以擦掉餐具上的细菌。微生物是他不共戴天的仇人，他讨厌以任何方式被触摸。现代诊断可能会得出结论——他患有强迫症。他在巴黎咖啡馆里比在爱迪生的车间里感到更自在，在他滔滔不绝地说着自己对效率更高的交流发动机的憧憬时，一份烤里脊牛排就可以让他住嘴。他会享用这块肉，然后再点一份。他常常去吃午饭，一去就不回来，他会悠闲地喝一杯咖啡、打扑克或打台球。他常常睡过头，直到中午才露面。巴彻勒不喜欢特斯拉的工作习惯，尽管他知道特斯拉很聪明。

特斯拉是爱迪生的对立面。坐在咖啡馆里的时候，他通过脑海中的图片和公式就能看到具体的工程想法；而爱迪生和他实验室的"莽汉"则会采取试错法，通过成千上万的实验不断发现错误。特斯拉可以通过抽象复杂的数学解决问题；而爱迪生虽然擅长数学，但这不是他的首选方案，他通常会采取一种更具体的办法。特斯拉身高大约 6 英尺 6 英寸（约等于 1.98 米），体重 140 磅（约为 63.5 千克），皮肤黝黑，长相帅气，总是打扮得无可挑剔；而爱迪生又矮又胖，对穿着打扮漠不关心。特斯拉不但有一个高效用电和配电的富有远见的解决方案，还有一股莽撞的自信；而爱迪生固执地（并且错误地）坚持着他的直流电系统，甚至还发动了一场工业战争来捍卫直流电，把交流电和纯粹的邪恶联系起来。特斯拉经常和鸽子对话，他真心实意地相信自己和鸽子相处融洽；爱迪生激发了摩根、维拉德以及当时所有富有才智的人的想象力，并获得了他们一定的支持。不过，特斯拉和爱迪生也有相似的地方，他们都喜欢在不受干扰的情况下管理自己的实验室，并在一个大舞台上向世界展示他们的发明。

特斯拉逐渐厌倦了巴黎不够繁重的日常工作，他问巴彻勒自己能否跟着他一起回纽约。巴彻勒直截了当地拒绝了他，但特斯拉最终还是来到格克街工厂。特斯拉一看到珍珠街发电站，就说自己能让发电站更高效地运转，尽管这样的项目将包括艰巨的改造工程。据说，爱迪生和特斯拉打了 5 万美元的赌，赌他无法做到这一点。几个月后，经过不眠不休的工作，特斯拉完成了他的任务，结果却受到了爱迪生的羞辱，他声称 5 万美元的赌注不过是个玩笑而已。爱迪生在特斯拉受伤的自尊心上继续撒盐，只肯将特斯拉的工资从每周 10 美元提高到 28 美元。特斯拉怒气冲冲地离开了，在曼哈顿的利伯蒂街（Liberty Street）89 号建立了自己的实验室。在找到一些愿意资助自己的照明公司的金融家后，特斯拉立即开始研究他的交流发动机和多相系统。三年后，他因此毫不费力地获得专利权（这在当时是极不寻常的，如果考虑到爱迪生在专利权上遇到的种种挑战的话），并将其卖给西屋电气公司，所得包括 6 万美元、150 股西屋股票以及每马力电力 2.5 美元的专利权使用费。这笔意外之财使特斯拉赚得盆满钵 30 满，但是，和爱迪生一样，他会把大部分的钱用于建造实验室和购买电气设备上。

"树林里到处都是像他这样的人。"据说，在爱迪生羞辱了这位克罗地亚天才后，巴彻勒如是评价特斯拉："每周只需 18 美元，他们这样的人我要多少有多少。"

英萨尔和特斯拉在他们短暂的相识中，显然是相互尊重的，尽管他们就像驴和马一样不同。特斯拉会在半个世纪后回忆起英萨尔在塑造他的行业中发挥的作用。无论当时特斯拉带给英萨尔的是怎样的影响，英萨尔都意识到特斯拉在做一些意义深远的事，并牢记着这一点。

然而，巴彻勒看错了特斯拉，正如爱迪生误以为直流电源会在大范围内获得成功一样。爱迪生本来可以不费吹灰之力地留住特斯拉，然后垄断这种即将统治中央发电站业务的技术，但他死守着自己的直流电系统。代表着真理的特斯拉就像一只嗡嗡叫的苍蝇，让他感到恼火。在他贬低并撵走特斯拉时，他以为自己已经拍死了这只苍蝇。

目前，爱迪生正面临更严重的挫折，迫切需要资金，因为他的公司在没有得到纽约银行足够支持的情况下猛然扩张。珍珠街发电站是即将建造的 1000 多座发电站的脸面，但他的小车间很难跟上订单。1882 年底，珍珠街发电站为 231 个客户提供了 3400 多个灯泡。爱迪生电灯公司给 431 栋房子布了线，安装了 1 万多个灯泡。半年后，全国共有 300 座发电站在运营，其中包括位于威斯康星州阿普尔顿（Appleton）的第一座水力发电站，该发电站能为 300 个灯泡提供电力。

　　利润并不像工厂订单那样快速涌入。爱迪生在灯泡上赔钱了，这些灯泡售价只要 40 美分，成本却要 1.4 美元。为了支持他的电力设备工厂，他在 1885 年成立了一个叫"托马斯·A. 爱迪生建筑部门"的单位，并任命英萨尔负责管理。和他的其他公司一样，建筑部门也面临资本不足的老问题，亏损严重。英萨尔后来称之为"破坏"（destruction）① 部门，因为它不过是一家资本不足的承包商，主要目的是建造发电站。

　　"公司已经实现了成立之初的目标，"英萨尔后来回忆起这个建筑部门，"但它不是经济上的成功。它的工作为美国中央电站业务的发展提供了必要的动力。这些公司在挣钱（盈利能力）方面进展缓慢，其中一些公司也因此不能及时付款，造成了严重的财务困难。最终有必要清算该部门。爱迪生先生的个人资产不得不承担起清算的重任，不过清算过程并没有造成重大的损失。"

　　现金变成了涓涓细流。尽管爱迪生已经一跃进入电力行业，但如果没有稳定的资金来源，他就无法经营自己的公司。爱迪生所有的个人资产都与公司捆绑在一起，银行再也不愿接受他对金钱的不断请求。这位发明家对银行感到沮丧，只好自己向机械厂投入了 90% 的资本，巴彻勒则投入了另外的 10%。银行没有获得短期收益，所以

---

① 和上文的"建筑（construction）部门"相对应。

拒绝投资发电站。爱迪生再次主动出击，通过命运多舛的建筑部门推动了发电站的外包。

事情最后已经发展到了英萨尔无法从任何职位中领取薪水或支付每周开支的地步。爱迪生制造电气设备的合作伙伴西格蒙德·伯格曼（Sigmund Bergmann）慷慨地施以援手，他每周借给英萨尔 50 美元。当英萨尔与纽约一家著名餐厅的老板查利·德尔莫尼科（Charley Delmonico）接洽时，他很难为情地告诉后者，自己负担不起在那里吃饭的费用。当时，英萨尔住在第五大道 247 号 10 楼一个狭小的两室公寓里，他正面临支付房租这个严重挑战。德尔莫尼科大方地同意让英萨尔继续赊账，直到他有能力偿还。英萨尔讨厌欠任何人任何东西，一等到爱迪生企业资金充裕的时候，他就立马偿还了全部欠款。

虽然英萨尔对公司的同事们慷慨大方，但他对个人债务却采取了一种银行家政策。有一天，他和年轻的艾尔弗雷德·泰特在外办事，这个加拿大小伙子因为使用现金付款受到了责备。英萨尔说，提供一张 30 天的票据才是更为谨慎的做法。用这种方式，他就可以节省现金，直到能偿还债务。英萨尔会把这个原则应用到后来的许多交易中。

如果不是一些电报发明还有些许专利权使用费的话，爱迪生本人早就破产了。不过，这个奇才目前还没有坠到深渊的底部。

第三章

危机与合并

摩根收购

电使我们的机械文明取得了进步：新技术时期开始了。

——刘易斯·芒福德，《棕色年代》[1]

爱迪生用中央发电站照亮世界的时候，他妻子玛丽的生命之火却慢慢暗淡了下来。1884 年 7 月，玛丽感染了伤寒。她身体一直不好，但是爱迪生当时正试图拯救自己的公司，他乐观地认为妻子一定会在他们新泽西的家中恢复健康。与病魔搏斗了一个月之后，玛丽还是在 8 月 9 日去世了。死亡原因最初被称为"大脑充血"。爱迪生痛失爱人。作为一个一心扑在工作上的企业家，他难得在家，也很少见孩子，他为失去她而深感悲痛。玛丽·史迪威（Mary Stillwell）把全部身心都倾注在爱迪生身上，显然，他现在为忽视家庭付出了代价。她已经孤独了太久，因为爱迪生每天要在实验室工作 18 个小时——还常常睡在那里——她害怕被强暴或是被抢劫，睡觉的时候常常在枕头下藏着一把左轮手枪。一天晚上，爱迪生从实验室回来，发现自己被锁在了门外。他从房子外面往上爬，一直爬到了卧室窗户，玛丽差点开枪打死了他。在生命的最后几年里，她的心理健康显然也是每况愈

下。尽管如此，她依然是爱迪生珍爱的伴侣。失去 29 岁的妻子带来
的痛苦和震惊立刻使他陷入了情绪混乱，他没办法立刻组织语言向孩
子们说明这一事实。英萨尔也为失去好朋友而伤心，因为善良的玛丽
完全了解他的思乡之情，对他的孤独感同身受，经常邀请他去吃饭，
给予他一些母亲般的呵护。

34   37 岁的爱迪生，有两个儿子、一个女儿，他管他的爱女玛丽昂
（Marion）叫"小不点"。他现在几乎成了纽约都市圈（greater New
York area）[①] 每个社交圈的关注焦点，一项运动开始了——为世界上
最宜婚的鳏夫找一位妻子。爱迪生接触了一大批合适又有教养的年轻
女士，在朋友埃兹拉·吉利安德（Ezra Gilliand）家里，他被 19 岁的
米娜·米勒（Mina Miller）打动了。这位自信的美人有着柔软的棕色
头发和优美的身段。她父亲刘易斯的家世也很合适。刘易斯在俄亥俄
州的阿克伦（Akron）做农具生意发了财，还与他人共同创立了致力
于成人教育的肖托夸协会（Chautauqua Association）。爱迪生迷上了
她，更迷上了她的冰雪聪明。这位年轻的淑女曾出国旅行，在摩根家
族和范德比尔特家族（Vanderbilts）的客厅里也可以泰然自若。爱迪
生在几次约会中教会了她摩尔斯电码，这正合他意，因为他可以用他
年轻时候的电报语言向她求婚。1885 年 2 月，他们结婚前不久，爱
迪生买下了新泽西州西奥兰治附近的格伦蒙特（Glenmont），一个面
积 13 英亩（约等于 5.26 万平方米）的庄园。那里将是他余生的主要

---

① 纽约都市圈也称美国大西洋沿岸城市群，包括纽约、波士顿、费城、巴尔的摩和
华盛顿五座大城市以及四十个中小城市。因许多研究机构和高科技企业聚集于此，
这里也被称为"美国东海岸的硅谷"。

住处，还会是未来的三个孩子的家。他的研究中心将建在附近。爱迪生向米娜宣布，他将通过建造工厂来让这片流域变得"美丽"，在随后的几年里他兑现了这个承诺。

回到第五大道 65 号，爱迪生公司的现金蒸发了，他的经济情况也变得更加暗淡。他终于坐下来，向英萨尔说明这一切。英萨尔很少看到爱迪生如此灰心丧气。凭借毅力、胆识和一种被称之为"坚持不懈"（stick-to-itiveness）的不可言喻的品质，爱迪生在 40 岁之前就取得了相当于其他人几辈子的成就。犁、铁路、廉价土地和美国军队可能已经闯入了美国不断缩小的边远地区，爱迪生及其同事践行了他的想法，在另一个边远地区把这些想法变为现实。他的灯泡和发电站驱走了黑暗，提高了工作场所的生产效率，使街道更加安全，还避免了煤气照明可怕的安全隐患。在爱迪生的白炽光下，文明和文化正在进入一个美丽新世界。"不夜街"（Great White Way）诞生了，百老汇剧院里里外外灯火通明。招牌可以被点亮，用于广告宣传。百货商店的橱窗和楼层可以恰当地展示不断扩张的消费文化的商品。从牙膏到最新款式的连衣裙，一切都可以在纯白的灯光下展示出来。但是，最终爱迪生公司是不是破产了，他会不会因此蒙羞，这些对人们来说都不重要。

"这看起来糟透了，"这位头发花白的奇才垂头丧气地对秘书说，"你觉得我还可以回到过去，靠做报务员谋生吗？萨米，你觉得你可以回到过去，靠做速记员谋生吗？"

英萨尔撇起上嘴唇，很多人以为这个动作表示他不耐烦，甚至愤怒，但其实，这只是他的一个身体语言，表明他正在梳理某种情况。

凭借自己那些基础但又日益复杂的会计知识以及爱迪生的账簿，英萨尔提出他可以通过积极支付爱迪生的账单来吸引一些投资。如今爱迪生应收账款里的每一毛钱看起来都像是一笔巨款，英萨尔准备抓住每一分每一毛。首先，他竭尽全力为建筑部门收回债务，然后将其关闭。接着，在爱迪生独立照明公司董事长爱德华・约翰逊的帮助下，英萨尔上路了。他们的任务是访问每个需要新发电站的城镇，帮助当地人筹集所需资金。这样做不仅会帮他们卸下重担（之前不得不从爱迪生公司拨款修建发电站），而且还能推广爱迪生更为省钱的三线制系统。

"这个计划的目标是根据城镇规模筹措 5 万到 25 万美元，并在当地成立一家爱迪生电力照明公司。"英萨尔告诉爱迪生，他的眼睛就像余火未尽的木块，"在当地成立爱迪生照明公司后，就将其一定比例的股份作为专利权使用费分给爱迪生电灯公司，通过这种方式来促进中央电站业务的发展。"

英萨尔的想法是寻找那些愿意接受这种财务安排的城镇，让他们在生意中分一杯羹，一旦现金到位，就修建发电站。这类似于今天的交钥匙（turnkey）① 特许经营权，当地企业向经销商购买全部设备和补给，并在公司开始运营后分享利润。这种手段给了爱迪生一些财政上的喘息空间，并最终使银行家相信他的企业具备坚实的基础。

玛丽去世后不久，爱迪生做了一件从未做过的事。他重组了电灯公司的董事会，以便自己获得更大的控制权。巴彻勒、弗朗西斯・厄

---

① "交钥匙"即项目承包方负责项目的设计、供货及施工，项目完成后将项目所有权和管理权的"钥匙"依合同完整地"交"给对方，使对方能够直接进行正常生产。

普顿（Francis Upton）和爱德华·约翰逊，这些爱迪生企业的关键人物被任命为董事会成员。爱迪生发起了一场代理权争夺战，以此摆脱那些他认为对他迅速扩张怀有敌意的董事会成员。英萨尔帮忙策划了这次政变，最终在公司董事会里塞满了爱迪生的员工和盟友，他们代表了一半以上的选票，可以让爱迪生得到他想得到的一切。爱迪生成功罢免的一位董事是舍博恩·伊顿（Sherbourne Eaton），他是公司律师，一直毫不留情地批评爱迪生的实验费用。英萨尔也开始对伊顿产生了敌意，主要是因为伊顿指责他对建筑部门处理不当。当电力公司代理权争夺战的最终结果对爱迪生有利时，英萨尔向泰特吹嘘说："世界上没有人比塞缪尔·英萨尔还要渴望财富了，但有时候复仇比金钱更让人痛快，现在我已经获得了复仇的快乐。"

英萨尔信中的语气暴露了他内心的一个邪念。这个英国人讨厌被打败，他与同辈竞争，向他们表明自己可以把工作做好。英萨尔还有一种控制情结，常常使其他人疏远自己。他并不受欢迎，尤其是在削减开支或向管理层施加压力要他们坚持预算的时候。作为财务总监，英萨尔当然不会受门洛帕克先驱们的欢迎。不过，他觉得自己在做一件爱迪生本人永远无法做到的事——关注账本底线（bottom line）①。

英萨尔对爱迪生的忠诚也包含着一个隐含的承诺，即这位老板会支持他在公司内部晋升。英萨尔来自一个八口之家，他想做的不仅仅是在商界大显身手，他想要权力和控制，如果他能维系某些同盟，这些东西就会授予他。作为一个精明的商人，英萨尔很快就对自己的对

①　账本底线即损益表底线，用来标明净收益或净损失。

手作出了判断，小心谨慎地选择自己的敌人。伊顿夹在了他和爱迪生之间，所以他非常乐意召集代理投票来反对这位律师。英萨尔也对爱迪生持保留态度，尤其是在他的管理能力方面，但英萨尔从未公开表达这些意见，也没有做过任何破坏这位发明家名誉的事情。

为了把爱迪生的公司从悬崖边缘拉回来，英萨尔做了他所能做的一切。也许是为了给自己留一条后路，也许仅仅是出于创业冲动，无论是哪种原因，总之，英萨尔在 1885 年底成立了一家公司作为副业。他已经获得了"送款机"（cash carrier）① 这一专利的控制权，有了这项发明，大型商店可以不再通过"送款员"（cash boys）② 运输现金，从而节省了人力成本。11 月，英萨尔写信给在英国的父亲，希望安排他在伦敦的公司任职。他写道："我这里的生意非常好，因为我控制了美国这类业务中最好的地方。我已经有四五个代理人在积极工作，我的搭档也一直在着手创办新的商业代理机构，并竭力招揽生意……您在保险业务方面的知识和经验将对您非常有用。"[2]

当他父亲考虑这个机会时，英萨尔在一封信中说，他目前还不能帮助哥哥约瑟夫摆脱困境。约瑟夫是一个农场主，英萨尔已经给他寄去了一些钱。他建议哥哥抵押他的农场来贷款，他乐观地认为，等到爱迪生的财务困难得到解决后，自己会帮上更多的忙："我这边的情况逐渐有所好转，等到 1886 年来临的时候，我将再次站稳脚跟……

---

① 送款机即商店中传递货款及找零的装置。
② 送款员是大型零售商店的一种员工，他们将售货员从顾客手中收取的钱送至出纳，再将出纳找回的零钱送到顾客手中。

我希望你的孩子们一切都好，我也希望短期内你们不会再生一个孩子！大家庭的开销很大。"³

1886 年底，尽管爱迪生面临着一些重大的竞争，但他和英萨尔的财务状况都得到了改善。通过创立西屋电气公司，威斯汀豪斯已经完全致力于电气行业。不过，这位匹兹堡 ① 工业家却拥有爱迪生所没有的东西：他有特斯拉的交流电技术作为后盾。特斯拉正在研发一套完整的交流输电系统。大约在同一时间，一种可以"调高"或"调低"交流系统产生的高压的变压器发明出来了。交流电日益提升的灵活性正成为大型电网的基础。人们可以在一个地方创造数千伏的电，然后通过中央发电站、变压器、变电站和当地馈线有效地输送到几十英里甚至几百英里之外。相比之下，珍珠街发电站及其他众多采用直流系统的发电站只能将电力有效地输送到几个街区之外。虽然真正的交流系统或"多相"系统在 1886 年并没有大规模存在，但是创造它们的方法已经存在了。位于马萨诸塞州林恩（Lynn）的汤姆孙-豪斯顿电气公司，由可敬的制鞋商查尔斯·科芬（Charles Coffin）管理，现在也在争夺交流电设备制造领域的领头位置。在接下来的五年里，特斯拉、威斯汀豪斯和科芬将遥遥领先于爱迪生死守着的直流系统，这激怒了这位奇才。

亨利·维拉德不是一个会落在别人后面的人，随着电气行业渴望像曾经的铁路一样对美国产生文明的影响，他也试图进入该行业。这

---

① 匹兹堡位于美国宾夕法尼亚州西南部，被誉为"世界钢铁之都"。

位胸围宽阔、长着扫帚般胡子的金融家在 1879 年就认识了爱迪生，并且一直是这位发明家的一个热心支持者，他希望建立一个能主导整个行业的国际联合大公司。和爱迪生一样，维拉德相信电力配送具有无限的商业潜力，并在整个欧洲推广了爱迪生的专利，尤其是在德国，西门子兄弟正在那里建立自己的帝国。

1835 年，维拉德出生于巴伐利亚，他当时的名字是费迪南德·海因里希·古斯塔夫·希尔加德（Ferdinand Heinrich Gustav Hilgard），本来要被培养成一名律师。他著名而又专横的父亲是一名最高法院法官，早已为儿子规划好了未来。维拉德拒绝接受父亲的安排。1853 年，他离开了欧洲，当时他还在一所德国法学院求学，最终他来到了美国伊利诺伊州，并在那里成了家。他很快就借用了一个法国同学的名字，避免被父亲发现。他在芝加哥从事过各种各样的工作，最终选择了新闻行业，开始为当地一家重要的德国报纸工作。在这座疯狂的、朝气蓬勃的城市里，有一个庞大而繁荣的德国社区，维拉德希望成为其中的焦点。他是一个健壮、善于交际的小伙子，喜欢思考和冒险，他愿意去任何可能会给自己带来新鲜体验的地方。

1860 年，美国内战的惨状逐渐展现在人们面前，维拉德等到了机会。他成了《纽约先驱报》最重要的记者，就自己目睹的每一场战役发布详尽中立的报道。对维拉德来说，只为一家报纸工作是远远不够的，他成立了后来被称为"报业辛迪加"① 的企业联合组织。他密切关注着自己的生意，把自己对战争的目击报道卖给全国好几家报

① 报业辛迪加是向不同报纸提供稿件或照片的报纸联合集团。

纸，他熟练地与通信员和报务员打交道，确保他的报道会在每场战役结束后尽快发表。在他妙趣横生的两卷回忆录中，几乎有一整卷都是关于美国内战的大规模杀戮。一路走来，维拉德受到了亚伯拉罕·林肯以及废奴主义者威廉·劳埃德·加里森（William Lloyd Garrison）① 一家的照顾。1863 年，他娶了加里森聪明而又富有同情心的女儿范妮。

战争一结束，维拉德就去了西部。他已经是举世闻名的记者，可以用两种不同的语言进行出色的报道，但随着辽阔的边远地区的开放，有些东西吸引了他。他看到给人口稀少但资源丰富的太平洋西北地区提供交通运输服务的巨大潜力，并争取到了德国银行家的支持来修建铁路。作为铁路公司的合伙人，他为堪萨斯太平洋铁路、威斯康星中央铁路、俄勒冈和加利福尼亚铁路、俄勒冈铁路与航运、北太平洋铁路以及俄勒冈州际铁路筹集资金。他修建起州际铁路，并举行了盛大的庆祝活动来纪念自己的成功。他在死皮赖脸的宣传和金融合作方面的才能使他跻身这个国家最有权势的群体。

1879 年，随着维拉德的铁路投资发展到饱和状态，或者说在某些情况下，陷入了财务混乱，他作好准备干点更劳心费力的事业了。作为一个能与摩根家族和范德比尔特家族相抗衡的新富（noveau riche）② 金融家，他已经跻身上流社会，在曼哈顿建造了具有文艺复兴时期风格的宫殿。维拉德是 19 世纪极具冒险精神的交易人，爱迪生能否获得大规模成功与他有着切身的利害关系。在门洛帕克拜访爱

---

① 威廉·劳埃德·加里森（1805—1879），美国著名的废奴主义者、记者、社会改革家，主张扩大选举权。
② "新富"指白手起家而非家族继承来获取财富的人。

迪生时，维拉德对电灯展览惊叹不已，但更使他着迷的是电力牵引
（electric traction）的赚钱潜力。速度更快、用煤更少的火车引起了他
强烈的兴趣。他向爱迪生预付了 4 万美元来研究发电机。三年后，爱
迪生启动了珍珠街发电站，维拉德将再次为爱迪生电气系统在威斯康
星州的融资出一份力。

1883 年 9 月，当精疲力竭的维拉德在蒙大拿州金溪（Gold
Creek）建造横贯铁路时，他的铁路帝国开始崩塌。这个从俄勒冈到
蒙大拿都被誉为英雄的人，如今却正目睹自己的股票价值大幅下跌。
39 正如英萨尔对爱迪生资产所做的那样，维拉德重组了名下资产以避免
破产管理，投入了更多个人资产，再抵押以及躲避债权人。德国银行
家已经向他投资了 2000 万美元，但还不足以让他控制铁路董事会。
维拉德在华尔街的敌人煽动起破坏性的谣言，恶意诽谤他的股票。由
于管理不善，他被迫从俄勒冈的两家铁路公司以及北太平洋铁路公司
的董事会辞职。范妮给爱迪生打电话征求意见，而这位发明家为朋友
能做的最好的事就是退还用于电力火车项目的 4 万美元。爱迪生试图
安慰这位朋友，他感谢维拉德，因为维拉德一直坚定地相信门洛帕克
的梦想能够实现。

"维拉德完全垮掉了，与北太平洋铁路的灾难性联系使他陷入一
种恍惚状态，"爱迪生回忆道，"维拉德夫人叫我去让他振作起来，要
把他从绝望和冷漠中唤醒很难，但我还是和他谈起了电灯及其发展，
告诉他我会帮他赢回一切，让他重回往日地位。"[4]

由于面临破产和身体崩溃（由压力导致）的双重危机，维拉德和
范妮逃到了欧洲。在柏林逗留的时候，维拉德经常和西门子兄弟交

谈，密切关注着同样存在经济困难的德国爱迪生公司——德意志爱迪生协会（Deutsche Edison Gesellschaft）[1]。应爱迪生的请求，维拉德重组了该公司。维拉德再次恰好站在了历史的转折点上。北太平洋铁路公司的投资人格奥尔格·冯·西门子（Georg von Siemens）[2]，同时也是德意志银行（Deutsche Bank）的创始人和行长，把维拉德介绍给了他叔叔[3]维尔纳（Werner）[4]。维尔纳是德国的爱迪生，既是发明家，又是工程师，他想在美国建造电气化铁路。维拉德向他介绍了门洛帕克电力火车的情况，如谚语所说，一个念头闪过他们的脑海，就此播下了合作的种子。

经过三年的欧洲大陆旅行和必要的休息，维拉德精力充沛地回到纽约，决心解决他未竟的事业。他还想向爱迪生提议与西门子合作。他卖掉了麦迪逊大道 457 号的豪宅，还清了大部分的债务，搬到了 72 街和麦迪逊大道拐角处一栋蒂芙尼风格的房子里。随后，维拉德一家为自己举办了盛大的欢迎派对。在派对上，爱迪生麻利地换上演出主持人的披肩，用他的新留声机逗乐了每一个人。女高音歌手莉莉·莱曼（Lilli Lehmann）对着一个巨大的漏斗唱歌，把她的声音记录在圆筒上。接着，爱迪生扳动了开关，惊呆的观众再次听到了她那

---

[1] 德意志爱迪生协会由埃米尔·拉特瑙（Emil Rathenau）于 1883 年创立，1887 年更名为 Allgemeine Elektricitäts-Gesellschaft，简称 AEG，最初生产灯泡、发电机、发动机等电气设备。

[2] 格奥尔格·冯·西门子（1839—1901），德国银行家，1870 年至 1900 年为德意志银行董事会成员。

[3] 原文 "his brother Werner" 疑有误，格奥尔格实为维尔纳的一个侄子。

[4] 维尔纳·冯·西门子（Werner von Siemens，1816—1892），德国发明家、工业家，西门子公司的创始人。

带有沙沙杂音的独唱。

40 　　就像一只日耳曼不死鸟，维拉德再次成为铁路公司的重要参与者，并设法重组这些铁路公司。他也对自己与西门子兄弟和德意志银行的谈话感到兴奋。他又一次对爱迪生公司的前景充满信心，展望着一个国际企业，这个国际企业最终将与他的德国合作伙伴们联合起来控制整个北美和欧洲，没准还能挫挫他的竞争者摩根的锐气。

　　英萨尔正在学习维拉德的商业行为，就像一个牛津学生向他杰出的导师学习一样，他在脑海中记录这个德国金融家如何跨界完成投资交易。虽然他还没有完全准备好进入国际风险投资这个令人兴奋的世界，但他无疑已经掌握了维拉德的谈判方式。不过，随着爱迪生的企业账面逐渐有了盈余，他还有其他更为琐碎的事情需要操心。位于曼哈顿下城的爱迪生机械厂已经拥挤不堪，他的老板需要更多的工人和机床，更高的产量和容量。格克街工厂爆发的劳资纠纷——工人们希望成立工会——也促使爱迪生相信，他需要一个成熟的工业园区，而不是一些仓促修建起来的车间。电灯厂搬到了新泽西哈里森一处更大的工厂。电力管公司搬到了布鲁克林。

　　爱迪生和英萨尔正准备购置一大块地产制造重型机械。在英萨尔的陪同下，爱迪生买下了纽约州斯克内克塔迪市（Schenectady）①一块 10 英亩（约 4 万平方米）的土地，以建造一个更大的工厂生产发电机和其他电气部件。这块地产上已经矗立有两栋大型建筑，曾是麦

---

① 斯克内克塔迪市位于美国纽约州中东部，1892 年通用电气诞生于此，因此也被称为"电气之城"。

奎因机车厂（McQueen Locomotive Works）的一部分，后来被并入美国机车厂（American Locomotive Works）。爱德华·约翰逊总是抱怨设备生产缓慢，因为还有一小批工人在拥挤得出奇的格克街工厂工作。在位于西 36 街的约翰逊家里用餐后，爱迪生制订了一个计划，第二天他就把英萨尔叫到办公室。他决定尽快将格克街工厂完整地搬到斯克内克塔迪。爱迪生任命英萨尔负责这次搬迁。

英萨尔是巴彻勒和克鲁齐的下级，他不愿篡夺两位领导的位置，其实他们两人更了解那些需要移动、重新安装以及重新进入生产模式的重型机械。爱迪生执意要英萨尔继续这次转移。正如一个月后英萨尔完成这次搬迁时预言的那样："我遇到了大量的困难，造成了大量的混乱。"尽管他得到了爱迪生的批准，但门洛帕克的先驱们可能还是会感到愤愤不平，这位英国秘书也许只不过被他们看作一个称呼好听一点的簿记员，现在竟然空降成了经理。

英萨尔不怕惹恼爱迪生公司的元老们，回到了第五大道汇报他的进展。爱迪生被英萨尔的认真努力打动了，他吩咐英萨尔搬到斯克内克塔迪监管这家工厂。英萨尔拒绝了，他说自己还未拥有"正当的权力"。爱迪生鼓励了英萨尔，又把他送回到忙碌的工作中。

"现在你就回到那里管理这家工厂，无论你做什么，萨米，要么是辉煌的成功，要么是辉煌的失败，"爱迪生厉声命令道，"只管去做，让它运转起来。"

这些话正是这位曾经的伦敦勤杂工步入商界后一直渴望听到的。他将接替巴彻勒成为机械厂的总经理。现在这位秘书被世界上最著名的发明家完全授予了"让它运转起来"的权力。英语中还有哪三个

词 ① 能更符合英萨尔的思想、身体和灵魂?

在稳步培养泰特接任爱迪生的纽约秘书一职后,英萨尔准备管理这家附属公司,它将为爱迪生的制造业务奠定基础。英萨尔如今要监管发电机、保险丝和接线盒的生产,可他每年依然只有 4000 美元的收入。不过,他觉得自己完全成了他父亲一直渴望成为的乡绅。这家日后超大的工业企业才刚刚起步,他几乎是从头做起。如此一来,他需要一所乡间住宅来招待爱迪生的员工和客户。他请姐姐埃玛来管理这所房子。与曼哈顿下城的国际化氛围不同,斯克内克塔迪几乎没有什么娱乐活动。尽管工资微薄,他还是感觉有必要养一群马来取悦客户。这笔费用由他自己承担,他没打算向爱迪生申请补贴。

有 200 人跟着英萨尔从纽约来到这里。1886 年夏天,爱迪生关闭了布鲁克林的电力管工厂,并将其迁到斯克内克塔迪。管理电力管工厂的克鲁齐也来到了这里。令英萨尔感到惊讶的是,克鲁齐根本不介意为英萨尔工作,他既是一个优秀的机械师,也是一个忠实的副经理。克鲁齐和英萨尔一起设法"开发最经济的生产方法"。英萨尔并不清楚一个机械工程师要如何实现规模经济,但他确实知道在会计方面应该做些什么。

英萨尔一边管理机械厂,一边帮助泰特跟上纽约的工作进度,这使他达到了极限。他常常会在早上 7 点出现在工厂,一直工作到晚上,然后登上一列开往市区的火车,凌晨 1 点才到达。在 1887 年的大部分时候,他仍在解决爱迪生的财务困难,同时还要试图管理机

① 原文为 "make it go"。

械厂。泰特还无法胜任这份工作，他花了很久才开始欣赏英萨尔对细节的执着（常常令人不愉快）。英萨尔把每一笔收入来源都当作圣诞树下的唯一礼物，而他也许认为泰特的工作态度过于散漫，所以这个英国人对这种情况进行了微观管理（micromanage），什么细节都要过问。

1887 年 9 月，英萨尔对泰特失去了耐心。他责备这位秘书滥用了爱迪生的一个账户。英萨尔通常正式地称他为"我亲爱的泰特"，而在 9 月 2 日的一封信中，他强压怒火，对泰特的称呼缩短成了冷冰冰的"亲爱的先生"，他在信中写道："你似乎忘了明天早上爱迪生先生必须支付一张 1600 美元左右的票据。我必须请求你不要随便动用爱迪生先生的账户，我指的是不要提款，除非你准备为爱迪生先生提供资金来偿还他的债务……你难道没有意识到做生意的第一要务就是支付票据，好让其他一切都能够立足吗？"[5]

泰特对细节漫不经心的态度让英萨尔恼火了好一阵子。6 月，英萨尔吩咐泰特订购一面英国国旗，泰特却给他送来了别的旗子。英萨尔在一封长信中大发脾气："今天我收到了一个快递包裹，里面有两面旗子。当我请你给我订购一面'米字旗'（Union Jack）① 的时候，我想要的不是美国国旗，而是英国国旗。你寄给我的是一面不折不扣的美国国旗，还有一面美国税务局的旗子……如果你现在还没搞清楚我要什么，请写信给我，我会进一步说明。"[6]

作为爱迪生财务监管者和机械厂负责人所承受的压力对英萨尔产

---

① 英国国旗，背景为蓝色，上有红色"米"字，因此也被称为"米字旗"。

生了严重的影响，他将泰特的每一次失误都看作对他个人的冒犯。那一年的早些时候，英萨尔在给泰特的信中写道："我星期五给你发电报，要你给我寄 100 支雪茄过来。我收到了邮寄过来的 75 支。谁留下了另外的 25 支？"[7] 这些话几乎是在指责泰特偷了雪茄。

英萨尔在信中常常数落泰特，从放错地方的照片到对爱迪生小账户的管理，都会惹他生气。爱迪生越来越多地躲进他格伦蒙特城堡般的豪宅里，英萨尔则为工作而活，因为他还没有成家。在斯克内克塔迪的那些年里，英萨尔没有真正的假期。米娜·爱迪生成功地让丈夫多少从生意带来的持续不断的压力中解脱出来，甚至还冒险探索佛罗里达迈尔斯堡（Fort Myers）一些有趣的不动产。爱迪生之后会在那里建造一栋避寒别墅，就在亨利·福特那栋白色房子旁边，和他的一模一样。爱迪生需要休息，他时不时就呼吸道感染，康复需要的时间也越来越久。

而英萨尔没有任何喘息的机会，他还在执行一项任务——让机械厂盈利并重振爱迪生的整体财务状况。为了保持一个举足轻重的电气行业高管的形象，英萨尔花了 1.6 万美元左右，仅仅用于通勤于斯克内克塔迪与纽约、维护他的乡间住宅以及招待客户。在管理斯克内克塔迪机械厂的第一年结束时，他准备与爱迪生进行一次推心置腹的谈话，并请求在格伦蒙特见面。

目前尚不清楚英萨尔是否预期会在爱迪生家里与他发生冲突，在那里他受到了米娜热情友好的接待。他一直在谈生意上的事，希望老板能对他越来越糟糕的个人财务状况表示同情。英萨尔提交了一份有关机械厂的报告，爱迪生看了很满意。

"我的作用在哪儿呢?"英萨尔在提交报告后恳求道,他委婉地试探爱迪生,希望能有某种形式的加薪。

爱迪生笑了笑,从背心里掏出一份文件,示意英萨尔可以选择购买爱迪生机械厂的股票,这些股票之前只有他本人和巴彻勒持有。英萨尔后来估计这个购买权价值为 7.5 万美元。

"还有,萨米,你在那边的全部招待费用是谁支付的?"

"是我自己。"

"从现在开始,我将给你大幅加薪,还会给你一笔可观的钱支付你的招待账单。"

维拉德认为,自己可以通过将爱迪生公司和西门子电气公司合并以创造一个控制北美和欧洲的国际联合企业,向摩根利益集团发起迂回攻击。在与德国工业家的谈话中,维拉德开始对一种技术感兴趣,这种技术可以为街道照明提供一种更好的地下电缆敷设方式。完全暴露的高架输电线凌乱而危险。维拉德认为,德国人可以和爱迪生的企业合作,为美国提供更优越的电缆敷设方式。相比之下,爱迪生敷设电缆的方法操作困难,价格昂贵且不可靠。电缆被放入木槽,然后在表面涂上类似沥青的古塔胶(gutta-percha)①。而西门子制造的电缆,外层有铠装②和铅盖,所以不太容易损坏和漏电。

爱迪生与西门子兄弟签订了合同,并提议在美国成立一家独立的

① 古塔胶又称古塔波胶,是一种野生天然橡胶,因其耐摩擦、耐水、耐酸碱、高度绝缘的特性而被用作电绝缘体、防水复合物或高尔夫球。
② 铠装即在电缆的最外面加装的一层金属保护。

公司来生产电缆。最近有了底气的维拉德随后解决了爱迪生财务困境的核心问题。维拉德想把爱迪生的所有公司合并成一个实体。新公司会有一个董事会和一组股东，给爱迪生那些经济上胃口很大的公司注入急需的资金。维拉德一定很清楚，爱迪生对所有独立公司财务上的严格控制以及中央管理的匮乏正在阻碍他们筹集资金，尤其是在纽约投资银行界，这些银行总是想要获得大量的股份和每个公司董事会更大的发言权。

维拉德组建了一个投资者联盟来购买爱迪生公司的控制权。1888年底，西门子兄弟也加入了这个投资者联盟，以每股 92.50 美元的价格认购了 2700 股股票，后来他们又以丰厚的利润卖出了这些股票。爱迪生和他的高管们也获得了股份，但他们和摩根集团一样，只是中小股东。维拉德成为新公司——爱迪生通用电气公司（Edison General Electric）的总裁，因此拒绝了摩根财团对爱迪生合并的完全控制，至少目前是这样。

虽然英萨尔并不是维拉德在新公司资本化方面的亲信，但他确实在审查融资结构。1888 年 9 月 27 日，他与爱迪生通信，证实自己对这笔交易知之甚少："今天早上我从斯克内克塔迪回来，拜访了维拉德先生。他告诉我他已经与德雷克塞尔和摩根公司的人见过两次面，并得到了他们对这笔交易的完全同意。德雷克塞尔和摩根公司的 50 万美元将全部以延期股票的方式支付。维拉德先生说，他们还没有签署任何书面协议，但摩根绝不可能打退堂鼓。"[8]

维拉德将投资者联盟对爱迪生通用电气公司的投资增加到了 200 万美元。考虑到爱迪生已经花了 20 万美元启动机械厂，这对他来说将是一笔大联盟交易，可以减轻他所有的债务。这笔交易也将使他在经济上获得独立。现在爱迪生的股份基本被买断了，他可以在西奥兰治自由追求任何他感兴趣的事物，并享受他当之无愧应该享有的财富。在处理爱迪生那些受损的资产时，英萨尔做了文书工作——清算爱迪生所有的债务，并将新成立的爱迪生通用电气的证券转入爱迪生的账户。四十年来，爱迪生一直在向杰伊·古尔德（Jay Gould）[①]、J.P. 摩根在内的所有人乞求金钱，而如今，那些股票终于让他在银行里有了 350 万美元的存款。他现在身价约有 500 万美元。

爱迪生摆脱了一直为金钱发愁的压力，同时又感到自己在这场交易中失去一些什么，他在谈及这次交易时说："我们的结论是：稳妥总比后悔好。所以我们卖了一大笔钱。"

维拉德很快就任命克鲁齐为斯克内克塔迪机械厂的总经理，这个工厂现在已经有能力大举扩张。英萨尔完全没有因为克鲁齐的晋升而受到冷落，他重新回到曼哈顿，被任命为爱迪生通用电气公司的第二副总裁。实际上，爱迪生已经被巧妙地挤进了荣誉退休的创始人和首席实验者的角色，因此，维拉德将成为英萨尔的主要领导和全职财务顾问。英萨尔现在准备集中精力营销这个新成立的大公司，使其能与西屋电气公司和汤姆孙-豪斯顿电气公司竞争。他开始频繁出差，视察公司从旧金山到蒙特利尔的办事处。自从 1888 年斯普拉格汽车公司（之后被爱迪生公司吞并）在弗吉尼亚的里士满成功安装了一套电车系统以来，电气工业就开辟了一个新领域。除了制造电气和照明设

45

---

① 杰伊·古尔德（1836—1892），美国铁路开发商、投机者，被认为是"镀金时代"最无情的敛财大亨。

备外，电气工业三巨头——爱迪生公司、西屋公司以及汤姆孙-豪斯顿公司——也在忙着制造电力牵引系统。马匹和缆车的时代（当然，旧金山除外）即将结束。随着新型电车系统不断扩张并吞没数千英亩的土地，被马粪所堵塞、为煤烟所窒息的城市开始渴望干净可靠的交通动力来源。在英萨尔可以从事电力牵引业务之前，他还需要在一个更有争议的问题上与爱迪生打交道。

与西屋电气获利丰厚的合作使特斯拉苗壮成长，他已经研发出一套行之有效的交流电系统。西屋公司和汤姆孙-豪斯顿公司正向各个城市全面推广这一系统，而这些城市要么正打算安装爱迪生的电力系统，要么已经安装好了。这场被称为"电流之战"（battle of the currents）[1] 的工业混战即将变得丑陋不堪。尽管在维拉德的新公司，爱迪生被降了级，成了一个次要人物，但在技术层面上，仍是爱迪生说了算。他已经下令在自己的实验室做一些交流电设备的研发工作，但这些设备推向市场的速度不够快，满足不了领先的特斯拉-威斯汀豪斯创造的市场需求。

特斯拉的多相系统使电力的广泛应用成为可能。多相系统在电的生产和运输过程中的作用就好比白炽灯泡在照明中的作用。如特斯拉后来从理论上说明的那样，直流电的输送距离被限制在一英里左右，而如果使用交流电，整个大陆，乃至整个世界，都可以在任何时候由

---

[1] 电流之战是 19 世纪 80 年代至 90 年代期间围绕两种不同的电力传动系统展开的一系列竞争，主要竞争者是爱迪生电灯公司（拥护直流电）和西屋电气公司（拥护交流电）。

远程发电机提供电力。水力发电如今切实可行，尼亚加拉瀑布成了巨大的能量来源。相应地，任何地方只要有巨大的水流或者可以修水坝，就有可能建造水力发电站。尽管这一设想具有通用性，但特斯拉的交流发动机最初并不适合西屋公司的系统。西屋公司的 120 座发电站采用的是 133 周波发电机，而特斯拉的发动机是现在标准的 60 周波。特斯拉同意分文不取地解决这个问题，因为他对这位如今是他老板的匹兹堡大亨产生了情感上的依赖。

与爱迪生不同的是，威斯汀豪斯能接受输电系统方面的新思想。威斯汀豪斯精力充沛，身体壮实，极富正义感。他希望自己那些报酬丰厚的员工能够团队合作，想出适销对路的解决方案。他是那位独自待在实验室的发明家的对立面。他是第一批在周六提供半天假期的企业家之一，当时标准的是一周工作六天。他把圣诞火鸡作为年终奖金送给自己的员工。他的员工非常喜欢西屋的薪资待遇和工作环境，所以他们拒绝成立工会。特斯拉一直没有融入西屋文化，他更喜欢独自工作，很少分享自己的看法。他的助理中很少有人知道他在什么时间忙什么事。尽管特斯拉厌恶社交，但他依然是一个出色的演说家，不仅能够表达自己的想法，而且还能把这些想法以戏剧性的方式展现出来。他早期的许多演示需要坐在舞台上，数千伏的电流穿过他的身体，产生电火花光环。特斯拉不希望因为出现在普通工作场所而受到打扰，但他对成为众人关注的焦点颇为享受。

爱迪生渴望再次成为万众瞩目的焦点。他作好准备与威斯汀豪斯开战了，也许是因为特斯拉与威斯汀豪斯的合作激怒了他。这倒不是因为他讨厌威斯汀豪斯——爱迪生很少对任何人表现出强烈的蔑视——而是因为他痛恨交流电这个想法。有关爱迪生为什么厌恶交流电的推测有很多。也许是因为一想到有人在市场上拥有技术优势，他就感到愤怒；也许是因为他没有完全了解交流电能做些什么；或者也许只是因为他固执己见，因为他的大部分工厂都在生产直流电设备，他得设法保护自己在全国各地的特许经营权。无论如何，爱迪生都下定决心狠狠地打击威斯汀豪斯，让交流电看起来像个魔鬼的作品。

一个名叫哈罗德·布朗（Harold Brown）的神秘工程师和英萨尔一起加入了反交流电运动（anti-AC campaign）。布朗曾在芝加哥为爱迪生的电笔公司工作过，在销售方面一直默默无闻。爱迪生不在乎他来自哪里，只要他能坚定无畏地成为一个公开反对交流电的斗士。布朗恰好对交流电深恶痛绝。首轮攻击就是统计因交流电而触电身亡的人数。布朗列出了一份名单，结果却大失所望地发现，西屋公司建造发电站的城市没有任何一个有人员伤亡。爱迪生向记者表示："威斯汀豪斯将在他投入任何规模的系统后的半年内杀死一个客户……不管是从科学角度，还是从商业角度，都没有理由能够证明使用高压电和交流电是合理的。"[9]

当时，纽约州正在寻找一种"人道的"方式来处决重犯。一个委员会成立了，得出了这样一个可怖的结论："断头台是最人道的，但对目击者来说，却是最可怕的。"电刑被确定为最不令人反感的处决方式。1888年6月4日，电刑成为纽约州的处决方式。爱迪生和布朗抓住了这个机会，把交流电送上了新闻头条。

西奥兰治生气勃勃的新实验室变成了一个交流电电刑中心，流浪猫狗不幸地成为他们的实验对象。据说，西奥兰治的流浪儿童每带来一只动物接受电刑，爱迪生就给他们25美分。在几次实验之后，布朗准备开始他的表演，向公众展示动物是如何接受"西屋式处决"的。在哥伦比亚矿业学院，布朗向群众演示用直流电轻微电击一只小狗。当他牵来另一只小狗，准备用交流电把它烤焦时，围观群众拒绝让他启动开关。随后布朗提议利用两种电压向西屋发起挑战。布朗将坚定地支持直流电，而西屋则坚定地支持邪恶的交流电。在电死了一牛一马后，布朗结束了他血淋淋的演示。

这种稀奇古怪的宣传方式使威斯汀豪斯大为震惊，他拒绝向纽约州出售用于处决斧头凶手威廉·克姆勒（William Kemmler）[1] 的交流发电机。尽管如此，1890 年 8 月 6 日，这名囚犯还是被绑在了美国的第一把电椅上。第一波电击没有杀死他，第二波电击开始把他的肉烤焦了。这是一种可怕的死亡方式，也间接地证明了布朗和爱迪生的观点，即交流电有致命的危险且令人反感。威斯汀豪斯本人都说："他们还是用斧头好点。"[10]

在这场爱迪生注定要失败的战役中，威斯汀豪斯已经失去了先发制人的机会，但他将意气风发地卷土重来，重新夺回市场份额。因为交流电才是唯一真正的通用电能。伊莱休·汤姆孙（Elihu Thomson）[2]，汤姆孙-豪斯顿电气公司的创始人和精明能干的工程师，同样预见到了威斯汀豪斯之前所预见的，早在几年前就发动员工开始研究交流电技术。无论爱迪生在公共关系领域做得多么出色，他在交

---

[1] 威廉·克姆勒（1860—1890），又译"威廉·凯姆勒"，是世界上第一位用电椅被处决的人。

[2] 伊莱休·汤姆孙（1853—1937），美籍英裔工程师、发明家，共获得 700 多项专利权，与埃德温·豪斯顿共同创办了汤姆孙-豪斯顿电气公司。

流电的研发上已经落后了，再多的新闻头条也不会帮助他在短时期内恢复领先地位。

虽然不知道英萨尔对这场电流之战有多大贡献，但他的商业意识告诉他，威斯汀豪斯才是对的，而爱迪生是在盲目采用已经不合时宜的技术。比起效率极其低下的直流电源，一个不需要和客户在地理位置上邻近的通用系统才更为合理。早在 1886 年，爱德华·约翰逊就知道交流电将成为该行业的主导力量，并对爱迪生致力于直流电的做法感到失望。

英萨尔充分意识到了西屋电气的威胁，他一直在全国奔走，与爱迪生的客户交谈。当他不断向西屋电气发起进攻的时候，爱迪生正在用交流电做实验。威斯汀豪斯在交流电上有领先优势，而爱迪生甚至连"领先"的边都沾不到。他一直和英萨尔通信，讨论这个问题。在 1889 年夏天举办的一次爱迪生公用事业会议上，当地电力公司高管表示，他们就要输掉这场与西屋新系统之间的战役了。为了平息这场骚乱，英萨尔向高管们承诺，他们将在半年内拥有交流电系统，还亲自吩咐爱迪生通用电气公司的工程师们迎头赶上。

那十年的最后一年对英萨尔来说很难熬。他依然往返于两个办公室（斯克内克塔迪和曼哈顿戴伊街 19 号），花费大量时间以客服身份去现场检修那些看似微不足道的技术问题。年初的时候，公司发生了多起接线盒爆炸事件，这对爱迪生不可靠的电缆敷设方式来说是个令人头痛的老问题。

"我们又发生了两起接线盒爆炸，"英萨尔写信给爱迪生，"在最近的两个月里，芝加哥有两起接线盒爆炸，波士顿有一起……这个问题需要立刻给予关注，如果继续发生爆炸，我们的声誉将受到严重影响。"[11]

三个月后，爱迪生认为自己找到了解决办法。英萨尔建议爱迪生和弗雷德里克·萨金特（Frederick Sargent）商讨一下，萨金特是芝加哥爱迪生公司的工程师，对英萨尔的未来会产生至关重要的影响。英萨尔说："您提议将一瓶氯仿（一种用于全身麻醉的化学物质）置于接线盒中，我们已经在纽约住宅区进行了试验，现在还在进行中，要得出结论还需要时间，目前我们无法做出任何形式的报告。"[12]

1889 年 10 月 14 日，曼哈顿所有的灯（超过 1000 个灯泡）莫名其妙地熄灭了。富裕的纽约人（Gothamites）① 和大公司已经习惯了持续不断的照明，那天晚上被称为"黑暗之夜"。纽约人在面对这罕见的灾难时，一如既往地大吵大闹，更多警察被派往黑魆魆的街道巡逻。几十座发电站如今遍布全市，正成为居民烦恼的主要来源。川流不息的运煤卡车堵塞了街道，这些卡车需要全天候供应冒出滚滚浓烟的发电站。如果民众能够了解交流电的优点，并且知道乌黑而又嘈杂的发电站其实不必建在市中心，也许会有更多公众发出强烈的抗议，要求引进西屋的交流电系统。事实上，纽约人普遍对这种新型的无处不在的照明感到满意，他们感谢了不起的爱迪生给予他们这一切。

然而，在这场电流之战中，英萨尔正成为一个不满的将军，因缺少设备而烦恼。从爱迪生向客户承诺交付交流电设备开始，算起来已

① 戏谑语，"Gotham"有"愚人村"的意思，是纽约的一个绰号。1807 年，华盛顿·欧文（Washington Irving）在杂志《大杂烩》中，用该词讽刺纽约市的文化与政治，就此流传开来。

49　　经一年多过去了。英萨尔不仅觉得爱迪生在拖延时间，他自己也无法履行对客户的承诺。这对于一个把诚实守信看得很重的人来说是一个污点。1890 年 7 月，英萨尔写信给爱迪生，表达了不悦："最重要的是，我们应该有能力继续研发交流电设备，为下一季的业务作好准备。我想从您那里确切知道，我究竟可以向全国的区域经理们承诺些什么。"就像他写给泰特的那些愤怒的信件一样，这封信的称呼是冷冰冰的"亲爱的先生"，这对英萨尔来说是不同寻常的，因为他通常都是以"我亲爱的爱迪生"开头的。[13]

　　爱迪生很可能把这件事交给了克鲁齐，克鲁齐在一个月内回复了英萨尔，说斯克内克塔迪机械厂已经完成了一台用于测试的交流发电机，可是显然没有达到标准。

　　那年秋天，英萨尔建议爱迪生退出电流之战，他在 10 月 17 日写信给爱迪生："我们可能会在半年内生产交流电设备，有鉴于此，您认为我们加入这样的一场争斗是明智的吗？"自从英萨尔第一次向爱迪生请求制造交流电设备以来，已经过去了一年半，西屋电气公司始终在他们的每一个销售市场大获成功。汤姆孙–豪斯顿电气公司也在借助自己的交流电产品生产线大举进军。

　　"我发现汤姆孙–豪斯顿电气公司正在预售明年交付的全新交流电设备，"英萨尔在 12 月 22 日给爱迪生的信中写道，"他们已经为下一季度签了很多合同，如果您的新交流发动机能够交付使用的话，我相信我们就能阻拦他们现在努力争取的很多合同，使用我们现有的设备毫无希望做到这一点。"[14]

　　在孜孜不倦的查尔斯·科芬的领导下，汤姆孙–豪斯顿电气公司正迅速进入牵引业，并在 1889 年的巴黎世博会上展示了这一点。汤姆孙-豪斯顿电气公司由汤姆孙和埃德温·豪斯顿（Edwin Houston）于 1880 年在康涅狄格州的新不列颠成立，该公司一直是弧光照明系统的主要制造商。1883 年，公司已经建立了 22 座弧光照明厂，安装了 1500 多盏灯。公司还部分解决了与直流发电机相关的技术问题——这些直流发电机会产生大量电火花（交流发电机不存在这个问题）。在牵引业，汤姆孙-豪斯顿电气公司还率先推出了一台 250 千瓦的铁路发电机，为公司在能源密集型电车轨道的供电方面带来了绝对性优势。这些电车轨道正在各大城市进行安装。早在几年前就与汤姆孙-豪斯顿公司互相授权使用其部分交流电专利的西屋公司，制造出了功率更大的发电机与之相抗衡。

远距离电力输送发展势头迅猛，但在其中占据主导地位的不会 50 是爱迪生的直流系统。1891 年，在德国法兰克福举办的国际电力展览会上，一条交流线路从 100 英里外的劳芬（Lauffen）送来了电力。工程师们发现这条线路的效率高达 77%，也就是说，每输送 100 瓦特的电力，只损失 23 瓦特。第二年，正在研究尼亚加拉瀑布发电站系统的卡特拉克特建筑公司（Cataract Construction Company）得出结论：交流电技术是最优路径。公司甚至在征求爱迪生对研究进展的意见之后依然得出了这个结论。这位奇才理所当然地推荐了永远不可能奏效的直流系统。他对公司最终选择交流电感到愤怒，拒绝接受 1 万美元的咨询费用。

西屋电气、爱迪生通用电气和汤姆孙-豪斯顿之间的较量也带来了一场恶性的价格战，每个公司都在竭尽所能地争夺市场份额。数年来在照明行业里几乎处于垄断地位的爱迪生对这种"毁灭性的竞争"懊悔不已。激烈紧张的商业环境使爱迪生通用电气的资产遭受了重大损失。与此同时，英萨尔正在斯克内克塔迪进行 25 万美元的扩张计划。维拉德自从接任爱迪生通用电气的总裁一职，就一直和爱迪生作对，现在他却被铁路现金流问题所困扰，不得不找爱迪生要钱。

爱迪生拒绝拿出现金，他告诉维拉德："在我卖掉公司的时候，一个最大的诱惑就是收到的现金，这样我就可以摆脱经济上的压力，从而在技术领域继续前进。把这笔钱重新投入公司是我从未想过的事情。"[15]

在西奥兰治，爱迪生兴致勃勃地改进他的留声机和铁矿石的分离方法，他无意再次进入为公司融资的高压环境。当他的股份被全部买断时，条件就是他将在实验方面获得支持。现在维拉德想违背协议，以获得流动资金。面对北太平洋铁路公司即将到期的其他债务，维拉德回到了德国。在银根紧缩时期，他需要 600 万美元。英国大型银行公司巴林兄弟银行（Baring Brothers）几近破产，投资资本很难在欧洲获得。于是，维拉德成立了一家控制爱迪生通用电气的控股公司（名为北美公司），以发行更多的股票，这进一步加剧了他的财务困境。当维拉德未能获得所需资金时，北美公司的股票从每股 50 美元暴跌至 7 美元。经济压力使维拉德不得不出售控股公司和爱迪生通用电气的 1 万股股票。这些股票立即被摩根和范德比尔特家族买下。

英萨尔在斯克内克塔迪几乎只专注于自己的本职工作。这个综合体正在高效运转，并且不断扩张以满足市场需求（除了对交流电组件的迫切需求），这是爱迪生通用电气所有资产中最有价值的。英萨尔和爱迪生的关系也发生了变化。自从维拉德收购公司以来，新公司的办公部门更为集中，英萨尔也拥有了更大的独立性来管理这些部门。他不再支付爱迪生的账单，也不需要爱迪生签署任何重大决定。英萨尔实际上是在管理爱迪生的重型制造工厂，创造利润。尽管英萨尔不赞成维拉德对爱迪生通用电气资产的处理方式，但他无能为力，毕竟掌管公司的是这位金融家和他的德国朋友。作为爱迪生留声机工厂名义上的总裁，英萨尔仍然拥有"老"爱迪生公司的股份。不过，他对爱迪生在西奥兰治无须报账就可以随心所欲地花钱这一点感到极度不满。

1892 年，英萨尔与爱迪生发生了争执。他们两人为花在留声机工厂上的钱陷入了僵局。爱迪生突然戏剧性地关闭了留声机工厂，解雇了所有的工人。这将是之后某一年两人分道扬镳的预兆。

伟大的并购家 J. P. 摩根看到了自己的机会，正如十一年前爱迪生雇用英萨尔做秘书时，英萨尔看到了自己的机会那样。摩根从不信任他的竞争对手维拉德，并且总是对爱迪生的商业行为持怀疑态度，他心里有个独特的愿景——一家主宰电力行业的巨型公司。摩根推测，汤姆孙-豪斯顿电气公司在铁路和交流电产品的投资组合上是盈利的。爱迪生则生产从电灯到开关的其他所有产品。两家公司的总销售额都在 1000 万美元左右，不过汤姆孙-豪斯顿的利润是爱迪生通用电气的两倍，而且可以更快地把产品推向市场。两家公司都在大幅削减价格，甚至亏本出售。作为摩根传统的标志，合并显然是个明智的选择。维拉德无法筹集足够的资金以维持公司的运营，于是摩根介入了。他召集了一个委员会，由六位金融家组成，包括他在华尔街的所有盟友和范德比尔特家族。当时，汤姆孙-豪斯顿市值大约为 1700 万美元，而爱迪生通用电气大约为 1500 万美元。

1892 年 2 月，摩根将所有公司合并为通用电气公司（General Electric Company）。维拉德被排除在这个 5000 万美元的交易之外，并且被迫辞去总裁职务，这是当时规模第二大的企业合并（仅次于美国钢铁公司）。科芬被任命主管这家新公司五分之四的经理。英萨尔是董事会里唯一一个爱迪生亲信，他被随意地任命为第二副总裁。尽管摩根不喜欢英萨尔，但他知道英萨尔不仅仅是个能干的经理，而且预见到他会继续留在斯克内克塔迪。

"叫英萨尔过来，"爱迪生大声吼道，当泰特告诉他这笔交易时，他的脸瞬间变得和衣领一样惨白。英萨尔走进办公室，两人进行了私人谈话。

虽然对于爱迪生是否清楚这次合并的全部性质仍有很大的争论，但在英萨尔看来，维拉德和爱迪生都没有完全同意这些条款。不过，英萨尔认为这次合并对所有相关人员都有显著的意义，尽管他知道这意味着他本人"最终被排除在公司之外"。

维拉德也许算是一败涂地，因为摩根从他手里夺走了控制权，但他找到了一只替罪羊。报纸向公众宣布这次合并时，引用了维拉德的话："英萨尔先生铺张浪费的经营方式恶化了爱迪生公司的财务状况，最终导致这次合并刻不容缓。"

爱迪生的名字从新公司消失了，虽然他获得了 14% 的股份，对自己所持股票的价值也感到满意。爱迪生二十多年来建立的那些公司，最终被摩根夺取了控制权，而他自己却被赶出了门外，这对这位奇才来说是一种耻辱吗？爱迪生的很多合伙人都对这次合并感到震惊，因为电气制造业里最如雷贯耳的人被迫离开了自己的公司。在交易完成前，摩根一直对这些洽谈秘而不宣。有传言称，英萨尔知道这次交易并"背叛"了爱迪生。事实上，没有任何证据表明英萨尔对维拉德施加了影响。而且这位金融家也不大可能完全信任英萨尔。当时在斯克内克塔迪，英萨尔正为通用电气的发展忙得不可开交。最初只有 200 个工人和一个一直处于亏损状态的非正式的机械车间，到了 1892 年末，英萨尔手下有 6000 个工人，掌管的是爱迪生最赚钱的公司。在此基础上成立的通用电气成了工业巨头，是全球最成功最有价值的工业企业。如果英萨尔没有把机械厂经营成一个具有竞争力的公司，那么摩根绝不会把它和汤姆孙-豪斯顿电气公司合并。

泰特后来断然否认了对英萨尔的指控，即他"保持沉默是因为被一大笔钱买通了。对于任何一个像我一样了解英萨尔性格的人来说，这个故事是不可信的。据我所知，那种话不可能从爱迪生的嘴里说出来"。

尽管多年来泰特与粗鲁的英萨尔发生了很多口角，但他还是在回忆录中为英萨尔辩护："维拉德完全清楚英萨尔与爱迪生的亲密关系，也完全清楚英萨尔对爱迪生的忠诚，他暗中促成了这次交易，他永远不可能信任英萨尔。这种风险完全没有必要，维拉德是个非常精明的人，不会承担不必要的风险。"

近四十年后，英萨尔会在回忆录中写道，爱迪生的公司无法筹集更多资金，"因此，合并或重组是不可避免的。为了爱迪生先生及其

53

合伙人的最大利益，这次合并是最佳选择。我当时就这么认为，现在依然这么认为……他身边的一些人知道，他不太支持这两大电气公司的合并"。

英萨尔似乎对那些认为他背叛了这位奇才的爱迪生员工们没有任何恶意，他也没有对维拉德或者摩根表现出任何敌意。然而，谣言还是玷污了他的名声，他无法继续待在纽约。在摩根集团手下为通用电气工作，不是他为自己规划好的事业。他再也不想做一个配角："我还很年轻，最近才刚满 32 岁，我无疑鲁莽地激起了很多人的敌意。爱迪生先生对合并不太支持，而我又力劝他接受，这些敌人利用这种情况，使爱迪生先生对我产生了成见。这次误会持续了好几个星期，不过我们的友谊很快就恢复了，并且一直持续到他去世。尽管如此，魔咒还是打破了。"

开放之城

英萨尔前往芝加哥

> 目前，芝加哥有好几类人——有那些本来穷困潦倒却一夜暴
> 富的新贵，他们无法轻易忘记乡村教堂和乡村社交规则；有那些
> 继承了财富的人，或是从东部移民过来的旧贵，他们处事更圆
> 滑；还有那些新近出生于富家的人，他们看见一种更时髦的美国
> 生活趋势，开始希望自己能在其中大放异彩——最后这一类人都
> 很年轻。
>
> ——西奥多·德莱塞（Theodore Dreiser），《巨人》[1]

在英萨尔准备离开纽约去领导芝加哥爱迪生公司之际，一些人在
德尔莫尼科餐厅为他举办了一场奇怪的答谢宴。相当多的在场人士根
本不在乎英萨尔即将退出爱迪生阵营，他们甚至可能还要为他的离开
而欢呼。正如其中一位东道主所说，这场宴会聚集了英萨尔"最亲密
的朋友和最亲密的敌人"。英萨尔在举杯祝酒时说道："最终芝加哥爱
迪生公司的投资可能会等于或超过通用电气。"这句实际上送给自己
的祝福，那些还留在通用电气工作的人不会喜欢。

自从摩根乘虚而入整合了通用电气公司，亨利·维拉德就眼睁睁

地看着自己的权力不断萎缩，此时，他的脸上或许露出了一丝狡黠的微笑。他知道英萨尔完全有能力证明自己所言非虚。虽然维拉德曾邀请英萨尔担任其电力控股公司的副总裁——他在密尔沃基和辛辛那提拥有电车线路和公用事业公司——但他知道英萨尔更有兴趣管理属于自己的公司。

56　　德雷克塞尔和摩根公司的合伙人 C.H. 科斯特（C.H. Coster）也出席了这次宴会。他很可能脸色煞白地紧盯着英萨尔，就像两只僵持不下的食肉动物紧紧地盯着对方一样。也许就是在这个时候，英萨尔表示，自己将成为摩根利益集团公开的竞争对手，在纽约银行家能够在美国发展最快的城市站稳脚跟之前，小心翼翼地在芝加哥建立自己的领地。为什么英萨尔想要放弃摩根这个未来的资金来源，个中原因令人费解。这个人曾是爱迪生的秘书，但他还没有成为维拉德或摩根那样的公认的金融家，在这群世界上最具影响力的投资银行家看来，英萨尔几乎是在朝他们吐唾沫，以示轻蔑。

　　坐在英萨尔旁边的爱迪生很可能露出了会意的微笑，他知道，英萨尔已经准备好带着从他、维拉德和摩根那里学到的一切开始新事业。据记载，英萨尔一直坚持认为摩根的这次合并对爱迪生来说是最合适的。爱迪生这个奇才如今可以完全摆脱资产负债表和令人窒息的行政事务，回到西奥兰治研究他想研究的一切，比如铁矿石加工和电影。爱迪生向英萨尔献上了祝福，并将一直支持他，直到去世。

　　英萨尔是更愤愤不平于爱迪生的名字从合并后的通用电气公司被抹去后，他没有被任命去管理新公司以至于感到受辱，还是更愤愤不平于摩根操纵这次合并的手段，以至于终生耿耿于怀？毫无疑问，英萨尔对通用电气的首任总裁查尔斯·科芬没有任何敌意。他十分尊重科芬，之后还会在芝加哥的无数项目上与他合作。

如果英萨尔想进行重大的职业变动，他可能早就在西屋公司登上了最高职位，或者也可以留在纽约为科芬工作。英萨尔非常重视新公司（通用电气），"合并后的公司拥有爱迪生先生的权利和专利，我不可能考虑参与管理任何一个与它竞争或者以任何方式反对它的公司"。

芝加哥爱迪生公司是风城（Windy City）① 几家电力供应商之一，几乎很难在这个四分五裂的市场中占据主导地位。在与英萨尔一起进行的数次访问中，爱迪生本人早就意识到，芝加哥将成为不断发展的中央电站业务的首选之地。想在这个无比腐败的城市站稳脚跟，需要一大笔用于贿赂的专用款项以及一位驾轻就熟的主控人员。不过，英萨尔做出这个决定并不是受到爱迪生、科芬或是维拉德的影响。力劝他征服这个中西部胜地的人是他的母亲。

在摩根收购后不久，英萨尔就自己的未来与爱迪生进行了密切的交谈。目前还不知道爱迪生和他说了些什么——爱迪生不大可能会劝阻他——但是他母亲的意思倒是很明确。她一直在纽约做客，和英萨尔的姐姐住在麦迪逊大道 120 号的公寓里。英萨尔回家后，告诉她们他已经向爱迪生说明了自己的处境——他如果继续为摩根控制下的通用电气工作，晋升机会有限。爱迪生的员工因为英萨尔在这

57

① "风城"是芝加哥的别名。受密歇根湖的影响，芝加哥冬季多风，因此得名。

次合并中所起的不清不楚的作用，把他描绘成了贝内迪克特·阿诺德（Benedict Arnold）[①] 式人物，他仍然为此感到痛苦，他想"彻底摆脱其加入竞争对手的非议"。也就是说，加入西屋公司会向敌人证实，他确实背叛了爱迪生。英萨尔虽然野心勃勃，但绝不是个叛徒。

在这座不断冒出新的商业机会的活力之城里，担任芝加哥爱迪生公司的总裁一职，对英萨尔来说其实是一种退步。正如在维拉德合并前的那些爱迪生公司一样，芝加哥爱迪生公司的资本严重不足，利润也很少。英萨尔的薪水和在维拉德手下工作时的薪水比起来，少得可怜。实际上，他不得不从头开始建设这个公司。与他在爱迪生公司或通用电气的处境不同，在竞争激烈的市场上，英萨尔即将经营的是一家无足轻重的公司。芝加哥爱迪生的总部位于西亚当斯 120 号，既是办公楼，也是发电站和煤仓。其生产力只有区区 8000 马力，只相当于现在的一台大型可移动发电机，经营范围覆盖市中心卢普区（为火车轨道所环绕）的 56 个街区。公司的资本总额为 83.3 万美元。银行家不愿借钱给电力生产商，因为他们中的大多数都会失败，而且利润很少，甚至根本没有。公司就是在这样一种环境中苦苦挣扎。很少有人相信他们能维持运营。此外，当时芝加哥有超过 45 家电力公司，这还没算上公司在各自厂房内运营的独立发电站。听英萨尔陈述完理由后，母亲终于插话表示赞成，她的眼睛满含骄傲的泪水，她的儿子有那么多选择，而最好的机会他唾手可得。

---

① 贝内迪克特·阿诺德（1741—1801），美国独立战争期间大陆军的一位将军，战争初期曾立下汗马功劳，后因各种原因把军事情报透露给英军，被视为美国独立事业最大的叛徒。

"儿子，你得给你芝加哥的朋友们写信，申请成为芝加哥爱迪生公司的总裁，宝贝。"埃玛·肖特·英萨尔像一位童星的母亲一样满怀信心地说道。和往常一样，她知道儿子应该做些什么。他需要一个能"让它运转起来"的地方，一个让他的思想、灵魂和能力不受束缚的地方。尽管她从未去过芝加哥，但那里正好符合要求。

那天晚上，英萨尔写信给股票经纪人兼芝加哥爱迪生公司董事拜伦·史密斯（Byron Smith）和另一位董事兼投资银行家爱德华·布鲁斯特（Edward Brewster）。他提出工作申请，并向他们声明："我想离开电气制造业，参与经营一家中央电站公司。"

1892 年 3 月 17 日，英萨尔与史密斯、布鲁斯特、芝加哥爱迪生公司秘书弗兰克·戈顿（Frank Gorton）以及芝加哥商业贷款和信托公司（Merchants Loan and Trust of Chicago）总裁兼爱迪生执行委员会主席约翰·多恩（John Doane）会面了。英萨尔对电力行业的热忱和了解给他们留下了深刻的印象。作为维拉德手下的副总裁，英萨尔熟悉中央电站的经济情况，而且已经多次访问了芝加哥。毫无疑问，公司需要一些重要的经济支持，英萨尔在这些面谈中毫不犹豫地提到了这一点。担任芝加哥爱迪生的总裁，年薪为 1.2 万美元，是他在爱迪生通用电气的一半。虽然公司的薪资水平和商业前景看起来颇为黯淡，但是新工作最有价值的一面却使英萨尔喜不自胜——他有机会去发展一家规模大得多的公司。

芝加哥是一个大胆、强健、斗志旺盛、投机取巧的机会堡垒，根本不知道自己在 20 世纪大都市的发展中会有多大的影响力。英萨尔如今就像卡尔·桑德堡（Carl Sandburg）一样，深受芝加哥的影响。桑德堡来自伊利诺伊州宁静的盖尔斯堡，是一位诗人、歌手和记者，他称芝加哥为"巨肩之城和世界屠猪城"。如果说桑德堡是芝加哥的桂冠诗人，在这座遍地都是作家、建筑师、哲学家、艺术家和暴徒的城市里吟游，那么英萨尔就是芝加哥的普罗米修斯。芝加哥等待着英萨尔的到来，如同舞台等待着萨拉·贝纳尔（Sarah Bernhardt）①的到来一样。这个完全建立在淤泥和沼泽上的美国第二大都市已经准备好成为一座世界级的城市。

在英萨尔抵达前大约六十年，芝加哥只不过是一片臭气熏天、蚊虫成群的湿地。这还只是个委婉的说法。由于可以通向密歇根湖，芝加哥长久以来被用作贸易站。这座城市也曾是波塔瓦托米人（火地人）②的栖居地，主要是因为一到春天，一个名为"泥湖"的大水坑就会填满足够多的水，通过上涨的芝加哥河使密歇根湖到密西西比河水系的航线畅通无阻。"芝加哥"（Checagou）一词译自印第安人的语言，字面意思是"发臭的洋葱"，因为邻近密歇根湖的沼泽地里生长着野生洋葱。法国船夫（voyageurs）③把这个地区作为他们毛皮买卖的贸易站，通过神父马凯特（Father Marquette）、路易·若列（Louis Jolliet）及罗伯特·西厄尔·德拉萨莱（Robert Sieur de la Salle）的探险，波旁王朝在17世纪能开拓疆域——从圣劳伦斯河东部沿着伊利

---

① 萨拉·贝纳尔（1844—1923），又译莎拉·伯恩哈特，法国演员，出演了19世纪末20世纪初最受欢迎的几部法国戏剧，包括《茶花女》《费朵拉》等。
② 波塔瓦托米人（Potawatomi），北美印第安部落，定居于密西西比河上游、五大湖区西部。
③ 法国船夫，在加拿大或美国西北部为皮毛公司运送货物的包运船户。

诺伊州到密西西比州，最终到达新奥尔良。法国殖民时期不怎么重视
农业。那个时候，毛皮是欧洲贵重的商品。

大平原（Great Plains）位于芝加哥以西，青草和野牛的无边海洋 59
绵延近千英里，一直到落基山脚下。1.3万年前两波后退的冰河 ① 将
该地区夷为平地，留下一些世界上最肥沃的土壤。高草草原上的生物
质长年累月地给这片土地添加肥料，这些生物质能有效地从空气中吸
收氮元素，并将其储存在土壤中。波浪起伏、无边无际的花海和草海
有十英尺高，足以让一个骑在马上的人显得矮小。在1830年代末铁
路和欧洲殖民者到来之前，主要的运输通常是在相对比较温暖的月份
里通过水路完成的。到了冬天，小河小溪就会结冰，同时刺骨的草原
寒风也让人难以忍受。19世纪初，迪尔伯恩堡（Fort Dearborn）就建
于如今这个大都市的中心，在1812年战争中被焚毁，大量白人殖民
者被屠杀。1816年到1840年，堡垒附近的地区被殖民者和商人重新
占领，这期间没什么大事发生。1832年，镇上有一栋小屋、一个商
店和两家酒馆。波塔瓦托米人签署了一项条约，同意在1835年离开
这个臭气熏天的沼泽城镇。他们迁到了北部和西部，引发了一股移民
热潮，带来了美国东部和欧洲满怀希望的农人、商人、银行家和铁路
企业家。虽然在联邦政府拨款开放芝加哥河口之前，芝加哥只有一个
时常为沙洲所阻塞的可怜港口，但它注定要成为通往大陆其他地区的
门户，并迅速超越刘易斯和克拉克的登陆点圣路易斯，成为中西部最
重要的城市。

---

① "冰河后退"指冰河末端向后或上升的运动，因冰河的消融速度大于其前进的速度
而产生，通常拥有一个向里凹的形状，与"冰河前进"的概念相对应。

大火在 1871 年再次摧毁这座城市，当时市中心大部分都被烧毁了，导致 10 万居民无家可归。但是芝加哥不仅挺过来了，还迅速成为美国的制造业中心、肉类加工中心和铁路中心。这座城市可怕的屠宰场在内战期间为联邦军提供了大量的肉（常常是腐败变质的）。发明了收割机（这种设备使在天然草地上务农变得有利可图）的赛勒斯·麦考密克（Cyrus McCormick）也决定在芝加哥定居，并建立一个世界上最大的农具厂。火灾之后，和数以百计的其他企业一样，他扩大了自己的工厂。这只草原上的不死鸟正成为 19 世纪末的世界第四大城市。

芝加哥是所有想象得到的产业、交通方式、种族、宗教和恶习的大杂烩。移民者来到芝加哥开凿运河、宰牛、炼钢、贩酒并出卖劳动力。芝加哥繁忙工厂的广告在欧洲广为传播。几乎没有什么是芝加哥及其周围地区不制造、不销售的。芝加哥不销售的东西，也可以通过蒙哥马利·沃德公司和西尔斯·罗伯克公司（于 1893 年成立，2004 年与凯马特公司合并）等百货公司的商品目录册进行分销，这两家公司在 1890 年代发展都很迅猛。芝加哥是美国的交通中心，是通往五大湖、密西西比河和大西洋的铁路和水运枢纽。

尽管在人口增长率和提供就业机会方面无可匹敌，但芝加哥同时也存在生态和公共卫生灾难。在 19 世纪后半叶公共工程开始进行重大改革前，无数未经处理的污水从芝加哥河流入密歇根湖。河流两岸所有的工厂和屠宰场都肆无忌惮地把大量污水排放在河里。南区（South Side）肉类加工区附近有一条不走运的小溪，溪水呈褐色，不断冒泡并发出潺潺声，因而被称为"泡沫小溪"。芝加哥河简直就是工业垃圾和疾病的可怕大杂烩，无情地使芝加哥人患病并死亡。

　　尽管每时每刻都在受到污染，密歇根湖依然是这座城市的主要饮用水来源，因此芝加哥从 1860 年代末开始挖掘隧道和入渗池。霍乱和斑疹伤寒症经常肆虐整个社区，因为有毒的河水直接流入了密歇根湖。未经高温消毒（而且多半也没有冷藏）的牛奶也不安全，会引发肺结核等疾病。当地被称为"卫生局"的芝加哥大区污水管理局的工程师们，通过现代最大的土木工程壮举，设法逆转芝加哥河的流向。1892 年到 1900 年，该管理局改变了河流的方向，使其不再流向密歇根湖，城市污水沿着芝加哥河向南最终流入密西西比河。其结果就是 3500 万美元的开支以及芝加哥以南的运河和河流水系的污染，这导致了大量诉讼，对下游居民来说，芝加哥的垃圾当然不会使他们感到舒心。该管理局后来还建造了一些世界上最大的废水和雨水处理系统，回收之前被污染的水。经水传播的疾病浪潮终于结束了，芝加哥变得更加卫生——至少在打开水龙头的时候。

　　在水被污染的那段时期（甚至在之后的很长一段时间里），芝加哥孕育了一个更具隐蔽性的公共卫生危机：公众酗酒。从最早的拓荒时代开始，过多的酒馆就经常占据着当地商业的主导地位。酒在芝加哥这座城市里，与劳动和消遣一样，是一种生活现实。19 世纪末，酒馆的数量等于所有肉类市场、食品杂货店和干货店的数量总和。酒还被当作医用麻醉剂、狗皮膏药和冬天里的暖身品。美国人在酒上要花费 10 亿美元，与之相比，肉类为 9 亿美元，公共教育为 2 亿美元，教堂为 1.5 亿美元。酒比牛奶更便宜、更安全，储备更充足，更便于运输。芝加哥成了邪恶的朗姆酒无与伦比的胜地。

61

英萨尔的家人致力于清除酗酒产生的社会危害，他们试图净化大城市满是醉汉的街道。与所有禁酒倡导者一样，他们相信，通过用美德和辛勤工作取代对酒精的依赖，他们这种滴酒不沾的生活方式会促进社会摆脱肮脏。酗酒也是一个最典型的女性议题。酒鬼通常一回家就虐待他们的妻子，这常常会造成家庭破裂。自从维多利亚时代的女性被视为家庭天使（domestic goddess）和道德捍卫者以来，她们就开始参与禁酒运动，同时还在争取获得选举权并进一步加强她们的道德运动。在 1871 年的火灾后，伟大的妇女参政权论者苏珊·B. 安东尼（Susan B. Anthony）在芝加哥宣称："女性是酗酒的最大受害者。"在英萨尔抵达芝加哥大约两年后，不断发展的妇女基督教禁酒联盟领导了一场重要的改革运动，把全国禁酒与争取妇女公民权利画上了等号。1890 年代，酗酒更多被视为一种疾病，当丈夫们沉溺于饮酒时，往往会导致女性不孕。大部分新教禁酒领导人也认为有必要改变那些有可能戒酒的人，他们还幻想清空妓院。这种源于异见人士的改革运动的进取精神延伸到了每一种城市痼疾，并吸引了一些历史上最成功的社会改革家，包括工党领袖琼斯夫人（"Mother" Jones）[1] 以及建造赫尔宫（Hull House）援助移民的简·亚当斯（Jane Addams）[2]。

无论禁酒倡导者们如何猛烈抨击酒精，这座充满活力的城市无法

---

[1] 琼斯夫人（1837—1930），美国工会组织运动的先驱，曾是教师和裁缝，之后与他人共同建立了世界劳工协会。

[2] 简·亚当斯（1860—1935），美国改革家、社会工作者、作家、妇女选举权运动的领导人。1889 年，她在芝加哥一个贫民区建造了赫尔宫，开展各种社会福利工作，并于 1931 年获得诺贝尔和平奖。

遏制的本性总是能够击败他们这个目标。芝加哥有成千上万的工作机会，工人们需要酒馆。这种烈性混合物是堕落的开始。西奥多·德莱塞经由圣路易斯从印第安纳州来到这座城市，将他不朽的作品《嘉莉妹妹》的背景设定在芝加哥，他在其中写道：

> 1889 年，芝加哥已经具备发展所需的特有条件，即使对年轻女孩来说，参与这样冒险的朝圣，也是合情合理的。越来越多的商业机会使芝加哥声名远播，它就像一块巨大的磁铁，将抱有希望的或是绝望的人们从四面八方吸引过来，他们中有些正等着发财，有些则已经在其他地方落得人财两空，穷困潦倒。[2]

对道德净化大军来说，芝加哥伤风败俗的行为就和公共卫生改善前的肮脏饮用水一样无所不在。这些改革家曾试图像改变芝加哥河的自然流向一样，彻底改变犯罪活动和下流言行。英国调查记者威廉·T. 斯特德（William T. Stead）不怕公布自己记录在案的每家芝加哥妓院老板的名字。他列举了那些为妓院缴税的老鸨和老板，还有对乔治·普尔曼（George Pullman）这样满口污言秽语的工业家的起诉书。普尔曼在南区火车车厢工厂附近为他的工人们建造了一个生活区 ①，作为受到约束的反乌托邦社区的一部分，工人们不得不向普尔曼支付高得离谱的租金。他将这种公司镇经营成了一个营利性企

---

① 即下文的"普尔曼镇"，是美国第一个标准化的公司镇。事实上，周围很多社区的租金更加便宜，但如果不住在普尔曼镇，会在裁员时最先被开除，因此工人们不得不选择住在成本更高的普尔曼镇。

62

业。普尔曼卖给员工的煤气利润率高达 600%，这些工人如果无法立刻支付这笔费用，就从他们那已经低于标准的工资里抵扣。这位卧铺车厢大王甚至还将他在"普尔曼镇"建造的教堂出租。多年来，普尔曼镇的劳资纠纷一直在增加。铁路公会领导人尤金·德布斯（Eugene Debs）将普尔曼的工人们组织起来，他们在 1894 年袭击了工厂。总统格罗弗·克利夫兰（Grover Cleveland）派出联邦军队进行镇压，德布斯被关进了监狱。尽管这次罢工最终失败了，但它使这座普遍支持罢工者的城市团结起来，还带领一位杰出的年轻辩护律师克拉伦斯·达罗（Clarence Darrow）登上进步舞台，德布斯曾问他敢不敢离开律师事务所为他辩护。

在此期间，斯特德的经典之作《如果耶稣来到芝加哥》(*If Christ Came to Chicago*) 使芝加哥那些公认的具有公民意识的家族很反感。这位英国记者不怕将劳工问题和卖淫、极度不公平的财产税和公共安全问题相提并论。除了这些道德缺陷以外，各式各样的火车也在芝加哥大行其道。当时，芝加哥有 2500 英里（约 4023 千米）的街道、1375 英里（约 2213 千米）的火车轨道（有 2000 多个平面交叉口）。马车、蒸汽列车、缆车和新型电气火车的可怕组合引发了源源不断的公共安全灾难。从 1889 年到 1893 年，有 1700 余人在火车事故中丧生。

"在过去的五年里，死于芝加哥十字路口的人比在世界各地的战争中阵亡的士兵还要多，"斯特德于 1894 年写道，"铁路肆意践踏公民的利益、权利和生命。"

除了每天威胁市民安全的铁路以外，芝加哥还充斥着形形色色的罪犯，他们的活动领域绝不仅仅局限于酒、卖淫和赌博。赫伯特·阿斯伯里（Herbert Asbury）在《芝加哥黑帮》（*Gangs of Chicago*）一书中详细记载了芝加哥的黑社会，他写道：

> 欧洲无数的好人和坏人一股脑地涌入了芝加哥，带着他们历史上有名的复仇手段，他们按国别而居，极力反抗任何试图使他们美国化的举动。[3]

阿斯伯里广泛记录了爱尔兰人、西西里人以及其他黑帮如何结盟、如何争抢地盘、如何组织行动，不称职的警队和贪污腐败的政客通常对这些都视而不见。芝加哥是一座部落林立的城市，这加强了在其附近形成的不同社区的内部联系。1890 年，芝加哥聚集的波兰人、瑞典人、挪威人、丹麦人、波希米亚人、荷兰人、克罗地亚人、斯洛伐克人、立陶宛人和希腊人是美国城市里最多的。芝加哥的波西米亚人比布拉格以外的任何城市都要多。19 世纪早些时候过来的德国人和爱尔兰人已经完全融入了文化、公民、政治和犯罪活动。但移民热潮不过才刚刚开始。从 1890 年到 1910 年，这座城市增加了 100 多万居民，面积扩大到了 200 平方英里（约 518 平方千米）。这些移民养活了妓院，使其得以扩张，养活了老鸨们，使其大发横财，比如卡丽·沃森（Carrie Watson），她"经营着芝加哥最好的妓院"，弗朗姬·赖特（Frankie Wright），她管理着"'图书馆'，因为里面有一个书架，放着十几本从未翻阅过的书"，以及"帕克剧院"，斯特德称之为"一个更应该出现在罪恶之城，而不是芝加哥的展览"。

芝加哥吸引着作家、改革家和社会活动家，就像酒馆吸引着酒鬼一样。像德莱塞这样的自然主义作家记录了芝加哥边缘地带的骇人事件。L. 弗兰克·鲍姆（L. Frank Baum）以芝加哥奇事为基础创作了"绿野仙踪"系列，尤其是发生在世界哥伦比亚博览会 ① 期间的奇事。《演出船》(Showboat) 的作者埃德娜·费伯（Edna Ferber）以及展现拓荒者形象的薇拉·凯瑟（Willa Cather），也在这座城市开始了她们的文学事业。厄普顿·辛克莱（Upton Sinclair）的《屠场》(The Jungle) 向读者展示了一个在屠宰场工作的立陶宛移民的可怕生活，书中描绘的场景使全国人民非常反感，由此促进了卫生食品法案的颁布。马克·吐温、辛克莱·刘易斯和欧内斯特·海明威途经这座城市，踏上了更伟大的冒险之旅，并将慷慨大方的中西部之声注入他们独具特色的美国小说中。1920 年代，批评家 H.L. 门肯（H.L. Mencken）将芝加哥列为美国的文学之都。社会混战在芝加哥是个不容忽视的问题，就隐藏在这座城市繁华的表面之下。

在几家主流报纸的强烈要求下，保守派组建了一个社会委员会，针对斯特德的书以及扎根于勒韦区（Levee District）和其他道德败坏地区的犯罪活动进行调查，设法解决斯特德书中强调的许多不幸问题。但是，借用腐败的市议员和酒馆老板帕迪·博莱（Paddy Bauler）的话来说，芝加哥还没有做好改革的准备。

拉迪亚德·吉卜林（Rudyard Kipling）② 表达了和许多非芝加哥人

① "世界哥伦比亚博览会"也叫"芝加哥世界博览会"，举办于 1893 年，以纪念前一年（即 1892 年）哥伦布发现美洲新大陆 400 周年。该博览会标志着芝加哥上升为全国性和世界级大都市。
② 拉迪亚德·吉卜林（1865—1936），英国小说家、诗人，主要作品包括《丛林故事》《基姆》等。

一样的看法，这些人被芝加哥赤裸裸的野心、部落的热情、肮脏的环境、有伤风化的行为和明目张胆的扩张所击退。"这是我到达的第一座美国城市。看到它以后，我就迫切希望不要再次看到它。这是野蛮人居住的地方。"

1892 年，英萨尔一定想知道自己该如何融入芝加哥的社会环境。这座城市本身还需要很多东西，但他知道自己并不是去那儿做一个禁酒斗士的。芝加哥公用事业的历史充满了波折，英萨尔的首要任务就是把混乱无序的商业环境和他需要做的事情分开。对英萨尔来说幸运的是，这座城市的公用事业迫切需要具备组织能力的人才，因为芝加哥在这方面起步太晚，必须按照游戏规则办事，这些规则是随着递给市议员的每一笔钱而改变的。查尔斯·泰森·耶基斯（Charles Tyson Yerkes）长相英俊，曾经坐过牢，靠行贿控制了城市的大部分电车线路。德莱塞在《巨人》(The Titan) 和《金融家》(The Financier) 中戏剧化地描绘了耶基斯的形象，他差劲的服务以及他对贿赂满不在乎的态度使他遭到了公众的普遍厌恶，他还有一个致命的弱点：芝加哥运输线路的所有特许权有效期只有几年，这也就意味着他要不断掏钱贿赂市议会。他试图出资立法，以获得长期的特许权，但没能成功，于是他永远离开了这座城市，最后到伦敦建立了地铁系统，并在那里终老。在调查芝加哥公用事业公司的时候，英萨尔察觉到了耶基斯的幽灵，想必下定了决心避免他所犯的错误。

已经有燃气公司在为这座城市提供服务，这些公司从 1860 年代就开始运营，管理着 50 多英里（约 80 千米）的地下管道。然而，对

64

于大多数家庭来说，煤气照明依然难以负担，因为费用往往很高。
1870 年代后期，弧光照明出现了，但是如上所述，过于强烈的光线
导致它根本不适合大多数室内照明。1888 年，芝加哥爱迪生公司的
第一座发电站投入运营，随后又在整座城市修建了许多发电站，似乎
每个能够负担得起费用的街区都拥有一座发电站。

19 世纪末，埃奇沃特（Edgewater）属于芝加哥少数几个支持家庭
日常用电的高档社区。当房地产开发商 J.L. 科克伦（J.L. Cochran）说
服芝加哥、密尔沃基和圣保罗的铁路公司给他的郊区（如今已是芝加
哥的一部分）增设一个车站时，埃奇沃特瞬间大受欢迎。在广告中，
他如此宣传"爱迪生的白炽灯"：你可以"在任何房间借助白炽灯（灯
泡）明亮而稳定的光线阅读晚报"。1892 年，科克伦成立了一家有轨
电车公司，居民可以乘坐更加快捷的火车到达市区。科克伦的住宅区
由约瑟夫·L. 西尔斯比（Joseph L. Silsbee）设计，装设了电线，可以
供给照明，是当时名副其实的豪宅。这些砖石住宅是都铎式和英国乡
村风格的变体，修建在半农村的环境中。马厩和大型公园也是住宅区
的一部分。在那里，城市工作者可以在近乎田园般的环境中得到放松。

65

作为最早的电气通勤郊区，电力照明带来的现代化便利让科克伦
能够对他的房子收取更高的费用，而当时美国大部分城市居民还住在
狭小或廉价公寓里。通过为居民铺设街道、成立枪支船只俱乐部以及
建造洗浴房，科克伦还使他的社区更加宜居，兑现了他广告里的承诺。

西尔斯比办公室里一位年轻的绘图员弗兰克·劳埃德·赖特怀着
极大的兴趣研究了西尔斯比的设计图。年轻的赖特已经从威斯康星大
学退学，在这座发展迅猛的城市里独自闯荡，这是他 1887 年来到芝

加哥后的第一份工作。赖特身形瘦小，模样英俊，是个威尔士唯一神论者（Unitarian）①，他的家人在威斯康星州麦迪逊市西边的一个山谷务农。他也有一位坚强的母亲，对自己儿子有很大的期望。母亲鼓励他从事建筑业。他最初接受的委托里，有一所位于威斯康星州斯普林格林（Spring Green）的寄宿学校，这所学校由他那些未婚的姑妈管理，当时他才 19 岁。他的叔叔是一名著名的传道士，但他并没有走上叔叔的道德之路。尽管赖特承认西尔斯比"大致称得上是个天才"，但他希望超越纯粹的美学，使建筑与周围环境有机和谐地结合起来。他的作品遵循建筑师路易斯·沙利文的名言："形式追随功能。"威廉·莫里斯（William Morris）②和约翰·罗斯金（John Ruskin）③是工艺美术运动的中流砥柱，强调手工艺生产，反对机械化生产。尽管赖特受到了他们的影响，但他并不反对给他的房屋通电。他最著名的作品，包括他本人在伊利诺伊州奥克帕克的家和工作室，将灯光天衣无缝地融入用花窗玻璃、天然木材和天窗装饰的房屋。

赖特也非常欣赏白炽灯在某个空间内的微妙力量。1887 年，他第一次来到芝加哥时，还没见过电灯，但他注意到了"车站和街道噼啪作响的白色弧光，又刺眼又危险……这里一定就是芝加哥了，如此寒冷、如此黑暗、如此阴郁苍白、如此潮湿"。赖特的导师路易

---

① 唯一神论是否认三位一体和基督神性的基督教派别。

② 威廉·莫里斯（1834—1896），英国设计师、诗人、小说家、社会主义活动家、英国工艺美术运动的奠基人，反对机械化生产和维多利亚时代装饰过度的风格，复兴了英国传统的纺织艺术。

③ 约翰·罗斯金（1819—1900），维多利亚时代重要的艺术批评家、艺术赞助人、绘图员、社会思想家，是工艺美术运动的理论指导，他认为只有回归到中世纪的手工艺劳动，才能生产出好的作品。

斯·沙利文是世界顶级建筑师，被赖特称为"尊敬的老师"（lieber meister）。和沙利文一起工作一段时间后，26岁的赖特于1893年在奥克帕克开始了自己的建筑实践。和英萨尔一样，他曾追随一些业内最优秀的人学习，并且学得很快，他需要出去独自闯天下。他是作为一名哲学家、作家和改革者开始他的实践的。他猛烈抨击建筑学的传统观点，即房间和建筑物应该是方方正正、中规中矩的结构。他在整个芝加哥地区发表演讲宣扬他在建筑学上的新观点，他还去了简·亚当斯的赫尔宫。赫尔宫自1889年成立以来，除了为贫困移民提供社会服务外，还是赖特和教育哲学家约翰·杜威（John Dewey）这样的进步知识分子的家园。

66   当英萨尔正在评估要如何在这座忙于建造世界上最具创意和活力的建筑的城市里生产和销售电力时，赖特正将他智慧的猎枪瞄准传统的建筑设计方式：

> 在建筑学精神方面，我们剧院里极为有害的混凝纸式优雅与风流牧羊女娱乐场（Folies Bergère）的道德水准没什么两样。这座城市的公共建筑都是些荒唐的假象。芝加哥艺术学院本身就是栋愚蠢的建筑，既没有立面，也没有精美的侧面。公共图书馆的两栋建筑紧紧地挨在一起，像是在有失体面地争吵。无论其用途如何，邮局都像是一个幼稚的作坊作品。市政厅不过是个虚张声势的大型建筑，本想成为经典之作，最后却是徒劳，这个城市每个月都要为购买巨型圆柱花费无数。这些建筑本身就是麻烦且昂贵的负担，就像过去的圆柱那样。[4]

虽然赖特只会设计一小部分建在城市范围内的建筑，但他还是被芝加哥的活力和雄心打动了，"尽管如此，除了这种时髦的既愚蠢又粗俗的建筑物，芝加哥还有一些与生俱来的重要品质在这里悄无声息地起作用，那就是真正的文化种子，美国的伟大希望，最终将通过这些品质，推翻它的既定形象并展示它的本来面目"。[5]

赖特、沙利文及其同辈决定彻底改造建筑物，城市的扩张、新财富的创造以及不断逼近的 20 世纪迫切需要他们这样做。1880 年，芝加哥市中心四分之一英亩（约 1012 平方米）土地的价值为 13 万美元。十年后，同等面积的土地价值为 90 万美元。在此期间，人口也增加了一倍。广泛应用的电力改变了住宅和商业场所的建造方式。电力照明让建筑师能够建造更小的房间、更低的天花板，因为不再有煤气泄漏引发的灾难性爆炸和火灾。在这个第二次工业革命的中心，建筑物实际上已经成为机器网，赖特将灯泡视为"光的引擎"。更多的电力应用使建筑能够用比以往更少的人力做更多的工作。电梯和电力照明让建筑直耸云霄。芝加哥成为世界垂直革命最初的温床。人们对贝塞麦转炉炼钢法加以改进以适应钢轨和承重梁的生产。混凝土制造及其在建筑中的应用也有了巨大的飞跃。1883 年，威廉·勒巴伦·詹尼（William LeBaron Jenney）发明了首个建筑物铁框架结构，并将其应用于芝加哥的家庭保险大楼（Home Insurance Building）。这是 1885 年第一座名副其实的摩天大楼。

路易斯·沙利文表示，1880 年是"这次惊人扩张的纪元"。幸运的是，芝加哥很容易获得铁、铜、木材、石灰石和所有会用到的建筑

67　材料。这座城市以惊人的速度为新公司注入资本。土地价格飙升，出于必要和创新，摩天大楼应运而生，沙利文回忆道：

> 商业建筑的趋势是：用更好的设备来提高其稳定性、耐用性和高度。电话和电力照明系统出现了。铁柱和大梁如今用防火材料包裹起来，液压电梯已经开始投入使用，取代了那些蒸汽或煤气驱动的电梯。公共卫生设施与其他事物的发展始终保持同步。[6]

就在英萨尔的第一个芝加哥办公室附近的几个街区内，现代商业建筑的发展初具雏形。9 层的蒙托克大楼（Montauk building）城堡般的棕色墙壁展示了砖石承重墙这种传统技术。然后是丹尼尔·伯纳姆（Daniel Burnham）和约翰·鲁特（John Root）设计的 16 层的蒙纳德诺克大厦（Monadnock building），"由线和面构成的令人惊叹的峭壁，目的直接而单一，是同类中的佼佼者"，沙利文形容道。

接下来轮到沙利文和他的合伙人丹克马尔·阿德勒（Dankmar Adler）设计会堂大楼（Auditorium building）了。大楼内有一家旅馆和一个剧院（是 1889 年世界上听觉体验最完美的剧院）。会堂大楼占地 6.3 万平方英尺（约 5.9 平方千米），是当时最庞大也最复杂的建筑，有着优雅的拱门、生机勃勃的有机装饰和高耸的托斯卡纳塔。它向全世界宣告什么样的目标才是美国建筑应该追求的，并实实在在地确立了芝加哥现代建筑发祥地的地位。

随着摩天大楼的发展，芝加哥的交通系统也发生了许多变化。1892 年，这座城市的交通简直一团糟。英萨尔立马预见到，城市所有的有轨电车都对电力有需求，因为电车可以由电机驱动。英萨尔还在纽约的时候，爱迪生通用电气公司就收购了电力牵引领域的先驱斯普拉格公司。威斯汀豪斯和科芬也清楚，未来的城市交通将由电机驱动。这种交通方式比它即将取而代之的交通方式更加可靠，但它迫在眉睫的难题就是需要大量电力，当时那些小型发电站还无法胜任这个工作。幸运的是，在英萨尔抵达前，芝加哥爱迪生公司就已经计划建造哈里森街发电站了，它将成为美国最大的发电站。

为了确保自己在掌管芝加哥爱迪生公司时有足够的运营资金，英萨尔请求董事会将公司的资本总额增加 25 万美元。英萨尔已经习惯了在纽约工作时的微薄工资，他同样收到了一笔与工资等额的以公司股票形式预付的款项。他找百货公司巨头马歇尔·菲尔德（Marshall Field）贷款购买了这些股票。英萨尔要求签订三年的合约，他知道自己如果能在芝加哥待三年，"我就会被迫一直待在这里，直到我习惯住在一座比纽约小的城市。很快我就克服了这种情绪。当时，芝加哥的商人仍然充满了早期移民的合作精神，很快我就发现自己与他们当中的许多人相处非常愉快"。英萨尔感到非常自在，并于 1896 年成为美国公民。

在英萨尔看来，不同交通方式最终都可以归结为一种解决方案：让一切都电气化。公共马车自 1859 年就出现在街道上，是蒸汽火车的竞争对手，而与蒸汽火车同时存在的还有缆车。截至 1894 年 3 月，共有 86 英里的缆车线路和 450 辆由 11 座发电站供电的缆车。尽管这

68

種系統讓街道變得更乾淨，而且多少也會更安全，但建造該系統每英里就要花費 10 萬美元，因為必須拆除街道以安裝包裹，而其中的電纜又容易受損。纜車由一種被稱為"把手"的裝置操縱，這種把手固定在由蒸汽機驅動的無窮無盡的移動電纜上。操作員如果想要停車，他就鬆開把手並踩下剎車。當英薩爾於 1892 年抵達芝加哥時，這座城市已經決定將用有軌電車開闢所有新線路。馬車和纜車則被放逐到沒有供電的路線上，或者被送到垃圾場和博物館。

英薩爾的前任查爾斯・泰森・耶基斯，靠著討好、串通、賄賂等手段控制了新型電力系統。他建立了一個相對高效的電力系統，覆蓋了城市的南區、西區和北區。作為一種象徵性的公民姿態，他捐款建造了世界上最大的折射望遠鏡。說也奇怪，這架望遠鏡最後到了威斯康星的威廉斯貝（Williams Bay），由那時才剛剛起步的芝加哥大學使用，該大學由約翰・D. 洛克菲勒於 1892 年斥巨資建立，就在市中心以南八英里左右的海德公園。耶基斯想通過一項法令使自己獲得長期的牽引特許權，但沒能如願，之後他前往紐約，帶走了數百萬美元，留下了一大批情婦，其中不乏芝加哥大人物的妻子。

如今，芝加哥從郵購銷售到肉類加工都是佼佼者，它希望向世界展示它的能力以及未來的樣貌。建築師和公民領袖丹尼爾・伯納姆被任命為一個委員會的主席，負責舉辦 1893 年的世界博覽會。與他一起工作的有設計了紐約中央公園的景觀設計師弗雷德里克・勞・奧姆斯特德（Frederick Law Olmsted）、雕刻家奧古斯塔斯・聖高登斯

（Augustus St. Gaudens）和洛拉多·塔夫脱（Lorado Taft），还有非常有限地参与了这个项目的路易斯·沙利文，他设计了博览会最具创意的交通馆。博览会建在芝加哥大学附近的杰克逊公园的沼泽地上，包括农业馆、制造业馆、矿物馆、美术馆、交通馆、机械馆和电力馆在内的展厅共计 11 个。

这座明亮的"白城"① 用一种世界从未见过的方式运用电力，在奥姆斯特德的池塘、环礁湖和丛林小岛周围建造了一些当时最奢华又最俗气的电气化建筑。沙利文的交通馆以一种优雅的方式突出了具有他个人特色的罗马式拱形入口，除了这个展馆以外，白城看起来就像是 1850 年代走向巴纳姆极端的巴黎。博览会景象壮观、气氛热烈，还富有教育意义，展出了世界上所有的最新技术，同时还有浪漫的穿插表演，这类表演随着美国进入新的工业时代就销声匿迹了。野牛比尔·科迪的荒蛮西部秀每天的观众高达 1.2 万人。通用电气最新的设备在罗马雕像② 复制品的拐角处展出。这是一个东拼西凑的大杂烩，但很有趣。

大道乐园（Midway Plaisance）的特色是世界上最大的摩天轮（ferris wheel）。人们想象得到的任何乘骑游乐设施这里都有，人们知道的任何娱乐表演形式都在这里上演，包括胡奇库奇舞（hoochie-coochie）③ 舞女。这场耗资 3500 万美元的豪华演出大获成功，吸引了全国各地的人们乘坐火车前来观看。白城入场人次总计有 2800 万，

---

① 博览会荣誉广场上的五个大型展馆被漆成醒目的白色，因此被称为"白城"。
② 原文为"statutes"，意为"法令"，疑为"statues"之误。
③ 胡奇库奇舞是一种色情女子舞蹈。

其中 2100 万人次是付费入场。参观人数几乎是美国人口的一半，当时美国总人口为 6600 万。伊利诺伊中央铁路公司购买了 300 节火车车厢及 41 辆机车，就为了把市中心的人们送往博览会。在最繁忙的一天，铁路客运量达到了 50 多万人。

所有显贵、地方官员和作家都参观了这次博览会，他们惊异于半圆屋顶的建筑、拥挤的人群以及"小埃及"和德国村庄的国际化展示。世界并未真正来到芝加哥，但这座城市正在递出一张乌托邦名片，在大多数平庸的建筑师（伯纳姆和沙利文除外）以及特斯拉和奥姆斯特德这样的天才看来，这里正是一个理想化的国际社区。然而，这座城市——这里所有未被压抑的欲望都是巨大的——仍是一个引人注目的中心，将游客的注意力从南区牲畜围场令人难以忍受的垃圾、摇摇欲坠的房屋和伤风败俗的地区转移出来。

路易斯·沙利文对过分华丽的欧式建筑物立面感到震惊，这种风格表现出旧世界 [①] 一种最为浮夸的虚荣。他在《一个观念的自传》（ *Autobiography of an Idea* ）中写道："世界博览会造成的损害将持续半个世纪，甚至更长。它已经渗透到了美国人大脑的构造中，并造成痴呆，给大脑造成相当大的伤害。"虽然沙利文的预言在某种程度上是对的，即在未来几年里，博览会张扬的建筑风格会在其他城市的建设中占绝对优势，但是毫无疑问，白城的影响力不会持续五十年。

伯纳姆乌托邦式的梦想是华丽的建筑、壮观的林荫大道以及带有宽阔环礁湖的公园，并且每一件机械和艺术品都体现出进步。从纽

[①] 旧世界与"新世界"的概念相对，泛指欧亚非三大洲，新世界则指美洲和大洋洲。

约熨斗大厦（最初称为"富勒大厦"）的设计到中央华盛顿的设计可以看出，伯纳姆是一个梦想家，他想要更大的空间和更醒目的外观。1909 年，在一些重要权威人士的推动下，伯纳姆详细阐释了他的理念，提出"芝加哥计划"以及其他城市更为开阔的布局。芝加哥后来大胆地借鉴博览会提倡的建筑风格，这是工业时代各个层面的进步，促进了工作和生活条件的改善。

英萨尔将帮助和支持伯纳姆，享受电力带来的更好生活以及白城展出的所有想象得到的电力应用。威斯汀豪斯为博览会（消耗的电力比整座城市还要多）提供了大部分的电力，几近破产。他打败通用电气，赢得了合同，因为他的售价只要成本的一半。任何地方人们只要转身，就有一盏电灯、一列火车或是一项电力的应用。爱迪生的留声机和活动电影放映机是电影的先驱，特色是"西洋镜"（peep shows）。喷泉由电泵提供动力。总统克利夫兰为博览会揭幕，他按下按钮，点亮了 10 万只灯泡，就此启动了开幕式。这次博览会也深深地打动了 L. 弗兰克·鲍姆，他在《绿野仙踪》(The Wizard of Oz) 里以此为原型虚构了翡翠城（Emerald City）。

特斯拉的工作成果连同 12 台 1000 马力的新西屋发电机一起在机械馆展出。在西屋展区后面，是数不胜数的广告灯牌、路灯和灯泡。特斯拉参与演出了他自己的穿插表演。一块由锡箔和玻璃制成的广告灯牌，正好是特斯拉的形状，看起来就像他的身体被注入了闪电光环。无论什么时候开启，灯牌总是会发出震耳欲聋的噪声，使围观群众大吃一惊，并注意到特斯拉这超凡技艺。第一批霓虹灯里有些被摆成了他最喜欢的科学家的名字：法拉第、麦克斯韦和亨利。这次展览展出了特斯拉的多相系统，看起来像是维多利亚王子的纪念碑。

71　　　作为一个喜欢成为众人关注焦点的表演者，特斯拉用一种独特的方式证明自己是值得入场费的。他首先会旋转一个金属"哥伦布蛋"，演示运动磁场产生的效应。在他大受欢迎的表演中，他会穿着背心和大橡胶鞋登上舞台，200 万伏的电流穿过他消瘦的身体，导致他双颊发红，他修长的身体还会发出电火花。他的表演为他赢得国际声誉和马克·吐温的友谊，后来吐温还去他的实验室拜访他。不过，特斯拉矫揉造作的表演不仅仅是电力潜力的奇特展示。博览会结束后，大约有 80% 的城市采用了他的交流系统进行发电，包括芝加哥爱迪生公司的英萨尔。

　　在博览会上，美国想象发生了深刻的转变。美国人不仅看到了芝加哥眼中的旧世界，还在新世界的舞台上拥有前排座椅。他们看见蒸汽机的转臂将机械能转化为电能，而这种转化将彻底改变世界。1893年，亨利·亚当斯（Henry Adams）① 参观了博览会，并在他的经典著作《亨利·亚当斯的教育》中记录了自己的印象，他看见美国正在远离马车，迈向电气时代：

　　　　有人在发电机之间久久徘徊，因为这些新奇的发电机将历史带向了新阶段。科学家永远无法理解历史学家的无知和天真。每当一个历史学家突然接触到一种新动力，自然而然地，他会询问

---

① 亨利·亚当斯（1838—1918），美国历史学家、亚当斯家族的成员，其主要作品有九卷本的《托马斯·杰斐逊及詹姆斯·麦迪逊执政时期的美国历史》《亨利·亚当斯的教育》等。

它是什么：是拉动还是推动？是转动还是牵引？是流动还是振动？是电线还是数学型线？还有许多问题，他既期待答案，但又认为不会得到任何答案……芝加哥第一次发出疑问：美国人是否知道他们正驶向何方……芝加哥是美国思想整体的第一表达，所有人都必须从那里出发。[7]

作曲家安东宁·德沃夏克（Antonin Dvorak）在博览会上发现了更令人赞叹的事物。他听到了温哥华岛夸扣特尔印第安人（Kwakiutl Indians）的音乐。他们的歌声和鼓声的复杂律动影响了他的《新世界交响曲》，该交响曲以黑人灵歌为基础，表现了对自由的渴望，给世界带来了令人心碎的旋律。和其他事物一样，博览会试图赞美这座城市和美国本身的多样性，尽管当时没有任何非裔美国人被允许主办官方展览。

然而，当地的非裔美国人社区领导人还是能够举办一天的特别活动。弗雷德里克·道格拉斯（Frederick Douglass）发表了有关"美国种族问题"的演讲。威尔·马里昂·库克（Will Marion Cook）的歌剧《汤姆叔叔的小屋》中的选段也在此上演。斯科特·乔普林（Scott Joplin）渴望与世界分享他最新的切分音法拉格泰姆音乐，并在博览会上组建了他的第一支乐队；五年内，他的《枫叶拉格曲》席卷全国。占地 8000 平方英尺（约 413 平方米）的妇女馆以印象派画家玛丽·卡萨特（Mary Cassatt）的壁画（已遗失）为特色。据称，共有 36 个国家派代表参加了这次博览会。在博览会的捷克日，大约有 3 万名来自全国各地的捷克人列队行进，并陶醉于德沃夏克在节日大厅演奏的作品。这位伟大的作曲家猜想芝加哥本身会成为现代音乐的温床，而他认为这种现代音乐会"以黑人旋律为基础"。

与博览会的创办人一样，英萨尔将白城的首要承诺视为一项民主契约。发电机、电灯和省力机械是为所有人服务的，并不仅仅局限于某些特权精英。7000 盏弧光灯和 12 万只白炽灯照亮了整个博览会。更艰巨的挑战是建立一个系统，使包括商人和远离城市居住的农民在内的所有人都能够用得起这种基础能源。电力的广泛应用是否会在某种程度上将美国的城市和农村强有力地联合起来？如今芝加哥本身就是张生态商业网，消耗着周围 600 英里（约 966 千米）内的物资和资本。木材、铁矿石和冰块来自诺斯伍兹地区。谷物来自大平原西部和南部。牛和猪来自西部和南部，并在南区的"猪肉城"屠宰。煤来自伊利诺伊州的中部和南部以及阿巴拉契亚煤田。英萨尔来到芝加哥的最初业务安排之一就是签订合同，以保证稳定的煤炭供应，为驱动芝加哥爱迪生公司发电机的蒸汽机提供燃料。他会见了未来的煤炭大王弗兰克·皮博迪（Frank Peabody），以确保煤炭的低价供应。皮博迪对英萨尔十分感兴趣，他建议英萨尔与自己一起购买一座煤矿。英萨尔拒绝了，他解释道，这与自己的客户身份相冲突。这件事促成了他和皮博迪共同管理伊利诺伊州斯普林菲尔德附近的煤矿，该州首府（亚伯拉罕·林肯的家曾在此处）在芝加哥以南 150 英里（约 241 千米）左右。英萨尔之后会购买一条铁路，将煤运到他的发电站，这是他为控制企业重要支柱而进行的首次投机活动。

博览会向英萨尔表明，可以利用电力照亮大空间，而且还可以通过"直接连接大型发电机的大型船用节能蒸汽机"来发电。看过并乘坐了博览会的电车后，他还预见到这样的电力运输系统其实可以延伸到城市以外的地方。白城尽管能成功吸引 2800 万人前来参观并引发建筑热潮，但很短暂。1893 年，金融恐慌蔓延至全国各地，由于没有一个真正的中央银行，这场危机还引发了经济萧条和现金短缺。1894 年，白城大部分用木材粗制滥造的建筑都被烧毁了。大道乐园继续保留了几年，其中一部分变成了弗兰克·劳埃德·赖特的米德韦花园——一个充满活力和魅力的露天啤酒花园和餐厅，后来被拆除。

　　大萧条并未让英萨尔气馁，1893 年，通过发行 220 万美元的利率为 6% 的公司债券，他成功收购了竞争对手芝加哥弧光电力公司。这次收购使芝加哥爱迪生公司至少摆脱了一个竞争对手，而且还让英萨尔走上了正轨——通过多次收购建立起他的公用事业集团。随后，英萨尔建造了能生产 16400 千瓦电力的哈里森街发电站。该发电站旨在成为世界上最高效的发电站，它坐落于芝加哥河畔，那里有充足的水可用于蒸汽生产。尽管从技术层面来说，哈里森街是蒸汽机驱动发电站的必要条件，但是它已经达到了这种技术能够做到的极限。英萨尔意识到，5000 马力的发电机不足以供应这座不断发展的城市，因此他开始寻求一个电力系统，这个系统还从未进行试验，就更别提建造了。

爱情与战争

英萨尔结婚，战争逼近

> 我喜欢这个地方混乱中的生命力，这座城市的活力。在这里你确实能感觉到各种分歧。这个国家所有的矛盾和悖论都在这座城市的边界之内。
>
> ——亚历克斯·科特洛威茨（Alex Kotlowitz），
>
> 谈到芝加哥时 [1]

在 1893 年的所有新奇景象中，有一个引人注目的形象让英萨尔心动不已，比特斯拉、摩天轮、不计其数的灯泡和博览会游客加起来产生的印象还要强烈得多。24 岁的格拉迪丝·沃利斯光彩夺目的容貌使他着了迷。他之前在报纸上看过她的照片。博览会期间，这个身材娇小、长着棕色头发和棕色眼睛的美人就在麦克维克剧院演出，离他的办公室只有几个街区。这位"袖珍维纳斯"只有 5 英尺高（约 1.524 米），擅长喜剧角色，是魅力的化身。她光滑细腻的肌肤在舞台上闪闪发光。她在巡回演出中与著名演员约翰·德鲁（John Drew）以及威廉·克兰（William Crane）同台表演，这个天真少女的戏剧事业一片光明。即使批评家想要对她参演的戏剧发表不好的评论，她本人也似乎总是能够幸免于难，因为她的热情迷住了观众。英萨尔也被迷住了，看着她沿着密歇根大道走向剧院时，他甚至说不出话来。

1869 年出生的格拉迪丝，当时的名字叫玛格丽特·安娜·伯德，她在一个演员的天堂长大。1867 年，她的母亲凯瑟琳和父亲道格拉斯从爱尔兰斯莱戈郡（County Sligo）移民到纽约，母亲在那里为演员开了一个家庭旅馆。道格拉斯很少在家，就算在家，也时常喝醉，和妻子吵架。1875 年，他动身去了美国西部，从此家人再也没有听到他的消息，直到凯瑟琳收到消息，说他已经在 1881 年的某个时候死了。年轻的玛格丽特在 8 岁时采用了格拉迪丝这个艺名，她认定自己也是注定为舞台而生的人。在目睹了父亲令人厌恶的行为以及母亲那些寄宿者的放荡行为之后，她发誓一定要远离酒和性。

76

15 岁时，她的才华开始不断为她赢得各式各样演出中担任主角的机会。她有一种能力，可以照亮舞台并让观众开怀大笑。五年后，她每周的薪水有 75 美元到 100 美元，这在当时几乎是最高的薪资水平。她出演了德鲁制作的《妇女之友》(*The Squire of Dames*) ①，《纽约新闻报》的批评家弗雷德里克·麦凯（Frederic McKay）写道：

> 昨晚在尼克博克剧院，格拉迪丝·沃利斯小姐光芒万丈、备受瞩目。克兰先生（男主角）名气更大，但是沃利斯小姐，这个醉心于舞台表演的年轻女孩，等待着自己的时机，并在最后一幕献上了最出色的表演，毫无疑问，这是同类表演中的佼佼者。

---

① 改编自小仲马 1864 年的作品。

《妇女之友》中，沃利斯小姐扮演的小女孩在别人要她朗诵的时候哭了起来，她的表演就从这个时候开始出彩。²

格拉迪丝擅长很多角色，她不想形象固化，因此，她会挑选具有挑战性的角色来丰富自己的演出项目。她强烈的个性在舞台上大放异彩，这一点在以下这篇评论中得到了证明：

> 扮演朱丽叶的沃利斯小姐，甚至令她最亲密的朋友也感到惊讶。迄今为止，她还尚未尝试过任何悲剧角色，当宣布她来扮演朱丽叶时，她的一些朋友还担心她无法胜任这个角色。但是昨晚的表演证明了任何角色她都得心应手。

在德鲁的外甥女埃塞尔·巴里莫尔（Ethel Barrymore）① 登台演出前，作为约翰·德鲁公司的顶级演员，格拉迪丝是最引人注目的。尽管格拉迪丝仍然与埃塞尔保持礼节性的友谊，但主要角色都被埃塞尔和另一家公司的演员莫德·亚当斯（Maude Adams）② 夺走了。已婚的德鲁更想和格拉迪丝发生性关系，而不是推进她的事业，所以格拉迪丝去了"不那么体面"的威廉·弗劳利（William Frawley）③ 公司演出。

---

① 埃塞尔·巴里莫尔（1879—1959），美国女演员，被誉为"美国戏剧第一夫人"，代表作品有《寂寞芳心》《珍妮的画像》等。
② 莫德·亚当斯（1872—1953），美国女演员，1905年饰演了彼得·潘一角，成为当时最成功的女演员。
③ 威廉·弗劳利（1887—1966），美国演员，在美国著名的电视情景喜剧《我爱露西》中扮演房东默茨。

　　格拉迪丝的出现使英萨尔不由得采取了一种循序渐进的、合乎礼仪的维多利亚式求爱，他将目光转向了为更大的发电站获取更多资本以及向大客户销售电力的方式。不过，摩根收购爱迪生通用电气以及一头扎进芝加哥爱迪生带来的情感压力已经让英萨尔筋疲力尽，他需要稍事休息。虽然已经在芝加哥上任，但他还是要处理爱迪生公司的业务。出于某种原因，欧洲爱迪生电灯公司尚未接受他的辞呈。他以自己一贯的坏脾气将这封辞呈寄给了纽约的艾尔弗雷德·泰特，强调自己如何在情感上切断了与纽约爱迪生公司的一切联系：

　　　　大约八个月前，我从爱迪生所有的公司辞职，我会向你们表明，我的辞呈理应得到批准。我十分反对继续担任董事，在某些情况下，我不过是一个在管理方面无事可干的公司主管。请补偿我付给纽约州专员的两美元，他为我确认了随信附上的两份宣誓书。3

　　英萨尔没有兴趣与通用电气保持任何正式的行政联系。他在芝加哥有大量的事务需要处理。除了试图获得足够的资金使芝加哥爱迪生成为一家能够维持运营的公司之外，他还要面对市议会贪得无厌的"灰狼"（Gray Wolves）①，他们正准备控制这座城市最有利可图的公用事业特许经营权。1895 年，市长约翰·霍普金斯（John Hopkins）以及民主党党魁阿瑟·沙利文（Arthur Sullivan）成立了一家名为奥格

---

① "灰狼"指在 1890 年代到 1930 年代期间任职的芝加哥腐败议员。

登燃气的皮包公司，并巧妙地说服市议会通过一项自由的特许经营权，暗中破坏人民煤气灯暨煤炭公司在城市燃气领域的垄断地位。沙利文-霍普金斯公司随后向人民煤气公司提出 733 万美元的敲诈性收购报价，从而间接地将特许经营权转给后者。

　　这一举措并没有影响英萨尔，但是沙利文接下来的战术却迫使他不得不采取行动。沙利文相信，如果"灰狼"投票通过一个五十年的电力生产特许经营权，那么英萨尔就不得不花费几十万美元来"保护"他的特许权。当然，市议员首先会控制特许权，然后以高得离谱的价格将这些权利卖给英萨尔。当这个"提议"摆在英萨尔面前时，他愤然离开了与这群腐败政客们的会议。市议会随后通过了一项法令，授予一家新成立的皮包公司（联邦电气）五十年的电力生产特许经营权。尽管如此，英萨尔仍然不会支付这笔钱来贿赂他们。沙利文及其经营者们不知道的是，英萨尔已经通过芝加哥爱迪生公司悄悄地购买了美国发电设备所有部件的生产许可权。尽管沙利文有能力成立一家公司，并在理论上形成一种垄断，但如果不通过英萨尔购买必要的设备，他就无法有效地生产电力。英萨尔占了上风，"灰狼"终于放弃了。这次事件过后，英萨尔邀请沙利文一起吃饭，并且和他成了朋友，他们的友谊一直持续到沙利文去世。

　　英萨尔已经不间断地工作了近十二年，他不再是那个 22 岁的天才青年，可以跟上那个时代精力最充沛的人。失眠使他无法得到有效睡眠，他的免疫系统也开始衰竭。医生说他患有"神经衰弱"，命令他休息，以免持续不断的工作造成他神经崩溃。但他还是干劲十足，只不过需要恢复精力。他在汽船"布里坦尼克"号上订了一张船票前往英国，入住特等客舱时，他又惊又喜。他不仅获得了船上最好的舱位——28号房正是J. P. 摩根横渡大西洋时住过的房间——房间里还摆满了水果、美味佳肴以及朋友们送的礼物。不过，还有一个令人不快的惊喜：某天晚上，船上的一群老鼠也盘算着吃掉所有的水果。英萨尔穿着睡衣夺门而出，吸引了那些在甲板上参加音乐会的人的目光。他想知道摩根是不是也遭遇了同样的窘况。

　　1896年抵达伦敦后，被煤污染的空气加重了他的呼吸系统疾病，英萨尔不得不离开这座城市，去海滨胜地布赖顿（Brighton）。这个热闹的小城是英国的科尼艾兰（Coney Island）①，在人们的记忆中，这里一直是伦敦度假者聚集地。英萨尔从来没有机会放松，对游泳也不感兴趣，他只是在木板人行道两旁的商店闲逛。起初，他非常高兴看到所有商店都装有电力照明系统。接着，他注意到一个更不寻常的情况——用电量正通过仪表进行计量。带有标度盘的小型球体显示了商家的用电量，这样电力公司就可以根据实际消耗量进行收费。他突然想起爱迪生早期的照明设备。这位奇才没有计量系统，根本不知道他的客户究竟用了多少电。客户按灯泡数量收费，这并不能如实反映消耗电力的实际成本。摆在英萨尔面前的是一个他之前从未想过的解决方案——计量仪，这种仪器由一个名为阿瑟·赖特（Arthur Wright）的英国人发明，英萨尔之后会与他见面并说服他与芝加哥爱迪生公司签订一项许可协议。

---

① 科尼艾兰，又译"科尼岛""康尼岛"，位于美国纽约布鲁克林区西南部，是一个半岛住宅区、海滩及休闲娱乐胜地。

虽然当时的生产者知道煤、布线以及修建并维护发电站的成本，但他们根本无法测量消耗的电量。这是电力销售的一个基本经济问题。如果没有计量仪，客户差不多想用多少电就用多少电，价格反正是固定的。对于德雷克塞尔和摩根公司以及纽约报纸这样的终端客户来说，他们在这笔交易中占了很大的便宜。不过，对于电力公司来说，这终究是一笔赔本买卖，因为从消费端收取的费用从来都抵不上他们的固定成本。因此，大部分爱迪生电力公司的现金都不充裕。

随着计量这个想法萦绕在英萨尔的心头，一个全新的商业策略出现了。为什么不根据客户的用电量向他们收取不同的费用呢？大客户可以享受折扣，小客户则支付高一些的费用。有了计量仪，这一切都是可能的。英萨尔对这些可能发生的事情感到兴奋，于是动身前往柏林。在亨利·维拉德的指导下，英萨尔早就已经被引荐给西门子集团的银行家和电气制造商，所以与德国金融和工业领域的巨头们见面的时候，他受到了热烈的欢迎。这是一次友好的访问，维尔纳·冯·西门子及埃米尔·拉特瑙博士（Emil Rathenau）① 慷慨地向英萨尔展示了自 1870 年代就一直不断发展的德国技术瑰宝。德国政府和工业企业之间的合作关系也深深地影响了英萨尔。俾斯麦（Bismarck）② 的养老制度对他来说似乎是个不错的想法（在美国可以由私企老板提供）。他还对国家作为企业监管者的这个角色感兴趣，他自己也曾扮

---

① 埃米尔·拉特瑙（1838—1915），德国企业家、工业家，是欧洲早期电气工业的领军人物。

② 奥托·冯·俾斯麦（Otto von Bismarck，1815—1898），保守派普鲁士政治家，是 1871 年至 1890 年德意志帝国首任宰相。通过立法建立了世界上最早的工人养老金、健康医疗保险制度、社会保险制度等。

演这个角色。

欧洲之行使他重新振作起来，1897 年初，他回到了芝加哥。他心中充满了各种想法，他参与竞选并最终当选由当地电力公司组成的国家电力照明协会（National Electric Light Association）的主席。这些电力公司的主管们不太可能知道 38 岁的英萨尔接下来的计划——国家对电力行业的监管。他在国家电力照明协会首次发表的重要演讲吓得他们中的许多人目瞪口呆：“我们这一行是自然垄断（natural monopoly）①，需要某种形式的政府权力加以监管……其各项业务必须服从一定的政府权力。”

虽然英萨尔的业内同行起初并不完全理解他，但他们逐渐开始领会到他这一主张的逻辑。和许多其他产品一样，电力成本会随着批量生产而降低，大型发电站的确比小型发电站效率更高，中央发电站比客户大楼地下室里的几十台发电机更行得通。一个大型生产商可以获得规模经济带来的大部分好处，所以他的“集中生产”（之后亨利·福特将这个词组缩短为“批量生产”）② 这个观点是最具经济意义的。再则，一个大型电力生产商可以保持“自然垄断”，因为较少的竞争会使整个体系更具效率。英萨尔敏锐地认识到了镀金时代垄断者的贪婪行为，他也想获得公众的支持，但不是通过价格垄断，而是通过减少客户费用。通过扩大电力生产规模和精确计量消费模式这些提高效率的方法，降低零售成本。政府监管机构充当了电价的监管员。

①　自然垄断也称“自然寡头垄断”，因市场的自然条件而产生，指某些产品和服务由单个企业大规模生产经营比多个企业同时生产经营更有效率的现象。
②　“集中生产”原文为“massing of production”，“批量生产”为“mass production”。

公开选举或任命的官员将作为仲裁员，判定什么样的价格是"公平"的，只要保证发电行业在定价过程中获利。耶基斯曾提出对他的电车线路进行公共监管以换取长期的特许经营权，但他无法完全说服立法者接受这个提议。英萨尔知道自己可以在耶基斯的基础上进一步推进这个想法，并在耶基斯失败后一年提出了这一点。

　　集中生产和自然垄断的整个概念是英萨尔从维拉德那里学到的，其商业逻辑令人惊讶，注定要重塑新产业。随着电流沿着一条 11 千伏的交流线路从尼亚加拉瀑布的新电站流出来，世界本身正慢慢适应这种新的力量现实。能源科学和社会问题也在不断发展。英国物理学家约瑟夫·汤姆孙（Joseph Thomson）[1] 发现了电子。领头的知识精英正在讨论亨利·乔治（Henry George）[2] 的单一税提案，该提案旨在废除房地产以外的所有税种。萧伯纳以及一群伦敦费边社（Fabian Society）的社会主义者正在讨论国家控制几乎所有事物，以便改善每个人的工作和生活条件。H.G. 韦尔斯（H.G. Wells）[3] 梦见一台时光机。爱德华·阿梅特（Edward Amet）正在制造"放大镜"，这是第一台名副其实的电影放映机，位于伊利诺伊州的沃基根，英萨尔将在那里建造他最大的发电站。阿梅特在 1898 年的电影《圣地亚哥战役》（ *The Battle of Santiago Bay* ）中采用了一些最初的

---

① 原文为"James Thompson"，疑为"Joseph Thomson"之误。约瑟夫·汤姆孙（1856—1940），英国物理学家，电子的发现者，于 1906 年获得诺贝尔物理学奖。
② 亨利·乔治（1839—1897），美国政治经济学家、记者，主张土地国有，征收地价税归公共所有，使社会财富趋于平均，主要作品有《进步与贫困》。
③ H. G. 韦尔斯（1866—1946），英国作家，因科幻小说而闻名，主要作品有《时间机器》等。

电影特效。

爱德华·贝拉米（Edward Bellamy）的乌托邦小说《回顾》，卖出了10万多本，推动了那个时期基于新工业现实的社会改革。贝拉米看到了"悬吊在十字架上的人类"的可怕景象，并对工业资本主义的罪恶以讽喻的方式发出了严厉警告。为《芝加哥论坛报》撰写社论的亨利·德马雷斯特·劳埃德（Henry Demarest Lloyd），到处搜集并揭发丑事，通过抨击约翰·D. 洛克菲勒及范德比尔特家族这样的敛财大亨，为新闻业奠定了基础。他将那些美国"帕夏"（pashas）① 称为"新的社会类型，他们对美国人民的苏丹式漠视需要法律的约束"。1896年，亲商主义者威廉·麦金利（William McKinley）② 竞选美国总统成功，消除了人们对威廉·詹宁斯·布赖恩（William Jennings Bryan）③ 这样的改革派和民粹派获得权力的担忧，一个新时代即将到来。英萨尔听说狂热的布赖恩在芝加哥获得提名时发表了著名的"黄金十字架"（Cross of Gold）演说 ④，他担心如果布赖恩的政党上台执政，政府可能会限制公司的发展。随着强大的托拉斯（trusts）⑤ 受到公众的监督和谴责，另一种公司实体激发了英萨尔的想象，并将在更大范围内受到欢迎，那就是控股公司。这种新型法人团体可以通过发

81

---

① "帕夏"是旧时奥斯曼帝国和北非高级文武官员的称号，相当于英国的"勋爵"。
② 威廉·麦金利（1843—1901），美国第25任总统。通过提高关税等举措促进了美国工业的发展，他维护金本位制度，并对外发动了美西战争。
③ 威廉·詹宁斯·布赖恩（1860—1925），美国政治家、演说家，是民主党的主导力量，于1896年、1900年、1908年三次竞选总统，均未成功。
④ 在该演讲中，布赖恩反对黄金是货币唯一的坚实后盾，被认为是领导自由铸造银币运动的全国领袖。
⑤ "托拉斯"是垄断组织的高级形式之一，由许多生产同类商品或相关商品的企业合并而成。

行股票控制数量不限的其他公司。和托拉斯一样，控股公司也可以由选定的董事会来控制，几乎不受监管。

社会的各个方面都在改革。在芝加哥大学任教的约翰·杜威也在用他的《学校与社会》一书改革公共教育。在修正学校体系以满足工业社会需求的过程中，杜威相信，只有学校实施"晋级和效益"，新的民主制度才能生存下去。他的课程将道德和智力发展与烹饪练习等实用技能结合在一起。弗兰克·劳埃德·赖特为郊区的商人建造定制住宅，并在这种新的个人实践中获得了成功。据说在哥伦比亚博览会上看到日本凤凰殿后，他想到可以将优美的水平线应用于奥克帕克的草原式住宅。底特律爱迪生公司一位名叫亨利·福特的年轻工程师成功组装了一辆不用马拉的车子（horseless carriage）①。新世纪甚至还没有开始。

英萨尔从欧洲回来后，就开始采取行动独占格拉迪丝·沃利斯小姐的爱。在纽约，她和巴里莫尔、莫德·亚当斯、埃德娜·华莱士（Edna Wallace）以及明妮·杜普雷（Minnie Dupre）等新秀一起住在海伦·温莎的戏剧家庭旅馆。格拉迪丝正成为一个可以领导属于她自己的专业剧团的明星。英萨尔带着自己对商业事务的所有热情开始追求她。英萨尔的一个朋友尤金·刘易斯（Eugene Lewis）已经和埃米·巴斯比（Amy Busby）订婚，埃米是格拉迪丝的密友，也是一个演员。当英萨尔受邀一同晚餐时，刘易斯问他，是否还有其他人需要

---

① 即老式汽车，汽车最初被称为"不用马拉的车子"或"无马马车"。

邀请。英萨尔毫不犹豫地表示，格拉迪丝会是一个再合适不过的晚餐同伴。

晚餐时，格拉迪丝光彩夺目，谈论她在剧院里的许多角色和生活。这个小天使本人也很讨人喜欢，英萨尔曾看着她走在密歇根大道上，看着她登上舞台。他完全着了迷，开始频繁到剧场后门追求这位亲爱的新朋友。除了认识的那些有权有钱的人以外，英萨尔在芝加哥其实并没有什么亲密的朋友。他的生活就是早上 7 点 10 分到达办公室，阅读前一天的营业报告，亲自解决各种服务投诉（这个习惯一直持续到 1920 年代），浏览所有提到他或者公司的报纸，并处理当天的业务。记笔记的时候，他一丝不苟，会采用罕见的皮特曼速记法，并且只聘用那些知道这种速记法的秘书。晚上他会搭乘电车，检查供电线路。这种生活是孤独寂寞的，他已经快 40 岁了，他渴望一位妻子、一个家庭。

追求格拉迪丝是件难事。他在芝加哥，而她大部分时间都在纽约或者四处演出。他频繁地给她写信，频繁到一天一封。他不断地给她送鲜花、糖果、手套和长袜，因为他不愿让距离把他和爱人分开。格拉迪丝也会频繁地回信，无论她有多忙多累，信的开头总是"我最亲爱的萨姆"或者"你是我所认识的最可爱的人"。她常常提到自己很沮丧，然后就会收到英萨尔贴心的礼物。三天不通信，这对情侣似乎就痛苦不堪。她经常去费城、底特律、辛辛那提、克利夫兰、新奥尔良、密尔沃基、巴尔的摩以及旧金山巡回演出，但信件从来都没有断过。

当弗劳利公司给格拉迪丝提供十周的担保后，她的事业渐占优势，这一担保后来成了每周 100 美元的永久性聘用。格拉迪丝暂时接受了这个提议，她的薪水涨到了 125 美元。一个演员理想的状态，就是无须出差、担任主演、工作减半。弗劳利显然并非真心实意。他一直等到蒂沃利剧院（Tivoli Theatre）的开幕之夜，然后开除了她，并提到是因为她的"暴怒脾气和高傲态度"。在这座海湾城市，她形单影只、无依无靠、一文不名，她失去了一切。英萨尔以各种可能的方式安慰她。然而，她实在是太痛苦了，甚至忘记了他的生日，这导致了一封长达五页的道歉信：

> 你能原谅我吗？你总是想着我……我更讨厌我自己了……没有必要再继续写了，因为我可以无限地写下去，但还是无法表达我的感情。我实在是太傻了，我应该为此感到难过。我只能卑微地请求你的原谅。我的最爱（虽然没多大价值），爱你并永远爱你的格拉迪丝。[4]

两年里，他们交换了 200 多封信。她在回信里一如既往地谈论自己生活里的每个小细节，包括排练、巡回演出、购物、吃饭、见朋友等。她温柔地提醒他，"忠诚对女孩有巨大的吸引力"，虽然很少见他，但通过他的信件，她开始深入了解他。英萨尔会在回信中附上自己的生活照，并经常赠送购物袋、现金等礼物。她非常喜欢这些礼物，而且"珍视与他的友谊"。1898 年 2 月，他前往纽约求婚。她答应了，但拒绝确定婚礼的日期，除非他明白嫁给他"并不是一条捷径"。格拉迪丝仍然决定继续工作，她还没有准备好成为一个商人的

妻子。她接受了由英萨尔买单的假期，然后就开始在一个流动剧团的 83
戏剧《马戏团女孩》中演出。

她有自己的生活，但她也非常爱英萨尔。1899年4月29日，她写道："我绝对爱你，我的宝贝。你是一个完美的爱人，我有幸得到你的祝福并永远有你在身边。我是属于你的，格拉迪丝。"[5]

自从宣布订婚以来，格拉迪丝就时来运转。在秋天，她收到了两份演出邀约。克兰公司请她重返剧团，另一家公司则给她开出了每周高达500美元的薪水，参与讽刺时事的杂要表演。这个时候，她和英萨尔在芝加哥爱迪生公司挣的钱差不多持平。不过，杂要表演低级下流的性质使英萨尔非常担忧，英萨尔强烈要求她接受克兰那份工作，她同意了。

1899年5月23日，他们在戏剧演出季结束时结婚了。根据报纸社会版的头条新闻，她决定暂时放弃演艺事业，成为"一个芝加哥百万富翁的妻子"。

婚礼极尽奢华，爱迪生公司的所有负责人都踊跃出席。婚礼相册和现代曼哈顿的电话簿一样厚，上面装满了爱迪生和维拉德的贺词。4月12日，他们的儿子小塞缪尔出生了。虽然英萨尔其实是塞缪尔·英萨尔二世，但是没人管他叫"小塞缪尔"。不过，英萨尔的儿子出生后，英萨尔的父亲同意被称为老塞缪尔·英萨尔。而小塞缪尔，英萨尔叫他"查皮"，之后会称他的儿子为塞缪尔·英萨尔三世，尽管他儿子实际上是塞缪尔·英萨尔四世。查皮和父亲早期关系比较疏远，他很少见到自己的父亲，就算见面，也得等到深夜。格拉迪丝会让查皮沉浸在诗歌、戏剧和艺术里，而英萨尔却在他的房间里摆满蒸汽机等机械玩具。当母亲看着自己的儿子进入艺术世界时，父亲正培养儿子继承自己的王朝。

在世界上大部分人能够了解其深远意义之前，英萨尔对批量生产的总体规划已成为世纪之交电气工业一个不成文的规定。到了1900年，电力生产商能够通过高压输电线路输送6万伏特的电。第二年，西屋公司计划研发3.5兆瓦的涡轮机，当时最大的发电机最多也就2兆瓦。电气工业的核心技术正呈指数提高。现在需要大胆使其进入下一阶段。

1901年12月，英萨尔回到英国看望母亲。他无法只是单纯地享受与格拉迪丝和查皮的悠闲旅程。离开前，查尔斯·科芬已经和他联系并商讨检查一个冲动式汽轮机，这是通用电气的实验对象。英萨尔完全明白科芬指的是什么，在之前的一次英国之行里，他看到了纽卡斯尔的查尔斯·帕森斯爵士（Sir Charles Parsons）发明的汽轮机。抵达欧洲后，英萨尔参观了德国的法兰克福，在那里他可以看到2500马力的涡轮机在运转。这些涡轮机典雅大方，更不用提它们的效率。在此之前，大多数流行的发电技术都要依赖两个基础部件：蒸汽机和发电机。这两个独立的部件通过皮带连接起来，会导致电能损失巨大。它们不仅效率低下，发电量也受到限制，因为发电机在这种配备下只能旋转这么快。不过，汽轮机（steam turbine）[1]完全不需要发动机。燃煤锅炉通过把水加热产生高压蒸汽，使涡轮机的叶片旋转，涡

---

[1] 汽轮机属于涡轮机的一种，也称"蒸汽轮机"，依靠锅炉供给的高温高压的蒸汽来推动叶轮旋转做功。而蒸汽机则是利用蒸汽推动气缸内的活塞做功。

轮机的转动轴直接连接到发电机上。旧装置热能和机械能转化为电能的效率为 40%，而新装置的效率高达 80%。涡轮机需要的煤更少，却可以转得更快并产生更大的电能。这是一个相对比较简单的原理，实际上，今天的每一家燃煤发电站、燃气发电站和燃油发电站都仍在使用涡轮机。

1902 年回到芝加哥后，英萨尔命令他的顾问工程师——著名发电站设计师弗雷德·萨金特以及他的副总裁路易斯·弗格森（Louis Ferguson），重走他的德国路线并就芝加哥爱迪生公司如何建造一座涡轮机发电站提出建议。英萨尔开始和科芬协商，在通用电气制造自己想要的设备。萨金特和弗格森给出了保守的建议，即先在已经废弃不用的哈里森街发电站建造一台小型设备。这不是英萨尔想要听到的。他刚刚签了一份合同，为莱克街从芝加哥到奥克帕克的高架线路提供电力，而且马上就要争取到一份合同，为芝加哥整个高架运输系统提供电力。这样的大客户需要一台工程师们从未想过的发电机。英萨尔不会放弃，因为他设想自己的公司会为整个大都市地区供电，以前还从未有哪个生产商做到这一点。这是爱迪生的梦想，但这位奇才从未拥有实现这个梦想的金钱和技术。英萨尔却做到了。

"我的想法是为人口集中的地区提供全部电力，"英萨尔告诉董事会，"我意识到，只有高度经济的发电站才能实现这一点，从而实现能源成本极低，并与私营的不经济的蒸汽发电站相竞争。得到这种大型电力业务的机会正好摆在我面前，我知道，除非我建造最经济的发电站，否则我就会丢掉这个机会。"

当英萨尔告诉科芬他想要一台 5 兆瓦的涡轮机时，科芬一定被咖啡呛到了。这个功率是交流电涡轮机领域的领袖西屋公司正在运转的涡轮机的两倍多。它肯定不是已经放置在斯克内克塔迪的仓库里，只等着装运。这样的设备对于双方来说都是很大的风险。因此，英萨尔与科芬达成了协议，如果涡轮机无法运转，科芬就必须将其收回，并完全承担安装费用。两个人都在涡轮机上赌上了他们的名誉。如果发电机无法运转，那么实际上，英萨尔就是在承诺他根本无法交付的电力，而科芬在工程学上的威望也将受到影响，这会令他非常难堪，西屋公司会对此大加嘲笑。

英萨尔想把他的超级发电机建在毫不起眼的地方。和哈里森街发电站一样，这片平坦的土地紧邻流动不畅的芝加哥河，随时都能供水。这个地方周围没有树木，位于散发出刺鼻气味的联合牲畜饲养场（Union Stockyards）以北，距离只有几个街区，饲养场里有成千上万头牛在等待它们的最终命运。菲斯克街是一条安静的街道，位于比尔森（Pilsen）地区的一个工业区内，当时是捷克人定居的地方，将来这里会培养出一位市长——“托尼”安东·瑟马克（Anton“Tony”Cermak），他是1930年代库克县民主组织首脑（发电站所在的那条路之后更名为瑟马克路）。

英萨尔和萨金特对启动菲斯克街发电站一号机组的开关感到不安。自从爱迪生在J.P. 摩根的办公室启动开关使珍珠街发电站开始运转以来，已经过去了二十多年，但是英萨尔现在的感受就和当初的爱迪生一样，只不过世界对他的关注要少得多，当然他也没穿白色燕尾服。科芬一定也是惴惴不安。通用电气在菲斯克街之前制造的最大发电机也不过 600 千瓦，是菲斯克街机组功率的八分之一。

这栋建筑本身对于一座发电站来说，装饰过于华丽，有着优雅的三层拱形窗户（装有直棂）和赤土陶器装饰品。路灯照亮了发电机房这个宽敞的空间。涡轮发电机本身像一只钢制章鱼，底部有管子伸出来。黄铜栏杆环绕在设备的顶部和下部，看起来就像是儒勒·凡尔纳（Jules Verne）的小说中会出现的东西。涡轮机上椭圆形的开孔使它看起来像是电力大教堂中央停靠的一艘怪船。煤可以运到相邻的锅炉房，为了安全起见，锅炉房用厚实的防火墙隔开。伊利诺伊州的高硫煤要么通过流入伊利诺伊河的环境卫生和航行运河以驳船运输，要么通过火车运输。河水用于冷却。发电站为新机组配备了 8 个锅炉，需要燃烧 40 吨煤。

86

1903 年 10 月 2 日，启动开关的时刻到了。萨金特问英萨尔，他是否想在设备开始运行后留在那里。

"弗雷德，你认为会发生什么？"英萨尔问道。

"我不知道，但它可能会爆炸，你最好还是出去。"萨金特带着关切的表情说道。

"你离开的理由和我离开的理由一样多！这东西会爆炸吗？"

"不！我待在这里是我的职责所在，"萨金特以一种军人的口吻说道，"我不认为它会爆炸，但我也不知道。"

"那么，我要留下来。我宁愿和你一块被炸死，反正要是涡轮机失败了，无论如何我都完了。"

接着，随着这台庞大的发电机上下震动、发出怪异的噪声并开始生产电力，人们纷纷往后退缩。对英萨尔来说，第一次运行意义重大，因为这能履行他对当时最大的电力客户——交通运输系统的承诺。英萨尔和萨金特两个人都清楚，第一个机组只是众多机组中的一个，因为它还没有那么高效，技术也要在未来加以完善。不过，那天发生的事情就相当于一个太空项目从绕地阶段转入了绕月阶段。新机组产生的功率是蒸汽机的两倍，大概是 1.1 万马力。从那以后，芝加哥就逐渐成为世界上能源消耗最大的城市。英萨尔立刻又订购了两台发电机，要求机组的功率提升至之前的五倍，这远远超出了通用电气和西屋电气 1903 年的工程技术所能达到的水平。这样的机器只能由帕森斯在英国制造。尽管在 1910 年以前，24 兆瓦的设备差不多算是行业标准，但在十年内，英萨尔安装了 120 兆瓦的发电机。这引发了通用电气、西门子和西屋持续不断的竞争，在提高发电量的同时，还要提升效率，这场战争如今仍在进行。

有了菲斯克街的设备，英萨尔就可以向工厂、办公室、商店和住宅中任意数量的客户销售任意数量的电力。他将来还会订购和制造功率更大的设备。现在他需要做的就是找到资金继续融资扩张，让所有客户都相信未来就在这里，并且能够通过管道输送到每栋建筑。世界上最大的涡轮发电机不再需要蒸汽机为其提供动力。如今，发电机和蒸汽机这两种机器被组合为一个强大的整体。尽管提供动力的仍是煤这种主要燃料，但至少半个蒸汽时代已经成为历史，现代大都市正沿着高压线路迅速发展。

87　　蒸汽涡轮发电机背后的概念在美国仍占主导地位，占全部发电量的 60% 以上。英萨尔委托研发的技术也仍在广泛使用，并通过成千上万次改进进行升级。菲斯克街发电站目前由爱迪生国际中西部发电有限责任公司管理，其锅炉燃料是一种低硫煤，出自美国最大产煤区——怀俄明州保德里弗盆地（Powder River Basin）。煤被碾成面粉颗粒大小的粉末，以提高燃烧效率，然后在 2700 华氏度下燃烧并产生蒸汽。接着用管道输送蒸汽，以每分钟高达 3600 转的速度旋转发电机上的涡轮。一个 550 英尺（约 167.6 米）高的烟囱现在依然高耸于发电站顶部，当你从南部或西南部驶入这座城市时可以看到它。虽然发电站排放的气体几乎没有一种是洁净的，但现在燃烧的煤含有 0.4% 的硫，而已经废弃不用的伊利诺伊州煤田的硫含量为 3.5%。总的来说，在英萨尔那个时代，燃煤或"矿物"发电站是空气污染的一个主要来源，现在仍在危害工业社会的健康。

从这个已经成为国家工程地标的地方，可以看到市中心高耸的摩天大楼。爱迪生、英国乔治国王和玛丽王后等达官显要曾前来参观这座发电站，在 20 世纪头十年，这里可以说是一个旅游景点。发电站时不时地就要停工和修理。涡轮机常常会冒出火花，并引发小爆炸。有一次，一个管理员坐在某个涡轮机上擦亮黄铜栏杆时这里"发生了一次爆裂，产生可怕的爆炸声并冒出滚滚浓烟，导致管理员手忙脚乱地从发电机顶部爬到地板上……他恨不得让所有人都吃他一拳，尤其是配电板操作员，他觉得就是他让自己成为这个恶作剧的受害者"。

虽然工业安全已经在过去的一个世纪得到了显著改善——1907 年，大约有 50 万名工人死于工业事故——但是 1938 年至今，还是有 7 人在菲斯克街发电站死亡，其中包括一个消防员，坊间传闻"他的灵魂仍在这栋建筑里萦绕"。最早的事故包括 1903 年底发生的触电意外。为了纪念这些勇敢的工人，他们的名字被刻在旧发电房和相邻开关室之间的一块花园匾额上。

英萨尔使涡轮机发电在大范围内成为现实的那一年，是创新史上的奇迹年。俄亥俄州的两名自行车修理工在北卡罗来纳州的"杀魔山"（Kill Devil Hill）完成了第一次自力推进飞行。莱特兄弟已经为此奋斗了数年，但最后还是加入了亨利·福特。福特在 1903 年以 2.8 万美元的资本成立了福特汽车公司。那时整个美国只有大约 8000 辆汽车以及 144 英里（约 232 千米）铺平的道路。平均工资为每小时 22 美分，普通工人年薪为 400 美元。大约 10% 的人口是文盲，95% 的分娩在家中进行。俄克拉荷马州、亚利桑那州、新墨西哥州、阿拉斯加州以及夏威夷州尚未获准加入美国联邦。有 30 人居住在一个名为拉斯维加斯的沙漠村庄。第二年，社会学家马克斯·韦伯（Max Weber）将发表名为《新教伦理与资本主义精神》的开创性著作，探讨爱迪生、福特和英萨尔这样的人为何会如此成功。

福特和曾经的英萨尔一样，受到了爱迪生的影响和鼓励。爱迪生曾劝他不要以电动汽车开始他的事业。与这位奇才的一次晚餐聚会中，福特在餐厅菜单的背面粗略地画出了他构想的由内燃机提供动力的汽车。

"年轻人，"爱迪生用力地捶着桌子，"就是这样！你已经拥有携带燃料的独立设备！坚持下去！"

福特在自己的新流水线上生产了第一辆 T 型车，并以 400 美元的价格出售给公众。和英萨尔一样，福特对牢牢控制企业、降低价格以及让大众买得起自己的产品很感兴趣。这两个人见过几次面，第一次见面就是在福特向爱迪生展示构想的那次晚餐。福特和爱迪生成了亲密的朋友，甚至还把轮胎制造商哈维·费尔斯通（Harvey Firestone）带进了他们的圈子，因为爱迪生在生命的最后十年越来越有兴趣为新兴汽车业务开发技术。五年后，英萨尔放弃他的电动汽车，购买了一辆别克汽车。

以菲斯克街的启动为契机，英萨尔如今能为比芝加哥市中心更大的地区提供电力。爱因斯坦正从理论上说明时空连续体的存在，预言光的本质，并解释宇宙中的一切如何相对，而英萨尔正利用电磁的力量将城市转变为互联的大都市网。

在菲斯克街投入运营五年后，英萨尔又在菲斯克以南几个街区的河边启动了阔里街发电站（Quarry Street station），运行着 6 台 24 兆瓦的涡轮机。通用电气的科芬在现场启动了开关。随着英萨尔的发电站建造计划继续快速扩张，他准备收购这个地区的小型电力公司。他得到了芝加哥爱迪生董事会的完全支持，其中包括总统的儿子罗伯特·托德·林肯（Robert Todd Lincoln）[1] 律师。林肯的合伙人威廉·比尔（William Beale）也在起草合同和获取融资方面发挥了作用。

英萨尔的一个金融创新就是创立了开放式抵押 [2]。在这种抵押方

---

[1]　罗伯特·托德·林肯（1843—1926），美国政治家、律师、商人，林肯和玛丽·托德·林肯的大儿子，是林肯家族中唯一活到 20 世纪的成员。
[2]　开放式抵押是指同一抵押财产可为其他债券提供担保。

式出现以前，每个项目都必须通过出售债券或股票进行单独融资。由债券担保的开放式抵押就像额度不断提高的银行贷款，不受任何一笔支出的约束，因此很灵活。英萨尔在芝加哥周边搜索，他能够购买几座发电站，将其合并为一个新公司联邦电力，这个公司通过开放式抵押维持运营并拥有菲斯克街发电站。

当地银行家以前从未见过开放式抵押，因此他们不愿与英萨尔交易，购买他的债券。借助比尔的影响力以及芝加哥爱迪生董事爱德华·布鲁斯特经纪公司的销售技巧，英萨尔才将这些债券销售出去。在最初遭到芝加哥银行界抵制的同时，英萨尔也很难说服芝加哥爱迪生董事会将抵押融资增加到 600 万美元以上。他的扩张计划需要更多的钱，他只好去伦敦获取更多资本，而且有点后悔没去纽约寻求资金支持。摩根公司一直关注着英萨尔公司的发展，他们想知道自己什么时候会被邀请参与创建美国最大的独立电力生产商。

现在整个芝加哥大都市电力供应的控制权已经在英萨尔的手中。1902 年，他将北部郊区的一些小型电力公司合并起来，创立了北岸电力公司。现在他的经营范围从市中心一直往外延伸了 30 英里，并冒险进入农村。他觉得农村电力公司和城市电力公司没理由有什么不同。他所在的行业认为投资农村发电站是愚蠢之举，但他不在乎这种传统观点，开始了所谓的"莱克县实验"。莱克县位于包括芝加哥在内的库克县以北，这里可以通电为人烟稀少的城镇提供服务。因为技术手段尚未到位，所以没有理由相信一座发电站可以为包括住宅、农场在内的大片地区供电。三十多年后，富兰克林·德拉诺·罗斯福欣然接受了这个富有先见之明的想法，成立了田纳

西河流域管理局（Tennessee Valley Authority）和农村电气化管理局
（Rural Electrification Administration）。英萨尔继续收购农村小型电力 90
公司，一直往南到了俄亥俄河，他在印第安纳州的新奥尔巴尼（New
Albany）和杰斐逊维尔（Jeffersonvill）购买了两座发电站和一条电车
线路，并派他的兄弟马丁去管理这些公司。

英萨尔知道，农民和小城镇的电力需求与城市居民一样多，并且
也是出于同样的原因需要它——照明、公共安全和生产。后来他告诉
公用事业的同行们：

> 必须牢记的是，价格低廉的电力对农民就和对生产者一样重
> 要。同样的政策已经在制造业力所能及的范围内带来了价格低廉
> 的电力，虽然这些建在农村社区的工厂规模不大，但这种政策打
> 开了一种可能性，即在农村建立更大的制造企业，为这些社区附
> 近的农民家庭提供就业机会。[6]

在农村电气化成为一个国家大力资助的项目之前的三十年，英萨
尔这位"自然垄断"的电力大王，却支持一个进步民主党人的观点，
这是多么讽刺。电气化给城市远郊社区带来了巨大好处：每一项室内
农业生产活动都可以在灯光下进行；电动挤奶设备可以使挤奶更加高
效；冷藏可以使牛奶、鲜肉等几乎所有食物保存好几个月；机床不需
要连接到与拖拉机动力输出装置相连接的皮带上，那些皮带相当难操
作；农民会有24小时的电力来供应水泵、青贮饲料鼓风机和几乎所
有的电动设备；烟熏室不再需要储藏肉类；农民不再需要等待送冰

人为冷藏箱（ice box）^①送来大冰块；洗涤和熨烫不再需要花费两天。不过，大多数农场甚至买不起手动操作的衣物绞干机，熨烫就是把一个扁平的黑色熨斗放在高温炉子上，一直等到它变热。这个过程单调乏味、危险且耗时，妇女们每天都要花费无尽的时间做这些家务。最重要的是，有了电，农民就可以不再使用那些危险的煤油灯，之前他们拿着煤油灯在农舍的各个房间进进出出，还进入谷仓，经常引发火灾。

输送到城市之外的电力为美国带来了经济优势。城市不再是重工业的专属领地。制造工厂可以建在任何可以连接电网的地方，这在英萨尔设想了几年后就变成了现实。这一切都是为了建造基础设施。尽管也许会有人想出他们自己的莱克县实验，但却是英萨尔相信它、资助它并实现它。

91　　在这座城市里，英萨尔的计划遇到了一些障碍。市议会正在讨论对英萨尔的公用事业公司进行管理，与此同时，他的这些公司正在协商为难以管控的电车线路供电。他的公司每度电售价为 16 美分（是现在平均费用的两倍以上）。英萨尔担心芝加哥会制定每小时 10 美分的固定费率，如此则会导致公司每年损失 40 万美元。不过，降低费率一直是英萨尔打击"煽动者"的棍棒，这些煽动者强烈要求广泛监管和市政所有权。他一贯认为，像他这样的私营企业总是比市政公司更有效率，只要政治舆论似乎开始偏向支持市政所有权，他就宣布降价。1906 年，他已经将价格下调了 20%，而且只要他认为能够为公

---

① 冷藏箱是电冰箱问世之前的一种紧凑型非机械式冰箱，是 20 世纪初的一种普通厨具。

司带来政治优势和良好的公共关系，他就会继续降价。降价对公司来说也是件好事，因为会带来新的客户。新客户被转化为发电站更大的"负载系数"（load factor）。如果有更多的电力客户，发电站的运行时间就更持久，效率就更高。

在迅速发展的芝加哥爱迪生公司广告部（由英萨尔于 1901 年成立），电力和家用电器的使用得到了推广，从而提高了负载系数和从住宅客户处获得的利润。公司开始定期邮寄广告和传单，说明"风扇、马达、招牌和其他电器"的优点，这些电器被称为"优秀的负载提升器"。三年后，公司投资了纽约贝茨广告公司策划的 4 万美元的直邮广告活动。这是美国公用事业公司开展的首批直邮广告活动之一。前一年，前任新闻记者和芝加哥爱迪生公司推销大师约翰·吉尔克里斯特（John Gilchrist）创办了《电气之城》（Electric City），这是一本宣传电力给生活方式和工作场所带来的好处的光面杂志。吉尔克里斯特机智地把红木配电箱置于药店①，作为交换，他会给这些零售商布线通电。这本杂志一直持续出版，直到 1917 年因为第一次世界大战期间的高昂印刷成本而倒闭。吉尔克里斯特成为英萨尔大部分宣传活动的策划大师。他计划的第一步就是给签订一年电力合同的住宅安装 6 个免费的电源插座。最终，那些觉得自己占了便宜的房主通常都会给整栋房子布线，并从芝加哥爱迪生公司购买电器。接下来，吉尔克里斯特会进一步跟进，派卡车和推销员到已经布线的社区赠送或销售风扇和熨斗。一旦住户拥有了一件有用的电器，他们就会渴望更多。新兴的消费文化开始电气化。

---

① 美国兼售化妆品、家居用品、饮料、小吃等杂货的药店。

菲斯克街大幅提高的效率使英萨尔相信，建造和改善这座发电站

92 是"我们公司发生的最大的事情。在 11 月和 12 月，菲斯克街的电力
生产成本比我知道的任何一座以煤为电力生产燃料的工厂都要低。今
年我们的资产负债表账面会很好看"。

　　莱克县肥沃的土地和稀稀落落的农场使英萨尔想起了他心爱的英
国乡村。这激发了他内心的一个潜在想法。现在他终于可以做一件他
父亲和家里几乎没有人能够做到的事，那就是成为一位高贵的乡绅，拥
有并管理一处乡间不动产。他有足够的钱购买土地，于是他在芝加哥西
北方向 35 英里（约 56 千米）左右的利伯蒂维尔附近购买了一个农场。
农场有一座四方形的白色大型农舍，装有流苏遮阳棚和环形纱窗门廊，
还拥有 160 英亩（约 0.65 平方千米）北美大陆上最肥沃的土壤。

　　1907 年，英萨尔成为一个拥有土地的绅士，在城市有宽敞的
公寓，在乡间有宽阔的农场。他的家人搬进了"霍索恩农场"。农
场位于芝加哥密尔沃基和圣保罗铁路公司（也被称为密尔沃基铁
路公司）附近，未铺路面的密尔沃基大道及埃尔金和乔利埃特东
部铁路（Elgin, Joliet & Eastern railroad）将其一分为二。他的邻居
都是芝加哥商界鼎鼎大名的旧贵家族：约瑟夫·梅迪尔·帕特森
（Joseph Medill Patterson）① 的不动产在南边，他的家人创办了《芝加
哥论坛报》；肉类加工业的阿穆尔家族（Armours）和斯威夫特家族
（Swifts）在东边；麦考密克家族在湖畔；发迹于钢铁行业的赖尔森

---

① 约瑟夫·梅迪尔·帕特森（1879—1946），美国记者、出版商，是纽约《每日新
　　闻》的创始人，他的爷爷约瑟夫·梅迪尔是《芝加哥论坛报》的创始人。

家族（Ryersons）则在麦考密克家族附近。

英萨尔对农场的想法非常着迷，但可能他每周待在那里的时间并不多。开车到市中心要花好几个小时，因为大路还没有铺好，更不用说高速公路了，而且也没有直达的通勤列车。格拉迪丝常常一连数天独自与查皮和仆人待在一起，甚至在他们住在宽敞的城市公寓里的时候也是如此。对于一位曾四海为家的职业女性来说，这令人发狂，因为她以前常常是众人关注的焦点。在乡下，当地城镇是一些朴素的住宅区，主要街道都是泥路。在2月到6月的"泥泞季节"，道路几乎无法通行。附近没有任何剧院或餐厅。利伯蒂维尔是莱克县中心区的集镇，坐落于几座山丘上，密尔沃基大道横穿其中部。它已经改过好几次名，比如"柏林顿"和"独立园林"，在县首府迁到东边的沃基根之前，它曾是县治所在地。据说在17世纪，当地的印第安人曾告诉正在探索这个地方的法国探险家拉萨莱（La Salle），在东部德斯普兰斯河（Des Plaines River）附近的什么地方，有一些神奇的矿泉。

第二年的欧洲之行让英萨尔和格拉迪丝的关系有所好转，但是嫁给他的时候，她并没有想过会住在一个远离城市的农舍。他们变得疏远了。英萨尔觉得，这也许是因为妻子没有一栋完全属于自己的房子。他抓住这个机会，决定为她建造一所符合他们身份的乡间住宅。他买下了邻居所有的土地，扩大了他的农场，最终拥有了4000英亩（约16平方千米）的土地。现在他需要的就是一栋与之相配的庄园宅第，于是他开始寻找建筑师，建造一所合适的巨宅。

一位机械时代的子爵应该在住宅的设计和建造方式上采取一种更开明的做法。1900年，弗兰克·劳埃德·赖特宣称："未来的艺术将由独立艺术家通过机械的无数能力表现出来。"他为自己的草原式住宅设计了各种可能的用电方式。这位建筑师不仅仅是把充满艺术气息的照明设备融入他接受的委托。在他的设计中，灯光是有机整体的一部分。白炽灯现在看起来好像一直在他家里，如同壁炉和定制家具一样。为弗雷德里克·罗比（Frederick Robie）设计的住宅最完整地表现出了赖特的草原风格。罗比是一个自行车和汽车零部件制造商，就住在芝加哥大学旁边。1910 年的罗比之家像这座城市的一张巨大躺椅，有着悬臂式门廊和大窗户。这栋平房常被喻为一艘抽象的汽船，不仅仅停在一片陆地上，而且还有一种要起航的态势。它就像机械时代本身一样灵动。室内宽敞的房间在不牺牲隐私的情况下，传达出一种敞亮的感觉。除了赖特设计的家具和灯具以外，它还配备了各种电力设施，比如中央真空系统，英萨尔之后也会在新家安装这一系统。

和英萨尔一样，赖特是个富有魅力的自我推销者。英萨尔通过直邮、传单、电费账单邮件中的卡片和杂志向公众兜售电力的时候，赖特则在 1907 年的《妇女家庭杂志》上刊登了广告，称自己可以建造"一所 5000 美元的防火房屋"。当时这个价格对于公众来说还算是比较实惠，毕竟这是由建筑师设计的住宅。工艺美术运动的美学标准影响了早期的赖特，受到这种美学标准的启发，平房和农舍式住宅将覆盖芝加哥及其郊区。英萨尔确信这些房屋最终一定会全部布线通电。赖特最初的客户几乎都是有钱人或上层中产阶级，与他不同，英萨尔希望每个人都能用得起电。

目前还不知道英萨尔是否去过罗比之家或见过赖特，但他们一定知道对方的工作。当赖特离开奥克帕克的妻子和五个孩子，开始追

求一个客户的妻子（玛玛·切尼）时，他将自己的工作移交给赫尔
曼·瓦伦丁·冯·霍尔斯特（Hermann Valentin von Holst），而霍尔斯
特之后会为英萨尔设计房屋。

莱克县实验表现出了自己的生命力，并成为收购和合并城市周
围其他电力公司的蓝图。北岸电力收购了附近的 11 家小型电力公司，
英萨尔想到，可以把这些公司联合成一个更加高效的生产商。通过观
察一个大型中央电站是否能为莱克县的 22 个社区提供电力并从中盈
利，他将实验带向了一个新阶段。他关闭了当地的发电站，这些发电
站从黄昏到午夜为人口通常不超过 300 人的城镇提供服务。他希望能
在 1910 年之前为大约 2.3 万居民和 125 个农场供电。通过在乔利埃
特（Joliet）、埃尔姆赫斯特（Elmhurst）、拉格兰奇（LaGrange）、奥
克帕克和坎卡基（Kankakee）购买发电站，他还开始为城市西部和南
部的社区提供服务。1911 年，小型公用事业公司的数量过多，难以
管理，于是他把这些公司全部合并入他的控股公司——中西部公用事
业公司，马丁·英萨尔被任命为该公司的总裁。

在 1912 年占领大都市地区大部分的用电区域后，英萨尔在芝加
哥地区的每个地方都有更多的公司需要管理，这导致他不在家的时间
比结婚初期还要多，当时他只用管理芝加哥爱迪生一家公司和一座发
电站。格拉迪丝现在正考虑向这位巨头关闭她的卧室大门，这标志着
断绝他们有名无实的关系。她接受了邀请去新泽西州大西洋城拜访朋
友本杰明·卡朋特夫人，她想短暂休息一下，不过最后却突然被叫回
家，因为查皮被诊断患上了猩红热。

格拉迪丝急忙赶回家，发现儿子已经奄奄一息。医生命令她不要靠近，让护士来处理这种状况，以免她受到传染，但她不顾一切，冲进他在农场的房间，开始照料他。英萨尔服从了这种隔离安排，经常朝儿子卧室的窗户大喊，看看家人是否一切正常。三名护士试图把查皮从死亡线上拉回来。当时没有现代抗生素，得了这种疾病通常被视为宣判了死刑。格拉迪丝擦洗查皮的整个房间，徒劳地试图消除微生物的痕迹。随后她又用甲醛（1912 年的主要消毒剂）擦洗整栋房子。她的双手因腐蚀性的液体和清洁工作而流血。

95　　　三个月的等待、清理和看护之后，查皮的高烧开始加重，没有任何减弱迹象。他的心脏停止了跳动，其中一个护士急得抱起他并开始疯狂按压他的胸部。在临床宣布他死亡后的大约一分半钟，他苏醒了。从那以后，查皮就开始恢复健康，一个月后，隔离解除了。英萨尔已经厌倦了通过种树来打发时间，也厌倦了在屋外担惊受怕，他重新开始工作，并对已经开始建造通勤郊区的城际电气铁路公司产生了兴趣。

查皮患病的经历、英萨尔在工作上花费越来越多的时间以及格拉迪丝的疏远使英萨尔的婚姻破裂了。在儿子走了一次鬼门关后，她宣布查皮"不再是萨姆的儿子。他是我的"。随后，她禁止英萨尔进入她的卧室，她大概从未享受他们婚姻中的夫妻生活，或者说不管她享不享受，他们的夫妻生活本身也不多。也许她更恨他几乎把所有精力和感情都投入了自己的公司。格拉迪丝和萨姆已经成了陌生人，几乎每个见过他们在一起的人似乎都注意到了这一点。

然而，在欧洲，一场更大的冲突正在逼近，英萨尔将在这场冲突中被赋予新角色。

新型权力

英萨尔树立形象

> 权力产生财富，产生的财富又为获取新的财富和权力创造机会。
>
> ——路易斯·布兰代斯（Louis Brandeis），
>
> 《别人的钱：投资银行家的贪婪真相》[1]

虽然英萨尔来自一个清教徒家庭，但他十分欣赏迷人的女高音歌唱家玛丽·加登（Mary Garden）①，还通过芝加哥戏剧公司着力支持玛丽的事业。她活着就是为了唱歌并推广她的艺术，只要她能塑造角色，为公众献上其他艺术家无法呈现的表演，再多的批评都影响不了她。在维多利亚时代的道德观处处（尤其是在粗俗不堪的芝加哥）受到挑战的年代，她的个性就像一座堡垒。由于不愿被婚姻或风流韵事所束缚，她宣告："我想要自由，想要走自己的路……我喜欢男人，是的，但我对他们没多大激情，也没什么需求。"

---

① 玛丽·加登（1874—1967），苏格兰女高音歌唱家。她在美国度过了童年的后半时期和青年时期，并最终成为美国公民，于20世纪的前几十年在法国和美国获得了事业上的巨大成功。

玛丽双眼深陷，目光深邃，仪态超凡，还有一个苏格兰高鼻子，她看起来完全就是歌剧舞台上的赫拉 ①，是凡人中的女神。她唱歌时，有着坚定的信念、始终如一的充沛感情和巨大的存在感，使英萨尔深受感动。当她在舞台上游走并演唱完全属于自己的歌剧角色时，你会忘记曾经扮演过这些角色的其他所有歌唱家，这个时候，世界上没有任何一个人能与她相比。作为一个独立自主、了无牵挂的女人，她爱做什么就做什么，想去哪儿就去哪儿，想什么时候去就什么时候去，从来也不愁工作。当她在礼堂剧院（Auditorium Theater）登台演出

时，英萨尔知道，他不仅在观看一出歌剧，还在体验一种拉扯灵魂的新奇经历。

加登对自己的事业充满了坚定的决心和强烈的献身精神，就像英萨尔对自己的事业那样。在观察她如何处理丑闻和糟糕的评论并毫发无伤地恢复常态以准备下一个演出的时候，英萨尔注意到了这一点。他向她学习，如同向 P.T. 巴纳姆学习一样。巴纳姆是 19 世纪的推销商、演讲者、马戏团经纪人和营销天才。在职业生涯的中期，巴纳姆对"瑞典夜莺"燕妮·林德（Jenny Lind）进行了大力宣传，林德充满力量而又富有感染力的声音使无数观众潸然泪下。英萨尔在 1878 年曾见过巴纳姆，并亲自邀请他在伦敦文学协会发表一场题为"颠倒的世界"的滑稽演讲。英萨尔之后会在电力销售中效仿巴纳姆吸引眼球的营销手段。对加登和巴纳姆来说，根本没有所谓的负面宣传这回事。英萨尔的电力销售征程令人印象深刻，几乎每次都能扭转自己和

---

① 赫拉是古希腊神话中的婚姻与生育女神和第三代天后，奥林匹斯十二主神之一，在古希腊语中"赫拉"有"贵夫人""女主人""高贵的女性"等含义。

公司的负面形象。玛丽·加登作出了一种示范，尤其是在演出受到严厉批评或完全取缔后，她能够很快振作起来。

　　从早年在伦敦还是个胸怀大志的办事员开始，英萨尔就是个歌剧爱好者。在皇家大剧院（Convent Garden）①，他见到了女高音歌唱家阿德利娜·帕蒂（Adelina Patti）②，她之后还在礼堂剧院举办了告别巡演。作为一个想在各方面提升自己的人，英萨尔读的是经典文学作品，听的是好音乐。一位绅士必须能够谈论最新的作曲家以及他们的歌剧作品。而一位重要的商业巨头则必须更进一步，了解艺术殿堂里的主要人物，混迹于他们的圈子，并且使自己成为一个赞助人。仅仅是坐在礼堂剧院主层中央的座位，不会使他得到芝加哥上流社会的认同。他必须扮演一个更加积极的角色，才能透过麦考密克家族、菲尔德家族和普尔曼家族的单片眼镜去看他们眼中的世界，所以他加入了歌剧委员会，学习如何管理艺术。

　　到了第一次世界大战（"结束一切战争的战争"）的时候，芝加哥大歌剧公司成了一个苦苦挣扎的机构，迫切需要英萨尔的管理才能。由于经常出现财政困难，公司总是有可能无法支付演职人员的薪水，幕布自然也不会升起。公司只有少数几个有钱的赞助人，会演期只有两到三周，这取决于赞助人的数量。季票持有者非常少见，尽管英萨尔就是少数的忠实客户。大多数时候，空旷的礼堂剧院几乎空无一

---

① 正式名称为"Royal Opera House"，由于位于同名的考文特花园，因此有时也简称"Convent Garden"。
② 阿德利娜·帕蒂（1843—1919），法国歌剧演员。与燕妮·林德和泰蕾兹·蒂特延斯同为历史上最著名的女高音歌唱家，8岁就登台演出，擅长美声唱法。

人。在大型娱乐活动鲜有竞争的时代，大歌剧（grand opera）[①] 仍是一种音乐奇观，因为那时还没有电影、收音机和电视。这种艺术形式很好地结合了戏剧、音乐和舞台表演技巧（现在依然如此）。随着舞台表演的电气化，歌剧演员以及表现出逝去的爱、革命、战争等宏大主题的歌剧开始大行其道。追光灯可以追踪主演在舞台上的行动轨迹。昏暗的脚灯被大量的舞台灯光效果所取代。随着技术的发展，整个布景可以通过舞台地板上的电气和液压装置上升或下降。

虽然科技在稳步进步，但要成为一名歌剧演员，仍然需要洪亮清晰的嗓音，这样歌声才能传遍整个歌剧院内部并与人物个性相匹配。歌剧院当时不是一个属于温顺者的舞台，现在依然不是。玛丽·加登不只是歌剧演员和天后。她不仅控制舞台，还霸占舞台。英萨尔欣赏她那种左右观众和公众舆论并使他们最终倒向自己的能力。

1902 年，克劳德·德彪西（Claude Debussy）[②] 这位诗人般的印象派作曲家 [③] 钦点玛丽在他的歌剧《佩利亚斯与梅丽桑德》中扮演梅丽桑德。剧作家莫里斯·梅特林克（Maurice Maeterlinck）[④] 想要自己的情妇扮演这一角色，但德彪西不顾他的反对，亲自帮玛丽·加登排练角色，用他那修长而优雅的手指弹奏钢琴总谱。音乐如曙光一般闪耀，如浪尖一般跌宕起伏，并传达出深沉的情感。玛丽了解到梅丽桑

---

① 大歌剧是 19 世纪流行的一种歌剧类型，通常是四到五幕的大型歌剧，有大合唱及大乐队，追求奢华的舞台效果。

② 克劳德·德彪西（1862—1918），法国作曲家，印象派音乐的代表人物。

③ 印象派音乐是一种流行于 19 世纪末的音乐风格，运用丰富而模糊的和声与节奏来唤起对心境、地点和大自然的印象。

④ 莫里斯·梅特林克（1862—1949），比利时剧作家、诗人，1911 年获得诺贝尔文学奖，主要作品有《青鸟》《盲人》等。

德的悲剧故事：梅丽桑德草率地嫁给了戈洛王子，之后却爱上了他同母异父的弟弟佩利亚斯，从而引发了一系列的悲剧。尽管试图表现法国印象派大师勒努瓦（Renoir）、莫奈（Monet）和德加（Degas）对光、色调及色彩的熟练应用，但这种音乐在当时上不了台面，因为它打破了歌剧和作曲的传统规则。

就在玛丽试图把握总谱歌曲的难点和美妙之处时，巴黎音乐学院的一位教授却嘲笑这是一个充斥着"和谐错误"的"下流总谱"。德彪西被贴上了"激进分子"的标签，并且他的美妙谱曲也未得到聆听的机会，他的处境就像在 19 世纪末很难立足的印象派画家一样——马奈（Manet）① 的杰作《奥林匹亚》被挂得太高，参观者很难看到这幅画。尽管总谱在 1895 年就完成了，但是直到 1902 年才上演。玛丽回忆起第一次听德彪西弹奏钢琴总谱的感受：

> 德彪西弹到第四幕时，我已经泪眼模糊，无法看清曲谱。这一切都不可思议，让我无法承受。我合上曲谱，专心听他演奏，当他弹到梅丽桑德之死时，我立马哭得死去活来。[2]

排练后，德彪西发现，玛丽不仅台词记得快，而且已经内化了音乐的微妙之处。"我完全没有什么可以告诉她的。她以某种不可思议的方式知道或感觉到了这一切。"她继续琢磨自己的角色，使其更加

100

---

① 爱德华·马奈（Édouard Manet，1832—1883），法国画家。他的《奥林匹亚》中的裸女模特是一位名叫"默兰"的妓女。默兰目光坚毅、神情傲慢，不像传统的模特会流露出羞涩的表情，因而画作在当时遭到封杀。

完善。她甚至还和《大海》(*La Mer*) 的作曲家一起前往英国观看萨拉·贝纳尔在原剧（这出歌剧正是以此为基础创作的）中的表演。这位当时最伟大的女演员即将深刻地影响玛丽，而玛丽日后也将因为自己既能演又能唱的能力举世闻名。

芝加哥用一种玛丽的家乡苏格兰阿伯丁（Aberdeen）无法做到的方式，培养了玛丽。在弗洛伦丝（Florence）和大卫·迈耶（David Mayer）的赞助下，玛丽被送往巴黎学习歌剧。这对有钱夫妇的家人经营着芝加哥一家顶级百货商店。虽然玛丽和这对夫妇冲突不断，但是培训使她一跃成为世界级的女高音。玛丽的家人叫她"莫莉"，她是罗伯特·戴维森·加登（Robert Davidson Garden）和玛丽·乔斯（Mary Joss）四个女儿中的老大。父母结婚不过一个月，她就出生了，她将自己的出生年份从 1874 年改为 1877 年。5 岁的时候，她就会唱民谣《三个长在玉米里的小红帽》。父亲在北苏格兰的沿海城镇只能勉强维持生计，所以加登一家于 1880 年搬到了美国，他们在好几个地方都居住过，比如布鲁克林、马萨诸塞州的奇科皮（Chicopee）以及芝加哥。在风城，罗伯特在上校乔治·波普（George Pope）的自行车公司找到了一份工作。长着一头红褐色头发的玛丽十分引人注目，在加登家的一次晚饭后，她为波普唱歌，波普建议玛丽师从鲁宾逊·达夫太太（Mrs. Robinson Duff）。达夫太太是当地的一位歌剧老师，刚从巴黎回来。玛丽在芝加哥中央音乐厅（Central Music Hall）初次登台，演唱了难度很大的罗西尼咏叹调（Rossini arias），之后遇到了达夫太太的另一个学生——弗洛伦丝·迈耶。玛丽的家人搬到了东部，因为父亲在康涅狄格州哈特福特又找到了一份工作。但她留在了芝加哥，继续学习，并在当地的独唱会上演唱。1896 年，她和达夫太太一起前往巴黎。

在《佩利亚斯与梅丽桑德》首次公演后，玛丽回到了美国，准备出演当时最受争议的角色——理查德·施特劳斯（Richard Strauss）的《莎乐美》。原剧是奥斯卡·王尔德写给萨拉·贝纳尔的，这位戏剧界的怪杰敢于在《莎乐美》中通过她的七重纱之舞，描写色情场面。现在看来也许没什么大不了，但在 20 世纪初，这无异于艺术丑闻。在欧洲的舞台上，在维也纳举办的沙龙里，在德莱塞这样的芝加哥作家的自然主义里，性是一个重要的研究对象。巴黎的波希米亚人过的是一种淫乱放荡的生活，推动了人们对维多利亚时代道德观的反抗。弗洛伊德也加入了这场论战，在他的精神分析理论中研究被压抑的性冲动。

在大型舞台上表现"性"是大歌剧里一个相对较新的概念。洪亮 101
的旁白与和声还不足以使观众相信你正坠入爱河、垂死挣扎或是领导一次冲锋。你还是必须把这些给演出来，而歌剧演员在这方面并没受到过多少训练，因为他们通常不得不专注于如何控制自己的声音不被管弦乐队盖过，还要探索增添音乐微妙韵味的新方法。舞台上的性仅限于拥抱、渴望的凝视和纯洁的舞台之吻，直到玛丽出现。

作为首席歌剧女主角和抒情女高音剧目的女王，玛丽是一个技艺高超的表演大师。她既有实打实的宣传才能，又有让观众潸然泪下的声音和表演方式，是当时歌剧领域名副其实的创新者。她之于大歌剧，就好比英萨尔之于发电站。她罕见而多变的才能、自负和绝对意志一定使英萨尔意识到，自己正目睹一个激情四射的同辈改变她的艺术世界。

1909 年 1 月 28 日，在奥斯卡·哈默斯坦（Oscar Hammerstein）的曼哈顿歌剧院（是当时大都市歌剧院的竞争对手），玛丽用法语为纽约人首次公演自己的《莎乐美》。她几乎不存任何侥幸心理，认真学习希腊版的七重纱之舞，性感地一层一层脱掉自己半透明的纱衣。在最后一幕里，当莎乐美被罗马士兵用盾压死时，纽约观众大为震惊，整个剧院陷入一片死寂。

"加登小姐有力地实现了兽性化身的设想，这实在是一件可怕的事情。"《纽约先驱报》不满地评论道。她在费城的下一场演出遭到了当地神职人员的正式抗议。报纸上刊登了有关她的谣言，说她在巴黎有一个私生子，曾过着放纵的生活。这些谣言使迈耶夫妇感到痛苦，玛丽在《莎乐美》中的丑名也使他们难为情，于是，他们提起诉讼要求收回为她的音乐培训花费的 2 万美元。玛丽以现金偿还了这笔钱，后来当弗洛伦丝在曼哈顿歌剧院的休息室伸出手想要与她和解时，她冷漠地把脸别到了一边。

玛丽第一次作为羽翼丰满的国际巨星回到芝加哥时，芝加哥歌剧协会（Chicago Opera Association）正由哈罗德和伊迪丝·洛克菲勒·麦考密克（Edith Rockefeller McCormick）作为担保人进行管理。作为委员会成员，英萨尔正在观察并制定一项使歌剧具备更坚实经济基础的战略。他同时还在研究玛丽的一举一动，因为她能够熟练地处理一次又一次的危机。1909 年，《佩利亚斯和梅丽桑德》在芝加哥的首次公演大获成功，玛丽又于 1910 年 11 月 25 日在芝加哥首次公演《莎乐美》。纱衣再一次缓缓飘落到地板上，带来了巨大的影

响。"一位优雅的美人，但是她强烈的情欲最终毁灭了自己，这既奇
怪又可怕。"某个评论如此说道。警察局长勒罗伊·斯图尔德（Leroy
Steward）则给出了一个更直截了当的评价："太恶心了……加登小姐
像一只在猫薄荷床上打滚的猫。我觉得加登小姐在地板上和圣徒约翰
分了家的脑袋一起滚动，没准还是血淋淋的，实在令人作呕。"两场
演出后，伊迪丝·麦考密克停演了《莎乐美》，并用争议较少的《佩
利亚斯和梅丽桑德》取代了这部"色情"歌剧。愤怒的玛丽去找歌剧
管理委员会的英萨尔请求帮助。

"如果你不能说服麦考密克同意第四场演出的话，我就不得不更
改我的演出剧目了。"玛丽告诉英萨尔。

"我会尽力而为的。"英萨尔回答道。他恳求麦考密克改变主意，
但没能成功。

"我之前的犹豫完全是错的。"麦考密克一边说，一边将双手交叉
放在胸前。只要她还掌控歌剧的财政大权，她就不会允许《莎乐美》
再次上演。

玛丽把满腔怒火发泄在了《莎乐美》上，向报纸声明她再也不会
在芝加哥演出这部歌剧了，以此表达自己的愤怒。

"某些可恶的家伙给我送来了一包猫薄荷，"她告诉报纸，"这难
道就不恶心吗?"《莎乐美》在巴尔的摩被禁，在托莱多（Toledo）被
迫取消，因为其他主演拒绝表演，密尔沃基则不知如何是好。巡演
时，她听说福音传道者比利·森戴（Billy Sunday）① 在某次布道时将

---

① 比利·森戴（1862—1935），美国运动员，曾是 19 世纪 80 年代全国职业棒球联盟
著名的外场手，后来成为 20 世纪前二十年最有影响力的福音传道者。

她喻为魔鬼，他是个夸夸其谈的帐篷牧师 ①，因在一首流行歌曲中被称为"无法让芝加哥停下来"的男人而出名。她出席了他的某次布道，但他那次没有提起她。尽管如此，她还是去了后台。那是一个炎炎夏日，森戴汗流浃背。

"比利·森戴先生?"玛丽自信地问道。

"我想我不认识你，夫人。"牧师说道。

"我是玛丽·加登。"森戴看起来有点慌乱，随后就露出厌恶的表情。他已经对现代社会的罪恶大肆批判了好几个小时。"关于我和《莎乐美》，你是如何说教的?"

"我不会告诉你的。"

"但我必须知道，"她坚持道，"我敢肯定你跟人们宣扬的都是关于我的谎言。你之前是怎么评论《莎乐美》的?"

"加登小姐，那是一部极其不道德的歌剧。"

"这一切都在于你看待它的方式。你以后能不能不要再谈论我?你喝水了吗?"

"没有，你愿意和我出去喝一杯吗?"

森戴带玛丽去了当地的一家药店，他们在那里喝了冰激凌苏打。玛丽发现森戴很幽默。

103　　她起身准备离开，说了最后一句话："我不怕你，也不怕任何人。我觉得，当你听到别人诋毁你时，最好的办法就是与他们当面对质。"

"加登小姐，这一点我同意，很高兴见到你。我想之前是我误会你了。"[3]

---

① 原文为"tent preacher"，疑指参与"tent revival"（在帐篷中举行的奋兴布道会）的牧师。

回到芝加哥后，玛丽可谓成了一个尽人皆知的受苦者，她后来的演出票房激增。现在她被芝加哥新闻界称为"我们的玛丽"，这预示了在未来的二十年里成为当地名流的歌唱生涯。对流亡于此的人来说，芝加哥有时似乎是这个世界上最后一个避难所，这些人持有危险的想法，对不肯前行的民众施加奇怪的力量。在内心深处，芝加哥崇拜这些推翻了旧制度的反叛者。

英萨尔1912年在英国出差时，敏锐地注意到了欧洲的局势，并投入到战前英国的政治活动中去。那个时候，和平主义者统治着自由党，和大多数美国人一样，该党并不想卷入任何新的欧洲冲突。有关政府接管铁路（最终国有化）的讨论，英萨尔已有所耳闻，他关注美国公用事业公有制可能带来的后果。与托拉斯势力相斗争的美国进步人士，已经向那些受到严格控制的企业团体发起了一些有效的深入攻击，这些企业持有大量的银行、铁路、钢铁以及其他重工业的股票。企业权力的集中扼杀了竞争，压制了工会，还降低了工资。英萨尔和工人们几乎没有任何矛盾，但他还是时常担心政府会接管自己的公用事业公司，芝加哥市议会已经在断断续续地讨论这一议题。第一次世界大战前，他的权力还没有受到着实有效的挑战。要等到十五年后，公有制才会出现。

反托拉斯官员的呼声日益高涨，势头越来越猛，已经赢得了好几次胜利。这些官员由西奥多·罗斯福及艾达·塔贝尔（Ida Tarbell）①

---

① 艾达·塔贝尔（1857—1944），美国教师、作家及记者，被认为是调查报道的奠基人。她在《标准石油公司的历史》中揭露标准石油公司如何形成垄断，在美国引起轩然大波。

这样的新闻记者所领导，塔贝尔对标准石油公司的著名研究主张瓦解洛克菲勒帝国。罗斯福已经表明了自己的立场，反对"罪恶的大富豪"（malefactors of great wealth）①。他的继任者威廉·霍华德·塔夫脱（William Howard Taft）强化了这一立场，塔夫脱政府对托拉斯（它们中有许多是由摩根银行家创立或资助的）提起了诉讼。在"一战"爆发前的那些年，进步时代已经敲响了反对财富集中的警钟。著名的普若听证会（Pujo Committee hearings）揭露了托拉斯大部分的权力结构。J. P. 摩根本人在委员会面前待了好几个小时。据说，这次露面过度紧张，导致了他一年后的死亡。这位金融巨头长着难看的鼻子，戴着一串鸡血石项链和一顶平顶礼帽，怒目而视。他成立或整合了通用电气、美国钢铁以及不计其数的铁路公司。

104

未来的最高法院大法官路易斯·布兰代斯发现了托拉斯控制大量公司的奥秘。那就是关联董事会（interlocking directorates）②，这个"万恶之源"将银行家和托拉斯密切联系在一起，是"金融托拉斯最有力的工具"。在 1914 年的经典著作《别人的钱：投资银行家的贪婪真相》中，布兰代斯指出了摩根银行与几家铁路公司、通用电气、西联国际汇款公司、美国电话电报公司及美国钢铁的联系：

> 对关联董事会的禁令，即使只适用于所有的银行和信托公司，实际上，还是会迫使摩根的代表辞去与他们有关联的 13 家

---

① 原文为"great malefactors of wealth"，疑为"malefactors of great wealth"之误。
② 关联董事会，指某家公司的董事同时也是其他多个公司的董事的现象。当一家公司的董事在另一家公司担任董事时，两家公司存在一种"直接关联"，当两家公司都有董事在第三家公司担任董事时，则为"间接关联"。

银行机构的董事一职，或者辞去所有与这些银行和信托公司有业务往来的铁路、汽船、公用事业、制造业及其他公司的董事一职……在打破金融托拉斯之前，必须切断所有这些关系。[4]

布兰代斯留给世界一句名言，即"阳光是最好的消毒剂"（在谈及企业信息披露时）。他不仅强烈要求更大的监管力度，而且希望公众能够了解这些最大的企业已经被寥寥几个工业巨头操纵到了何种地步。"一战"爆发时，布兰代斯在《别人的钱》的末尾预示了威尔逊总统的警告："没有哪个国家敢让一小群掌权的阶层来创造繁荣……每个国家的复兴要靠那些默默无闻的人，而不是那些已经远近闻名、大权在握的人。"

然而，托拉斯盛行的镀金时代正在蜕变为控股公司时代。布兰代斯已经开始着手弄清这种新型公司结构的缺陷。从很多方面来说，控股公司就是托拉斯的新化身，通过交叉持股维持他们对权力的控制。布兰代斯详细介绍了通用电气如何控制多家电力公司和有轨电车公司：

> 通用电气公司在以下三家证券控股公司持有的普通股数量位居第一，分别是联合电气证券公司（The United Electric Securities Co.）、电力证券公司（Electrical Securities Corp.）和电气债券与股票公司（Electric Bond and Share Co.）。通用电气直接或者通过这些公司及其高级职员控制着美国绝大部分水电公司……受制于通用电气的水电公司控制着至少16个城镇的有轨电车、78个城

镇的电灯厂以及 19 个城镇的煤气厂，并与其他很多城镇的电灯厂和煤气厂相关联。[5]

由于控制了如此多的发电站和电车线路，通用电气可以确保客户不得不购买自己公司的电气设备。这种方式也扼杀了竞争，使其能够维持高昂的价格。通过成立新的控股公司和发行股票，这些实体的董事能够控制看似无穷无尽的企业。这对公用事业来说是个非常有用的模式，因为它有助于获取无数公用事业公司和牵引系统的所有权。1913 年，英萨尔除了是芝加哥地区大部分电力公司的主席外，还是人民煤气公司的主席，他正通过控股公司不断扩大自己的控制权。

英萨尔现在控制了芝加哥 100 个郊区的发电站，对中西部公用事业的影响力比以往更大，但他并未遭到多少政治上的反对，因为他同时也支持国家公用事业委员会的组建。在芝加哥政治掮客罗杰·沙利文（Roger Sullivan）的帮助下，英萨尔能够说服伊利诺伊州的立法机构起草一份法案来监管公用事业公司，但不至于过于约束。同年，该州州议会同意成立一个公用事业委员会，并授予该委员会定价和监管的权力。1914 年，该公用事业委员会（Public Utility Commission）开始正式运营。不过，不同于威斯康星州通过的一项类似法规，伊利诺伊州法规缺乏接管私营公用事业公司并将其置于市政控制之下的合法权力。两年后，已经有 33 个州成立了公用事业管理委员会，英萨尔在二十年前抵达芝加哥时拉开了这个运动的序幕。由于担心新成立的伊利诺伊州委员会不能推进公用事业公有制，进步人士开始养精蓄锐，为将来与英萨尔的战斗作好准备。

英萨尔还利用控股公司结构，从东南部到中西部北部地区收购了数百个小型电力系统。只要有合法证券、有形资产和正向现金流的支持，控股公司就能成为创造实际收益的营运公司坚实的基础。如果为其提供支持的是贬值的证券或银行贷款，控股公司的处境就会变得岌岌可危。这些实体实行"金字塔持股结构"（pyramiding）①，形成一条复杂的相互控制的公司链，会造成灾难性的后果。

战争爆发时，英萨尔陷入了一种微妙境地。"如果不保持中立，就是刑事犯罪"，他想支持英国，但不想看起来像是在支持战争本身或者主张美国参战。他为那些想要加入英国军队的预备役军人、志愿兵及其家属组织募捐。为此，他组织了一场大型义卖活动。

106

英萨尔将自己炽热的目光转向了战争对美国的意义，他准备在不冒犯美国人的前提下，说服他们接受战争。他坚定地忠于英国，一心想要帮助它。在战争的头两年，他只能小心翼翼地行动，因为大部分美国人对卷入欧洲战争不感兴趣。在大多数美国人看来，这不过是德国与英法之间的小冲突，它们以前也发生过冲突，所以美国民众普遍认为，这场纠纷会在几个月内结束。在芝加哥，政客和公民领袖反对美籍欧裔的情绪甚至都减弱了，而随着战争的意识形态色彩越来越浓，大规模德国社区又成了不容忽视的力量。虽然可悲的是，这场战争的起因并不清楚，但芝加哥的德国群体对祖国的忠诚却是毋庸置疑的。当地政客极力回避德裔美国人群体的权益，英萨尔也对在芝加哥

① 指公司实际控制人通过间接持股形成一个金字塔式的控制链，从而实现对该公司的控制。通过这种多链条控制，可以达到融资与控制并举的效果。

谈论战争一事极为敏感。庞大的爱尔兰群体常常寄情于（正与他们从前的英国工头们战斗的）德国人，并将这次大战视为爱尔兰独立的一个支点，这使得当地不同民族之间的紧张局势变得更加复杂。

为了避免公开宣传自己的战争目的，英萨尔只好在幕后进行亲英宣传。他年迈的双亲还在英国，所以他觉得自己有义务帮助祖国。虽然在芝加哥早期的合并和收购中，他绝佳的推销技巧并没有派上多大用场，但是战争给他提供了机会去调整自己的宣传计划，使美国人能够欣然支持英国。这个如今看来着实阴险的运动，一部分内容就是把德国人或者说"德国佬"（Huns）描绘成野蛮的入侵者、毫无人性的野蛮人，一心要摧毁人类文明。之后的海报会受到这些早期努力宣传的影响，把戴着尖角头盔的德国士兵刻画成魔鬼。为了呼吁美国人公正仁慈地看待英国人，英萨尔暗中资助的早期宣传活动计划被呈递给美国 360 家报纸（非美联社这种机构的订户）。他自己也为这项工作捐献了 25 万美元。

英萨尔小心地避开美国的官方中立立场，他的目的是让美国人做好参战的准备。国民经济发展已经如此平缓，以至于美国越来越关心卷入一场世界从未经历过的大规模欧洲战争意味着什么。纽约发生了一次类似事件，英萨尔抓住这个机会，紧跟着在芝加哥策划了一次"备战游行"，游说立法机关"为捍卫国家荣誉和国家利益做好充分准备"。约有 2500 名芝加哥爱迪生公司的员工被要求"自愿参加"这场爱国集会。将近 13 万人怀着爱国热情在芝加哥市中心游行。

美国于 1917 年 4 月向德国宣战时，英萨尔已经准备好迎接筹措资金的挑战，这是国家事业的一部分。州长弗兰克·洛登（Frank

Lowden）邀请他担任伊利诺伊州国防委员会的主席，他以自己特有的热忱接受了这一职位。威尔逊总统希望，每个州的国防委员会作为全国国防委员会的一部分，能够监控德裔美国人及潜在间谍的行动——这两者在那些年里被画上了等号。不过，英萨尔无意赶走自己的客户，他们中有许多都是德裔美国人。他召集了一群商人和公民领袖，以各种方式宣传战争的道德正确性，比如呼吁爱国精神、拥护军队以及广泛筹款。英萨尔将大批的公关人员、演说家及自由公债推销员组织起来，煞费苦心地确保伊利诺伊州民众在尽全力支持这项运动。光是他的电力公司就有 1376 个人被派往前线，其中有 23 人死亡，大多是因为肺炎。他的公司为参战士兵的家人发起了一项经济援助活动，还出售了 25 万美元的自由公债。爱国主义是这项运动各个方面的基本主题。

"我们欠这个国家太多，"英萨尔在一次宣传这项运动的讲话中说道，"除了我们的生命，我们的一切都要归功于它，还有我们都非常热爱并生长于其中的自由，也是拜祖国所赐。但我们的人生机遇要归功于这个国家。我们不想成为这里的不列颠裔美国人，不想成为英格兰裔美国人，不想成为爱尔兰裔美国人，也不想成为苏格兰裔美国人。我们只想成为美国人。"[6]

他与红衣主教乔治·芒德莱恩（George Cardinal Mundelein）等当地领导人一起说服公众接受战争。玛丽·加登则采取了一种更个人的做法。1914 年 5 月 5 日，她与恩里科·卡鲁索（Enrico Caruso）①、

---

① 恩里科·卡鲁索（1873—1921），意大利男高音歌唱家，一生出演了五十多部歌剧，对艺术歌曲和那不勒斯民歌的演唱造诣很高。

阿尔图罗·托斯卡尼尼（Arturo Toscanini）① 乘坐“德皇威廉二世”号离开纽约（早前的一次横渡使她接触到了安德鲁·卡耐基②）。她抵达巴黎时，这座城市看起来似乎已经停止运转了。她把自己的汽车捐赠出去作为救护车，并将叙雷讷（Suresnes）的大别墅用作妇女儿童的避难所。接下来的两年里，她不再在公共场合唱歌，而是兼职作为一个红十字护士。她甚至还试图参加法国军队。当这件事被捅给报界时，她夸张地回复说：“是的，我曾试图参军。为什么不呢？我欠法国的太多，这辈子都无以为报，甚至为她献出我的生命也偿还不了。而且我相信，如果他们愿意的话，我可以像任何一个男人一样英勇战斗。迄今为止，在我遇到的男人中，还没有我征服不了的。”

108

　　虽然没有公开声明如此，但英萨尔的筹款活动的确在经济上是成功的，这使得许多人都说，英萨尔有可能让整场战争变得有利可图。这项州运动共耗费 27.5 万美元，其中有 10 万美元是英萨尔募集到的私人捐款，还有免费的租金、供热和供电等形式的捐赠，价值相当于 18.7 万美元。战时展览等其他活动筹集的资金甚至更多。英萨尔把总计 44.2 万美元的现金移交给联邦公共信息委员会（federal Committee on Public Information）。他甚至把自己的私人游艇捐赠给国家。英萨尔的战争努力产生了一种不可抗拒的、强大的公共关系，当时几乎没有哪个伊利诺伊州的公民能够逃脱。州长洛登还给他写了一封嘉奖

---

① 阿尔图罗·托斯卡尼尼（1867—1957），意大利指挥家，19 世纪末到 20 世纪最受欢迎的音乐家之一。他追求完美，对管弦乐的细节非常敏感，完全靠记忆指挥，以此闻名。

② 安德鲁·卡耐基（Andrew Carnegie，1835—1919），美国工业家、慈善家，被称为美国“钢铁大王”。

信。因战争融资而得意扬扬的英萨尔，在战后抵达英国时，一定被泼了一盆冷水。他的父母在战争年代身体不好，一直由他的姐姐埃玛照料，最终于 1918 年春天去世。他的父亲终年 87 岁，母亲 84 岁。这些年来，他和他们很少交流，很显然，他们之前没多少食物可吃。几年后，埃玛死于心脏病。英萨尔将他们的死归咎于自己没能在那些年里为家人提供充足的食物。尽管他是个喜欢压抑自己情感的人，但只要一提到父母，他就会泪如泉涌。

不过，在引领战争事业时，英萨尔被攻击为在战争中谋取暴利。1915 年当选芝加哥市长的"大钞票"威廉·黑尔·汤普森（William Hale "Big Bill" Thompson）曾反对美国参战。为了迎合城市里庞大的爱尔兰和德国团体，他开玩笑地威胁说，要是威尔士亲王敢踏进芝加哥，自己就会揍扁他的鼻子。1917 年，情势让"大钞票"不得不再找一个理由 ①。于是他开始拿战争期间不断增长的公用事业费用说事，这种增长在很大程度上是由通货膨胀造成的。从 1914 年到 1918 年，利率几乎增长了两倍，从 3% 提高到了 8%，这使得公用事业公司很难借入或者发行债券。电力需求也大幅上升。战争伊始，英萨尔的中西部公用事业公司可以生产 2 亿千瓦时的电力。六年后，需求飙升至 10 亿千瓦时以上。英萨尔的公司不得不一直向新公用事业委员会申请提高电价。

为了反驳汤普森的遁词，1916 年，英萨尔效仿国防委员会的公共关系部成立了公用事业信息委员会（Committee on Public

---

① 美国此时已向德国宣战，不能再用"英萨尔支持美国参战"来攻击他。

Utility Information），由宣传奇才"巴尼"伯纳德·马拉尼（Bernard "Barney" Mullaney）领导——他将来会成为英萨尔众多宣传工作的创意总监。马拉尼加入这场与"大钞票"的战斗，也许标志着现代企业公共关系的非正式开始。猛烈的炮火攻击旨在以新的方式重塑舆情和
109 立法。马拉尼用美国国旗对自己的第一步加以包装，声称公用事业一行是爱国的，服从了威尔逊总统的命令，即企业在战争年代要对公众完全坦诚。赢得公众支持的第二步就是将员工和公众投资者与公司的前途联系起来。当时公司推出了一项股权计划，使英萨尔公司的利益能够更好地与联邦爱迪生（芝加哥主要的电力公司）的股东们保持一致。公司的前身芝加哥爱迪生公司自 1909 年以来就实行了一项公司储蓄计划，是美国最初的储蓄计划之一。英萨尔正通过公司股权和公司文化建立员工忠诚度，这种公司文化将员工和公众直接与公司的前途联系在一起。

英萨尔推测，如果人们能持有股票、获得股息并一直保留股份，那么公司经营状况良好就符合他们的既得利益。实际上，他们"得到了分一杯羹的机会"。马拉尼的形象运动和股权运动平息了汤普森的反公用事业运动。他之前攻击公用事业，现在则蔑视自己的选民，那些普通人虽然只持有少量股份，却与不断发展的公司有着实实在在的利害关系。除此之外，公司福利的增加也从其他方面提高了员工的忠诚度。通过给予他们更大的股份，让他们成为公司在公共场合和私人场合的代表。联邦爱迪生电力公司的形象通过员工得到了提升，那些员工不仅仅为公司工作，还代表着公司。

"你们代表着自己的公司和社区，"英萨尔对员工说道，"要为公

司和社区增光。"

在这项战争宣传运动中，英萨尔的形象开始从崭露头角的公司主管转变为公共赞助人。1918 年冬天，一场暴风雪降临芝加哥，煤运不进来，于是，英萨尔下令将公司发电站储备的煤捐赠给那些需要用煤取暖的人。他给那些表现英勇的发电站工人颁发"英萨尔奖"。每当那些需要支票来渡过难关的员工或是市民给他写信要钱时，他就会用个人账户开出汇票。一想到查皮，他就常常撕下信封上的邮票，给儿子收藏。英萨尔有个很好的慈善榜样，那就是西尔斯罗巴克公司的总裁，他的同辈朱利叶斯·罗森沃尔德（Julius Rosenwald）。罗森沃尔德常常和英萨尔一起吃午饭，分享他们关于如何将捐款作用最大化的看法。他们两人都认为，芝加哥会成为美国的金融中心，会以世界级的便民设施和艺术为特色。英萨尔资助歌剧，而罗森沃尔德在听到他儿子热情洋溢地谈论德国的一个技术博物馆后，捐钱建造了科学与工业博物馆（Museum of Science and Industry）。这两个人都对不断壮大的非裔美国人群体的需求表示同情，并为奖学金和大学赞助了大量资金。

联邦爱迪生公司的员工要利用一切机会展示公司的产品。员工在电力、房屋布线及家用电器上可以享受折扣。这家公司本身就是家用电器的主要零售商。1909 年，公司第一家电器商店在密歇根州的杰克森开张，在 1917 年战争期间关门。这家专卖店的特色就是出售一切与电相关的设备。你可以走进一个满是电灯和照明设备的房间，接着就能看到所有最新的电器，从电风扇到大型洗衣机，一应俱全。公司的产品销售部早在 1912 年就有 12 个销售人员。这个雄心勃勃的新部门在新电器和照明设备上的销售额有 100 万美元。当地的一个商人抱怨说，英萨尔的商店正从当地百货商店抢生意，于是英萨尔关掉了自己的零售店，但他还是为自己的客户保留了一个灯泡折扣计划，这个计划在英萨尔去世后五六十年仍在实行。

英萨尔试图在联邦爱迪生营造一种舒适的公司环境，他还想让公司成为一个具有家庭氛围的工作场所。美国参战以前，联邦爱迪生大约有 5500 名员工。战争结束的时候，英萨尔坚持先聘用那些复员的士兵，然后再给他们安排合适的职位。即使公司不得不裁员（这种情况很少见），员工仍然可以参与公司的储蓄计划并获得利息。联邦爱迪生的公司文化正变得越来越温馨。为沙尘所覆盖的发电站里新建了厨房、餐厅、淋浴间和阅读区。公司野餐就在西北发电站的院子里举行，巨大的烟囱赫然耸立在背后。竞走、撑竿跳及棒球等游戏是郊游的高潮。公司还赞助保龄球、棒球和篮球联赛。有表演戏剧的莎士比亚和"爱迪生演员"社团，有一家爱迪生旅馆，还有一本公司内部杂志《爱迪生圆桌会议》。公司鼓励员工参加各种各样的活动和俱乐部。最终，公司购买了威斯康星州一处名为"湖畔草地小屋"的度假旅馆，并提供津贴让员工去那里休假，房间一晚只要几美元。圣诞晚会上有为孩子们准备的娱乐活动和礼物。节假日分发的火鸡一直很受员工的欢迎，后来公司用人寿保险单取代了这些家禽。员工们更喜欢火鸡，而不是保险单，但公司的一项教育计划最终还是使他们相信，从长远来看，保额高达 1500 美元的保险也许更有用。

联邦爱迪生标准福利套餐的一部分就是养老金或"服务年金"计

划，公司为此缴纳了所有款项。这项计划从 1912 年开始实施，为年满 55 岁、工作年限满 30 年或年满 60 岁、工作年限满 15 年的员工发放全额养老金。公司还为那些想要继续深造的员工提供了夜校奖学金和培训新员工的中央电站学院（Central Station Institute）。这些福利就算不是全部的话，大多数都是当时人力资源领域的创新。

1919 年，公司名为"伊莱克特拉"（Electra）的妇女团体与更大的爱迪生俱乐部合并。这个团体在战争期间积极开展慈善和福利工作。它在战前推动了讲座、教育节目、戏剧、游泳、跳舞及烹饪等社交活动。尽管怀孕的女性不允许继续待在公司，但在成为母亲前，她们的事业还是受到鼓励的。不过，在第一次世界大战后，随着士兵从前线归来，她们在不断发展的企业中的上升势头也因此被削弱。帕姆·斯特罗贝尔（Pam Strobel），联邦爱迪生的继任者爱克斯龙电力公司的副总裁，回想起他的祖母贝丽尔·洛夫（Beryl Love）在 1919年因为"高科技日益提升的重要性"来到这家公司。作为公司测试部门的一位研究员，洛夫在公司工作了三年。她是第一位毕业于伊利诺伊州大学并获得物理学学位的女性，而且还出席了伊莱克特拉俱乐部名为"关于家庭妇女与职场女性婚姻健康的讨论"的演讲会。

公司内部的文化团体常常在公共场合表演。1914 年，联邦爱迪生管弦乐队和合唱团成立了，由摩根·伊斯门（Morgan Eastman）担任指挥，并在管弦乐厅（Orchestra Hall）演出。打折座位的价格从 25 美分到 50 美分不等。管弦乐队的节目单上会刊登电动洗衣机、电灯、电器以及英萨尔公司股票的广告。这个节目单通过英萨尔的首选经纪公司（其所有者也是公司的董事）罗素和布鲁斯特公司

（Russell，Brewster & Co.）进行宣传，极力吹捧英萨尔公司股票的丰厚股息：

- 联邦爱迪生公司：季度股息 8%
- 伊利诺伊州北部公共服务公司：累积优先股，季度股息 6%
- 伊利诺伊州北部公用事业公司：6% 的累积优先股，目前净价高于 7%

112　　英萨尔的股票不仅会定期派息，而且在伊利诺伊州不用交税。在某种程度上，英萨尔从事的每一项活动都是为了使他的员工成为快乐的电力推销员。广告部的口号是："早睡早起，拼命工作，大力宣传！"

　　甚至就连英萨尔布置董事会会议室的方式也表明，这里就是一个类似于任务控制中心的地方。公司的核心区域在爱迪生大楼。如见到橡木镶板和大理石地板，就意味着你正处于爱迪生大楼的行政区域。董事会会议室布满了黑胡桃木镶板。房间北边有个壁炉，壁炉架上方的墙壁里嵌着一个电子钟。壁炉后面就是英萨尔的办公室，他的助手们在前厅。旁边有个电话亭。英萨尔会抽着雪茄从办公室里出来，坐在长橡木桌的首席。他唐突无礼的举动表明了自己没多少时间可以浪费，所以主管们很少东拉西扯地打断他。据公司传说，员工在走廊遇到英萨尔时，他们必须打招呼说"您好，英萨尔先生"，否则就会被开除。但事实上，英萨尔很少开除员工。

　　联邦爱迪生公司的员工是棒球比赛的常客。1918 年，芝加哥小熊队（Chicago Cubs）打入了世界大赛（World Series），迎战波士顿红袜队（Boston Red Sox）。赛季因战争的限制而被缩短。大赛的一大特色就是一位年轻力壮的左撇子投手乔治·赫尔曼·鲁思（George Herman Ruth）[①]，著名的芝加哥体育新闻记者林·拉德纳（Ring Lardner）给他起了个绰号叫"宝贝"鲁思（"Babe" Ruth）。过去的三年里，这个投手已经赢得了65场比赛，不过他的击球技术在1918年赛季也得到了越来越多的关注：他已经在317个打数中击出了11支本垒打，打击率为0.300。波士顿通过6场比赛赢得了世界大赛的冠军，直到2004年，他们才再一次夺冠。

第二年，鲁思作为投手9胜5败，却击出了29支全垒打，继而成了有史以来最伟大的强击手（slugger），尽管他当时属于纽约的一支队伍。小熊队最后一次赢得世界大赛是在1908年（截至本书撰写时）。

战争委员会还向英萨尔的一些对手公开展示了这位公用事业巨头是如何行事的。哈罗德·伊克斯是为州国防委员会工作的律师，月薪只有1美元。在伊克斯为委员会工作的那段时间里，他的法律合伙人唐纳德·里奇伯格（Donald Richberg）正对英萨尔提起诉讼，因为他认为英萨尔收取的电费过高。伊克斯和里奇伯格是当地进步律师的核心人物，在芝加哥及全国各地游说公众支持公用事业公有制。其他一

[①] 乔治·赫尔曼·鲁思（1895—1948），美国职业棒球运动员，1914年至1919年在波士顿红袜队担任投手，1920年被交易至纽约洋基队，于1936年成为首批入选"美国棒球名人堂"的五人之一。

113　些芝加哥进步人士也加入了他们，比如克拉伦斯·达罗、哈里·布思（Harry Booth）以及简·亚当斯。英萨尔几乎不能容忍这群煽动者。伊克斯回忆道，英萨尔在战争委员会工作并负责爱国宣传时曾发表长篇演说，愤怒地控诉里奇伯格：

> 英萨尔养成了没事就往我办公室跑的习惯，尤其是在周六下午，然后就用一种生动的谩骂式语言猛烈地攻击唐·里奇伯格，这为我自己以及唐提供了很多笑料。[7]

　　伊克斯是富兰克林·德拉诺·罗斯福政府未来的内政部长，英萨尔曾与其接洽，希望在第一次世界大战后雇用他。雇用自己的对手是英萨尔控制那些反对者的方式。马拉尼和伊克斯之前是朋友，直到马拉尼开始为英萨尔这位公用事业公司老板工作，这造成了马拉尼和伊克斯之间长达数年的裂痕，两个人都不再搭理对方。"耶基斯、巴斯（芝加哥市长）以及英萨尔帮助我磨尖牙齿，让我能更有力地攻击墨索里尼、裕仁①和希特勒。"伊克斯之后在自传中表明。英萨尔能够容忍很多事情，但他要求忠诚，除了少数几个最亲密的朋友外，他对所有人都很冷淡。如果他无法劝诱、雇用或是收买自己的敌人，他就会利用自己能够支配的一切力量战斗到底。不过，在他讨厌的所有事情中，管理不善比性格不合更让他无法忍受。

---

①　裕仁，即昭和天皇（1901—1989），日本第124代天皇，从1926年登基到1989年因病逝世，执政长达63年。在位期间，他相继发动侵华战争和太平洋战争，于1945年8月代表日本帝国向同盟国无条件投降。

战争期间被忽视的人民煤气公司在经济上已是一团烂泥。员工和顾客都同样沮丧。对于 70 万名客户来说，公司的服务质量糟糕透顶。而对于投资者来说，股息无法派发，这无异于敲响股东的丧钟。人民煤气董事会任命英萨尔改组公司。就像其他成千上万的公用事业公司一样，人民煤气起死回生，并得到英萨尔的高效管理。1919 年，公司陷入财务危机，面临着债券违约的危险。英萨尔说服董事会选举自己为主席，他很快就开始争取新的融资，并开办了一家新的煤气制造厂。英萨尔采用了一些在战争中磨炼出来的公关技巧，只不过这一次他强调的是客户服务，而不是爱国主义。在煤气公司的复兴时期，他将一半的工作时间都花在了联邦爱迪生和人民煤气上。他接管公司的两年内，人民煤气开始赢利，并支付利率 5% 的股息。到 1925 年的时候，公司已经在支付之前那些利率 8% 的股息。在这个过渡时期，英萨尔拒绝开除任何一名员工。

铁路在英萨尔的势力范围内也占据着特殊地位，因为它们是电力大客户。战争结束时，他已经在为城市整个高架运输系统提供所有电力，之后他还完全拥有了这一高架运输系统。由于英萨尔的电力系统已经扩展到郊区，他也去收购电气城际铁路就是合情合理的了。拥有电力线路和发电站使他有权获得大面积的公用事业用地，并将不断扩大的大都市大片土地夷为平地。1916 年，英萨尔收购了破产的芝加哥和密尔沃基电气铁路（Chicago & Milwaukee Electric Railroad），将其改组为芝加哥北岸和密尔沃基铁路（Chicago，North Shore & Milwaukee Railroad），或者也可以简称为"北岸铁路"。他把这条铁路交给自己最出色的铁路主管布里顿·巴德（Britton Budd）来管理，

114

并吩咐后者使铁路电气化。巴德必须协商从北部郊区到埃文斯顿和芝加哥的轨道使用权。他最终于 1919 年达成了一项协议。战争年代为推广这条铁路提供了一些机会。比如，1917 年 2 月 22 日，1200 名教师被派来参观北芝加哥大湖区海军训练中心（Great Lakes Naval Training Center）。同年 6 月，一列特别的"征募海军"火车用彩色布条装饰，形如潜艇，被用来招募水手。

电气城际路线形成了一张令人印象深刻的网，将芝加哥与三个州连接起来。你可以从芝加哥乘坐火车到所有主要的边远城市，包括罗克福德（Rockford）、乔利埃特及奥罗拉（Aurora）。铁路系统一直延伸到了威斯康星州的简斯维尔（Janesville）和密尔沃基、印第安纳州的南本德（South Bend）和密歇根州的南黑文（South Haven）。接驳巴士甚至可以带你去其他更远的大城市，比如底特律或圣路易斯。城际时代在"一战"前已经达到巅峰，英萨尔购买的三条铁路资金充足，而且已经完全现代化。在精明能干的巴德领导下，这些铁路速度更快、服务优良，常常在较长线路上配有设备齐全的餐车。

就像英萨尔的电网一样，城际线路消除了城市居民和农村居民、城区和郊区的界限。它们是交通纽带，将城市居民送往海兰帕克迷人的拉维尼亚公园（Ravinia Park），将天主教徒送往曼德莱恩神学院（Mundelein Seminary），将狂饮作乐的人送往霍华德街（位于芝加哥和埃文斯顿的边界）的酒馆。城际铁路沿线的发展使临近的地产变得更加值钱，因为交通便利使得人们更有可能居住在一个地方，却在另一个地方工作。当英萨尔的输电线带来了城际铁路车站和完全通电的社区时，闲置多年的房地产价格突然暴涨。

在英萨尔开始将自己的北岸铁路延长到奈尔斯中心（现为伊利诺伊州斯科基村）之前，这条铁路线附近的土地每英亩价值为 1000 美元。开始施工后，价值飙升到了每英亩 6000 美元到 7000 美元。从长远来看，电气交通路线附近的土地总是会增值的。芝加哥威尔逊大道铁路沿线的土地价格从 1899 年到 1923 年增长了八倍，罗杰斯公园（Rogers Park）从 1907 年到 1923 年也增长了差不多的倍数，而雷文斯伍德区（Ravenswood district）在同一时期内增长了十四倍。英萨尔向公民领袖推销的部分内容就是，电气化和高速交通系统带来的繁荣并不仅仅属于土地所有者和他自己的公司，"客户所有者"和 20 万名公司债券持有人同样也能从中获益。他指出，公有制运动和他企业的扩张对几乎所有人都有好处。铁路沿线兴起的通勤郊区如今已经成为城市不断扩张的交通网、电网和就业网的一部分。这座现代大都市正沿着英萨尔的电气通勤线路迅速扩张。

改组人民煤气公司和经营电力公司带来了无尽的压力，英萨尔想要短暂休息一段时间，他期待能多花点时间在自己霍索恩农场的新家。这个朴素的旧农舍古色古香，具有中西部特色，但塞缪尔·英萨尔这种地位的工业领袖并不需要在这里展示自己的财富和权力。这个新家设计于 1914 年，由于战时建筑材料的短缺推迟了施工，它展现了雅致的乡村生活和庄园宅邸的气派。英萨尔一家直到 1917 年才搬进去。

考虑到英萨尔的财富和地位，这栋由本杰明·马歇尔设计的新房子外观很低调。不像摩根在曼哈顿的棕色城堡，也不像范德比尔特在比尔特莫（Biltmore）的巨大法式别墅，英萨尔的家更像是中西部的美第奇。马歇尔倾向于新古典主义的设计。他的德雷克和埃奇沃特海滨酒店有着旧世界的优雅，但不像纽约的广场饭店那样耀武扬威。在霍索恩农场，马歇尔试图使英萨尔一家产生一种强烈的感觉，即他们是有影响力的地主。那个时候美国只有少数城市居民能够摆脱局促，拥有宽敞的空间。和赖特一样，马歇尔对光线的运用也很感兴趣。宅邸的大部分区域都沐浴在阳光下，这是它最大的自然资源。不过，马歇尔也有和赖特不一样的地方，他对独创性没有一丁点兴趣。他的灵感似乎来自安德烈亚·帕拉迪奥（Andrea Palladio）在 16 世纪设计的皮萨尼别墅（Villa Pisani），这是一个典型的矩形设计，有一个在威尼托大区（Veneto region）很流行的内部庭院。

　　景观设计师延斯·延森（Jens Jensen）之于自然景观设计，就好比赖特之于现代建筑设计，他为庄园的庭院设计了一个幽静的方案。延森曾设计了亨利·福特的庄园以及芝加哥一些最古朴典雅的公园。他从来不与自然地形相对抗，他会利用当地的植物、树木和灌木，努力创造一个和谐的整体，展现恶劣的中西部气候里茁壮生长的植物。他对建造一座凡尔赛式的花园极为反感。延森温和的个性体现在他的设计中——连绵起伏的山丘、石灰岩瀑布、小湖泊以及在微风中摇曳的草原植物。延森致力于保护自然景观。他设计了可以通向湖边的开阔空地，从英萨尔宅邸的餐厅和夏室可以看到这个湖。榆树排列在半英里长的车道两边，后来这些树死于荷兰榆树病，于是就改种了枫树。湖上修了一个小小的瀑布，汩汩而流。没有任何东西与房子或是土地不成比例。

泳池和池边小屋的两边各自隆起一个平缓的护堤，在泳池区域形成一个幽静温馨的低地花园。后门和所有卧室都面向一片平坦的空地，可以看到泳池和一个圆形剧场，夏天的时候，格拉迪丝经常在那里表演。她可以穿过通往半圆形草地舞台的柱廊和凉亭华丽登场。长方形泳池区域的两边是两排交替种植的苹果树和樱桃树。花园环绕着房子的整个西边。当英萨尔一家从卧室窗户向外望去时，他们可以看到夕阳西下、波光粼粼的泳池水面、别致的凉亭、果园以及花园。延森标志性的环形会场让人想起印第安人举行帕瓦仪式（powwows）^①的圆形广场。这个环形会场连同睡莲池、多年生草本植物、低地花园以及草地一起，使这片土地的每个角落熠熠生辉。所有这一切都如此自然，好像它已经在那里静静地躺了五百年，并与佛罗伦萨雄伟的波波利花园（Boboli gardens）相呼应。潘神和墨丘利等古罗马神像矗立在平坦空地两边的基座上，似乎有点格格不入。

这栋房子占地3.1万平方英尺（约2880平方米），有32个房间，房子造得经久耐用，看起来像是文艺复兴时期的住所。房子大部分由灰泥覆盖的浇筑混凝土建成，完全能让人熬过芝加哥严寒的冬天。当你穿过石灰华（多孔的石灰石）地板上有着筒形穹顶的门廊，或者穿过被石制水果篮和人羊怪包围的巨大的铁门和玻璃内门走进来的时候，你甚至感觉不到这个地方的存在，直到你进入大厅。然后，阳光从30多英尺（约9.14米）高的天窗倾泻在你身上。风琴台早已就位，但是一直没有装上一架风琴。一直漏水的天窗会在夏天打开，让

---

① 帕瓦仪式是北美印第安人祈求神灵治病或保佑战斗、狩猎等胜利而举行的仪式，通常伴有巫术、盛宴、舞蹈等。

172

117 微风吹进来，因为阳光和涌进来的滚滚热浪会使房子十分闷热，温度可达到 100 华氏度（约 37.8 摄氏度）。一些房间装有带冷水散热器的老式空调系统。在大厅里，房子似乎张开大嘴在做深呼吸，而你会感觉自己已经被这个空间所吞噬。大厅中央有一座喷泉，是模仿欧洲的大别墅建造的。你有一种感觉，格拉迪丝很快就会像格洛丽亚·斯旺森（Gloria Swanson）① 一样，从你左边的石阶轻盈地走下来。

一个有着奇特的科林斯式（corinthian）、爱奥尼亚式（ionic）和多立斯式（doric）圆柱的凉廊把大厅和四周的房间隔开。门把由黄铜制成，呈叶子形状。右手边是一个通向庭院的阳光房。左手边是"船坞"，是英萨尔的办公室。整个房间都镶着黑松木板，是他让马歇尔从一艘 17 世纪的船的船长室拆下来的，会让你有一种置身大海的感觉。这些木板遮住了藏书室和电话亭。他的书桌后面和楼梯下面有一个冷藏箱。在昏暗的藏书室里，搁架从地板一直延伸到 20 英尺（约 6.1 米）高的天花板。窗户上的彩色玻璃让房间有种中世纪的感觉，不过壁炉外墙的装饰却是丘比特画像。房子后面有一家电影院，就在通往花园的路上。

一个邻近舞厅的正式会客厅就在右手边。这两个房间都比较简单，格子型图案覆盖着散热器。舞厅三面有窗，通往可以看见湖景的露台。餐具室在正式会客厅旁边，那里每天都会为格拉迪丝准备鲜花。正式餐厅和早餐间在花房旁边。餐厅有 64 个座位。

石雕壁缘、栏杆和半木式屋顶使二楼的凉廊呈现出都铎式住宅的

---

① 格洛丽亚·斯旺森（1899—1983），美国女演员、制作人，主要作品有《日落大道》《75 航空港》等。

风格。每个房间都设有普通拉绳召唤仆人，只有英萨尔拉动的痕迹是清晰可见的。拉绳被连接到一个电力内部通话系统，在厨房和前厅设有电台，而之前的拉绳连接的是铃铛。英萨尔还在地下室安装了中央真空系统和电动烘干机，他也许属于农村最早安装这些设备的那批人。他这所住宅已经完全通电，总线的接头是镀金的。房子里的电梯属于世界上能够运转的最古老的电梯。英萨尔的电动汽车要在车库充电，直到他在 1920 年代买了一辆轿车。他的马厩里有瑞士棕牛、哈克尼马和出类拔萃的萨福克矮马，这些是他在牛津郡还是个小伙子的时候就一直梦寐以求的。他对庄园的农场这一块特别感兴趣，因为他想把科学和电力应用到农业的方方面面。他与那些在奶牛感染口蹄疫时不得不杀死他大部分瑞士棕牛的州官员们作战。他试图让一些小牛存活下来，于是重新组建了牛群并设置了挤奶记录。

马歇尔有意让房子的对称性与美第奇住宅的比例相当。比如米开罗佐（Michelozzo）[1] 设计的位于佛罗伦萨的美第奇府邸，中央大厅和正式餐厅等公共空间传递出一种贵族式的权力感，而楼上的卧室等私人空间，都有石雕和木质壁炉，传递出一种亲密感。英萨尔那张洛可可式的胡桃木四帷柱大床，看起来更像是圣伯多禄大教堂[2] 里贝尔尼尼（Bernini）[3] 设计的圣坛圆柱，而不是一个古板的维多利亚

118

---

[1] 米开罗佐（1396—1472），意大利建筑师、雕刻家，被认为是文艺复兴时期建筑学领域的先驱。

[2] 原文为 "St. Peters"，此处应指圣伯多禄大教堂，也称"圣彼得大教堂"，是一座位于梵蒂冈的天主教宗座圣殿。

[3] 贝尔尼尼（1598—1680），意大利雕刻家、建筑师，创造了巴洛克风格的雕塑，1656 年至 1667 年间，他设计建造了圣彼得大教堂前的雄伟柱廊。

绅士的寝具。木质雕花的壁炉架上，长着胡子的暴君狄奥尼西奥斯（Dionysius）正向外望。所有卧室都有镀金设备、散热器以及看起来像藤椅的便桶。就像一座古老的城堡一样，如果遇到农民暴动或围攻，有好几种方式可以逃出卧室。格拉迪丝和查皮的房间有供睡觉用的阳台，可以在闷热的夏天派上用场。因为担心查皮可能被绑架，所以他的阳台四周都用钢筋围住。格拉迪丝的房间虽然不大，但还是在盥洗室设有可以坐着使用的陶瓷水槽和单独隔离的便桶。在水槽的左边有一个仆人内部通话装置按钮。不过，尽管有种种的便利设施，这所房子依然不太讨人喜欢。它似乎与延森试图精心美化和展示的中西部风景格格不入。房子的色调（现在是鲜艳的粉色）在草地和牧场上似乎显得格外突兀，尤其是在冬天。不过，这所豪宅内部却以轻松愉快的氛围和主人高昂的情绪弥补了其华丽俗气的外观。

1919年，查皮前往耶鲁大学攻读工程学。格拉迪丝希望他从事艺术，但英萨尔就是不同意。他想延续自己的王朝，他收购所有这些公司，并不只是为了自己。查皮在母亲的希冀和父亲的规划之间左右为难。他从学校写信回来说自己正在尝试找工作，并请英萨尔指点自己应该和谁联系：

> 如果梅迪尔·麦考密克（一个参议员，其家族拥有《芝加哥论坛报》）在东部，我就可以南下去见他，听他谈谈"政界需要的大学毕业生"……如果告诉他我是谁的儿子，他或者旅馆老板鲍曼没准就能告诉我"在大学如何为经商作好准备"，或者一些

类似的话题。在妈妈的帮助下，我没准会从厄兰格或克劳那里学到一些"百老汇的成功之道"。最后，我知道，请求您动用自己的商业关系来让我接触这些大人物是一个过分要求……所以，请告诉我可以做些什么。[8]

这个时候，格拉迪丝和英萨尔基本上已经分居了，不过英萨尔没准会觉得，劳神费力地装饰和布置一个大房子也许会以某种方式修复她对他的爱。接下来的十年对他们的关系来说将是挑战性的，因为"咆哮的 20 年代"（Roaring Twenties）将把美国推向现代化的重要位置。

119

爵士春秋

1920 年代的繁荣

在扭曲的 20 年代，芝加哥希望成为美国复兴的故乡和中心，这是一个诗人和雕刻家尚未到来的地方。

——纳尔逊·阿尔格伦（Nelson Algren），

《芝加哥：追名逐利的城市》[1]

爵士时代的即兴风潮正以各种新技术的形式进入每个电气化的家庭。英萨尔想要出售的那些新"振动"是由他的电力驱动的，并在住宅、办公室和工作场所创造一种新的复合节奏。家用电器和电的应用会呈现出各种大小和形状、颜色和音调。真空吸尘器尖锐的嗡嗡声正取代拍打地毯发出的砰砰声。电风扇的呼呼声正缓解夏季的闷热。而电熨斗的可预见性也正取代处理不当和柴炉中的熨斗 ① 烫坏衣服带来的烦恼。两大巨头通用电气和西屋公司希望像英萨尔这样的以销售为导向的巨头，能够通过给工厂、办公室和住宅布线来推广和销售他们的产品。现代家庭正成为人们在日常生活中歌颂电力的新舞台，而英

---

① 尤指在炉床或火炉上进行外部加热的供熨烫衣服用的铁器。

萨尔则是电气化家庭的路易斯·阿姆斯特朗（Louis Armstrong）[1]，是大使、推销员以及现代生活方式的首席发言人。

新式住宅就是一个典型的例子，比如芝加哥工薪阶层社区的普通平房。它没有客厅，但有一个小前厅。卧室更小，浴室更大。有一个地下室和一个阁楼，可以转换成生活空间。由于城市区块的限制，它被设计得又长又窄。厨房只有维多利亚时代厨房的一半大小，如果不是更小的话。厨房变小了，因为现代家用电器使中产阶级和上层中产阶级的女性不再需要仆人（仆人大多都是已婚的非裔美国妇女）。1900 年至 1920 年期间，仆人的数量减少了一半，从 80‰ 下降到了 39‰。芝加哥西部电气集团（Western Electric complex）采用了由弗雷德里克·泰勒（Frederick Taylor）[2] 开创的现代科学管理技术，使厨房布局更加高效。火炉和冰箱靠得更近。煤炉和电炉产生的外部热量比原先的设备要少得多，所以它们不必像以前一样大。水槽也变小了。

女性也没有那么多的时间来做饭。20 世纪给她们提供了更多的机会去家以外的办公室和工厂工作。1900 年，人口普查列出的每一个职业几乎都有女性在做。由于医疗保健不断改善以及女性开始获得大学学位，家庭规模也缩小了。在 20 世纪的头二十年，平均每个家庭的子女数量不到四个。随着数百万人口迁入城市，也不再需要大家

122

---

① 路易斯·阿姆斯特朗（1901—1971），美国小号手、作曲家和歌唱家，绰号为"书包嘴大叔"，是爵士乐的灵魂人物，代表作品有《多么美好的世界》《梦中有我》等。

② 弗雷德里克·泰勒（1856—1915），美国机械工程师，致力于提高工业效率，主要作品为《科学管理原理》，被后世称为"科学管理之父"。

庭来经营农场。

　　电力也改善了家庭生活。晚上可以进行更多的活动，因为住宅已经通电，可以照明。而且住宅一旦与电力公司接通，任意数量、任意组合的电器都是有可能的。家用电器的销售额从1915年的2300万美元增长到1920年的8300万美元，翻了两番。到1920年代末，这个数字又翻了不止一倍。第一次世界大战爆发前的两年，只有16%的美国家庭拥有电力照明设备；而到了1920年代末，几乎每个家庭都拥有了电力照明设备。通电使家庭生活变得更加便利，因为每一件电器都在家人触手可及的范围内。最初的插孔只有照明固定装置。这就意味着，如果你想插入一个电器，你就必须拧下一个灯泡，再把电器插入这个固定装置。这很不方便，而且常常很危险。每个房间的电源插座，尤其是厨房里的，让连接更多的电器变得更加容易。英萨尔的公司不断地宣传布线交易，把电力合同与住宅布线服务结合在一起。

　　通过英萨尔的电力销售运动，一系列新事物进入了家庭。真空吸尘器、蒸汽熨斗、风扇、炉子和烤面包机是早期最受欢迎的电器。英萨尔的商店出售通用电气生产的所有电器。在很大程度上，电器销售浪潮迎合了女性的政治抱负。有一个广告将电器销售宣传为"选举权与开关"。英萨尔这样的营销商抓住了这个主题，并且希望妇女们能够相信，他们的产品和服务会把她们从家务的奴役中解放出来。在不断发展的郊区，电力被作为一种社会救助出售。然而，在第一次世界大战结束的时候，郊区基本上还是一个尚未兑现的承诺。1920年，在大都市地区居住的人比在农村居住的人还要多，但住房缺口却有约

50 万。只有不到一半的家庭拥有自己的房子。在郊区的氛围里，安静的街道和现代化的房屋会让家庭生活更轻松、更稳定。没有蒸汽火车或者有轨电车穿过偏远的社区。虽然新的开发区为电力输送和路灯装设了电线，但最初有生活便利设施的地方却不多，比如餐馆、杂货店、肉铺、面包店或熟食店，因为新电气厨房为人们在家里准备食物提供了更大的灵活性。

早在 1913 年，英萨尔就已经把减少家务与电气化住宅联系在了一起，只不过广告进程被战争中断了。同年 5 月，联邦爱迪生的《电气之城》杂志上刊登了一则广告："每天，每种方式，电让家务更轻松。"在左上方的角落里，一个穿着围裙的女人拿着电熨斗，露出平静的笑容。在广告的下半部分，公司针对电熨斗、洗衣机以及电烤架、保温锅和咖啡壶等炊具的优点进行了宣传。在当时，这就相当于宣传最新的高科技小玩意儿，只不过这些广告是直接面向那些厌倦了使用熨斗和搓衣板的家庭主妇们的。以下这则广告词利用了女性被烦冗的家务活奴役的心理，并巧妙地传递了它的主题：

> 对于现代家庭来说，电既是一个仆人，也是光、热以及无穷无尽的便利的源泉，这种便利在一年中的任何一天都能享受得到。在任何一栋为电灯布了线的房子里，这些现代省力装置都会受到赞赏。[2]

同期杂志也刊登了一则广告，宣传西屋公司一台相当难看的马达，这则广告从经济角度出发："每小时只要 1 美分就能洗完您所有的衣服：西屋发动机为您省去一半的时间，除去所有的背疼。"这种非传统的用电方式（谁会只买一台马达？）是一个更大装置的一部分，适合装在一个大的厨房操作台上。一旦安装了马达，你就可以运行任意数量的小型电器，比如苹果和土豆切块机、揉面机、咖啡研磨机、打蛋器、冰激凌冷冻机、切肉机以及用于刀具和银具的抛光轮。用一台马达来运行所有这些设备可能会有效率，但"联邦电气橱柜"很难操作，一直不受欢迎。为了推广现代厨房，英萨尔的中西部公用事业公司经营了一列名为"伊莱克特拉"的长型普尔曼式火车车厢，它的特色就是各式电器。但是因为1920年之前很少有家庭装设电线，所以是否有许多人购买这些电器还是值得怀疑的。

124 现代厨房面积变小了，因为空间有限。新的管道、电线和供暖系统需要墙壁空间，这增加了房屋的面积成本。房间变得多功能。平房的厨房平均面积有120平方英尺（约11平方米），同时也是吃早餐的地方。维多利亚时代的房间，如书房、客厅、起居室、缝纫室和客房都被淘汰了。餐厅常常通向厨房或起居室，这一设计上的改进在很大程度上要归功于弗兰克·劳埃德·赖特。电力的广泛应用使住宅变得更加整洁。煤油灯和煤气灯在家里会留下刺鼻的气味，而白炽灯一点气味也没有。碳氢化合物燃烧所产生的持续的煤烟必须用深色壁纸来装饰。电灯使住宅明亮了不少。

亨利·德马雷斯特·劳埃德等进步人士认为，电力与更加紧凑的户型相结合是一种社会进步的标志：

女性将被重新定位性别角色，她们从经济压力中解脱出

来，这种经济压力迫使她们放弃自己的最佳天性，并在极其
残酷的行业里与男性竞争……每座房子都成为阳光和风景的
中心。[3]

　　劳埃德的这番话反映了西奥多·罗斯福早些时候表达的一种观
点，即城市生活带来的经济压力愈发强大，已经迫使更多女性进入
劳动力市场，这被看作是在逐渐削弱她们的女性特质和在家庭中的
作用。工业效率技术的融合、渴望女性远离劳力市场的男权社会风气
以及住宅成为更高效的省力环境的必要性，为 1920 年代的建筑热潮
和电气化的流行奠定了基础。社会学家格温德琳·赖特（Gwendolyn
Wright）指出：

　　　　世纪之交的进步运动宣布，所有阶层的美国人都需要更好的
　　住房，并询问科学要如何改善家庭生活。业余爱好者和专业人士
　　分析了富人和穷人、职业女性和家庭主妇、农村家庭和城市家庭
　　的需要。他们问什么应该丢弃，什么应该公有化，什么应该留在
　　现代住房里。1910 年，一个现代家庭的设计方案就像一个高效
　　工厂的设计方案。[4]

　　英萨尔的家用电器销售活动强调了劳动和成本效率的科学管理
信条，这并非巧合。用电越多，负载系数就越大。这使得他的发
电厂的生产能力、利润和效率都提高了。英萨尔不只是在销售家用
电器，他还在推销电力和更好的生活方式。他提供的用电方式越

多，卖出的电就越多。售出的每一台洗衣机、取暖器、风扇和熨斗都在"非高峰"时期为他的工业用户（industrial users）^①增加了负载。

125　　家用电器销售运动是积极正面的，旨在说服房主装设电线并购买电力。从许多方面来说，"跟上英萨尔们的步伐"是这项运动的潜在主题。芝加哥第一个电气化的家庭欣然把他们家的所有电器推荐给了自己的客人，其中包括一台 3000 瓦的步入式干衣机，和壁橱一样大。英萨尔的公用事业公司还在其 1913 年的杂志中自豪地宣布，白袜队（White Sox）^②正在科米斯基体育场使用这样的烘干机。《电气之城》还展示了电力在工业、零售业和农业中的应用。爱荷华州的迪比克（Dubuque）的皇冠乳业公司（Crown Dairy Company）属于最早使用制冷系统的一批乳制品公司。能够保持乳制品的低温，彻底改变了这一行业，同时也为冷冻食品的先驱克拉伦斯·伯宰（Clarence Birdseye）这样的企业家开辟了全新业务。

　　英萨尔试图为自己的产品创造新的消费者，因此家务劳动的每个方面都成了他的目标。他的电器商店以 16 美元的价格出售电动缝纫机。通用电气生产的熨斗由联邦爱迪生出售，其质量得到了保证，"如果不滥用，能用一辈子。它足以弥补为此支付的电费，因为可以减少衣服上的磨损和裂缝，并且只用从前三分之一的时间就能完成"。通用电气生产的风扇大受欢迎，承诺"（运行）四小时只花一分钱"。英萨尔在自己的广告中也不甘示弱。1920 年代有一个名为《妻

① 工业用户通常又称大工业用户，是按两部制电价结算电费的用户。
② 白袜队是芝加哥的一支棒球队伍。

子应该活多久?》的著名广告，这是布鲁斯·巴顿（Bruce Barton）①
发表的一篇社论，对电力在延长和挽救女性生命方面的优点大加
称赞：

> 妻子应该活多久? 过去的答案是"不太长"。那时（通电之
> 前）的家庭有两到三位母亲，但没有马达。而未来的家庭会把所
> 有烦冗的日常负担转嫁给电动机器，让母亲们能够自由地去做她
> 们真正的工作，那就是做母亲。未来的母亲会活到幸福的晚年，
> 永葆青春和美丽。[5]

英萨尔的销售部和广告部以各种可能的方式联系房主。在提供维
修保养计划和诱人购买计划的同时，他们还会寄送信件、访问客户以
及定期检修房屋。他们甚至连节假日都不放过。联邦爱迪生公司是
最早通过宣传赠品设备和照明设备来"电气化"圣诞节的公用事业公
司。一位圣诞老人伸出一只手，指着"给点电器"的标语，为公司的
圣诞庆祝作宣传。

对于那些给出租房屋装设电线的房主来说，电力也会带来可观利
润。联邦爱迪生声称，一个装设了电线的房子每月租金可以多 10 美
元（即 45 美元，而没有装设电线的房子租金只有 35 美元），净收益
为 28.5%，房产价值增加了 2000 美元。面向工业用户的口号更加有

126

---

① 布鲁斯·巴顿（1886—1967），美国作家、广告业高管，1937 年至 1940 年曾在议
会工作，其联合创办的 BBDO 公司如今已是全球最大的广告公司，代表作品有
《一个无人知晓的人》。

力：“现代效率就意味着电力：在夜晚完成更多工作。”公司拥有一批"照明工程师"，他们会呼吁工厂老板讨论提高转化为电力照明的生产效率。一个有力的工业主张是，公司有 28% 的新客户发现他们的成本降低了，产量增加了。一个"没有初始成本"的安装计划承诺，每个工人的生产量都能提高 2% 到 10%。接着，工厂老板会留下这些照明设备，而根据协议，联邦爱迪生会"维护"这些安装好的设备。工厂里安装的马达使生产过程的每个环节都更加高效。1905 年，只有10% 的工厂在使用电动马达。而到了 1920 年代末，80% 的工厂都在使用电动马达，爱迪生从早期就开始使用的、效率极其低下的高架滑轮系统被淘汰了。公司记录了从金属加工到信函分拣的各类效率提升措施。

在公共部门，英萨尔把电作为一种公共安全福利在推广。新的电力照明设备和交通信号灯正在减少事故。纽约安装了信号系统后，严重交通事故的数量下降了 12%。尽管与现在相比，当时的交通并不算繁忙，但 3.2 万多起交通事故造成的死亡人数和财产损失比 1921年所有的犯罪活动造成的还要多。

英萨尔得意地把自己公司的广告促销手段推广到了国家电灯协会。作为一个电力销售领域的创新者，整个行业都在观察并模仿他在1920 年代的一举一动。这些宣传活动有效地提高了销售额，并将公司定位为房主的朋友。1925 年，公司电器产品的销售额比之前十年增加了十倍。光是 1925 年售出的 11.1 万件电器就创造了联邦爱迪生140 万美元的额外销售额。最畅销的电器是熨斗（42843 件）、卷发器（10292 件）、电暖器与散热器（9994 件）以及电咖啡壶（9835 件）。

为了促进销售，英萨尔还派出配备有最新装置和电器的电动卡车。这些推销员接受过培训，有能力"替换不合格的家用设备"，比如电源插座和厨房用具。

到了 1920 年代中期，芝加哥成了"电气之城"。英萨尔已经把芝加哥变成了世界上人均用电量最高的城市。他的大都市系统通过 5 个发电站和 99 个变电站以及 3 万英里的电缆，给 811366 名客户配电。英萨尔的公司向国家电灯协会自夸道，这个"世界上无与伦比的电力库"仅在 1924 年就生产了超过 10 亿千瓦时的电。

世界各地的电力公司都采用了英萨尔的营销技巧。尽管在 1920 年，有三分之二的美国家庭还没有布线，但十年后，80% 的家庭都会通电。更多的配电家庭促进了家用电器的生产，导致电器价格在 1920 年代大幅下降。在 20 世纪的头二十年，只有少数家庭拥有家用电器，而到了 1930 年，几乎 80% 的家庭都有电熨斗，52% 的家庭有洗衣机或电冰箱，47% 的家庭有真空吸尘器。

然而，广告宣传的将女性从家务中解放出来的承诺并没有兑现。尽管如此，最耗时的家务需要的时间还是减少了，并且变得更方便。这并没有完全实现进步运动的梦想——将技术与女性解放紧密结合在一起，因为家用电器在创造更整洁、更明亮的住宅的同时，也提高了人们对女性的期望。因为有了吸尘器、洗衣机和烘干机，人们期待家庭主妇们保持房子整洁，做更多的家务。对于那些买得起洗衣机而不是把要洗的衣服送到洗衣店的家庭来说，劳动的增加是显而易见的。

男人们以新的家用电器减轻了妻子的负担为理由，不再帮她们做敲打地毯等日常工作（他们并不打算承担用吸尘器打扫房子这个任务）。事实上，除了使用家用电器做家务这种新方式以外，还需要更多的家庭收入来支付购买这些新设备的费用，这使得越来越多的女性不得不重返职场。

格拉迪丝拒绝被边缘化，英萨尔花在公司那些劳神费力的工作上的时间越来越多，她在战争期间热衷于慈善活动，希望借此表明自己的存在。她在场的时候，英萨尔的员工会避开她，但当她提出请求时，他们就会表现得好像是她在经营公司一样。当联合慈善义卖需要工作人员时，她亲自从芝加哥爱迪生的职员里挑选自己的员工，这些职员"自愿"帮助老板做最喜欢的慈善事业——当下最时髦的事业。英萨尔信任格拉迪丝并让她管理他的员工，尽管这导致他们（员工）不知究竟该忠于谁。格拉迪丝找到了一个自己很喜欢的年轻簿记员，名叫菲利普·麦肯罗（Philip McEnroe）。战争结束后，她替他美言了几句。

128 "萨姆，有个很不错的年轻人在义卖会的簿记部门工作，"格拉迪斯愉快地说，"我不知道他的名字，但他有一双诚实的眼睛，他非常不错。你最好让他去你的办公室工作。"英萨尔没有流露出半点妒忌，他还提拔麦肯罗成为自己的私人簿记员。麦肯罗被委以重任，负责实时了解英萨尔日益增长的财富。

尽管战争期间他们在共同努力，但格拉迪丝还是与丈夫渐行渐远。她对社交生活不像他那么热衷，而且避开了黄金海岸大多数的主妇，如果她努力去参加她们一半的社交晚会，她们一定会欣然拥护她为芝加哥上流社会的女王。专横又美丽的伊迪丝·麦考密克是约翰·D. 洛克菲勒的女儿，也是歌剧公司的指路明灯。她的婚姻正在慢慢破裂。由于她支配着所有的舞会和歌剧，当她丈夫哈罗德为了一个年轻的歌剧演员与她离婚时，她暂时退出了社交生活。格拉迪丝当然有足够的魅力和风度来填补这一空白，不过她发现这些太太不过是些"既肤浅又做作的傻瓜"。也许是怨恨英萨尔经常让自己独守空房，她绝不会主动成为上流社会的女王。

　　不过，格拉迪丝对自己同辈的不屑并未使英萨尔气馁。他继续从芝加哥上流社会筹措资金，就像一个将军集结部队一样，把这个精英群体当作手下来对待。一些不怎么受人欢迎的活动——资助非裔美国医生的教育、中国基督教青年会以及其他与芝加哥上流社会无关的群体——之所以大获成功，是因为英萨尔通过自己的俱乐部和晚宴威胁了上流群体。英萨尔捐赠土地及 5 万美元在利伯蒂维尔建造康德尔纪念医院（Condell Memorial Hospital）时，他只需要几个电话就可以筹集到额外的资金。没有人敢反抗他。他和朱利叶斯·罗森沃尔德、西尔斯的理查德·谢德（Richard Shedd）、百货公司巨头斯坦利·菲尔德（Stanley Field）、麦考密克家族以及迪尔·帕特森家族一样，都是这座城市重要的权力掮客和金融家。如果你需要钱来做一个有价值的项目，并且有联系到英萨尔的渠道，他就是你独一无二的人选。然而，在芝加哥黄金海岸的私人沙龙里，英萨尔这类人并不受欢迎。他们不遵守旧贵的游戏规则。格拉迪丝不常出现在傍晚茶（high tea）①，

---

① 傍晚茶指傍晚 5 点到 6 点吃的茶点，常有肉食、糕饼和茶，有时也可直接代替晚餐。

英萨尔也几乎没有几个亲密的朋友，他经常被人瞧见在他的俱乐部里独自一人抽着雪茄。他还真心地同情那些被上流社会习惯性忽视的人，这使得许多上层阶级的同辈与他疏远了。

当白人雇员奔赴战场时，英萨尔就用非裔美国人填补了公司的职位空缺。战争结束后，英萨尔不愿解雇这些非裔美国人，他把他们重新分配到南区去做抄表员。当时，这座城市正经历来自南方大规模的移民热潮，当地的非裔美国人报纸，如《芝加哥卫士》(*Chicago Defender*)，以及像艾达·B. 韦尔斯（Ida B. Wells）[1]这样的一流记者，都鼓励非裔美国人逃离种族隔离的南方。南区造就了"小阿尔塔"杰克·约翰逊（Jack "Lil'Artha" Johnson），他在 1908 到 1915 年期间是世界重量级拳击冠军。约翰逊在南区经营着一家酒馆，他的虚张声势、拳台智慧以及对白人女性的偏爱，使他受到白人种族主义者的普遍谩骂。在声名鼎盛的时候，他奢华的生活方式每周都要花掉 2 万美元。他被指控违反了曼恩法[2]（这也给弗兰克·劳埃德·赖特带来了法律问题），并最终死于一场车祸，享年 68 岁。

尽管战争的结束导致了经济衰退（再加上全球大流感造成大约 5000 万人死亡），但在 1920 年代，数百万个工厂岗位被创造出来。战争结束时，5 万名非裔美国人涌入芝加哥，1920 年代又有 10 万人

---

[1] 艾达·B. 韦尔斯（1862—1931），美国调查记者、教育学家、女权主义者，是民权运动的早期领导人。她是"全国有色人种协进会"的创始人之一，被认为是美国最著名的黑人女性。

[2] 曼恩法（Mann Act），也被称为 "White Slavery Act"，是美国 1910 年 6 月在国会通过的一项法案，禁止州与州之间贩运妇女做不道德的勾当，有时会遭到滥用。约翰逊因与一个妓女的婚外情而被起诉，赖特则是因为将自己的情人从明尼苏达州搬到威斯康星州而被起诉。

来到北方。像弗兰克·伦普金（Frank Lumpkin）这样在南方各地不戴拳套的拳击中赚了钱的人，可以全身心地投入钢铁厂的工作，挣到体面的工会工资和养老金。

随着非裔美国人从南方离开，灾难性的紧张局势导致了暴力。1919 年，南区爆发了为期五天的种族暴乱，造成 23 名非裔美国人死亡，300 多人受伤。这座基本上实行种族隔离的城市正发展成一个可以为所有人提供就业机会的大都市，然而，平等将是一场艰苦的斗争，会从 1920 年代早期的自力更生运动一直持续到 1960 年代的民权运动。

连接芝加哥和新奥尔良的伊利诺伊中央铁路是向北迁移的家庭的主要渠道。在迁移过程中，从三角洲地区飘来了令人沉醉的新声音。新俱乐部和唱片合约吸引了金·奥利弗（King Oliver）和路易斯·阿姆斯特朗等音乐家来到芝加哥。虽然纽约也许是唱片录制中心，是歌曲创作的锡盘巷（Tin Pan Alley）①，但芝加哥却是表演者的圣地。爵士和布鲁斯艺术家们在这里发现了一个充满活力又舒适的家，促进了奥克（Okeh）、沃克利安（Vocalian）以及切斯（Chess）等种族唱片公司②的诞生。

斯达茨·特克尔（Studs Terkel）是一位芝加哥作家、广播界名人和"录音机诗人"。他回忆起自己在 1920 年代第一次听到爵士乐的情

---

① 锡盘巷位于纽约曼哈顿第五大道和第六大道之间的 28 西街上，聚集了很多音乐出版商和词曲作者，主导了 19 世纪末到 20 世纪初的美国流行音乐。
② 种族唱片指 20 世纪 20 年代至 40 年代面向非裔美国人市场制作发行的 78 转唱片，包括各种非裔美国音乐类型，比如布鲁斯、爵士、福音音乐等。

形，当时他还是个年轻的小伙子，"我在舞厅外面等我哥哥，他想在那儿和女孩搭讪。多么美妙的音乐"。多年来，特克尔采访了许多伟大的爵士艺术家，如路易斯·阿姆斯特朗和"法撒"厄尔·海因斯（Earl "Fatha" Hines），并且注意到他们都是先来到芝加哥演出，然后才去纽约并在那里获得国际声誉。

在过去的二十年里，自然主义流派的诗人和小说家在芝加哥处于全盛时期，而如今活跃在芝加哥先锋派文化圈里的是音乐家。战后正式生效的《沃尔斯特德法》（Volstead Act）① 并没有减弱芝加哥人对喝酒、音乐、跳舞和淫秽事物的欲望。这些俱乐部变成了地下酒吧，西西里、爱尔兰和德国的黑帮接管了酒类分销业务。尽管英萨尔还在收购更多的电力公司，但像"大吉姆"科洛西莫（"Big Jim" Colosimo）这样的流氓已经用武力控制了这一行。另一位大吉姆——市长汤普森——本质上是个"反对禁酒"的市长，他通常也就是睁一只眼闭一只眼罢了。

1921 年 11 月 14 日，玛丽·加登进入 KYW 广播电台的演播室，振奋了礼堂剧院的舞台。英萨尔请她测试一台新的无线电发射机。这台无线电发射机就放在西亚当斯街 72 号的爱迪生大楼顶部。西屋公司已经同意该广播电台拉一条电线到剧院，在那里，玛丽和她的公司已经准备好表演《蝴蝶夫人》中的选段，就在名指挥家乔治·波拉科（Giorgio Polacco）的指挥棒下。由于某种原因，玛丽进入这

---

① 《沃尔斯特德法》即《美国禁酒法》，1920 年 1 月 17 日正式生效。根据这项法律规定，凡是制造、售卖或是运输酒精含量超过 0.5% 以上的饮料皆属违法。

个放置着巨大麦克风的地方时，舞台光源只有一只灯泡孤零零地悬挂着。

"我的天哪，这里太黑了。"她抱怨道，没有意识到电台已经在直播了。一个导演疯狂地挥动双臂，玛丽见状，对演员阵容进行了介绍，然后管弦乐队就开始演奏剧中的咏叹调。当玛丽走到麦克风面前时，整座城市只有 1300 台收音机。那一年播送的节目包括歌剧公司在会演季的大部分演出，除此之外，没有别的。谢尔盖·普罗科菲耶夫（Sergei Prokofiev）的《三橘爱》(Love of Three Oranges）在其全球首映式上亮相，这是一部现代风格的歌剧，加登很是赞赏，但英萨尔却不怎么喜欢。在《参孙和大利拉》(Samson and Delilah）中，当女高音歌唱家玛格丽特·德·阿尔瓦雷斯（Marguerite D'Alvarez）从舞台楼梯上摔下来时，听众能够听到"砰"的一声。无论观众是否喜欢歌剧，他们都能享受到无须买票的广播音乐。英萨尔卖出了更多的电力，芝加哥也有了第一个无线电台。到会演季结束时，这座城市已经有了 2 万台收音机。

无线电广播是一种新兴的电力媒介，它将统一整个国家。城市居民和农村居民通过国家节目和地方节目分享了共同的经历。虽然在 1920 年只有几个广播电台（第一次商业化的无线电广播是在 1920 年 11 月），但在接下来的二十年里，随着 4000 多万美国人参与其中，无线电将成为美国的耳朵。英萨尔一直对新技术如何推广电力的使用很感兴趣，他不仅创办了自己的广播电台，还成为马可尼公司的董事会成员。

后来，英萨尔的电台被卖给了《芝加哥论坛报》的发行人罗伯特·麦考密克上校（Robert McCormick）①。麦考密克支配着他的报纸，就像英萨尔独霸着他的企业一样，他自豪地将该电台改名为"WGN"，意思是"世界上最伟大的报纸"（World's Greatest Newspaper）。在之后的十年里，上校以一种独特的方式利用这个电台来宣传自己的报纸。如果一项犯罪活动正在进行中，他就会让播音员奎因·瑞安（Quin Ryan）停止所有的节目，把无线电设备捐给警车。警员们会收到瑞安的指示，例如"所有小组请注意！东57街的药店被持械抢劫。密切留意三个开着别克的男人"。这是1920年代极具戏剧性的场面，实际上还真的抓到了一些犯罪分子。最有趣的是，爱迪生大楼方圆100英里（约161千米）内的那些人可以随时了解制止犯罪的行动。

　　尽管英萨尔和麦考密克同属一个社交圈，但他们谁也瞧不上谁。1909年，麦考密克在担任卫生区议会主席时，与英萨尔发生了冲突。作为一个自己发电自己用的实体，该区在当时还有能力出售过剩的电力。麦考密克与市政厅和其他市政大楼签订了合同，收取的费用只有英萨尔可能收取的费用的一小部分。然后他宣传说，他可以利用该区更多的过剩电力，为芝加哥市民每年节省100万美元。这激怒了英萨尔，他不希望与大型市政电力生产商竞争。英萨尔派自己的律师威廉·比尔来捍卫权益。比尔指控麦考密克"过度征用"了伊利诺伊州的溪流和河流。麦考密克则以牙还牙，在《芝加哥论坛报》一篇联合撰写的社论中，谴责英萨尔实质上的垄断行为。这两个人的分歧永远

---

① 罗伯特·麦考密克（1880—1955），芝加哥麦考密克家族的成员、律师、共和党议员、第一次世界大战期间杰出的军官，后掌管《芝加哥论坛报》，并在其中推行他的保守派观点。

都不可能调和。麦考密克在英国求学期间有过一次很不愉快的经历，所以他厌恶英国的一切，并且反对美国参与两次世界大战。他自然也讨厌在伦敦出生的英萨尔——这个曾竭尽全力号召州公民保卫英国的人。1920 年代，他们之间的怨恨依旧无止息。有一次，麦考密克接到一个名叫大蒂姆·墨菲（Big Tim Murphy）的暴徒打来的电话，说要过来杀他，这位上校把一把左轮手枪藏在了办公室的一堆书里。他等着，但墨菲一直没有出现。

"他（墨菲）要是走进来，我就开枪打死他，"上校之后夸口道，"我不会跟他废话。但他没来。他后来被杀了，不过在此之前，他已经杀了很多人。"他含沙射影地表示，墨菲杀害的人里面，有一些是奉英萨尔的命令执行的。这不是事实，但反映了他对这位芝加哥最具权势的商人怀有的强烈敌意。作为一个精明的管理者，麦考密克将《芝加哥论坛报》打造成了中西部最具影响力的报纸。他将印刷厂现代化，通过巧妙地收购加拿大森林和纸浆厂降低新闻纸的成本，并增加了发行量。他在城市西边的坎蒂格尼（Cantigny）庄园表现出他对军事展示的热爱，那里后来成了一个类似战争博物馆的地方，地上陈列着坦克和榴弹炮。

后来英萨尔和麦考密克有了一个共同的敌人，那就是富兰克林·德拉诺·罗斯福。英萨尔反对罗斯福，因为罗斯福赞成政府和国家对电力的管控。麦考密克是一位极度保守的共和党人，他的观点被醒目地刊登在他的报纸头版上，罗斯福的那些进步改革以及之后向德国和日本宣战使他无法信任罗斯福。

132

查皮已经准备好进入现实世界，因为他已经完成了耶鲁的学业。他还没有决定好自己的未来，格拉迪丝说服他一起环游欧洲，她不希望他刚毕业就工作。格拉迪丝想要向查皮展示欧洲文明的所有标志——旧世界的城市、沙龙和博物馆。英萨尔勉为其难地同意查皮去欧洲，但有一个条件：除了参观博物馆外，他还必须拜访欧洲所有重要的电力公司和高管。格拉迪丝听到这个要求，翻了个白眼，她还是希望儿子能从事艺术。

查皮小时候，英萨尔很溺爱他，经常带着最新的电动玩具回家。查皮最早的玩具里，有一套拼装玩具，英萨尔很少让儿子玩它。当他儿子拼得不对时，英萨尔会俯身对他说："不，不，查皮，这样做。"英萨尔因为承受的巨大压力经历三次神经崩溃时，他会带着查皮一起前往欧洲。最终，他们常常会在宁静的英国乡村休息放松。英萨尔只喜欢那些和儿子、妻子坐在一起的照片。作为一个矮个子，他对自己的外表感到很不自在。1920 年，他的头发和茂密的胡子已经彻底白了，脸颊红润，腹部突出。戴上他标志性的洪堡毡帽或平顶硬草帽以后，他看起来会稍微高一点。但新闻摄影师过来的时候，他总是会愤怒地咆哮。他委托别人给自己照一张证件照，画一幅油画，这两者都让他看起来像个让人害怕的敛财大亨，不过倒是比他原本要高一些。

查皮大学毕业后前往欧洲之前，格拉迪丝一直都在装饰、布置和美化他们的粉红色豪宅。虽然英萨尔通常对他生活中的每一件事情都保持着疯狂控制，但格拉迪丝可以随心所欲地下令改变庄园。英萨尔每年给她高达五位数的服装津贴，珠宝首饰则没有限额。所有这些象

征性举动都没有终止她与这个芝加哥商业巨头情感上的疏离。英萨尔 133
出城时，她下令将庄园里一批新种植的树木连根拔起，重新排列，重
新种植。她觉得它们原来的布局没什么格调。

英萨尔回来后，对着看管人怒吼道："哪个混蛋动了我的树？"

"是夫人叫我们这么做的。"那人局促不安地回答道。

"哦。"这位大亨无可奈何地说。

"要把它们移回原位吗？"

"当然不用。就算夫人要你们把树倒过来放，你们也要照做。"

不过，这种权力小把戏在英萨尔家里并不常见。和客人们在一起
的时候，格拉迪丝一般都会扮演一位尽职尽责的妻子。尽管英萨尔滴
酒不沾，但他还是为客人保留了一个储备充足的酒窖。众所周知，格
拉迪丝并不会过度饮酒，但她在这栋房子里很可能和他保持着一定的
距离，就好像他是个酒鬼一样。她在家里一直热衷于为客人表演。她
会演出歌剧中的一场戏或唱一首歌，戏剧性地进入水池后面的草地舞
台，戏服在微风中飘动。被众神雕像所环绕的格拉迪丝看起来就像一
个中年维纳斯。这就是英萨尔爱上的女人，他依然爱慕着她，尤其是
在她成为众人瞩目的焦点时。

第二年，英萨尔在伦敦与英国领导人和金融家讨论战争债务问
题。作为一个重要的英裔美国金融家，英美两国的政治人士经常向他
咨询。他曾亲自和西奥多·罗斯福总统、塔夫脱总统以及柯立芝总统
会面。他的建议很受欢迎，塔夫脱甚至向他表示歉意，因为有一次英
萨尔带着查皮去华盛顿拜访他的时候，他没能与他见面。英萨尔应邀

会见了一个名为"别人俱乐部"（The Other Club）①的组织，并与温斯顿·丘吉尔（Winston Churchill）和其他政要共进晚餐。英萨尔主张免除所有其他国家欠美国的战争债务，但不免除英国欠美国的债务。他的一个安抚之策就是降低贷款利息、减少本金。英国贵族压抑着内心的愤怒，对这个主意满腹牢骚。英萨尔坚持认为，这样的安排将确保伦敦仍是一个金融中心，"按照老规矩，债权人总是会对债务人的经济繁荣感兴趣"。他不确定其他国家是否会偿还他们的战争债务，但十分有把握英国正处于最有利的位置。

英国领导人自然对英萨尔的印象非常深刻，问他是否能为他们管理国家电力系统。虽然他婉言谢绝了他们的邀请，但还是慷慨地给出了自己在这方面的建议，而且每次访问伦敦时，都有人向他请教。英萨尔在伦敦期间还定期与银行家会面。就像维拉德一样，他需要芝加哥银行家无法提供的那种融资时，就会刻意地避开华尔街。纽约的金融家们显然注意到了董事会上英萨尔的缺席。

英萨尔在英国王室中很有名。在伦敦举行的一次国际电力会议上，他受邀到白金汉宫参加 1500 人的招待会。所有重要的政治家、侍臣和行业高管都在那里。英萨尔在迎宾队伍里踱来踱去准备迎接国王和王后，而看花了眼的格拉迪丝则挽着他的手臂。和蔼可亲的乔治国王在见到英萨尔之后回忆起了英萨尔的家人，很有可能是那位为国王工作过的石匠叔叔。国王如此体贴地回忆往事，使英萨尔大为感动："他看起来就像任何一位英国绅士一样，你一见到他就会感

---

① 别人俱乐部是由丘吉尔和 F.E. 史密斯于 1911 年成立的一个英国政治餐厅俱乐部，在议会开会期间，会在萨沃伊饭店每两周聚一次餐。

到轻松自在。我想说，在他们两个之中，和丈夫具备的国王气质比起来，玛丽王后更有王后气质，乔治国王浑身散发着一种'人类的善良天性'。"

随着马拉尼的宣传部门势头日渐强劲，"咆哮的 20 年代"正成为属于英萨尔的十年。在学会了如何通过战争宣传机器直接接触到人们之后，马拉尼希望把英萨尔和他的许多公司定位为重大公共利益的项目。英萨尔不再是芝加哥公用事业公司的主管，他将成为私营公用事业管理、商业生活方式以及家家户户拥有电力的奇迹的主要代言人。马拉尼将是英萨尔的 P.T. 巴纳姆，安排他发表演讲，并确保他的演讲得到广泛传播，让每个人都知道英萨尔已经如此优秀和成功。几乎每一场演讲都会提到中央电站的电力如何使每个人的生活变得更好、如何创造就业机会、如何纳税以及如何使美国成为一个宜居之地。英萨尔正从电力大亨转变为公共赞助人，这是一个更高生活水平的象征。

马拉尼和英萨尔大量借鉴了巴纳姆强大的营销策略。这位马戏团老板于 1855 年的经典自传和骗术手册《由巴纳姆本人所写的菲尼亚斯·T. 巴纳姆的一生》(*The Life of Phineas T. Barnum*，*Written by Himself*) 是马拉尼全面运动的圣经，而马拉尼旨在将英萨尔塑造得和美国总统一样尽人皆知。显然，英萨尔遵循了巴纳姆的一些原则，自从在纽约为爱迪生工作以来，他就一直信奉巴纳姆的"成功之道"：

- 选择适合你自然天性和气质的行业。有些人天生就是机械 135

师，有些人却对机器之类的东西有着强烈的反感，以此类推，一个人天生喜欢一种职业，另一个人却天生喜欢另一种职业。

- **永远信守诺言**。永远不要承诺一件事，除非你能坚定不移地快速完成它。

- **无论做什么，都要全力以赴**。野心、活力、勤奋与毅力是商业成功不可或缺的因素。

- **节制饮酒**。把酒当饮料喝，就像中国人吸食鸦片一样，是一种愚蠢的瘾癖，而前者对商业成功的破坏性不亚于后者。

- **让希望占据主导地位，但不要耽于幻想**。很多人一直贫穷，因为他们总是沉迷于幻想。

- **不要分散你的力量**。只从事一种行业，并毫不动摇地坚持下去，直到你成功，或者直到你决定放弃。

- **雇用合适的员工**。永远不要雇用一个有不良习惯的人，如果能找到一个有良好习惯的人来填补他的职位的话。

- **宣传你的生意。不要过分谦逊**。无论你的职业或行业是什么，如果它需要公众的支持，那就以某种形式彻底有效地宣传它，引起公众的注意。[6]

　　作为一个禁酒主义者和非国教新教徒，英萨尔贯彻了巴纳姆的节制饮酒准则，至少他是这样告诉所有人的。英萨尔也对信守诺言有着近乎执念的追求。这个诺言的一部分内容就是，如果他的客户没有得到最优质的服务，或者出现服务中断，他就会亲自解决这个问题。他在霍索恩农场的家里安装了一条专门的电话线来接听这样的来电。虽然他几乎可以在任何一项商业投机中获得成功，但在整个职业生涯中，他还是把自己相当大的精力集中在中央电站服务上，并把经营铁路、零售业和其他企业的权力委托给了自己的下属。这些下属被委以重任，则是因为他们的能力、活力和献身精神。和英萨尔一样，他的这些负责人必须彻底了解自己的业务，并从中获利。他的铁路主管布里顿·巴德就是一个正直、温和、勤勉的执行者，他知道英萨尔的期望是什么，并以一种英萨尔也会采用的方式经营着铁路。英萨尔的总体设想以及推广这种总体设想的能力可以简单地定义为用各种各样的新方式让人们购买更多的电力。马拉尼和约翰·吉尔克里斯特负责英萨尔公司这一方面的工作，通过成千上万个广告传递英萨尔的说教，在这个过程中，他们很少出什么差错。

在 1920 年代，英萨尔的信条非常明确，他公司里的每个人都知道这一点——在提供优质客户服务的同时，促进电力消费。作为消费主义的重要推动者，英萨尔总是提醒公众，自己是电气时代的开拓者，从一个卑微的电话接线员成为爱迪生的得力助手。1921 年，英萨尔控制了 15 个州的电力公司，投资金额超过 5 亿美元。他一直试图美化公用事业私有制留给人们的印象，并开展独立的宣传活动，使自己和企业进入公众视野。他开始巡回演讲，猛烈抨击进步人士的公用事业公有制运动，并试图使听众相信，公用事业所有制与他们的利害关系不容忽视：

> 伊利诺伊州公用事业公司的总投资额为 12.5 亿美元……该投资在伊利诺伊州创造的财富并不像煽动者描绘的那样，只由少

数几个"靠人们生活必需品发家致富"的"臃肿资本家"所拥有，而是由 40 多万名对伊利诺伊州公用事业公司的股票和债券进行投资的该州市民所拥有……这些人，加上他们的家人，几乎占全州人口的三分之一，他们都直接拥有公用事业公司的所有者权益。7

在马拉尼于战争前后发起的股票销售运动的支持下，英萨尔把对进步人士的攻击转变为对日益壮大的投资者阶层的维护。毕竟，英萨尔推断，一个人怎么可能既攻击公用事业私有制，又不冒犯那些真正拥有这些公司的成千上万的受薪股东呢？他很可能指的是"煽动者"威廉·詹宁斯·布赖恩对大企业集团和他所在行业的大肆攻击。在皮奥里亚地区商会（Peoria Area Chamber of Commerce）发表的同一篇讲话中，英萨尔大加称赞电气化给工业和农业带来的好处。他尖锐地把公用事业改革者与卢德分子（Luddites）①混为一谈，称他们是"捣毁最初纺织厂的纺织机械的破坏者，是蒸汽机车刚刚问世时用石头砸火车的暴徒"。

英萨尔在惠及大众方面还有一个更重要的议程。1920 年代初，美国正从一个只能通过电报、电话和铁路连接城市的国家转变为一个互连互通的电网。这种贯穿全国的新兴电网模式被称为"超级电力"，并得到了美国内政部的认可。在皮奥里亚发表讲话期间，英萨尔的电力系统只差 110 英里就可以从北边的明尼阿波利斯（Minneapolis）连

---

① 卢德分子是指 1811 年至 1816 年期间英国那些不满机器代替人力而捣毁机器的纺织工人，据说其精神领袖名为内德·卢德，因此得名。可引申为那些反对机械化、自动化的人。

接到南边的圣路易斯和路易斯维尔的电网。芝加哥是中心，以铁路系统为模型。煤被运往北方，以供应英萨尔的发电站，而发电站生产的电力又供应着中西部的大部分地区。英萨尔反对内政部的总体规划，因为这将赋予当地社区对公用事业进行"自治"的权力。这位大亨认为，大型私营发电站只有处于中心位置并将电力分配到电网中，才能更高效地提供电力。他在经济上的分析是正确的，但他不接受牵扯其中的政治。虽然他自我吹嘘说，在 1920 年代初，伊利诺伊州有 1 万名农民可以享受电力，但绝大多数农村居民还没有用上电。他们没有办法获得电力，除非电力公司去那里建造一座发电站，或者架一条高压电线到城里。小城镇无法为高效的发电站筹措资金，只有水力发电才能使其受益，这意味着小城镇必须靠近河流和大坝。这在田纳西流域和太平洋西北地区都相当有效，未来的公共项目会证明这一点。但大河之间的地区还是存在着巨大的电力缺口。

不管英萨尔收购了什么样的新公司，它都会经历"英萨尔式处理"。这一套程序被反复灌输给他的管理人员，好像他们是海军新兵一样。处理的第一步就是对该资产的设备进行升级。注入资金，使其更先进更高效。然后，英萨尔会将其作为最新项目重新推出，并给予一切可能的广告宣传来促进其发展。英萨尔利用了人民煤气公司的翻身模式，巧妙地使用自己的资本。他购买了一些不动产，比如芝加哥的高架系统，来保护自己的电力特许经营权。高架火车的客户也是（或者说有可能成为）工作场所或住宅的用电客户，英萨尔收购了三家城际电气铁路，这不仅将他的客户人群扩大到了城市以外，还在距

137

离芝加哥市中心 100 多英里的地方开辟了新的销售市场。

北岸铁路是一家破产公司，在英萨尔购入之后完美地起死回生。巴德领导下的北岸项目已经超越了吸引新的电力客户这个最初目标。在推广伦敦地铁和法国铁路的海报的启发下，巴德聘请了当时最优秀的商业艺术家来创作艺术海报，以此宣传英萨尔的铁路提供的目的地和生活方式。这些海报不只是告诉人们乘坐英萨尔的火车可以很快到达自己的目的地，还向人们承诺了魅力、刺激、消遣、舒适和美丽。1920 年代海报运动的两位狂热爱好者约翰·格鲁伯（John Gruber）和 J.J. 斯德麦尔（J.J. Sedelmaier），如此评论道：

138

　　之前从没见过任何类似的事物。在车站候车的通勤乘客注意到它们被贴在站台的布告牌上，非常逼真。这些色彩斑斓的海报采用平版印刷术印刷，简洁明了地介绍了当地的博物馆、公园、街道、体育运动和度假胜地。海报上面的字很少，与其他大部分广告客户烦琐的、花哨的、难看的作品形成鲜明对比。那是 1922 年，芝加哥电气铁路公司已经采取了一种海报艺术的新方式。[8]

巴德总共制作了两百多张海报。他们大声宣告，从威斯康星州南部的湖泊到芝加哥东南部远古时期的印第安那沙丘，这条长达 300 英里的弧线上的所有地方都可以乘坐英萨尔的火车到达。广告的力量在 1920 年代开始盛行，并且正在产生效果。芝加哥菲尔德博物馆（Chicago Field Museum）批准展出一张配有海马插图的铁路海报。短短三周内，参观人数增加了两倍。当海报被撤下时，之前从未进行广告宣传的博物馆发起了牢骚。一些更为著名的海报，如今受到了艺术收藏家的青睐，其主题是圣母大学橄榄球队、马球比赛以及密尔沃基的特别活动。有一些海报简单到只有单一的彩色图案，比如一条鱼，而另一些则对上班族有着直接的吸引力。以奥斯卡·拉贝·汉森（Oscar Rabe Hanson）、奥托·布雷内曼（Otto Brennemann）、卡罗尔·贝里（Carroll Berry）和阿瑟·约翰逊（Arthur Johnson）等艺术家的作品为特色，海报以鲜艳的颜色和醒目的图片突出了目的地。它们会把你带到一个你离开城市和火车后想去的理想世界。

通过增加广告，北岸铁路的客流量和服务大幅增长。到1920年代中期，这条铁路每天都要运行160列火车，其中包括芝加哥和密尔沃基之间的44列直达火车。随着客流量增加，巴德建造了类似手工艺农舍和英国乡村房屋的漂亮新车站。1922年又增加了大客车，将服务范围拓展到了铁路的终点站之外。北岸铁路的服务和发展引起了全国的关注。1923年，该铁路赢得了第一年度的查尔斯·科芬奖。该奖项以第一任通用电气总裁的名字命名（讽刺的是，此人正是在斯克内克塔迪取代了英萨尔的那个人），并表彰那些"为普及电气铁路服务而作出巨大贡献"的公司。与其他火车的衔接也是该铁路系统的一个优点。密尔沃基的居民可以乘坐上午9点55分的火车到达芝加哥市区，然后再乘坐纽约中央铁路的"20世纪直达快车"（20th Century Limited）前往纽约。英萨尔增加了许多服务改进项目，包括全餐餐车和观景车厢。食物价格低廉，风景也很壮观，尤其是沿着湖边穿过威斯康星州和印第安纳州西北部的时候。1925年，餐车每天供应大约 8 万餐。

由于铁轨和平交道口得到了很好的维护，火车可以以每小时 100 英里（约 161 千米）的速度飞驰在轨道上。它们相对比较安静，通常都很准时。1915 年至 1923 年期间，英萨尔的火车每年都要运送 1600 多万名乘客，而他收购第一条铁路的时候，这个数字只有 700 万。1924 年，北岸铁路经营得不错，英萨尔开始向公众出售该公司的股票。第二年，这条铁路进一步扩张，从城市北部的终点站霍华德街向北延伸了五英里，连接了一条后来被称为"斯科基河谷"的线路。像英萨尔的大多数铁路公司一样，这条新铁路只使用了他的输电线用地。在新线路上，巴德每隔三英里就设有一个西班牙平房风格的新车站。1926 年，客流量增至近 2000 万人次。

随着火车站建成，房地产开发急剧增长。奈尔斯中心（后来的斯科基）、曼德莱恩和韦斯特切斯特（Westchester）的新村庄繁荣起来，因为他们的居民可以在那里购买相对便宜的住宅区房屋（tract homes）①，然后在芝加哥市中心工作。廉价、高效、可靠的交通工具，再加上电气化的住宅和企业，使这些郊区建设成为初步现实。沿着芝加哥奥罗拉和埃尔金铁路及南岸铁路，英萨尔的火车向每一个可能的方向延伸，包围了不断扩大的大都市。甚至在铁路的终点站，也会有接驳客车把你带到远至芝加哥 250 英里（约 402 千米）的其他目的地。随着 1926 年伊利诺伊中央铁路（英萨尔在芝加哥唯一没有收购的大型铁路公司）的电气化，使用蒸汽机车上下班的时代基本已经结

---

① 住宅区房屋指在某个地区内建造的许多相似的住宅。

束（有一些线路直到 1950 年代还在使用蒸汽发动机）。城市离干净整洁还是差得很远，因为汽车使用量的增加带来了大量的交通问题，但居民们再也不用忍受卢普区（该区被城市电气交通路线所包围）的蒸汽发动机冒出的滚滚浓烟。

英萨尔所有的铁路都从他的收购和改进中获了益。在芝加哥与印第安纳州密歇根城之间往返的南岸铁路，获得了英萨尔 650 万美元的投资。他的米德兰公用事业公司（Midland Utilities）于 1925 年收购了这条铁路。1928 年，每天的火车班次从 35 次增加到 81 次。客流量从 1925 年的 150 万人次增加到 1928 年的 300 万人次，客运收入增长了 200%。同期的货运收入则增长了五倍。巴德在 1927 年断然宣称："地段好的城际铁路，实际上正在进入它们的黄金时期，根本没有过时。"在巡回演讲中，英萨尔不断告诉自己的听众，他投入了多少资金在公司里，又取得了什么样的成果。例如，在强调对北岸铁路的收购时，他说，通过将铁路投资从 1400 万美元追加到 3100 万美元，客运收入也随之从 1919 年的 300 万美元增至 1925 年的 700 万美元，增长了 113%。英萨尔不怕花钱让自己的企业更有效率，也不羞于告诉公众这些支出是如何达到目的的。他的目标就是让公众相信他这种资本主义形式是公共服务的最高形式。

不过，英萨尔总是不断要求自己的铁路公司做得更好。有一次，英萨尔乘坐南岸铁路出行，他的专车在晚上 11 点左右从南本德赶回芝加哥，这列专车有两节车厢和一个客厅。英萨尔把车务主管 R.E. 贾米森（R.E. Jamieson）叫到他的客舱里，朝贾米森吼道："你就不能让这该死的火车跑得再快一点吗？"火车当时的时速是 90 英里。

140

贾米森向火车司机传达了这一要求，司机从制动系统中释放了一些空气，产生了明显的震动。尽管火车实际上开得更慢了，时速只有 75 英里，但英萨尔似乎很满意。

南岸铁路和北岸铁路一直在争夺美国最快城际铁路的称号。它们轮流获得了该行业的电力牵引速度奖——这是城际铁路领域的奥斯卡金像奖。速度奖励大大提升了火车司机的自尊心，但英萨尔还有更宏伟的计划。从有轨电车的早期开始，新社区就沿着交通运输路线出现了。如果投机商能够根据新的电车站和火车站购买土地，他们就能发大财，这在房地产行业是一种惯例。新路线和新站点都是促进发展的保证。英萨尔积极推广了一条支线，该支线将南岸铁路延伸到了印第安纳沙丘公园（现在是国家湖岸公园，由美国内政部运营管理）。南岸铁路的"郊游与消遣办事处"大肆宣扬公园的便利设施，包括一家酒店和澡堂，部分建造费用来自铁路公司馈赠的 2.5 万美元。在南岸铁路著名的广告宣传活动中，沙丘成了"芝加哥最受欢迎的游乐场，在这里，荒野为王"。房地产开发商很快就开始利用这场广告宣传运动，贝弗利海岸（Beverly Shores）、湖岸（Lake Shore）、北岸海滩（North Shore Beach）和南岸农场（South Shore Acres）的建房土地组成了芝加哥地区最大的湖岸开发区（芝加哥大部分的湖边平地禁止开发商进入，这多亏了亚伦·蒙哥马利·沃德和丹尼尔·伯纳姆）。这些社区直接受益于沙丘公园附近的两个新火车站，这两个车站由南岸铁路耗费 1.5 万美元建造。铁路公司的"拥有你自己的家庭办事处"及海报宣传给房屋销售提供了支持。鲜艳的图案和简单合意的广告词又一次成为海报的绝对主题。"新北岸，有房就有家。"北岸铁路如此

宣传道。在那张海报中，长长的林荫路上，有一个人在火红的枫树下
遛狗。

城际铁路的修复和扩张也导致了迅猛的工业增长。位于印第安纳
州西北部的卡柳梅特地区（Calumet region）拥有价格相对低廉的电
力和天然气，属于世界上第一规模梯队的钢铁产区。美国钢铁公司属
于该地区首批主要钢铁制造商，并在印第安纳州的加里（Gary）站稳
了脚跟。这家美国最大的钢铁制造商还在南芝加哥、沃基根和乔利埃
特设有工厂（除加里工厂外，其他所有工厂均已关闭）。明尼苏达州
北部或密歇根上半岛的铁矿石可以直接运到工厂，这些工厂大部分
位于密歇根湖南岸的湖畔平地。伯利恒（Bethlehem）、琼斯和劳克林
（Jones & Laughlin）、扬斯敦（Youngstown）①、共和钢铁公司和国家钢
铁公司也在该地区设有工厂。在大部分钢铁厂已经从效率极其低下的
平炉炼钢法升级为氧气顶吹转炉或电弧炉之后的很长时间，该行业依
然受益于英萨尔的公用事业公司。作为工业的推动者，英萨尔公开宣
布，卡柳梅特地区终有一天会成为全国领先的钢铁生产地区。他当然
知道在 1920 年代中期，钢铁厂消耗了多少电力——大约 30 万千瓦，
也就是大约 40 万马力。他的发电站只供应了其中 11.5% 的电力（这
些钢铁厂大多可以自己发电），他正在寻找更大份额的电力生产业务。
该地区的 39 个高炉也要消耗大量的天然气——每天 30 亿立方英尺。
英萨尔通过"快来参观美国工厂"的宣传活动促进了工业的发展。到
1920 年代末，南岸铁路已经在为 15 个新兴产业提供服务。

① "伯利恒""琼斯和劳克林""扬斯敦"均为钢铁公司。

1920 年代中期，马拉尼以英萨尔在铁路收购、电力业务以及公众形象（一个可以使任何企业运转起来的人）方面的成功为契机，把后者打造成了一位商业偶像。从查尔斯顿舞[①]的疯狂热潮到地下酒吧的蓬勃发展，1920 年代需要的是精力充沛的非凡人物。新解放的美国年轻人把私酿杜松子酒灌入喉咙，这都是拜阿尔·卡彭及其爪牙所赐，而美国的头等大事，用卡尔文·柯立芝的话来说，就是做生意。从广告业到打字机销售在内的所有形式的企业都在快速发展。随着天真的农村男孩女孩进入城市去寻找一种浮华的生活方式和一份职业，公司文化也兴旺起来。在这个令人兴奋的商业新世界里辛勤工作的时候，他们需要一个榜样。马拉尼意识到，芝加哥确实需要一个像英萨尔这样的模范——他口袋空空地来到美国，带着滑稽的口音，但通过努力工作和智慧发家致富。马拉尼把英萨尔的巡回演讲制作成了圣徒式[②]的小册子，像《公用事业管理原则》那样，以枯燥的抨击作为开头。虽然这个标题令人不快，但为了适于大众，马拉尼还是把英萨尔主义进行了精简。这些语录不仅仅是英萨尔演讲的摘录，还是成为一名成功商人和公民的指南：

142

- 诚信、守时。守时是最重要的商业法则……无论对处于最高地位的人，还是处于最低地位的人，诚信守时都是第一要素。

---

① 查尔斯顿舞是 1920 年代中期流行的一种摇摆舞，以南卡罗来纳州的查尔斯顿命名。

② "圣徒式"指过度美化主角，只吹捧不批评。

• 公开准则。我认为应该向员工公开信息，他们的利益和管理者的利益一样重要；向国家公民公开信息，他们是财产的所有者；向煤气公司、电灯和电力公司、电车公司的每一个客户公开信息。

• 合作的优势。无论一家公司的高层领导有多大的能力，除非在各个环节有密切的合作，否则是不可能成功的。

• 礼貌待人。礼貌待人和尽量提供最好的服务是我们政策的基石。

• 信息透明。把公众当成你的朋友，信息透明不是对他们的恩惠，而是他们的权利。

• 公民的责任。我认为，任何人不论男女都应该参与他或她所在社区的事务。[9]

作为现代企业的代言人，英萨尔塑造着自己的公众形象——一个经常公开露面的正直商人，这有效地消除了敛财大亨贪婪地掠夺公众及其竞争对手资产的可怕形象。而艺术赞助人、宗教推动者、房地产开发商、事实上的银行家和公共捐助人这些角色将会进一步提升他的形象。几乎没有什么是英萨尔不能转化为财富的，但对他来说，最重要的还是完全控制自己的企业，这正成为他最着迷的事情。

稳住场面

1920 年代中期的丑闻

> 我一直很尊敬卡尔文·柯立芝总统。他知道什么时候不该说
> 话，什么不该说。
>
> ——查尔斯·沃尔格林（Charles Walgreen），
> 连锁药店创始人 [1]

格拉迪丝厌倦了一直在家里做塞缪尔·英萨尔太太，她想重振自己的事业。查皮正在履行自己作为小塞缪尔·英萨尔的职责，学习父亲生意的基础业务。仅以"小"字辈为人所知的查皮已经不再对艺术事业感兴趣，吸引着他的是公用事业行业。英萨尔为他谋了个职位，很少有人会对他将来继承"王位"表示怀疑。他已经与阿德莱德·皮尔斯（Adelaide Pierce）订婚，并将于 1926 年 7 月 15 日正式离开这个安乐窝。格拉迪丝则做好了准备重返戏剧界。

格拉迪丝选择了理查德·布林斯利·谢里登（Richard Brinsley Sheridan）① 的喜剧《造谣学校》（*School for Scandal*）作为自己重返舞

---

① 理查德·布林斯利·谢里登（1751—1816），又译"谢里丹"，爱尔兰讽刺作家、剧作家、诗人，主要作品有《对手》《造谣学校》《批评家》等。

台的作品。英萨尔已经为该演出租下了芝加哥市中心的伊利诺伊剧
院。在丈夫的狂热支持下，格拉迪丝再也不需要担心试镜、合约或票
房。格拉迪丝拥有各种优势，她知道这场演出不会过早结束，知道剧
院会在开幕之夜满座，知道几乎没有报纸敢对她发表不好的评论，因
为制作人声名显赫，性格令人生畏。她对再一次做自己喜欢的事情欣
喜若狂。她不需要出差，演出结束后可以睡在自己的床上，而且想什
么时候演就什么时候演。

一个小小的障碍是，她现在已经 56 岁，却要出演一个 18 岁的乡
村少女——蒂泽尔小姐（Lady Teazle）。她不担心导演会让自己改演
其他角色，所以满怀热情地开始了排练。她的皮肤仍然是奶油色，身 144
材也仍然相对娇小。多年来，她一直在霍索恩农场的后院表演，没有
完全脱离戏剧。第一天晚上，剧院里挤满了人。英萨尔请来了自己的
每一位同事、商界人士、政界人士和社会人士。几乎没有人敢错过首
映，因为这也是为圣卢克医院（St. Luke's Hospital）举办的义演。

作为一个嫁给老到足以成为她祖父的男人的天真乡村女孩，格拉
迪丝演得既活泼又迷人——如果没有明显的选角不当的话。正如之前
在纽约演出时一样，她迷住了观众，报界也对此好评如潮。当天晚
上在经济上也同样成功，因为英萨尔为圣卢克医院筹集到了将近 13.8
万美元。

《先驱考察者报》的评论家小阿瑟·米克（Arthur Meeker，Jr）
一贯尖酸刻薄，他在三十年之后才说自己认为格拉迪丝的表演糟透
了，当时他写了一篇热情洋溢的评论：

> 我看过埃伦·冯·沃尔肯伯格（Ellen van Volkenburg）、玛丽·扬（Mary Young）和埃塞尔·巴里莫尔扮演的蒂泽尔小姐，但她们中没有一个人能赶上英萨尔夫人优雅的风度和气质。她不但是这些人中最美丽的，而且她说台词的时候是那么淘气、优雅，用一种如此美好的价值观来诠释这个角色的喜怒哀乐……这是我见过的最迷人、最细腻、最出色的高雅喜剧表演！[2]

无论他是否也被严厉批评英萨尔妻子可能带来的可怕后果所吓倒，抑或是被他的老板赫斯特要求对格拉迪丝手下留情，米克的赞扬，就算是对于慈善演出，也过了头。不过，在纽约巡回演出的时候，格拉迪丝是得不到这样令人愉快的热心支持的。一位名叫赫尔曼·曼凯维奇（Herman Mankiewicz）①的满怀抱负的剧作家，被《纽约时报》的戏剧编辑和喜剧天才乔治·S. 考夫曼（George S. Kaufman）派去评论格拉迪丝的演出。曼凯维奇看了这出戏，喝得酩酊大醉，回到新闻编辑室，开始写一篇恶毒的评论，还没写完他就醉倒在了打字机上。考夫曼过来找他，读了打字机上的胡言乱语，怒火中烧。他拒绝发表这篇评论，反倒刊登了一则使其蒙羞的消息，说这出戏的评论将发表于明天的报纸。曼凯维奇的妻子萨拉被叫来带他回家，她以为他被解雇了。不过第二天，这位评论家又回到了报社，他没有被解雇，而且还写了一篇没有署名的评论，语气缓和到令人乏味的地步：

---

① 赫尔曼·曼凯维奇（1897—1953），美国剧作家，《公民凯恩》的编剧之一，曾是《芝加哥论坛报》在柏林的驻外记者，也是《纽约时报》《纽约客》的戏剧评论家。

　　扮演蒂泽尔小姐的英萨尔夫人，美丽又娇小，有着爽朗的笑
容和优雅的姿态。她的一举一动带着一种迷人的优雅，使得她仪
态万千。但这一版的蒂泽尔小姐似乎太天真，太像约瑟夫所说的
乡村少女，这使得她在剧中的角色并不那么令人信服。³

145

　　这位未署名的剧评家不可能将女演员格拉迪丝和她在芝加哥上流
社会的名声分开。曼凯维奇在 1921 年曾担任麦考密克上校的《芝加
哥论坛报》的驻外记者。他了解英萨尔与歌剧的干系，也了解格拉迪
丝得到了什么样的名声——"她刺耳的叽叽喳喳声和对一切事物不满
的狭隘胸襟使她臭名昭著"。

　　曼凯维奇在 1927 年去了好莱坞，并且开始把纽约的一些文学朋
友吸引到这个电影之都来。像多萝西·帕克（Dorothy Parker）①这样
的名人紧随其后。曼凯维奇在电影公司做各种各样的工作，13 年
后，他获得了一个千载难逢的写作机会，青年才俊奥森·韦尔斯邀请
他写一部关于报业大亨的电影——《公民凯恩》。在塑造凯恩情妇苏
珊·亚历山大这个人物时，他想起了自己在芝加哥的经历。格拉迪
丝是他的部分灵感来源，尽管她不是歌手。凯恩这个人物则是由威
廉·伦道夫·赫斯特（William Randolph Hearst）②、麦考密克上校和

---

① 多萝西·帕克（1893—1967），美国诗人、讽刺作家、评论家，主要作品有诗歌
　《足够长的绳索》、短篇小说《高个金发女郎》等。
② 威廉·伦道夫·赫斯特（1863—1951），美国商人、报纸发行人，是赫斯特国际集
　团的创始人，被称为新闻界的"希特勒""黄色新闻大王"。

英萨尔糅合而成的。韦尔斯曾在芝加哥歌剧院的舞台上演过蝴蝶夫人的私生子，他对英萨尔的故事非常着迷（英萨尔在电影剧本完成的前三年就去世了，但赫斯特那时还活着）。曼凯维奇把英萨尔与歌剧的关系写进了剧本，在剧中对应着凯恩沉迷于为苏珊·亚历山大这个糟糕透顶的歌手购买歌剧院。韦尔斯还命令他的化妆师莫里斯·西德曼（Maurice Siederman）使他看起来像 1930 年代的英萨尔，包括后者的络腮胡子。他真的给了西德曼一张英萨尔的照片。赫斯特也是这个混合人物的组成部分。在曼凯维奇的这个部分，曼凯维奇把自己的故事写入了剧本。电影中，约瑟夫·科顿（Joseph Cotton）饰演的角色酩酊大醉地回到新闻编辑室，在抨击苏珊·亚历山大的表演时，趴在打字机上睡着了，这个场景绝非虚构。格拉迪丝在《造谣学校》中的表演是他的灵感来源。

在观众反应的鼓励下，格拉迪丝无视自己在纽约受到的不冷不热的待遇，继续在芝加哥寻找演艺公司，试图获得其他演艺工作。与此同时，一位年轻的新闻记者和有抱负的作家本·赫克特（Ben Hecht）[①] 正在创办自己的剧团，对格拉迪丝进行了面试。赫克特不知怎么地提到了他的戏剧自由职业，当时他正为一篇报道采访英萨尔：

> 在我选角试镜的时候，英萨尔先生已经是成千上万人的老板，是一个百万富翁。是的，这位有权势的金融家说，他有一个

[①] 本·赫克特（1894—1964），美国电影剧本作家、导演、制作人、记者、小说家，主要电影编剧作品有《百老汇天使》《美人计》《自由万岁》《呼啸山庄》《埃及艳后》《金臂人》等。

非常有才华、非常漂亮的女演员可以为我们的演员工作室工作，那就是他年轻的妻子。英萨尔夫人成了我们演员中的一员。我完全不记得她的工作，只记得她是一个有天赋的售票人。[4]

146

格拉迪丝的戏剧生涯渐渐熄了火，在与赫克特工作后不久就结束了。这位剧作家去了好莱坞，创作了140多部剧本。他的经典作品包括《头版》（这部电影讲述了他在芝加哥做新闻记者时的那段粗俗可笑的岁月）、《乱世佳人》（在几位电影编剧被解雇后，没有署名）、英格丽·褒曼主演的《臭名昭著》、伊丽莎白·泰勒和理查德·伯顿主演的《埃及艳后》、马龙·白兰度主演的《叛舰喋血记》和《红男绿女》、弗兰克·辛纳屈主演的《金臂人》，以及丽塔·海沃思主演的《吉尔达》。

第二次离开戏剧界以后，格拉迪丝把研究拿破仑·波拿巴作为一个正儿八经的业余爱好。英萨尔读了几本关于这个小个子下士的书，对把时间全花在一件事上的想法感到恼火。格拉迪丝则另有见解："萨姆，你应该了解那个人，以及他身上发生的事情。如果你不这样做，这些就会发生在你身上。"

英萨尔发现，有必要控制那些关于他的企业是否符合公众利益的争论。他的恶意通常是针对这座城市的进步人士的，不过他还是小心翼翼地避免在公开场合与芝加哥的政客们交战。他总是支持共和党候选人，尽管"大钞票"想让芝加哥"湿如海洋"①，并在"一战"期间

① 指允许贩酒。

攻击他的电价，但他还是支持汤普森市长。在国家层面，英萨尔通常会青睐那些持帝国主义立场的国际主义候选人。他认识的麦金利和西奥多·罗斯福总统是他最喜欢的两个人。在政治上，英萨尔永远不会忘记一个技巧，那就是支持那个最不妨碍他做生意的候选人。

弗兰克·L. 史密斯（Frank L. Smith）在 1926 年竞选参议员，并反对公用事业公司所有者威廉·麦金利（与被刺杀的总统没有任何关系）。史密斯是伊利诺伊商业委员会主席，英萨尔从 1898 年开始就游说成立该机构。史密斯生性正直，几乎不受英萨尔支配，不过，他并不是英萨尔的直接对手。担任委员会主席期间，史密斯驳回了英萨尔提高电价的所有申请，并下令或批准了总计 4200 万美元的 5 次价格下调。而另一方面，麦金利拒绝将他边远地区的公用事业公司出售给英萨尔的公司，这使他成了英萨尔的死对头。手里有公用事业公司要出售的老板很少会拒绝英萨尔。那些没有接受英萨尔报价的人，后来在面对作为竞争对手的英萨尔时，就会希望自己当时要是接受就好了。在出国旅行之际，英萨尔委托弟弟马丁全权负责资助史密斯的竞选活动和发起反对世界法院（World Court）的宣传活动。英萨尔反对的世界法院是一个由麦金利提供支持的国际司法机构。马丁从英萨尔的账户里大手大脚地开出了超过 15 万美元的支票，直接或间接地资助了史密斯的竞选活动，这对当时的参议院竞选来说是一笔惊人的数目。由于担心英萨尔在选举中扮演的角色会牵连芝加哥商界，朱利叶斯·罗森沃尔德向史密斯出价 55 万美元，让他退出竞选，史密斯拒绝了。竞选期间，麦金利自己也花了 50 多万美元。

史密斯当选了，但是参议院的廉正被玷污了。参议院拒绝史密斯就职，并宣布此次选举无效，因为他的议员席位是英萨尔"购买"
的。来自密苏里州的民主党参议员詹姆斯·里德（James Reed）关注
着总统候选人的提名，他在 1928 年对英萨尔在选举中所起的作用举
行了一场听证会。总统候选人和进步人士罗伯特·拉弗莱特（Robert
LaFollette）也对这位公用事业巨头的政治融资阴谋产生了浓厚兴趣。
在里德的委员会面前，英萨尔被带进来接受审问。

起初，英萨尔目中无人，拒绝回答任何有关他资助当地候选人的
问题。随着市政选举临近，他不想给自己的候选人造成任何损失。然
后，英萨尔坦率地承认自己资助了史密斯的竞选活动，但他没有表现
出任何悔意。英萨尔被控蔑视国会，因为他拒绝提供自己在当地的政
治专用款项的细节。不过他在城市选举后提供了相关信息，从而免于
被起诉。史密斯的竞选总管艾伦·穆尔（Allen Moore）的证词表明，
是英萨尔慷慨大方地从自己的办公桌抽屉里为竞选活动提供了高达
12.5 万美元的现金（装在信封里）。里德小组的一名参议员想知道，
"在竞选中是否会有人操纵公用事业公司纳税"。

　　"哦，毫无疑问，"英萨尔实事求是地回答道，"但公用事业
公司拥有 4 万名股东……我是其中之一，我为整个竞选投入了
23.7 万美元。我会拿这笔钱去影响一个公司的税吗？这么做的原
因，我没有告诉你们，也不打算告诉你们，因为这涉及一个已经
死去的人（麦金利在选举后去世），还有其他原因，那就是我通
常对政治很感兴趣。"[5]

英萨尔资助史密斯还有一个原因。公用事业专员得到了禁酒主义团体反沙龙联盟（Anti-Saloon League）① 的支持。然而，虽然英萨尔没有被要求从他的任何一家公司辞职，该丑闻还是玷污了他在全国各地的名声。赫斯特的报纸在头版上刊登了关于"电力托拉斯"的头条新闻，这是一个带有轻蔑意义的说法，令人回想起古尔德、洛克菲勒和摩根那段糟糕的时期。赫斯特是英萨尔的朋友，他打电话给这位公用事业巨头，坚称自己那些报纸的活动绝对不是针对英萨尔个人。赫斯特的生意就是卖报纸，对于这一点，英萨尔再清楚不过了。

不过现在，进步人士受到赫斯特猛烈抨击的鼓舞，对英萨尔和其他主要私营公用事业公司穷追不舍。虽然威斯康星州参议员罗伯特·拉福莱特在 1924 年的总统竞选中落选，但英萨尔的愚蠢行为却重新点燃了芝加哥进步人士的激情。拉福莱特的政纲条目之一就是建立一个"国家超级水力发电系统"。内布拉斯加州的进步派参议员乔治·诺里斯（George Norris）将英萨尔事件视为推广公用事业公有制的又一个合理理由。芝加哥大学经济学教授（和未来的美国参议员）保罗·道格拉斯（Paul Douglas）认为，英萨尔是私营公用事业公司腐败管理的源头。唐纳德·里奇伯格和哈罗德·伊克斯继续讨伐英萨尔的公司，声称英萨尔的垄断控制剥夺了芝加哥市民享受更低电价的权利。律师大卫·利连索尔（David Lilienthal）也站在了里奇伯格、伊克斯和道格拉斯的一边，他后来在 1930 年代的田纳西河流域管理

---

① 反沙龙联盟是 20 世纪初在美国呼吁禁酒的一个组织。

局扮演了重要角色。而纽约州长富兰克林·德拉诺·罗斯福在耐心等待时机的来临。

英萨尔好斗的弟弟马丁写给一名参议员的信件被泄露出去，信件表明他正试图为自己所在的行业讨好这位参议员，他还在国家广播电台猛烈抨击自己的反对者：

> 我从没见过小妖精，而且……我不相信你们能想起哪一则新闻报道、演讲或社论，能真正解释"电力托拉斯"是什么。在那些喋喋不休地谈论它的政治家、教授和编辑们屈尊告诉我们更多关于它的确切信息之前，电力托拉斯就只是一个神话。[6]

马丁有一种贵族气派，很少关心可以进行微调的公共关系。他经常被人瞧见在城市各处穿着马靴。一直没有成为美国公民的马丁在他哥哥资助的康奈尔大学接受了教育。他的社会声望还赶不上英萨尔，常常我行我素。他在遵循英萨尔的盈利能力和合理管理原则时，完全不讨员工喜欢，在政治圈子里也不吃香。

马丁承担了英萨尔初到芝加哥时干过的一些工作。他是公用事业行业的积极宣传者，尤其是在抨击公有制运动的时候。在这方面，他有一些强大的盟友。在国家电灯协会发表的一次讲话中，他引述了柯立芝总统的就职演说，提到了该行业的"所有权以及对他们资产的控制，不在政府，而在他们自己手中"。英萨尔和马丁在谈论电力行业私有制时，触及了美国历史上的一个要害。在美国独立战争之前，殖民者来到新世界维护他们的财产权，并避免他们的土地被随意征用，

149

这项政治权利由哲学家约翰·洛克（John Locke）① 以及每一个煽动反抗帝国权力的政治激进分子明确有力地表达出来。在英萨尔看来，公有制就是政府没收私有财产。以商业为导向的总统麦金利、哈丁、柯立芝和（最终）胡佛都利用了商界对政府控制的敌意。毕竟，英萨尔兄弟认为，他们的行业展现出了良好的公民意识，对社会有利，是一个基于公司股份持有者和债券持有者数量的所有权社会。

马丁提醒公众，"人们 70 亿美元的储蓄"投资于他所在的行业，为 1700 万客户提供服务，"每小时做 800 万马力的功，以维持国家的工业生活和社会生活"。此外，该行业每年还要支付 1.35 亿美元的州税、地方税和联邦税，"更不用说投资者支付的税款了"。政府接管公用事业行业是非美国式的——这一有力论据是巧妙的，也是英萨尔宣传工作的核心内容。

很少有人能比优秀的前采矿工程师和商务部长赫伯特·胡佛（Herbert Hoover）② 更好地理解英萨尔的路线。1925 年，胡佛是白宫理所当然的继任者。胡佛有着讨人喜欢但又威严的风度、敏锐的头脑以及慈悲的名声，他沿袭麦金利共和党的惯例，全心全意地支持商界。在第一次世界大战后，这个被授予 32 个荣誉学位的人组织了一项大规模计划来救济欧洲，他非常受人尊重，并且擅长宣传自己的思想。他是国家电灯协会第 49 届大会的主讲人，是由马丁进行的介绍。

---

① 约翰·洛克（1632—1704），英国哲学家，是英国经验主义的代表人物，在社会契约理论上作出重大贡献，被视为启蒙时代最具影响力的思想家，主要作品有《论宽容》《政府论》《人类理解论》等。

② 赫伯特·胡佛（1874—1964），美国工程师、商人、政治家，1929 年至 1933 年担任美国第 31 任总统，著有《对自由的挑战》《回忆录》《美国史诗》等。

胡佛热情地支持英萨尔的超级电力计划——私营公用事业应该能够建立一个庞大的国民体系，并在跨越州界的时候最低限度地受到联邦政府的监管，或者根本不受监管。他了解这个行业的历史及其与政府监管的斗争以及英萨尔在促进其发展时所起的作用。他还反对进一步（国家）监管或政府所有权，这对该行业也有所帮助。胡佛也理解进步人士对他们所谓的"巨大权力"的反对，并决心平息其公共权力运动。他的演讲用一种散文化的语言描述了该行业的实力，并让该行业听到了它想从这位未来总统那里听到的内容：

> 你传递着你的能量，带着牙锤和加啤威士忌一样的微妙感觉，你免去了人类很多的汗水。我们的人民现在平均每个家庭每年用 3300 千瓦时的电力取代了人力，而不是十年前的 250 千瓦时——虽然他们大多不知道什么是千瓦时，但他们知道该拿它怎么办……我确实不同意这样的结论：联邦监管是必要的。[7]

150

胡佛继续抨击该行业的小型对手——市营发电站，当时这类发电站只占国家发电总量的 3.5%。在每一个问题上，胡佛都与英萨尔们提出的建议保持一致：电力在各州之间的自由流动、没有联邦政府对电力的监管（州委员会就够了）、增加"客户"所有权的运动以及公用事业股不受限制的出售。马丁很难在这个行业里找到一个比胡佛更重要的国家政治朋友。胡佛用英萨尔们想要传达的崇高目标结束了自己的演讲："电气工业，通过它们的组织方式，可能会成为一个新礼物的载体，送给那些饱受折磨的人，这个行业甚至比它提供的电力还要伟大。"胡佛说完之后，现场响起了热烈的掌声。

胡佛的讲话绝不是国家公共政策的转折点。然而，它清楚地说明了这个行业可以从作为总统的胡佛那里期待些什么。他的不干涉态度就像是一个保险政策，实际上保证了白宫会放手让他们按照自己认为合适的方式经营业务，并在成立控股公司和出售股票的同时，继续在全国各州攫取规模较小的公司。

史密斯事件败坏了英萨尔的公共形象，英萨尔遭受了严重的公关打击，这是他在 1920 年代临近尾声的时候遭受的第一次打击，而未来还会有更多的打击。马拉尼毫不气馁，继续安排英萨尔巡回演讲，这位公用事业巨头专门发表长篇大论反对政府干预他的生意。每一次演讲都对"大政府①是有害的"这个主题进行全新的演绎，甚至使用了"滑坡谬误"②进行论证：

> 一旦在任何一个行业当真推行（公用事业的）政治所有权，它很快就会扩展到工厂和农场，它将成为所有企业和行业的政治所有权，包括拥抱这一想法的学院和大学。市政所有权的提议并不新鲜，它未能在这个国家取得更大的进展，并不像临时演讲台上的演说家所说的那样，是由于所谓的"资本主义利益集团"的恶意反对，而是由于它们的不切实际及其固有的经济内涵。[8]

151

---

① 大政府指对人民生活、经济等方面进行严格控制的政府。
② 滑坡谬误指不合理地使用连串的因果关系，将"可能性"转化为"必然性"，以达到某种意欲之结论。

在同一篇讲话中，英萨尔也对"控股公司"这一术语作出了自己的解释。他更喜欢"投资"公司一词，并合情合理地宣称控股公司是个不当的名称，因为"它们不持有任何东西"。他将这些实体描述为管道，这些管道"为促进发展以及向社区和领地提供优质服务这一特定目的而使资本投资更加容易，否则的话，这些社区将只有低效服务，或根本就没有服务"。

英萨尔再一次以 20 万名员工投资者、250 万客户以及 2.2 亿铁路乘客的名义，提出了他的目标。1925 年，世界上几乎没有人能提出这样的主张。英萨尔立刻在那段时期的每一场演讲中开始推广他超级电力的想法。他谈到了自己在中央电站集中电力并将高压电流传送到整个中西部地区的经历，并将自己定位为国家公用事业一个合情合理的霸主 ①。他的帝国从缅因州一直延伸到得克萨斯州，那些不认同他看法的人就是在反对进步和健全的经济，或者反对"以尽可能低的成本提供尽可能多的能源"。他迫不及待地歌颂自己的成果，号称他这个系统的建立导向了"（电力的）最低售价……在世界任何一个大中心"。这种说法在一定程度上是正确的。在水力发电占优势的地区，也就是那些发电原料免费的人烟稀少的地区，电力价格普遍处于最低水平。

1920 年代中后期的每一场工业演讲都会为电力辩护，提到电力节约的时间和人力、受益于中央电站电力的人数以及整体的社会收

---

① 原文为意大利语 "capo di capo"，疑为 "capo dei capi" 之误，意为 "大佬中的大佬"。

益。在英萨尔看来，电力大都市是一个不断发展的乌托邦，在那里，人们工作时间更少，节省下来的时间可用于更美好的事情。随着他的企业变得更加高效，每个人都因此变得更加富有，对于文明而言，这种巨大好处的成本正在下降：

> 全国各地的电动马达每天做的工作相当于 1.7 亿人（1925 年美国人口为 1.16 亿）的工作量，这一事实表明了电力对国家财富的意义……即使是政治煽动者也无法质疑这样一个事实，那就是我们这一行业处于州的监管之下，需要大量的资金用于发展，利润微薄，投入资金周转缓慢，尽管如此，我们这一行业却使电灯和电力成为就算不是所有日用品中最便宜的，也是极廉价的日用品。[9]

152 英萨尔指出，"自 1920 年以来，对电灯、发电站及其输电线路的投资已经相当于过去三十九年里（向电气行业）投入的总资本"。尽管进步人士的呼声越来越高，但英萨尔还是敦促他的行业继续完成使命。

当格拉迪丝不再表演戏剧，英萨尔才正开始全面控制歌剧院。作为歌剧管理委员会的成员，他一直强烈要求节俭措施，但总是遭到大手大脚的、热爱舞台的麦考密克夫妇和玛丽·加登的反对。麦考密克夫妇在 1922 年一直是歌剧院的经济支柱，他们正准备离婚。哈罗德·麦考密克（Harold McCormick）与年轻的女高音歌唱家加娜·瓦尔斯卡（Ganna Walska）有染，后者是纽约百万富翁亚历山大·史密斯·科克伦（Alexander Smith Cochran）的妻子。歌剧院常常出现赤字，但麦考密克夫妇总是打开他们的支票簿来支付工资、舞台布景的搭建及大歌剧其他许多昂贵的细目。英萨尔对这种经济上的放纵从来都不满意。在他看来，歌剧院可以像企业一样高效运作，控制成本，并进行适当的营销来销售预订票。

由于艺术总监吉诺·马里努齐（Gino Marinuzzi）突然辞职，玛丽·加登自 1921 年的演出季开始以来，就一直是歌剧院的非官方主管。除了麦考密克夫妇的批准之外，她还得到了肉类加工大王 J. 奥登·阿穆尔（J. Odgen Armour）的支持。他的财产估计有 1 亿美元。虽然她从来没有公开承认自己与阿穆尔的暧昧关系，但她确实喜欢这位英俊善良的公民领袖。阿穆尔曾追随她到堪萨斯城，并邀请她去他的俱乐部、他城北的住宅和伦敦的公寓共进午餐。恰巧英萨尔也经常待在伦敦，他在那里有一所乡间住宅，离阿穆尔家只有几英里远，而且他和玛丽有直接往来，玛丽很可能在他的俱乐部里见过他（玛丽在自传中对自己的这个秘密爱慕者含糊其辞，从没提起她情人的名字）。最后，她被任命为芝加哥歌剧协会的董事，不过她坚持被称为"导演"。紧接着她宣布了谁将为她演唱以及歌剧演出的细目：50% 的意大利语，35% 的法语，15% 的英语。英萨尔就德语被排除在外一事与她发生了争执，他指出，在这座城市里，德裔公民比法裔公民要多得多。

玛丽与哈罗德·麦考密克及英萨尔合作，通过恳求 500 名保证人每人每年提供 1000 美元（为期 5 年）使协会会员民主化。那年夏天，她与科尔·波特夫妇（Cole Porters）一起去里维埃拉（Riviera）度假，回到芝加哥后，她发现麦考密克夫妇已经分居。她告诉记者：

"这并不代表什么。为什么呢，要是我有个丈夫，我不会和他住在同一屋檐下，只有当我需要他的时候才让他过来。"那一年的晚些时候，她唱了《莎乐美》，再次遭到了一连串的侮辱和死亡威胁，其中包括一个装有手枪和中空弹的包裹。评论家们再次猛烈抨击她的表演"粗俗、下流、不道德"。新闻界要求她在次年辞职，但当时已是城市歌剧协会（Civic Opera Association）负责人的英萨尔却完全支持她。男高音歌唱家吕西安·穆拉托雷（Lucien Muratore）辞职以示抗议，他还争取到了首席指挥家乔治·波拉科（Giorgio Polacco）的支持，后者拒绝为玛丽在那个会演季的告别演出担任指挥。据说，波拉科的反抗是为了报复早些时候与玛丽发生的一次争执。因为在那年的早些时候，玛丽指责波拉科在指挥她所珍视的《佩利亚斯与梅丽桑德》时，表现并不令人满意。据说玛丽曾多次出手痛击这位名指挥家，并要求他离开。那年4月，她辞去了董事职务（她放弃了自己的薪水），随之而来的是100万美元的损失。英萨尔请求她再待一个会演季。尽管歌剧院出席人数的记录已经被打破，她还是隐蔽到了欧洲，花时间培养新歌手，还在摩纳哥的蒙特卡洛（Monte Carlo）赌钱赢了8万法郎。她需要休息一下，远离自我冲突，尤其是要远离穆拉托雷，她经常称他为"漂亮小子"，或者干脆叫他"猪"。

"如果她是个男人，我就会杀了她，捍卫我的荣誉。"在玛丽离开芝加哥后，穆拉托雷放开胆子，洋洋自得地夸口道。

英萨尔则持有不同意见，他对她只有钦佩。"她过去一年的行为一直很有'男子气概'，这是唯一合适的形容。"

现在，新成立的城市歌剧协会的主席英萨尔，请来了他的盟友撑

起歌剧院的经费。他聘请马歇尔·菲尔德的堂兄斯坦利·菲尔德担任
该协会的秘书和司库。查尔斯·道威斯（Charles Dawes）则是英萨尔
的首席成本削减官，同时也是哈丁总统的国家预算局局长。每一笔费
用都要在英萨尔的管理制度下仔细审查、公证或剔除。

　　"不管从哪方面来说，我都不是大歌剧领域的专家，除了谈到它
要花费多少钱的时候。"英萨尔这样告诉记者。这位从前的伦敦勤杂
工放弃了吃饭，就为了在皇家大剧院购买一个六便士的后排高处座
位。他试图在上演各种歌剧的同时，严格控制成本。到了 1925 年，
英萨尔已经增加了出席人数，提高了票价，并削减了预算。然而，统
治精英们却满腹牢骚，因为大都会歌剧院（Metropolitan Opera）正
挖走他们的一些高薪歌手。女高音歌唱家阿梅莉塔·加利-库尔奇
（Amelita Galli-Curci）① 就是背叛者之一，这给《芝加哥论坛报》的麦
考密克上校提供了一个主笔的好机会来挖苦英萨尔的管理：

　　　　英萨尔先生失去了加利-库尔奇，完全失去了她，而且在纽 **154**
　　约带走她时，他一分钱也没有得到。这一切都是错的，芝加哥
　　在一个会演季中损失了 4 万美元，从来没有机会去……看样子，
　　歌剧需要补助金，不管它是来自疯狂的市民还是来自疯狂的国
　　王……城市歌剧院既不城市也不宏大。[10]

　　在评论家、《芝加哥论坛报》、社会名流及艺术家的攻击下，英萨

---

① 阿梅莉塔·加利-库尔奇（1882—1963），意大利花腔女高音，名列 20 世纪最受欢
　　迎的歌剧演员。

尔坚定了自己的决心。收入增加的同时，亏空也在减少。尽管面临着来自广播和电影日益激烈的竞争，出席人数还是有所增加。如今每年的赤字平均约为 20 万美元。英萨尔看到了一种为歌剧提供永久经济支持的途径，他提出了一个大胆的想法，在富人被视为艺术的唯一赞助人的时代，没有人考虑过这个想法。1925 年 12 月 9 日，英萨尔在芝加哥商业协会的一次会议上说，他将为歌剧公司建造一栋新大楼。这栋摩天大楼将为大厅和门厅、排练室和储藏室以及办公室提供宽敞的空间，而办公室的租金将用来支付歌剧院的运营费用。歌剧院的新家占据了这座 45 层建筑的前 6 层，将坐落于芝加哥河岸边的瓦克尔大道（Wacker Drive）上。

虽然一些城市专家对这一想法给予了轻描淡写的赞扬，但也有人对此感到震惊。当时的芝加哥河已经越过卢普区的西部边界，更靠近一个肮脏的仓储区。这条河总是散发着恶臭，还有人担心驳船会撞上大楼。对很多上流社会的太太们来说，搬离庄严的礼堂剧院（位于优雅的密歇根大道上）带来的心理冲击，就好比钝伤。英萨尔以即将拆除的礼堂剧院为借口建造新歌剧院。事实上，这座稳固如山的剧院没有任何结构性问题，唯一的问题就是门厅面积不大，显得空洞。它的音响效果无论是在当时还是现在，都是无可匹敌的。英萨尔再一次激怒了芝加哥精英。就像过去一样，他会一如既往地坚持下去①，无视那些穿着皮草的人说的话。这是 1920 年代，任何事情都有可能实现。

---

① 原文为"solider on"，疑为"soldier on"之误。

　　尽管上流社会的同辈们还在嘲笑英萨尔粗鲁的举止以及他对他们高雅品位明显的漠视，但如果你想在一个大项目上采取行动而联系谁，他仍然会是你在芝加哥的第一人选。1925 年，红衣主教乔治·芒德莱恩（George Mundelein）就给英萨尔打了一个这样的电话。作为这个城市日益壮大的天主教团体的领导人，芒德莱恩本身就是一个很有天分的组织者、建设者和金融家。1916 年，他带着教皇的任命抵达芝加哥，管理这个国家最棘手的大主教区。越来越多的移民人口不断在芝加哥教会内部展开势力角逐。波兰人、意大利人、德国人和爱尔兰人都有自己的既定社区。当这些社区的人口增加时（如 20 世纪的头三十年那样），大主教区将面临新的压力，去建立新教区、新教堂和新学校。随着日益增长的天主教人口，需求也在增加，教区越来越需要新牧师来服事。任何一个大主教都会被各民族之间复杂的政治搞得晕头转向，每个民族都在争夺自己的教区。然而，芒德莱恩不是一个普通的神父。他是个大城市政治的熟手，可以联合敌对团体和世俗商人以建立他所需要的东西。从很多方面来说，芒德莱恩在自己的领域里就相当于英萨尔，他也了解融资结构的复杂方式。

　　芒德莱恩是斯图尔特-哈尔西公司的哈罗德·斯图尔特（Harold Stuart）的亲密朋友。斯图尔特——英萨尔无数债券销售背后的销售奇才，是英萨尔在发行新债券时不用讨好纽约银行家的原因之一。在第一次世界大战的自由公债运动中，芒德莱恩认识了斯图尔特和英萨尔。事实证明，这位红衣主教在销售自由公债给他的教友方面是把好手，就像英萨尔的团队一样，因此他赢得了两位商人的尊敬。通过向芝加哥金融家学习，芒德莱恩进步很快，并且能够自己销售债券。他

155

在这个神秘的债券世界里应对自如，以至于芝加哥商界思忖道，红衣主教成了一名牧师（priest）[1]，"错过了他的使命"。这是一种巨大的恭维。

芒德莱恩小心翼翼地与商界建立良好的关系，尤其是与斯图尔特和英萨尔的关系。和英萨尔一样，芒德莱恩坚持有远见的大项目。圣玛丽湖大学（St. Mary of the Lake）[2] 就像这个国家为数不多的神学院一样，因为红衣主教希望他的神父们能够接受最好的教育。这所神学院的建筑呈殖民地风格，看起来更像是一所新英格兰大学，乔治王朝时代的建筑细节，比如新古典主义的科林斯式石柱，使其更加突出醒目。主教堂让人想起伦敦的圣马丁教堂（St. Martin in the Fields），就在一片草地的尽头，而这片草地一直延伸到长满树木的湖边的柱廊。这所教堂是红衣主教模仿他在康涅狄格州旧莱姆（Old Lyme）看到的一座公理会礼拜堂修建的，小时候他曾去那里度假。一个船库巧妙地隐藏在阳台的中央。不过，庭院的规模和氛围是罗马式的。一个人会感觉从圣彼得教堂——三层楼高的石柱上有一尊圣彼得的雕像——沿着这片草地来到了台伯河（Tiber）[3]。红衣主教的住宅也是乔治王朝时代的风格，几乎是乔治·华盛顿在弗农山住所的翻版。英萨尔也为这所神学院的修建提供了资金，经常去主教家里做客，因为他的霍索恩

---

[1]　"priest"在罗马天主教中指"神父"，在新教中指"牧师"，神父不能结婚，只能由男性担任，而牧师可结婚可经商，也可由女性担任。红衣主教也称"枢机主教"，主要是选举教宗、辅助教宗处理教会事务，此处疑指芒德莱恩既履行神职，又在俗世经商。

[2]　圣玛丽湖大学位于伊利诺伊州芒德莱恩的一所神学院。

[3]　台伯河是罗马市内最主要的一条河。

农场离那儿只有几英里。在建造神学院的 1000 万到 2000 万美元的资金中，大部分都是芝加哥商人捐赠的，比如拥有一家木材公司的爱德华·海因斯（Edward Hines），他试图让自己的儿子（在"一战"中死于肺炎）葬在船库上。占地 1000 英亩（约 4 平方千米）的神学院是一个自给自足的综合体，拥有自己的发电站、图书馆和体育馆。芒德莱恩后来在"二战"期间建议将罗马教廷迁到神学院，梵蒂冈（罗马教廷）对此了如指掌。芒德莱恩为自己取得的成就感到自豪，他执意要外地游客参观神学院。不过，对许多批评者来说，神学院根本没有必要修得如此奢华，他们嘲笑它是"魔法森林"。尽管如此，红衣主教知道，这里的宁静环境、林间和湖边长达四英里的小径，会让人精神焕发。

芒德莱恩从斯图尔特和英萨尔那里学到了很多东西，在 1920 年代的晚些时候，他被罗马教廷选中，在大神学院的资金筹措方面提供建议，该学院位于罗马的贾尼科洛山（Janiculum Hill）上。建造学校之前，枢机团（College of Cardinals）①准备先筹集资金。不过，芒德莱恩建议他们借钱，这是罗马教廷自 1870 年以来就从未做过的事。芒德莱恩把大主教区作为抵押品，通过哈尔西-斯图尔特公司发行了 150 万美元的债券。不过，这些钱不是白拿的。芒德莱恩保证，这些债券将通过罗马教廷的收入来偿还。

与英萨尔不同的是，芒德莱恩喜欢排场和仪式。1916 年抵达芝加哥时，他精心设计了一辆载有 63 名神父的专列，这些神父来到纽约，就是为了护送芒德莱恩到他的新城市去。芒德莱恩在教皇使节大

---

① 枢机团也称"枢机院"，是天主教会最高宗教机构，也是教宗治理普世教会的得力助手和顾问团。

主教约翰·邦扎诺（John Bonzano）的安排下就职后，成了三场招待
会的贵宾，第三场大规模接待在礼堂剧院举行。有一场招待会几乎以
悲剧收场，当时有 300 名公民领袖受邀来到芝加哥大学俱乐部，一名
疯狂的无政府主义厨工在汤里放了砒霜。结果大多数客人感到不舒
服，但没有人死亡，因为一位厨师闻到了一股怪味，就把汤给稀释
了。那天晚上，芒德莱恩没有碰他的汤。

芒德莱恩在 1924 年被提升为红衣主教后，开始筹划一场活动，
这将给他的大主教区带来更大的知名度。现在这个主教区已经是美国
仅次于纽约的第二大教区。当时，美国的大主教很少戴红色的四角
帽，因为大多数红衣主教都是欧洲人。但到了 1920 年代中期，美国
资金在很大程度上支持了罗马教廷的金融业务，美国主教在罗马的
影响力越来越大。芒德莱恩做出了一个大胆的举动，他提出 1926 年
在芝加哥举办第 28 届年度圣体大会（Annual Eucharistic Congress）①。
这种吸引世界各地朝圣者的虔诚集会，之前从未在美国举行过。北美
地区也只有蒙特利尔在 1910 年举办过。通过在芝加哥召开圣体大会，
芒德莱恩向罗马表明，美国的天主教徒应该得到承认。

尽管英萨尔不是天主教徒，但芒德莱恩还是邀请他成为该活动的
主要组织者。后勤将是一个主要的难题，因为成千上万的人将涌入芝
加哥军人球场（Solider Field）参加弥撒，而且最后列队行进唱赞美
诗的队伍会非常庞大，这座城市大部分的公共场所都无法容纳。1908
年，当圣体大会在伦敦举行时，政府完全禁止游行。神学院场地受到

---

① 年度圣体大会是天主教神职人员和非教会人员的世界大集会，包括游行、供奉、
演讲和论道。

了芒德莱恩的青睐，因为它们属于私有财产，不需要政府的许可。主要的障碍就是通过汽车或火车把人们从芝加哥送到阿雷亚（此后改名为芒德莱恩），这个小镇毗邻神学院，在芝加哥以北 40 英里（约 64.4千米）处。

英萨尔是负责芝加哥和神学院之间的后勤工作的理想人选。他的北岸铁路刚刚完成了斯科基河谷线路的扩建工程，耗费了 1000 万美元，扩建后的铁路刚好通到阿雷亚。圣体大会巨大的交通需求与英萨尔推广这条新线路的计划不谋而合，这不只是巧合。北岸铁路的支线将该线路延伸至英萨尔的霍索恩农场附近，这使得他能为北岸社区以西的地区提供服务，近二十年前，他在那里购买了发电站。这条铁路将率先使用"背负式运输"（piggyback）①、冷藏货运车厢以及两辆流线型的"城际客运火车组"（Electroliner），这是当时最别致的列车。他在农场挖了一个湖，挖出来的土用于北岸铁路的建设。在修建铁路支线时，英萨尔买下了利伯蒂维尔地区的两家银行和一些房地产开发用地。他的庄园现在占地 4000 英亩（约 16 平方千米），他急于看到北岸铁路推动经济增长。当地居民开玩笑说，他们从英萨尔那里购买电力和煤气，在他的银行存钱，去他的医院看病，还乘坐他建造的火车。

在纽约，一艘从罗马开来的船上走下 49 位红衣主教，市长吉米·沃克（Jimmy Walker）和州长阿尔·史密斯（Al Smith）向主教们致敬。他们陪着这些红衣主教穿过街道，来到火车站。在那里，一

---

① 背负式运输指一种公路和铁路联合的运输方式，用火车平板车装运卡车挂车或集装箱。

列红色的专车把他们带到了芝加哥。红衣主教及其一行人一到芝加哥，就在芝加哥体育馆（一个大型会议厅）受到了盛情款待。英萨尔受邀致开幕辞，正式欢迎这个代表团。这是他发表的最令人难忘的演讲，更像是一名外交官的演讲，礼貌得体，并为芝加哥对这次盛事的重要性提供了独特的视角。为向这座城市、他的客人们以及芒德莱恩表示敬意，英萨尔的这场演讲完全没有嘲弄往日的对手，也没有提到公用事业公司：

158

> 由于它的年轻、它的地位，以及它发展的特殊性，我们的城市尤其代表了纯粹的工业力量和商业力量，这些力量如今在人类事务中发挥着如此巨大的作用。正如"文明"这个词在本世纪被普遍解读的那样，工业和商业，连同宗教训导的有益影响以及艺术和文学的文化效应一起，促进了文明的发展……很明显，人类的精神需求与物质需求同样重要。我们周围的每个地方、教堂、学校、图书馆、艺术博物馆和大学都是工业和商业机构的邻居。[11]

英萨尔接待了9个住在霍索恩农场的高级教士。在圣体大会期间，他搬进了农舍，并吩咐仆人无微不至地招待这些客人。原本已经把英萨尔为别墅购买的大部分意大利家具搬走了的格拉迪丝，发现了几件家具，并将其置于屋内，好让欧洲客人有宾至如归的感觉。红衣主教迪布瓦（Cardinal Dubois）是巴黎的大主教，他对英萨尔的酒窖和建在阳光房上面的小教堂印象尤为深刻。

"关于你的房子，我有两个问题，"这位红衣主教在离开前问道，

"第一，一个新教徒在家里建一个漂亮的小教堂做什么？第二，一个禁酒主义者要一个我见过的最好的酒窖做什么？"

英萨尔回答说，他储存、精选大量葡萄酒是为了招待客人。他的酒窖里有罕见的 1855 年马德拉白葡萄酒和干威士忌。

在圣体大会的头三天（6 月 20 日至 23 日），天气非常好。估计有 100 万人来到这座城市参加宗教仪式，但没有一起意外事件相关报道。虽然有谣言传到东部，说教皇正准备入侵，但也没有任何反天主教示威活动的报道。

在圣体大会的最后一天，大约有 60 万人（相当于整个费城的人口）乘坐汽车和火车来到了神学院。北岸铁路表现得非常完美，每隔 40 秒就有一列火车抵达芝加哥。截至最后一天上午 10 点，约有 13 万人乘坐 820 列火车和 5216 辆汽车来到了神学院。

文化界正随着 1920 年代的节奏而旋转。繁荣、蒸蒸日上的股市和更高的工资驱使年轻人进入职场、剧院、电影院和地下酒吧。这是一个欢庆、性解放、载歌载舞的时刻。乔治·格什温（George Gershwin）正用自己的音乐剧征服百老汇，并将爵士乐融入其印象派钢琴曲中，比如《蓝色狂想曲》(Rhapsody in Blue)。这一协奏曲在 1924 年首次公演的时候，评论家的反应不冷不热。来自锡盘巷的格什温已经成了一个新锐作曲家，而这个世界并没有足够快地朝着他的方向发展。虽然《奏起乐队》(Strike Up the Band) 和《噢，凯！》(Oh, Kay!) 已经够令人愉快了，但他未来还会有更多的作品。这位多产的作曲家会和他聪明伶俐的作词者兄弟艾拉（Ira）一起，写出《妙不可言》（*S' Wonderful*）、《他爱她，她也爱他》（*He Loves and She Loves*）以及《这样已经多久了？》（*How Long Has This Been Going On?*）等作品。杰尔姆·克恩（Jerome Kern）正在开辟新领域，将种族主题引入百老汇，为芝加哥埃德娜·费伯的《演出船》作曲，《演出船》以不朽名曲《老人河》（*Old Man River*）为特色。这首流行歌曲通过钢琴卷帘、活页乐谱、唱片和现场表演而家喻户晓。欧文·伯林（Irving Berlin）、科尔·波特（Cole Porter）和欧文·西泽（Irving Caesar）丰富了那十年的音乐。音乐从未如此大规模传播，让如此多的人都能享受得到。流行音乐不再局限于爱情或爱国主题，它扩展到了政治，迈向了新天地。艾尔·乔尔森（Al Jolson）的《加州，我来了》（*California Here I Come*）既是关于新西部和好莱坞的发现，也是关于一个不断发展的国家迅猛而无法阻挡的繁荣，他还在那里创作了第一部有声电影《爵士歌手》（*The Jazz Singer*）。

文学界正在适应小说的新现实。辛克莱·刘易斯在《巴比特》（*Babbitt*）中，将自己敏锐的目光转向了美国中产阶级，这部发表于1924 年的畅销小说定义了爵士时代，直到 1925 年 F. 斯科特·菲茨杰拉德（F. Scott Fitzgerald）的《了不起的盖茨比》（*The Great Gatsby*）取而代之。刘易斯揭露了中产阶级虚伪的道德观，而菲茨杰拉德则对商业巨头和金钱的新含义十分追捧。财富不再只是地位和权力，它变成了一种孤立和幻灭的麻醉状态。当斯科特和妻子泽尔达（Zelda Fitzgerald）喝得烂醉，在喷泉翩翩起舞时，美国也正与他们共舞。刘易斯、菲茨杰拉德（他和刘易斯一样，也来自明尼苏达州）以及后来的海明威，代表着三个重要的中西部声音。这个"迷惘的一代"的核心代表团在第一次世界大战期间形成，对一切都提不起兴趣，他们想从生活中获得更多，并质疑美国文化的一切。

几乎所有的文学人物似乎都会在他们的成名之路上经过芝加哥。1925 年，未来的诺贝尔文学奖得主刘易斯在芝加哥逗留，参加一场为他举办的晚宴，他受到了《美国医学会杂志》编辑莫里斯·菲什拜因（Morris Fishbein）博士的盛情款待。传奇演员道格拉斯·范朋克（Douglas Fairbanks）、林肯的传记作者暨芝加哥桂冠诗人卡尔·桑德堡以及刚刚崭露头角的民谣歌手都出席了这次晚宴。桑德堡一直在为他著名的《美国歌谣集》(*American Song Bag*) 收集每一种已知类型的美国民歌，他受邀演唱一首民谣。有人递给他一把吉他，他大致演奏了《水牛剥皮工》(*Buffalo Skinners*)，这是一个关于饥饿、印第安人战斗、微薄的工资被骗走和谋杀的令人心碎的故事。桑德堡唱毕，刘易斯在抽泣。"那就是我所知道的美国。那就是。"刘易斯说。

文化每天都通过迅速发展的广播媒介进行传播。为了跟上大公司率先进入生意场推广产品的步伐，西尔斯·罗巴克（Sears Roebuck）于 1924 年在芝加哥成立了 WLS 无线电台，其名称代表着"世界上最大的百货公司"（World's Largest Store），他这是在效仿傲慢自负的麦考密克上校的"世界上最伟大的报纸"（World's Greatest Newspaper，WGN）。一个名为"全国谷仓舞"的怀旧乡村音乐节目轰动一时。大约两年后，纳什维尔的 WSM 广播电台推出了《大奥普里》(*Grand Ole Opry*) [①] 节目。

160

① 原文为"Grand Old Opry"，疑为"Grand Ole Opry"之误，是 WSM 电台播送的现场音乐秀，由乔治·达海主持，推动了乡村音乐的发展。

　　这是有史以来第一次，除了每日音乐、新闻、体育和天气外，电力还使得广播电台能够播送时代的重大问题。英萨尔的歌剧广播在1920年代伊始就打开了大门。1925年，几乎所有的事情都在遭受质疑，因为美国正努力解决其本质问题。全国各地的保守势力正在抵抗1920年代的浪潮——自由的生活方式和对维多利亚时代禁酒主义者的公开挑战。艾梅·森普尔·麦克弗森（Aimee Semple McPherson）和神父约翰·库格林（Father John Coughlin）通过他们自己的广播节目极力反对不道德的行为。以福音布道者为特色的帐篷表演在城外很受欢迎，就像城内的私酿杜松子酒一样。三K党（Ku Klux Klan）在整个南部地区蓬勃发展，并将其触角向北延伸至印第安纳州，其种族主义、反天主教、反犹太人、伪基督教等教条通通是为了保护白人。当启蒙运动产生的世俗科学文明与前工业化世界的以圣经为中心的原教旨主义发生冲突时，暴力活动一触即发。

　　克拉伦斯·达罗是一位世俗主义者和进步主义者，他有着福音传教士一样的热情，也有着扎根于法庭的正义感。他从俄亥俄州来到芝加哥，专门为无辩护余地的人辩护。他的法律合伙人埃德加·李·马斯特斯（Edgar Lee Masters）是一位诗人，著有《匙河集》（*Spoon River Anthology*），讲的是伊利诺伊州中部一群人的故事。1924年，达罗接手了小内森·利奥波德（Nathan Leopold Jr.）和理查德·洛布（Richard Loeb）的案子，这两个来自富裕家庭的青少年承认绑架并杀害了一个名叫博比·弗兰克斯（Bobby Franks）的14岁男孩，就为了谋杀带来的显而易见的兴奋刺激的感受。凶手分别为17岁和18岁，都是优秀的大学生。利奥波德是芝加哥大学最年轻的毕业生，而洛布即将从密歇根大学毕业。他们的罪行是板上钉钉了，而达罗的任务就是把他们从死刑中解救出来，考虑到公众对判他们死刑的强烈要求，这一任务绝非易事。达罗一向以长篇结案陈词著称，这次审判也不例外。这是一个激昂、诗意、仁慈和恳求的伟大壮举，历时 12 个小时才完成。法庭在他说完后陷入一阵沉默，法官则流下了眼泪。随后男孩们被判处无期徒刑，逃过了绞刑。

将近一年后，达罗接手了一个更引人瞩目的案件，并引起了全国的关注。他为 24 岁的田纳西州高中老师托马斯·斯科普斯（Thomas Scopes）辩护，斯科普斯公然违抗该州的"反进化论"法令①，宣扬查尔斯·达尔文的学说。游说政府通过该法令的威廉·詹宁斯·布赖恩实际上已在佛罗里达州退休，但他还是自愿协助控方。芝加哥广播电台 WGN 成立了一个专门的联播节目来直播审判现场，将这次审判带到了大量听众面前。在田纳西州的代顿（Dayton）这座小城市，"斯科普斯猴子案件"吸引了 3000 多人前来观看，在全国各地则有无数的听众。这次审判属于 20 世纪最早的媒体活动。在闷热的法庭外，有卖热狗和柠檬水的小贩、宗教复兴主义者、劳工活动家、无政府主义者以及包括批评家 H.L. 门肯在内的 100 多名新闻记者。西联汇款公司安装了 22 条电报线路为这些记者提供方便。

在酷热难耐的天气里，经常去教堂的田纳西州陪审团听取了包括哈佛教授和圣经学者在内的专家证词。当达罗把布赖恩叫到证人席上时，审判达到了高潮，这位"伟大的平民"、国务卿和总统候选人坐

---

① 田纳西州颁布法令，规定一切大学、师范学校和其他各级公立学校，禁止在课堂上讲授进化论，即"人是从低等动物进化来的"。

在证人席上，没有穿外套，卷起了袖子，衣领也塞进了衣服里，还拿着一片棕榈叶给自己扇风。达罗和布赖恩之间时不时的妙语对答持续了一整天，代表性的对话如下：

> 达罗（以下简称达）：布赖恩先生，（诺亚）大洪水是多久前的事？
>
> 布赖恩（以下简称布）：让我看看厄谢尔（Usher）① 的推算。
>
> 达：当然可以。（递给布赖恩一本《圣经》）
>
> 布：这上面写着公元前 2348 年。
>
> 达：嗯，公元前 2348 年。你相信所有不在方舟上的生物都毁灭了吗？
>
> 布：我想鱼可能活下来了。
>
> 达：除了鱼呢？
>
> 布：我没法说。
>
> 达：你没法说？
>
> 布：是的，只能是这样，我没有相反的证据。
>
> 达：我在问你是否相信。
>
> 布：我相信。
>
> 达：鱼以外的所有生物都毁灭了？
>
> 布：我说的那些关于鱼的话，不过是种幽默的说法。

---

① 詹姆斯·厄谢尔（James Ussher，或 "Usher"，1581—1656），又译 "乌雪" "乌舍尔" 等，爱尔兰教会阿玛教区大主教，根据《圣经》记载及历法考证编写了《厄谢尔年表》。

　　达：我知道。[12]

　　法官裁定，从法庭记录中删去布赖恩的证词。达罗随即要求把陪　　162
审团带进来作出有罪判决 ①。斯科普斯被处以 100 美元的罚金并承担
诉讼费用，但最终还是在州最高法院的上诉中获胜。布赖恩在审判后
几天就去世了。达罗打趣说："一个多年来一直反对酗酒的人，如今
却死于暴饮暴食引起的消化不良。"
　　"猴子案件"是标志着媒体时代到来的早期重要事件之一。新闻
影片、电影、电视和互联网将与报纸和广播结合起来，因为全世界都
在试图跟上人们在电力刺激下产生的对信息和娱乐的欲望。

　　英萨尔统治芝加哥商界时，卡彭及其爪牙统治着黑帮。在 1920
年代中期的整个经济中，有大量的资金在流动，卡彭通过熟练使用拳
刺和汤普森冲锋枪，保证了私酒不断供，并控制了竞争对手。犯罪
和高雅文化、电力一样，都是不断扩张的 1920 年代的一部分。1924
年，全国最大的火车抢劫案发生在一个名为朗道特（Rondout）的铁
轨交界处，离英萨尔的霍索恩农场只有几英里。一群名为"牛顿小
子"（Newton Boys）的得克萨斯州人劫走了一列邮政火车，车上有价
值 300 万美元的现金、债券及珠宝。这个团伙雇了一个邮件检查员作
为内应来策划这次拦劫，该案也牵扯到来自堪萨斯城和俄克拉荷马的
共犯。邮政检查人员跟着他们自己的一个员工威廉・费伊（William

---

①　虽然达罗是为斯科普斯辩护，但其主要目的是为了羞辱布赖恩，甚至不惜牺牲斯
　　科普斯被判无罪的机会。

Fahy）到了酒馆，在那里他一个晚上就花了 300 美元，这是当时一个月的工资。这起抢劫案发生大约两个月后，费伊被逮捕，并帮助调查人员追查到其他罪犯，除了 100 万美元以外，其他所有被抢财物至今都没有追回。

　　卡彭牢牢控制着他在芝加哥市中心、西塞罗（Cicero）西郊、芝加哥海茨（Chicago Heights）南郊和北区的非法勾当。他乘坐一辆重达 7 吨、带有枪孔的防弹汽车在自己的地盘上巡视。之前英萨尔和格拉迪丝一起乘坐自己的豪华轿车时，遭到了枪击，由于害怕被绑架或暗杀，英萨尔向这个完全理解他困境的人求助。卡彭则主动提出为他提供安全服务，只要英萨尔同意支付这群暴徒的工资和福利。英萨尔不满卡彭提出的价钱，而且也不希望被人看到他与这些戴着宽边软呢帽、穿着细条纹衣服、拿着汤普森冲锋枪的人站在一起，这过于惹人注目了，所以他拒绝了卡彭。除了卡彭传记作者劳伦斯・贝尔格林（Laurence Bergreen）的叙述以外，找不到任何关于这两人之间曾商讨过的记录。

163　　　除了安保需求外，这两个人的工作方式也有很多共同点，因为英萨尔和卡彭都决心要形成垄断并控制他们的产品。英萨尔为（市长"大钞票"）汤普森的竞选活动捐助了 10 万美元，几乎和卡彭一样多，但很少有人会批评英萨尔这样做的原因或去推测他邪恶的动机。正如卡彭所知道的那样，人们拼命崇拜富人，只要他们没有意大利姓氏 ①。13

———————————

① 指意大利黑手党。

英萨尔转而求助于自己的员工。他组建了一队安保人员，订购了一辆装甲汽车。他知道他们会更周到，而且付给他们的钱可能不必像给卡彭那群暴徒的那么多。他们甚至可能会在危急时刻更加忠诚。那个时代的芝加哥人不会一想到英萨尔和卡彭见面就吓得脸色发白。他们两个都是名人，尽管他们中只有一个人会从那个时候开始变得更声名狼藉。

四面楚歌

崩盘、溃败和歌剧院

多年来，酒吧一直对芝加哥人的道德戒律造成困扰，如今，正在崛起的私酒帝国取代了酒吧，而阿尔·卡彭正是其权杖专横的持用者。这个强大的国中国绝不干涉塞缪尔·英萨尔的专制统治。实际上，阿尔·卡彭和英萨尔拥有的共同点比人们想象的要多，或者比那些不习惯分析现实的人看到的要多。

——埃德加·李·马斯特斯，《芝加哥的故事》[1]

甚至连巧妙地将英萨尔塑造成自由企业的救星、反对干预主义的先锋以及文化机构的保护者巴尼·马拉尼，也无法阻止最近那些针对英萨尔的日益不祥的威胁。1928 年，来自克利夫兰的金融家赛勒斯·伊顿（Cyrus Eaton）收购了联邦爱迪生公司、人民煤气公司和中西部公用事业公司的大量普通股。伊顿曾是浸礼会牧师，后来成了股票推销员。他于 1926 年成立大陆股票有限责任公司（Continental Shares），完全就是为了炒其他公司的股票。创始投资者给他公司投入了 130 万美元的普通股和 300 万美元的优先股。伊顿拥有真正的推销才能，在短短的几年内就能筹集到 4500 万美元的资本并控制将近

1.2 亿美元的投资。

一般说来，英萨尔并不介意当地投资者购买他公司的股份。这些投资者通常是银行、经纪公司或雇员团体。不过，伊顿来自克利夫兰，这远远超出了英萨尔的势力范围。虽然英萨尔听说过伊顿的公用事业集团，但他不知道伊顿代表谁，也不知道他从哪里获得资金，这使他大为惊慌。被那些大多身份不明的投资者夺去自己公司控制权的幽灵渐渐逼近了，这是他最担心的事情。伊顿还与比利时投资者阿尔弗雷德·勒文施泰因（Alfred Loewenstein）一起炒英萨尔公司的股票。他们两人都清楚英萨尔痴迷于保持全权控制，并且正着手一个绿票讹诈（greenmail）① 计划，他们最终将在未来的某天以高得离谱的价格将股票回售给英萨尔。就像一只牧羊犬在羊群周围嗅着了狼的气味一样，英萨尔开始疯狂地围着自己的财产打转。他又一次诉诸任由自己支配的、最经得起时间考验的手段——控股公司：

> 在这一举动之前，除了年复一年地恳求股东以获得他们的代理权以外，我根本不知道要试图用一切可能的手段去控制各个公司。但是当发现（伊顿）在做的事情后，我得出了这样的结论：对我来说，最好的办法就是成立一个投资（控）公司来持有属于我和我家人的那四家公司的股票，并通过在市场上购买来获取更多的股票。[2]

---

① 绿票讹诈是指大量买进某公司的股票，而该公司为防止被持股者收购会以更高的股价买回股票。

为了购买主要的燃气公司和电力公司的股票，作为防御手段的英萨尔公用事业投资公司（Insull Utility Investments）成立了。他的兄弟马丁和儿子小英萨尔是其主要股东和董事。英萨尔把家人和盟友安排进了控股公司董事会，所以他觉得自己不需要获得公司的表决控制权。一旦他控制了董事会，表决权股份就没什么实际意义了。成立控股公司的交易非常复杂，该控股公司是个被英萨尔一家控制的空壳实体。

英萨尔还拥有纽约的英萨尔父子公司（Insull, Son & Co.），以及伦敦的英萨尔父子有限责任公司（Insull, Son & Co., Ltd.）。它们的成立完全就是为了出售英萨尔其他公司的证券。这位大亨希望两家公司最终能凭借自身的实力成为投资银行，并与摩根集团竞争，只不过总部设在芝加哥。他不情愿地卖掉了这些虚拟银行，因为他"不想让任何人觉得我是在试图亲自为自己或家人通过一个独立公司来赚钱"。在成立新控股公司的过程中，英萨尔实际上把自己持有的股票出售给了公用事业投资公司，从而使该实体对他的运营公司的控制更为严格——至少理论上是如此。这家控股公司随后给了英萨尔及其家人76.4万股普通股和400万美元的优先股。英萨尔还与控股公司签订合同，以每股12美元的价格买进25万股普通股（一笔令人难以置信的交易）。英萨尔所有的交易给新公司带来了300万美元的收入。随后，英萨尔把新股分发给他的朋友和家人。因为"400万美元的优先股在前五年的低回报率，以及我自己、我弟弟和我儿子无偿地担任公司的主管和董事"，为了补偿他的家人，英萨尔获得了控股公司的一个购买权，以每股15美元的价格购买20万股普通股。

167

控股公司的融资完全就是一笔私下交易，旨在使运营公司（人民煤气、联邦爱迪生和中西部公用事业）处于英萨尔家族的控制之下。控股公司还可以跨州运营，在很大程度上逃避了州监管。虽然在新政证券法出台前的那个时代，控股公司公然地一心谋取私利，但这种操作是完全合法的。摩根银行和通用电气联合控制的电力债券与股票公司（Electric Bond & Share）也做了同样的事情，其他一些公用事业公司也是如此。在 1920 年代，公用事业高管们发现了控股公司的优势，所以控股公司就像剪短发、舞蹈马拉松和坐旗杆 ① 一样流行。1919 年至 1928 年期间，4000 多家公用事业公司被并入控股公司。特拉华州等州修改了它们的公司特许设立法，成了这些实体的避风港。在特拉华州威尔明顿（Wilmington）市，一幢大厦一层楼就可以登记办理一万个公司。更好的是，在几个州运营的控股公司可以不受州公用事业委员会某些规定的约束。英萨尔有充分的理由反对联邦或地方政府对其公司的监管：在不受监管的情况下，他有更多的自由来经营其控股公司并为其融资。除了适度的州公用事业委员会的监督之外，整个行业在公司层面上几乎完全不受约束。

通过举债经营，也就是借债购买证券，英萨尔可以用较少的资本控制大型控股公司。一个典型的控股公司会以 2.5 亿美元的债券、1.5 亿美元的无表决权优先股和 1 亿美元普通股作为资本。对于英萨尔及其他控股公司的经营者来说，普通股是最有价值的资产，因为它有表决权。英萨尔只需要投资 5000 多万美元，就可以控制一家 5 亿美

① 女性剪短发在 1920 年代是时尚和前卫的象征，十分流行。舞蹈马拉松和坐旗杆则是当时流行的耐力比赛，供人娱乐，有时也作为募捐公益活动举行。

元的公司。1920 年代，银行争相借钱给他，所以他很容易获得资金。在那段疯狂的时期，报纸经常报道说，每当有人看到一位银行家在公开场合与英萨尔谈话，就意味着"100 万美元"。这种金字塔式管理非常高效，一家控股公司可以控制 10 家实际资产为 50 亿美元的运营公司。如果这些公司的年利润为 7%，那么控股公司在这项 5 亿美元的投资上的毛利润将是 3.5 亿美元。这类似于持有房地产。如果你能

以 10 万美元的价格买到 100 万美元的房子，那么一旦房产增值，你的收益就会被放大。如果你的房屋价值上涨 10%，你的本金就会翻倍。对控股公司来说，举债经营只有在标的证券的利润和市值增加时才起作用。如果股票价值下跌，银行家和经纪人就会要求以现金或其他证券的形式提供抵押品。

1929 年以前，很少有金融家或公用事业高管相信，市场会萧条到他们不得不还钱给银行家的程度，这些银行家本身也在大举投机控股公司。单单是英萨尔公用事业投资公司的股价就从最初的 12 美元飙升到 1929 年的 150 美元。发电量每年都在打破新纪录，因为电力是爵士时代几乎每个富裕家庭都想获得的商品。正如历史学家哈罗德·普拉特（Harold Platt）指出的那样，即便是 1929 年的大崩盘也未能阻止人们对一切电气产品无法满足的欲望：

> 电气化对芝加哥人生活的影响往往是微妙的、难以觉察的变化，逐渐将日常家务转变为一种能源密集型的生活方式……在 1920 年代，对能源的需求日益增长，即使是大萧条也未能阻止住宅消费的增长。尽管面临着经济危机，但普通的芝加哥人还是

继续在家中消耗更多电力，每年都在创造新的纪录，直到 1970
年代中期的石油禁运……在住宅、商店和工厂里，芝加哥人创造
了一个能源密集型世界。[3]

　　控股公司还提供了一个防止被收购的主要堡垒。为了控制运营公
司，也就是那些实际上正在生产某些东西的实体，金融家往往不得不
购买控股公司的股票，因为这些实体拥有发电站、铁路和煤气公司的
交叉所有权。控股公司越多，真正赚钱的实体面前的壁垒就越多。控
股公司并不是让运营公司面临摩根时代的迅速收购和合并（买入大量
股票是件很简单的事情），而是使一些金融家能够通过股票的保险和
互助董事会来保住其他公司。同时代的评论家指责说，英萨尔的举债
经营以及层层堆叠控股公司董事会的行为无异于诈骗。同时代的人在
英萨尔与卡彭之间所作的比较有点不公平，尽管两人都想保持对自己
企业无可置辩的控制权。虽然英萨尔确实成立了控股公司来控制他所
建立的公司，但他同时也在积极地向自己的同事、员工和公众销售
股票。如果英萨尔不想分享财富，他就不会放任马拉尼搞公众持股
运动。

　　控股公司关系的复杂性令人迷惑，而且将来还会反噬英萨尔。169
到 1929 年的时候，他已经又组织了一家控股公司——公司证券公司
（Corporation Securities Company）。他想额外增加一层保护，以免外
部势力夺权。英萨尔公用事业投资公司的股票销售使他意识到，伊顿
已经摸清了他的策略，并且正在收购他的控股公司的股份。事实证
明，英萨尔金字塔的最后一层防护根本防不住伊顿。

在马拉尼和其他业内人士持续不断的运动支持下，英萨尔确信在私有制和购买他的股票方面，公众是站在他那一边的。这一通大吹大擂进展十分顺利，因为宣传无所不在。在整个 1920 年代，马拉尼及各个行业的贸易组织，比如电灯协会和美国燃气协会，散发了 2500 万份印刷品。英萨尔的这位宣传大师也不惜对那些反对派加以迫害。马拉尼甚至曾试图将关于公用事业所有权的"布尔什维克观点"与一些公职候选人挂上钩，因为这些人敢于提议将私营公用事业收归联邦所有或更严格地收归州所有。他甚至把自己认为的那些反对私营公用事业的组织列入黑名单，其中包括美国农场局联合会、贵格会和妇女基督教禁酒联盟。

超过 30 家该行业的州立新闻宣传机构成功在全国各地的报纸上发布了虚假新闻。这些假新闻的标题写着："如今人们自己拥有公用事业公司""控股公司提供服务""客户所有者自战争以来翻了一番""今年的客户以每工作日 100 万美元的速度购入公用事业证券"。马拉尼那些帐篷会展涵盖了那个时代的每一种媒介。当时有小册子、电费账单上的广告、一个以"老顾问"为特色旨在吹捧公用事业股票安全性的广播节目、演讲以及在每一本能想到的出版物上刊登的广告。

H.L. 门肯的《美国信使》（*American Mercury*）是当时最重要的知识期刊，它为联邦爱迪生刊登了一则广告，其中提到"该公司已向其股东连续派发了 156 次股息。"美国水业及电力公司（American Water Works & Electric Company）刊登了一整页广告，宣称这是一个

"永不倒闭的行业"。《美国信使》还登载了鲁道夫·韦斯曼（Rudolph
Weissman）对投资信托基金的评论文章。投资信托基金是互惠基
金（mutual funds）①的一种早期形式，会在 1929 年后造成严重的金
融危机。一些最新书籍也刊登了广告，比如卡尔·桑德堡的《早安
美国》(*Good Morning America*)、利顿·斯特雷奇（Lytton Strachey） 170
的《伊丽莎白和埃塞克斯：一段悲剧性的历史》(*Elizabeth and Essex:
A Tragic History*)以及弗吉尼亚·伍尔夫（Virginia Woolf）的《奥兰
多》(*Orlando*)。

　　英萨尔向公众兜售自己的证券时，可靠的股息和无限的增长是他
的主要卖点。1920 年代末，中西部公司及其子公司拥有超过 27.5 万
个股东和 16 万名债券持有人。员工被要求向亲朋好友推销英萨尔的
股票，就连抄表员都在卖股票。这个被爱迪生称为"总是盯着美元方
向"的人，在公众（进步人士除外）眼中，永远不会出错。他的股票
很受欢迎，因为从路灯到高架火车，到处都能看到英萨尔的影响。他
的公司横跨半个大陆。从伦敦到旧金山都在寻求他的建议。

　　英萨尔想要更多。他为公用事业公司支付了高昂的价格，他 25
亿美元的帝国每年都在扩张，因为控股公司还在持续吞并较小的公用
事业公司。收购国家电力公司（National Electric Power）使他的势力
范围沿着东海岸从缅因州一直延伸到佛罗里达州。纽约银行家和电力
债券与股票公司等控股公司的投资者对英萨尔入侵他们领地的行为大
吃一惊。紧随其后的是英萨尔对联邦电灯电力公司（Commonwealth

---

① 互惠基金也称为"共同基金"，指众多投资者共同聘请一个基金公司，将投资者的
　投资金额集中在一起，并分散投资于各种不同的投资类别上。

Light & Power）和联合公共服务公司（United Public Service）的收购。在其权力巅峰时期，英萨尔的投资组合从 1927 年的 2064 家社区公司发展到 1920 年代末的 4405 家。他为总计 630 万的人口提供了服务，总收入为 1.62 亿美元。

将英萨尔所有股票都列入上市证券表的证券交易所，尤其是芝加哥证券交易所，对英萨尔的任何宣传都欣喜若狂。这是塞壬 [①] 之歌，随着爵士十年一天天流逝，合唱声也越来越大。从 1918 年到 1922 年，联邦爱迪生的股票价格在每股 100 美元到 119 美元之间窄幅波动。它被视为一种稳定的证券，能够支付丰厚的股息，并提供可预测的增长。随着英萨尔加快他的股票所有权和收购计划，股票的积极销售和时代的狂热结合在一起，引发了一阵狂潮。1924 年，公司股票的价格从 126 美元涨到 136 美元，1925 年从 132 美元涨到 141 美元，1926 年从 135 美元涨到 145 美元，1927 年从 138 美元涨到 173 美元。到了 1929 年，联邦爱迪生公司的股价达到了顶点——每股近 450 美元。

在此期间，英萨尔拒绝宣传自己的股票。早在 1922 年，他就对记者说："我不会说任何一个会使股价上涨一个百分点的词。现在的价格太高了，已经超过了股票的价值。"七年后，在经历了超过三倍的增长之后，他坦率地表示，联邦爱迪生"与其他类型相似、获利能力相似的公用事业公司相比，价格并没有过高"。包括联邦爱迪生公司的布线工人到芝加哥银行家在内的投资者们都深信英萨尔的天才，

---

① 塞壬是希腊神话中的海妖，常用天籁般的歌声诱惑航海者，导致船只触礁沉没，船员则成为其腹中餐。

他们无法想象有什么会使他的企业脱离正轨。他们不断增长的保证金
账户（他们借钱购买更多股票）就是一种坚定不移的信念，即英萨尔
正在掌控这个国家最安全的投资航向。

　　尽管受益于自己名下所有控股公司和运营公司的股份，英萨尔却
无法控制股市的狂热。如果投资者愿意哄抬他的股票价格，他又何乐
而不为呢？他的公司有合法的收入，经营着合法的生意。他并不靠欺
诈赚钱，但他也不想被指控卖空股票。他的公众持股运动主要是为了
转移人们对私营公用事业公司不符合公共利益的批评。股票投机完全
是另一回事。促进行业的利益是他从 1890 年代开始就一直在做的事
情。如果投资者高估了他的股票，那他们其实也抬高了其他股票的价
格。他没有欺骗。他强烈地感觉到被冤枉是什么滋味，不希望这种事
也发生在自己身上。在他还是伦敦的一名勤杂工的时候，他被指控偷
了钱柜里的邮票，遭到了警察无休止的盘问。当事情明摆着不是他干
的时候，侦探问他觉得是谁偷的。那个少年回答说："我不会说的。
找到他不是我的工作。而且我知道被冤枉是什么感觉。"

　　不过，参议员诺里斯和里德却被该行业强大的公关力量及其随意
攫取电力公司的能力所激怒。他们想知道私营公用事业公司是如何花
钱的。美国联邦贸易委员会（Federal Trade Commission）获准对该行
业展开第二次全面调查（早先的调查于 1927 年结束）。在英萨尔公用
事业投资公司成立的几周内，一位来自纽约的雄心勃勃的州议员开始
对该行业发起挑战。四分之一个世纪以来，富兰克林·德拉诺·罗斯
福一直认为，在圣劳伦斯河开发水力发电并向当地居民提供低成本的
电力，符合他所在州的公共利益。在夺取了安德鲁·梅隆（Andrew

Mellon）① 一家公司的控制权后，他有了一个更大的愿景，那就是整个国家都能从国有电力公司获益。

英萨尔在芝加哥地区唯一的避难所就是霍索恩农场。小英萨尔现在舒舒服服地住在自己红顶农场（Red Top Farm）的家中，就在他父亲庄园的街那头。英萨尔从芝加哥餐馆老板约翰·汤普森（John Thompson）那里买下了红顶农场，后者在农场修建了一栋白色宅邸，带有殖民地风格的两层柱廊和科德角（Cape Cod）② 式山墙。小英萨尔还在几英里外的乡村湖（Countryside Lake）③ 的锡利岛（Scilly Island）买了一套避暑别墅，现在他成了一个像父亲一样的乡村绅士。格拉迪丝从来就不喜欢乡村，人们经常看见她乘坐一辆轻型四轮游览马车在两处房产间往来。

英萨尔把霍索恩农场改造成了现代农业的样板。电泵把水送往农场的每个角落，包括一所改建过的校舍，这所校舍是他的英国管家的住所。农场甚至有自己的铁路岔线，用来把英萨尔的优质家畜运送到县集市。英萨尔不断地督促农场管理人员尝试新的农业技术和机器。就像他的电力公司一样，英萨尔希望自己的农场拥有最优秀、最高效的技术。他不想只是做一个被动的绅士农场主，他还想成为最新农具的革新者和推动者。尽管他对最新最好的事物很感兴趣，但他对过去

---

① 安德鲁·梅隆（1855—1937），美国银行家、商人、慈善家、艺术品收藏家、政治家，曾任美国财政部长和驻英大使。
② 科德角又称鳕鱼角，是一个位于马萨诸塞州巴恩斯特布尔县的钩状半岛。
③ 乡村湖位于伊利诺伊州莱克县，是英萨尔于 1926 年挖掘的人工湖。

也很有感情。他已经买了好几辆汽车，但当他得空的时候，他还是会乘坐马车去当地的火车站。

大概在与伊顿闹矛盾的那时，英萨尔在自己的地产以西建造了一个占地 80 英亩（约 0.32 平方千米）的示范农场。这个农场位于该地区最高的土地上，正式名称为"伊利诺伊州北部公共服务公司示范农场"。它将发挥公共关系的作用，向全世界展示英萨尔打算如何实现农业地区现代化和家庭农场电气化。就像霍索恩农场一样，它推广了最先进的农业技术以及与电器和农具有关的一切。当该农场在 1928 年 8 月 11 日开放时，英萨尔对其目标直言不讳。农场成立了"半教育机构"，向居住在公共服务公司经营范围内的 3 万名农民出售电力和煤气服务：

> 我们相信，如果我们能向农民展示如何在他们的住宅和农场有利地使用电力和煤气，让他们时不时地参加我们示范农场的会议，让他们听听农业专家的讲话，我们也许就能改善他们的处境。顺便说一句，我们也许可以让他们成为我们公司的好客户，也就是说，让他们成为我们的好朋友。[4]

如同其他无数旨在推销自己服务的宣传，英萨尔也在促进自己与客户的个人关系。示范农场变成了一个类似私人农业局的地方，唯一目的就是让农民离不开英萨尔的公用事业公司。他卖的不仅仅是自己的产品，他还想让农场电气化。由此带来的好处就是效率更高的农民将使用更少的劳动力并提高生产力，这最终会"提高他们的购买力"。

如果成功的话，英萨尔还会再建两个这样的农场，三个农场各自位于芝加哥不同的边远地区。

173 　　农舍本身就是英萨尔营销计划的一个工作阶段。农舍内目之所及没有一盏煤油灯（大部分没有通电的房子里的一个普通工具）。房子里有电动洗衣机、煤气烘干机、电冰箱以及煤气炉和电炉。每个房间都为真空吸尘器安装了墙壁插座。电动挤奶机是挤奶厂的特色，对奶农们来说，这是最省力的工具。

　　为了配合他更大的议程，英萨尔在农场开幕时向农民作了宣传。这些农民都将与不断扩大的超级电力网相连接。规模经济将从他在沃基根、皮奥里亚以及与印第安纳州的交界线上修建的大型发电站传送到他们这里。所有的发电站都将互相连接，以便将电力集中在一起。最终，廉价电力的供应将转化为"州的建设以及公民的财富和舒适度的增加"。

　　电力和铁路是不断发展的基础设施的两大支柱，打破了城市和农村的界限，不再有"农业镇"和郊区的界线了。英萨尔的城际铁路所达之处，就是通勤者想要居住的地方。没有哪个地方能比利伯蒂维尔更好地说明电力是如何将农村地区转变成大都市的延伸的，那里也是霍索恩农场的所在地（然而，英萨尔以前的庄园所在之地，现在却不在利伯蒂维尔的管辖范围内，它后来被并入了弗农山）。1925年，英萨尔在该镇成立了一家银行，名为利伯蒂维尔信托储蓄银行（Libertyville Trust and Savings Bank），为那些能够通过他不久前扩建的北岸铁路进入该市的居民提供抵押贷款。在利伯蒂维尔地区，英萨尔是个出了名的大好人。他捐赠了土地，为一家医院筹集了资金，还为霍索恩学校捐献了地产。他的慷慨和坦率为人所知，这座 2500 人的小镇急于与他合作开发这个到处都是农场、供人娱乐的湖泊以及芝加哥旧贵们的庄园（比如阿穆尔家族和麦考密克家族）的地区。

以他一贯的先见之明，英萨尔预测该地区将成为一个大约 1500 万人口的大都市不可或缺的一部分（截至 2000 年的人口普查，这一数字被高估了约 600 万）。英萨尔知道莱克县也是犯罪集团的路边旅馆和妓院有名的庇护所，他在沃基根商会和狮子会俱乐部（Lion's Club）面前没有回避这个问题。"当然，你也有一些缺点，"他对那些把他视为名人的当地商人说道，"你是芝加哥的避暑胜地，骗子们发现你的疆域是一片成熟的田地。你在酒类生意里犯的罪有一半都根源于芝加哥。"

在向民间团体发表讲话的前一年，他的北岸铁路附近出现了三个住宅区。铁路宣传经理卢克·格兰特（Luke Grant）赞同英萨尔的观点，即这个地区将来会发展起来，因为北岸铁路只要一小时左右就可以将居民从该地区送到市区，这"使得它成为离湖边大都市不远的最具吸引力的住宅区"。宣传该地区的优点，不仅有利于吸引乘客乘坐火车，还能卖出更多的电力。在利伯蒂维尔以东几英里的地方，英萨尔建造了 25 万千瓦的沃基根发电站，这是 1920 年代中期世界上最大的发电站。它的发电量是 1903 年菲斯克街发电站第一台涡轮发电机的 50 倍，通过 13.2 万伏特的电线将电力输送到整个地区，这些电线横跨北岸公司的铁路用地。

英萨尔的公司已经作好准备引领这一增长。他的莱克县地产公司（Lake County Land Company）和利伯蒂维尔建筑公司（Libertyville

Construction Company）与他的银行一起合作购买土地、建造房屋、出售抵押贷款。由于不想重蹈普尔曼的覆辙，英萨尔什么都做了，除了拥有他正在建造的房子。一旦利伯蒂维尔的居民建造了自己的家园，他们就会乘坐北岸铁路上下班，并从他那里购买电力和家用电器。他在市中心是个不可磨灭的存在，他在那里修建了"公共服务"大楼。建筑师赫尔曼·冯·霍尔斯特将这栋迷人的建筑设计成巴伐利亚式的外观，这也许吸引了该地区的许多德国移民。霍尔斯特作为首席设计师为英萨尔工作了近三十年，众所周知，他的建筑风格大多没有独创性，尽管他曾采纳弗兰克·劳埃德·赖特的做法，并与大部分草原学派（Prairie School）建筑师是朋友。

这栋大楼装饰有两个条顿式的圆屋顶和铜制遮阳篷，上面有公共服务公司的首字母缩写（如果你不仔细看的话，似乎是英萨尔名字的首字母缩写"SI"）。这栋赏心悦目的建筑耗资 25 万美元，于 1928 年 5 月 3 日完工，是一份送给利伯蒂维尔市中心的礼物，街对面的 19 世纪的库克大厦和几栋 19 世纪的框架建筑也使其增色不少。大楼落成时，有 3000 人到场，女士们向人们分发玫瑰和雪茄作为纪念品。当地的报纸把整个版面都献给了开幕式。这座城市欣然接受了英萨尔，甚至把街道（密尔沃基大道）都拓宽了 80 英尺（约 24.4 米）左右。当时，这是全县最大的单体建筑，所以市议员们都尽其所能地为英萨尔提供便利。

这栋大楼是一座浮夸的公共关系纪念碑，有着白色立面、露天拱廊、庭院、下沉花园以及临街商店。它与英萨尔的总体营销策略一致，是一个展示电力的乌托邦优点的广告牌，浓浓的怀旧之情也为其增添了风趣。这栋建筑包含了摩尔风格、亚洲风格、西班牙风格和都铎风格的元素，广泛地使用了石板、石头、木材、灰泥和铜。这个华丽建筑风格的大杂烩几乎反映了那个时代的每一种住宅风格，与草原学派截然相反。彩灯是庭院花园的特色，一组 12 盏泛光灯照亮了街对面的大楼。

除了一家小型汽车经销店外，一楼的公共服务商店是大楼的主要陈列室。大型展销室的两边有一间女盥洗室和英萨尔的银行。卖场的中间是一个小型厨房，配有小型电器。在二楼，配备了电冰箱和炉灶的现代化公寓继续向人们展示着这场电力秀。

由于银行、铁路、电线、房地产和建筑公司已经准备就绪，英萨尔唯一需要的就是购房者。被《芝加哥日报》(*Chicago Daily News*)称为"英萨尔法尼亚"(Insullvania)的 6000 英亩（约 24 平方千米）土地正等待着推土机的到来。早在两年前，开发商威廉·泽拉斯基（William Zelosky）就在利伯蒂维尔西南方向大约 25 英里（约 40 千米）处的西切斯特（Westchester）实行了这种电力连接的、以公共交通为导向的发展模式。当英萨尔把他的高架铁路轨道延伸到郊区时，"美国模范郊区"就开始快速发展。24 小时全天运营的电气火车每周的票价为 2 美元。在 1893 年的世界博览会期间，泽拉斯基从得克萨斯州牧区来到芝加哥。他以建造住宅区和 22 个独特的"社区中心"而闻名。郊区利用进步的分区规划，确定了独户住宅、小公寓和小企业的所在区域。与城市不同，制造业不得毗邻居民区。图书馆和社区中心将使这个城镇更有利于家庭生活。泽拉斯基的公司强调公共交通创造了财富，并指出从 1900 年到 1923 年，高架铁路附近的房产价值

175

增加了八倍。

英萨尔的战略基本原则——把电气化和公共交通与房地产开发联系起来——在全国范围内获得了成功，从而使得世界各个大都市地区蓬勃发展。随着 1920 年代股票市场和商业利润飙升至顶峰，英萨尔继续提醒世界，正是他在二十多年前冒险使用了一种叫作涡轮发电机的新技术。

除了其诸多好处以外，咆哮的电子时代也彻底改变了人们的饮食习惯。人们不必因为担心食物变质或污染而每天购买。冷藏箱正在慢慢被冰箱取代。食品加工业正在迅速发展，以满足人们对冷冻食品和罐装食品的需求。新的生产技术，再加上高效电动机的广泛应用，创造了一个没有细菌污染的食品王国。1920 年代末，食品工业在美国经济中占比最大。冷冻或冷藏的方便食品可以随时食用。最后，广告业虚构出了如"贝蒂·克罗克"（Betty Crocker）这样的家庭主妇来帮助推销新食品。随着高产量的商业面包房占据了主导地位，城市社区由来已久的组成部分——街角面包店正在迅速消失。

不过，在 1920 年代，像冰箱这样的主要的"白色家电"（white goods）① 对大多数中产阶级家庭来说，仍然遥不可及。讽刺的是，直到 1930 年代，冰箱的销量才开始真正地大幅增长，那时更多的产品批量生产出来，价格也随之下降。即便如此，在"二战"前夕，仍然只有一半的美国家庭拥有冰箱。人们很难去争论家用制冷的经济意

①　白色家电指大件家用电器。

义，尽管电器制造商和电气行业协会试图做到这一点。在 1920 年代中期，国家电灯协会发布了一份宣传资料，上面显示一台电冰箱每年只须花费 131 美元，而冷藏箱则为 122 美元。（难道冰箱带来的便利不值得这多出来的 9 美元吗？）很少有家庭相信这个谎言，因为光是冰箱就要花费 200 美元左右，而你可以花 50 美元或更少的钱从西尔斯 ① 买到一个冷藏箱。冰在生产和运输方面是一种相对廉价的商品。在电气化之前，制冰的基础设施很简单：从北部各州的湖泊把冰切割下来，储存在隔温良好的冰库里，直到送冰人把冰送到你家门口。把水冷冻起来不需要花费任何费用，其余的费用花在了人力、储藏和运输上。你不必给你的房子装设电线或支付电费。国家电灯协会后来将其制冷运动重组为"电力制冷局"，这一工作一直顺利地持续到大萧条时期。

通过英萨尔从 1898 年就开始进行的早期宣传工作，国家电灯协会成立了一个强大的宣传部门，在销售家电和促进电力消费方面发挥了重要作用。1928 年，客户仅是为家用电器就支付了 5.55 亿美元的电费，这一数字在 1930 年代初是微不足道的。为了与"一战"前直接面向女性宣传的运动相呼应，公司将电器的使用与家庭经济状况和女性可以变得更加独立的观念联系起来。"有尊严、有风度的成熟女人"被雇来给家庭主妇们作演讲，宣传家用电器的优点。他们与建筑商合作，举办盛典、派对和展销会。公用事业公司知道如何将科学管

---

① 　西尔斯百货（Sears and Roebuck）曾是拥有百年历史的美国"宗师级"零售业巨头，自 1886 年成立以来，彻底改变了美国人的生活方式。家具曾是西尔斯最具标志性的产品，曾有一半美国家庭使用西尔斯的产品。互联网兴起后，由于电商冲击和自身经营不善，西尔斯于 2018 年 10 月 15 日正式向美国破产法院申请破产保护。

理与家庭效率提升措施的结合进行利用，因为这是他们自世纪之交以来一直在做的事情。电器成了现代家居工具，被用来一劳永逸地解决枯燥乏味的家务活。在 1920 年代，这一现代性的概念被急剧发展的广告业不断强化。正如历史学家大卫·奈（David Nye）指出的那样：

> 无论是"机器"（弗兰克·劳埃德·赖特的观点）还是市政当局都没有决定大多数美国人可以住在电气化的郊区住宅里，相反，这一决定是数百年来对独门独户住宅偏好的结果，并由家庭经济运动所强化。家用电器并没有取代仆人，更确切地说，它们填补了那些为了获得更高报酬的工作而离去的仆人所造成的空缺。电气化并没有减少家务劳动的时间，反而被用来重新定义自身。"摩登太太"的工作时间和她母亲的一样多，因为现代男孩"鲍勃"和他的父亲很少使用这些新电器。[5]

除了电灯以外，电风扇和电熨斗是最受欢迎的电器，这主要是因为它们的成本很低，而且安装时不需要新的空间。照明设备是通用的电器，为其他电器产品创造了良好的开端。照明质量的提高始于公共机构。学校是第一个升级的。1920 年代以后，学校制定了新的标准。尽管在 1920 年代，数百万家庭仍在使用煤气照明，但向电力照明的转变促进了更多夜间活动，尤其是阅读。图书馆、书店和书籍的直销（direct marketing）① 变得更加流行（因此产生了"每月一书俱乐部"

---

① 直销是 20 世纪初产生的一种新的营销模式，不通过经销商直接把商品销售给消费者。

及其他效仿者）。

照明设备对时间心理产生了深远影响。不到二十年前，大多数私人空间并没有可靠的高强度照明设备。除了有路灯的地区外，街区大部分都笼罩在黑暗中。大卫·奈评论道，爵士时代新的照明浪潮击溃了黑暗，标志着地位和文明的新水平。菲茨杰拉德笔下的杰伊·盖茨比（Jay Gatsby）为了吸引黛西，把自己的房子"从塔楼到酒窖"全部都点亮了。盖茨比把他的长岛豪宅变成了权力、活力和财富的灯塔。海明威的短篇小说《一个干净明亮的地方》把西班牙咖啡馆里的电灯作为文明的象征。辛克莱·刘易斯在《巴比特》中嘲弄弗洛勒尔海茨（Floral Heights）的居民们，他们你追我赶地购买最新的家用电器，如同争夺地位一样。

1920 年代，美国人不但拥有更多的照明，他们个人的流动性也大大提高了。汽车销售热潮使数百万美国人踏上了旅程。虽然街道还无法负荷新的交通流量，但路灯和交通信号灯正发挥重要作用。1923 年，纽约安装了第一个信号灯。常见的红灯、黄灯和绿灯沿用了铁路信号灯。尽管安全状况有所改善，但全国的交通死亡人数还是从 1919 年的 5400 人升至 1924 年的 9800 人，因为世界的汽车化（automobilization）标志着交通运输的深刻变化。1927 年停产的福特 T 型车售价为 350 美元，占汽车总销量的一半。这位前爱迪生公司的工程师和漂泊的机械师引发了一阵无马粪的运输热潮，他在 1925 年每十秒就生产出一辆 T 型车。据估计，消费者的可支配收入中有 20% 都是用于汽车相关支出。英萨尔正在推广的电动汽车和卡车，其功用几乎已被独立的内燃机和多数市区内炼油厂的基础设施所替代。电动汽车使用电池，只能行驶几个小时。虽然它们是英萨尔绝佳的宣传工具，常常将好几百个作为赠品的电熨斗运送到刚刚电气化的社区，但由于电动汽车的电池的充电时间相对较短，其效用也受到了限制。

在 1920 年代之前的几十年里，马匹一直是把人们和货物从一处运到另一处的主要方式。单是在纽约市，就有大约 80% 的居民遭受某种感染，这在很大程度上要归因于大量存在的马粪。1924 年，近 1800 万辆汽车出现在路上，造成了交通堵塞、尾气排放和停车场短缺等新问题。道路建设也耗费了越来越多的税款，因为土路需要铺设，主要公路需要修建。

新兴的汽车文化与新电气时代并驾齐驱。流行语言包括"上当受骗"（being taken for a ride）或拥有"激动人心的"（electrifying）经历。一个人可以是"真正的中坚分子"（real spark plug）或者可以"照亮一个房间"（light up a room）①。汽车和电气化建筑使人们在一天中的任何时候都能享受到最新的疯狂。你可以开着你的 T 型车去参加最新的舞蹈马拉松、爵士俱乐部、地下酒吧、坐旗杆或打麻将。在可靠的新照明设备的照射下，人们可以彻夜不眠地玩纵横填字谜。

进步人士很少会争论一点，即英萨尔在其公用事业费上是最容易受到非难的。尽管他的公司从理论上来说处于州公用事业委员会的监管之下，但关于他如何制定出价格的信息披露却是含糊不清的。事

---

① 以上都是本意与电力或汽车相关的流行语。

实上，在 1920 年代末，在他的公司之外，很少有人知道用来"整理"
（抬高价值）公司资产以增加控股公司融资条款吸引力的那些错综复
杂的会计原则。芝加哥大学经济学教授、未来的参议员保罗·道格拉
斯是最接近剥去英萨尔公司层层保护的人。他是一个富有同情心、头
脑敏锐的贵格会教友，热爱这座城市，和简·亚当斯以及唐纳德·里
奇伯格是朋友。道格拉斯来自一所年轻的大学，这所大学已经成为约
翰·杜威、索尔斯坦·凡勃伦（Thorstein Veblen）、阿尔伯特·米切
尔森（Albert Michelson）和罗伯特·密立根（Robert Millikan）的学
术花园，正为其将来在物理学和经济学领域的主导地位奠定深厚而坚
实的基础。道格拉斯是英萨尔最具实力的挑战者。他身为一位公用事
业费用方面的专家，建立了之后的公用事业消费者联盟（也是现代公
民公用事业委员会的前身）的核心，这个联盟属于第一批公开与强大
的私营公用事业公司较量的消费者群体。

经过广泛的调查后，道格拉斯发现公共电力公司，比如温内特
卡（Winnetka）北岸社区的市营发电站，每度电只收取 0.5 美分，而
私营生产商收取的电费是这一数字的八倍多。市营发电站已经大幅降
低了管理费用，没有任何广告或宣传活动，所以进步人士认为，英萨
尔习惯性地向客户收取了过高的费用。作为芝加哥市的特别顾问，里
奇伯格还确定了这样一个事实，即人民煤气公司夸大了开支，收取
了过高的煤气费。道格拉斯进一步发现，英萨尔公司在 1920 年代实
现的高运营效率并没有以更低的电费这种形式传递给消费者。道格
拉斯怀疑，英萨尔运营公司的利润正被用来支持他的控股公司。此
外，他的调查还表明，英萨尔在 1927 年提出将地面有轨电车线路统

179

一并且纳入他的控制之下时，很可能夸大了有轨电车线路对城市的重要性。曾提议将这些线路（至少有一家已经进入破产管理）改组并再次为其筹措资金的英萨尔，已经拥有了高架铁路线路。这笔交易将使芝加哥完全控制拟建的地铁，并将地面线路和高架线路移交给一家按成本价经营该系统的私营公司，还能由一个公共委员会进行监管。不过，在进步人士的"人民运输联盟"（People's Traction League）的大力支持下，道格拉斯估计，2.64亿美元这个设定价值中有1.35亿美元都是凭空捏造的。根据道格拉斯的分析，这样的过高估价会提高为地面线路和高架线路提供资金的证券的价值。英萨尔无所畏惧地利用自己手中握有的权力，他命令自己的律师在州议会起草法案，允许自己将这些线路合并成一家公司。如果州议会、市议会和全民公投通过，那么英萨尔将毫无争议地控制整个芝加哥的运输系统。当英萨尔得知有几名立法者向他索要贿赂以通过该项赋权法例时，他大发雷霆。在英萨尔的众多品格中，其中一个就是拒绝直接行贿。这次立法失败了。两年后，联邦法官詹姆斯·威尔克森（James Wilkerson）委派由詹姆斯·辛普森（James Simpson）领导的"公民运输安置委员会"（Citizen's Traction Settlement Committee）就这笔运输交易达成协议，辛普森来自马歇尔·菲尔德百货公司，是英萨尔的朋友。该委员会1929年的最终报告基本效仿了英萨尔两年前提出的法案，而且也符合他控制整个系统的目标。一个城市委员会将监管这个新实体及其扩张事务。日后地铁也将列入合并对象。

　　商业委员会接到的投诉，是多数公用事业纠纷所引发的。人民运输联盟开始充满干劲，反对英萨尔集团进一步扩张。曾被拒绝在英萨尔的"一战"筹款委员会中担任更重要角色的伊克斯，仍然觉得受到了轻视，他正好是这个联盟的主席。赫斯特报业集团对这个消费者团体表示支持，并开始发表社论反对英萨尔的有轨电车收购条款。前改革派市长卡特·哈里森（Carter Harrison）和爱德华·邓恩（Edward Dunne）也签名表示支持。1929 年的整个夏天，道格拉斯都在市议会和州议会面前作证，而伊克斯由于复发性脑出血，缩短了他的竞选活动。道格拉斯和伊克斯领导的一群进步人士强制实施了对运输安置的赋权法例，而英萨尔暂时被挫败了，至少在他们看来是这样。

尽管伊顿还在继续购买英萨尔公司的股票，但股市似乎没有上限。英萨尔公用事业公司的股票从 1929 年初的每股 25 美元涨到了春末的 80 美元，到夏末时已超过 150 美元。中西部公司的股价则一直处于每股 500 美元以上。那年夏天，股市找到了重新定义其躁狂症的新方式。在一段长达 50 天的时间内，英萨尔的股票以每分钟 7000 美元的速度一路暴涨，当时似乎所有的集体能量都集中在了股市上。9月份的时候，英萨尔的个人身价超过了 1.5 亿美元（相当于 2005 年的 17 亿美元）。

"我的天哪，"他说，"一亿五千万美元！你知道我要做什么吗？我要给自己买一艘远洋客轮！"但英萨尔没有那么做，反而成立了又一家控股公司，向公众出售更多股份。英萨尔的公司并不是股市无止境欲望的唯一对象。纽约证券交易所日成交量 300 万股是很常见的，是十年前成交量的两倍。从 1926 年到 1929 年，25 只主要工业股日均最高价格从 186 美元攀升至 470 美元，涨幅达 250%。这种资本增值，不是基于盈利增长，而是基于纯粹的、疯狂的乐观主义，这种乐观主义将 300 万美国人带进了股市。三分之一的股市参与者是靠保证金进入市场的。他们只需要 10% 到 15% 的现金购买股票，剩下的钱则找经纪人借。只要价格上涨，贷款就很容易，股票经纪人继续推销股票，就像在八月份推销冰激凌甜筒一样。1929 年，经纪人向投资者提供的贷款总额约为 85 亿美元，而当时的国债约为 170 亿美元。投资者欠经纪人的钱怎么可能会占美国总债务的一半左右呢？经纪人、银行家和政客们都在极力兜售"无限繁荣"的理念，即没有任何一个因素可能会破坏由廉价的煤炭、丰富的石油和广泛使用的电力所推动的奇迹般的美国经济。投机泡沫也延伸到了房地产市场，并且由于投资信托基金（为投资者巧妙地包装公司）的营销而暴涨。投资信托基金正以每天一个的速度形成，到 1929 年底，已经有 500 多个投资信托基金。就连小心谨慎的伊克斯也投资了英萨尔的股票。

英萨尔对股市令人窒息的暴涨表示怀疑，但伊顿仍然紧随其后。英萨尔想击败这位来自克利夫兰的掠夺者，这样他才能继续自己的生意。尽管手头没有现金，但他还是勉强提出以 5600 万美元买断伊顿的所有股份。中西部公用事业公司随后发行了 5000 万美元的票据，也就是说，他的投资者实际上将付钱给他，使他摆脱伊顿。剩下的钱则找银行和他的其他控股公司借。如果股市继续上涨，贷款就不会带来任何问题，因为这些债务可以用增值的股票偿还。然而，英萨尔想要支付给伊顿的价格，在股票处于空前历史高点的时候，比市值高出

600 万美元。英萨尔凭直觉意识到，这可能是他迄今为止做过的最糟糕的交易，而且他仍然没有和那个麻烦的金融家达成协议。

随着股市超出所有预期，英萨尔开始埋头于新歌剧院的建设和开放，该剧院正在如火如荼的建造中，将在 22 个月内完工。他聘请格雷厄姆、安德森、普罗布斯特和怀特公司（Graham，Anderson，Probst & White）来创造某种其他地方都不存在的东西，一个对于戏迷来说名副其实的"民主"空间。该建筑公司已经通过新古典主义的大陆银行（Continental Bank）和菲尔德自然历史博物馆（Field Museum of Natural History）建立了自己的声誉，这两栋建筑看起来就像是巨型帕台农神庙（Parthenon）①。该公司优雅的白色箭牌大厦（Wrigley Building）② 和（1930 年代）装饰艺术的杰作——商品市场（Merchandise Mart）③ 与它们被建造出来的时代更为相称。英萨尔委托该公司的主要合伙人欧内斯特·格雷厄姆（Ernest Graham）参观欧洲的大剧院，并设计出一个没有欧洲装腔作势的风格和阶级差别的高级歌剧院。

作为一个曾坐在廉价座位上的伦敦勤杂工，英萨尔渴望看到一个为大厅内所有人设计的歌剧院，无论坐在哪里，都可以看清楚舞台。通常，包厢座位组成的"金马蹄区"在歌剧院占了很大优势，几乎环

182

---

① 帕台农神庙位于希腊雅典卫城的古城堡中心，是供奉雅典娜女神的最大神殿。
② 箭牌大厦位于芝加哥密根大道，为箭牌公司总部所在地。
③ 商品市场位于芝加哥卢普区，建成时是世界上最大的建筑，占地约 0.37 平方千米。

绕着舞台；如果在这个区域以下或以上，音响效果和视线就会受到影响。而他的歌剧院在优雅的环境中不会有这样的问题。

此外，英萨尔还希望避免在每个会演季不断向有钱赞助人讨钱的老问题。歌剧一直是一项昂贵的事业。每个新的会演季都需要新的舞台布景、服装和人才，没有人想看去年的《阿依达》或《托斯卡》（Tosca）。歌剧一直是由音乐支撑的场面和戏剧。制作一部歌剧需要成百上千的人，他们必须在每个会演季都获得有竞争力的工资。毕竟，在那些包厢里坐着的是百万富翁，他们有能力为此一掷千金。唯一真正能跟上歌剧制作带来的通胀压力的投资就是房地产。英萨尔的计划是用租金收入（可以加租）支付歌剧院的运营费用。为了让他的想法获得成功，这栋建筑必须合租户的意，并配备最现代的电气设备和便利设施。

当英萨尔考虑把歌剧院从礼堂剧院搬出去时，他首先考虑的并不是为自己树碑——如他的批评者后来所宣称的那样。剧院大楼遇到了经济问题。业主把前几层的大部分空间改建成了"欧洲计划"酒店。这就意味着要沿着走廊走到公共浴室，那里除了冷水以外，什么都没有。建在密歇根大道以南几个街区的所有现代酒店，如史蒂文斯（之后成为康拉德·希尔顿酒店，在其鼎盛时期是世界上最大的酒店），都设有独立卫生间。如果剧院大楼破产，银行可能会没收其布景和舞台设备。还有人猜测，这栋大楼会因为"结构缺陷"而关闭，哪怕它比诺曼城堡还要坚固。除了这些缺点之外，歌剧公司也没有属于自己的地盘，所以它将受制于业主的财务状况。对英萨尔来说，为一栋新大楼融资比拯救一栋不属于他的大楼要容易得多。为了给城市歌剧院的大楼融资，他向大都会人寿保险公司（Metropolitan Life Insurance Company）出售了 1000 万美元的首次抵押债券和 1000 万美元的优先股。英萨尔还捐出了自己 30 万美元的公用事业股以促进融资。该商业计划明确规定：大楼的租金将用来支付债券的利息，并将留出大量现金来维持歌剧院的正常运转。对于当时的艺术机构来说，这是一个独特的提议，旨在确保歌剧院未来的经济独立。

芝加哥城市歌剧院最后一次在礼堂剧院演出是在 1929 年 1 月 26 日。随后这家歌剧公司搬进了北瓦克尔大道 20 号的城市歌剧大厦（Civic Opera House），观察家们很快就将其戏称为"英萨尔的王座"，因为大楼的西立面看起来很像一张巨大的椅子，有一座 45 层的塔楼和两座 22 层的侧楼。麦考米克的《芝加哥论坛报》在约翰·麦卡琴（John McCutcheon）创作的一幅题为"英萨尔先生的歌剧院之座"的著名社论漫画中，对英萨尔在新大楼里扮演的角色加以嘲弄。漫画里的英萨尔像巨人一样傲慢地坐在新大楼椅子般的怀抱里，这个形象可能是麦考密克上校亲自批准的。新歌剧大楼面朝西边，坐落在刺鼻的芝加哥河边缘，背着熙熙攘攘的市中心——关于英萨尔这么做的原因流传着很多谣言，当地的财经记者认为，这是由于英萨尔对东部纽约银行家的不信任和蔑视；小道消息则说，这座歌剧大楼是他为玛丽·加登或其他一些与他有暧昧关系的女演员建造的。一种不那么玩世不恭的解释是，英萨尔面向西方，只不过因为那是机会所在的地方——他已经拥有了从大西洋到墨西哥湾沿岸的公用事业公司，现在他即将征服西部蛮荒之地；另一种更具审美意义的解释是，河畔开放的中心与河对岸有着装饰派艺术躺椅外观的每日新闻大楼（Daily News building）相得益彰。从麦迪逊街大桥上看，这两座建筑看起来就像书立一样。

瓦克尔大道的柱廊使那些进入大楼的人产生了一种欧洲的规模感，而不是感觉又一幢芝加哥摩天大楼正在压倒你。受到让·路易-查理·加尼耶（Jean Louis-Charles Garnier）设计的巴黎歌剧院的启发，装饰派艺术和新艺术风格元素的结合描绘出喜剧和悲剧的面具以及种类丰富的乐器。在大楼的南端，打开巨大的铜门，就会进入一个带有镀金飞檐的、长长的、庄重的大厅。这个地方会让你立刻想起在翡翠城进入奥兹国魔法师大厅的情景，唯一的不同就是照亮这里的是奥地利水晶枝形吊灯。英萨尔在细节上不惜一切费用。地板和壁板是粉红色和灰色的田纳西大理石。圆柱和壁柱是有凹槽的罗马石灰华，和他的粉红色豪宅用的是同一种材料。双旋楼梯优雅地通往夹层大厅。大楼的北端有一个较小的城市剧院（田纳西·威廉斯①的《玻璃动物园》会在那里进行首次公演）。朱尔斯·格林（Jules Guerin）对《阿依达》中游行场景的生动描绘以引人注目的防火幕为特色，防火幕为金色、粉红色、橙红色和青铜色的灯光所笼罩。歌剧院总共有 3500 多个座位，但只有 21 个包厢，没有一个会挡住其他观众的视线。这栋大楼的总造价超过 2300 万美元。英萨尔从大陆银行获得了第二笔抵押贷款 340 万美元，弥补了首次融资的不足，并亲自对贷款进行担保。

184

---

① 田纳西·威廉斯（1911—1983），美国剧作家，与尤金·奥尼尔、阿瑟·米勒并称为美国 20 世纪三大戏剧家，主要作品有《欲望号街车》《热铁皮屋顶上的猫》等。

自离开公司管理层后只是偶尔造访芝加哥的玛丽·加登，并未和英萨尔保持良好的关系，她严厉批评了英萨尔对公司的管理方式。她对新大楼的布局和音响效果也不满意："当我望向那个长长的黑洞时，我说：'哦，不！'这根本不是真正的歌剧院，更像是一个会议厅。我们和观众完全没有交流。"

虽然新歌剧院无法像礼堂剧院一样，把声音清楚地从舞台传到顶层楼座最远的地方——在那里，你可以（并且仍然可以）听到芭蕾舞演员从二层楼座走上舞台的声音，但它仍是歌剧演出的理想场所。后台区域可以允许巨型布景通过液压升降机毫不费力地移动。剧院和舞台区域本身很大，有16层楼。此外，还有很大的空间来收纳布景，这是19世纪的礼堂剧院所不具备的。

歌剧服务是这栋大楼存在的理由，英萨尔努力让它享有更大的声誉。多年来，他一直是一个叫作"电力俱乐部"（Electric Club）的组织的成员。这个组织的成员在市中心的各个大楼里聚会。电力俱乐部大部分都是由联邦爱迪生的高管以及其他两个叫作"朱庇特联盟"（Jovian League）和"电力人"（Electrigists）的俱乐部的成员组成，是一个安静的地方，你可以抽一支雪茄，享受一顿相对便宜而又准备充分的饭菜。每年的会费是125美元。歌剧院在1929年秋天开张时，英萨尔把电力俱乐部也搬到了这栋大楼，他的私人办公室和公寓在第44层（共有45层）的顶层公寓里（机械设备在顶楼）。一部仅有半号尺寸的私人电梯把他带到休息的地方。

电力俱乐部的"会员人数被限制在一个可以从容接待的范围"内，与其说它是英萨尔的自我纪念碑，不如说是一种怀旧宣言。它将英国小酒馆和乡村旅馆的外观与室内半木结构的铅玻璃窗户相结合。英萨尔为俱乐部提供了自己从欧洲各地买来的古董。英国乡村娱乐的场景（如纵狗逗熊^①）装饰着墙壁。电话亭旁边的雕花松木柜子上放着一个香炉和黄铜茶壶。英国的风景画、巴尔托洛奇（Bartolozzi）的版画（在小汉斯·霍尔拜因^②的肖像画之后）以及以狩猎为主题的17世纪的挂毯，在会议室之间的长廊起到迎宾的作用。俱乐部的空间规模呈现出十足的伊丽莎白时代的风格，有大量的黑色镶板、哥特式拱门、彩色玻璃、低矮的天花板和白色灰泥。雪茄的烟味一直弥漫在每个房间。当你从电梯走进等候室时，一个形状似熊的希尔德落地式老爷钟会盯着你看。据说那里的食物档次要高于平均水平，而且价格合理。你可以先吃一份20美分的优质番茄或酸菜汁，接着是1.85美元的蒸黑线鳕。餐后甜点是一个波森莓派或柠檬松饼。这是一个舒适的、不拘礼节的地方，可以吃饭、喝酒、聊天、抽烟。这一空间反映了英萨尔无拘无束的个性。一个举止得体的老派英国人，但不知何故，以一种自耕农的方式如此熟练地操纵着一切。

歌剧院的开业正值美国历史上最不顺的时期。股市在十一天前就已经崩盘。这座城市正被那群争夺屡禁不止的酒类生意的暴徒们洗劫，谁也不确定未来会发生什么。2月，芝加哥发生了臭名昭著的情人节大屠杀（St. Valentine's Day Massacre）^③，据信，卡彭下令在北区

---

① 纵狗逗熊是用狗去激怒并攻击被锁链拴住的熊，是16世纪英国人一种常见的娱乐方式。

② 小汉斯·霍尔拜因（1497—1543），又译"荷尔拜因"，德国艺术家，擅长油画和版画，是16世纪著名的肖像画家。其父汉斯·霍尔拜因也是一名画家。

③ 情人节大屠杀是指1929年2月14日贩运私酒的帮派之间发生的一次激烈斗争事件。

的一个汽车修理厂用机枪扫射六名"臭虫"莫兰（"Bugs" Moran）的帮派成员。就在一年前，胡佛以"人人有鸡吃"的口号当选了总统，而罗斯福当上了纽约州州长。威廉·福克纳（William Faulkner）发表了意识流小说《喧哗与骚动》，海明威发表了《永别了，武器》。风度翩翩的道格拉斯·范朋克和无畏的玛丽·皮克福德主演了一部有声电影，改编自莎士比亚的《驯悍记》。

当年那些充斥着广播的流行歌曲——《我会挺过去的》《快乐的日子又回来了》——突然间有了一丝辛辣的讽刺意味。而路易斯·阿姆斯特朗的《你走了以后》以及《圣詹姆斯医院》的布鲁斯版本，更能反映出股市暴跌后的时代精神。10月13日的黑色星期四，随着1300万股股票在纽约证券交易所出售，股市全面崩盘。摩根银行和约翰·D.洛克菲勒及其儿子的联合力量也无法阻止10月29日黑色星期二的再次崩盘，当时有1600万股股票被抛售。惊慌失措的投资者收到了追加保证金通知，他们没有钱来弥补自己的损失。到11月13日，纽约股市大约已经蒸发了300亿美元的市值。

尽管爵士时代的繁荣时期已经结束，但在开幕之夜，珠光宝气的上流社会太太们还是穿着貂皮大衣轻盈地走进了新歌剧院。一大群便衣侦探在歌剧院四周巡逻。当新剧院的大门为首次演出《阿依达》而打开时，英萨尔及歌剧导演斯坦利·菲尔德微笑着亲自迎接尽可能多的主顾。当芝加哥的上流人士第一次踏进一座其计划完全由英萨尔保密的大楼时，英萨尔25岁的秘书约翰·欧基夫（John O'Keefe）正站在他老板的身后。然而，当他们进入主要表演场地时，芝加哥的许多精英们惊呆了。舞台上方那些突出的包厢在哪里？他们的同辈要如何充分评价他们的皮毛大衣、飘逸的礼服和闪闪发光的珠宝呢？他们全都在想，这是一种什么样的嘲笑啊！英萨尔的民主设计使这些上流人士火冒三丈。这个身材矮小、可怕的公用事业统治者在羞辱他们。他一定会为自己的傲慢行为付出代价的，他们一边咕哝地抱怨，一边为自己受到的怠慢感到愤怒。

退位与流亡

英萨尔逃离美国

> 表决权信托的微妙杠杆控制着两大控股公司的股票，使他得以控制美国十二分之一的电力输出。塞缪尔·英萨尔开始认为他拥有这一切，就好像一个人在他的屁股兜里获得一沓钞票一样轻而易举。
>
> ——约翰·多斯·帕索斯，《赚大钱》[1]

开幕之夜，英萨尔坐在歌剧院的中央包厢里，《阿依达》开场时，灯光熄灭了，一位经纪人蹑手蹑脚地走了进来，低声说他需要为自己正在被股民们抛售的股票提供资金。为了把中西部公司的股价稳定在每股 220 美元，英萨尔借了数百万美元。股价已经从 10 月 24 日的 350 美元跌了下来。他把自己其他公司的股票当作抵押品。尽管英萨尔仍在经营，并且能够通过购买来避免股票急剧贬值，但是一代人的投资梦想终究还是化为了废墟。他的信用很好，仍然能够卖出新发行的股票和债券。银行家们给他回了电话。《时代周刊》在封面上刊登了他的照片，报道了歌剧院的开幕。10 月份的股市崩盘并没有对其运营公司的收入造成明显的损失。和许多商人同行一样，他认为股市问题被严重高估了，整个经济在几个月内就会恢复正常。将小英萨尔提拔为他大部分公司的副董事长之后——现在接班人已经很清楚了——英萨尔一家仍然通过持有两家投资信托公司 2000 万美元的股份控制着控股公司和运营公司的 25 亿美元。其他 33 万名股东还没有抱怨。

188   胡佛曾召集英萨尔和一群商界杰出领袖到白宫，呼吁他们继续投资自己的企业，维持就业，并宣称商业环境"基本上是健康的"。美国财政部长安德鲁·梅隆呼吁削减个人和企业所得税。州长和市长被敦促扩大公共工程项目。各地联邦政府大楼的预算增加了近 5 亿美元。报纸一反常态地乐观，爆出"华尔街可能会抛售股票，但普通民众仍在购买商品"之类的头条新闻。

        然而，快乐的日子已经一去不复返了。过去两年的股市价值与经济现实相去甚远，并且沉迷于以保证金为基础的投机活动，以至于投资者不太可能很快看到这些高点。在 9 月 3 日的最高点，通用电气收盘于每股 396 美元，通用汽车每股 181 美元，蒙哥马利·沃德公司每股 466 美元，美国钢铁每股 279 美元，西屋电气每股 313 美元。实际上，这些价格大部分都比上年增长了一倍，与此同时，收入则以 10% 到 14% 的速度增长。把这些股票推到如此高的价格，纯粹是低息贷款（cheap money）引发的狂热。到 1929 年底，这些股票的价值将低于其历史高点的一半。

        1929 年 11 月 13 日，金融风暴暂时平息，道琼斯工业平均指数（Dow Industrials）收盘于 224 点，比 9 月 3 日的 452 点下降了 50%。洛克菲勒家族再次买进股票的消息带来了一些希望，但这是短暂的。

更多的追加保证金通知发出，所有的冒险投资者都处于失去全部投资的边缘，更糟糕的是，这会在短短的两个月内发生。在西尔斯公司的罗森沃尔德的带头下，英萨尔介入了，亲自为自己的员工支付追加保证金。当芝加哥无法支付工资时，他还帮忙筹集了 1 亿美元给教师、警察和消防员。

华尔街喜欢这个热火朝天的狂欢派对：1929 年夏天，华尔街每个月都要向投资者提供 4 亿美元的经纪人贷款（总计 70 亿美元）。当应急的钱涌入投机热潮时，美联储银行（Federal Reserve Bank）没有采取任何措施来遏制这股狂热，对这场股市狂欢的批评声音也寥寥无几。经历过股市崩盘并发表了经典著作《大崩盘》(The Great Crash)的经济学家约翰·肯尼思·加尔布雷思（John Kenneth Galbraith）指出：

> （1929 年）秋天，每个星期都会有更多这样不幸的人的悲惨境遇为人所知。他们中的大多数都是小人物，在股市里冒险投资，然后就深深地陷了进去。后来，他们有了更令人印象深刻的难兄难弟们。正是这次大崩盘，以及随之而来的股票价值无情缩水，最终将英萨尔……用他人资金从事投机的行为大白于天下。[2]

把胡佛的命令交给公司和自己所处的行业后，英萨尔开始让马拉尼发起一个"一切正常"运动。电力、煤气以及控股公司和运营公司的股票将继续出售，改良性资本支出将增加。公众将充分认识到，英萨尔的公司无意为了保持资金流入地方经济和国民经济而削减或逃避他们的公共责任。就算英萨尔对这个灭火作战计划有任何疑虑，他也从未向他的高管们说过或在其回忆录中透露过。1929年12月，商业杂志《电气世界》发表了一篇长达一页的社论，大肆宣扬英萨尔信条："塞缪尔·英萨尔断言，'一切照常'。"这篇报道（以及所有报纸的新闻稿）概述了英萨尔在1930年投入2亿美元用于改良性资本支出的计划，比上年总额增加了3200万美元。

> 为了了解我们的处境，我们已经竭尽所能地调查了美国的整体商业环境。我们确信信贷状况良好，募捐款实际上是正常的，库存没有异常积累，市场动荡不是由资金短缺引起的，资金实际上是充足的。[3]

为了表现他的乐观主义，英萨尔提到他公司建设项目的细节"并不仅是作为一次带着节日般欢快兴致的捐款而公开的"。更确切地说，把这笔钱用掉是因为"我们觉得自己正处于一个持续增长的行业中"。在英萨尔看来，商业环境是正常的，所以他的公司将继续派发股息。

赛勒斯·伊顿知道，英萨尔的防御性市场购买行为根本就不正常。为了维持股价，英萨尔正在买进他所有的股票。伊顿猜测，在持久下跌的情况下，银行家不可能一直给他提供资金。英萨尔想一劳永逸地结束这场懦夫博弈（game of chicken），并阻止伊顿继续抛售他的股票。伊顿告诉英萨尔，他愿意出售8.5万股联邦爱迪生、6万股人民煤气、1.3万股公共服务公司的股票。伊顿的售价高达每股400美元。当时，联邦爱迪生公司的股价为每股328美元，人民煤气为

318 美元，公共服务为 329 美元。英萨尔当时正在一艘从欧洲返回的轮船上，他通过无线电回复说，他将暂时接受这笔交易。失去控制权的魔鬼又一次折磨着他的灵魂。他担心伊顿会将这些股份出售给另一个投资辛迪加，然后将他们持有的股份与其他投资者合并，从而接管他的公司。为了阻止这种事情发生，无论伊顿要求什么，英萨尔都会满足。

回到芝加哥后，英萨尔和伊顿、小英萨尔、马丁以及英萨尔的股票经纪人们一起坐在他那长得不可思议的会议桌旁。伊顿打破僵局说，他"对这三家运营公司的管理感到满意，并不想控制这些资产"。看到有谈判的机会，英萨尔就将他的收购报价降至每股 350 美元，这根本算不上便宜。伊顿固执地拒绝了，他说自己宁愿把持有的英萨尔股票与底特律爱迪生、国际纸业（International Paper）和联合照明电力公司的股票合并起来，也不愿接受更低的价格。伊顿再次缓慢而严肃地说出了英萨尔不愿听到的话：如果他（伊顿）没有得到他想要的价格，那么最终纽约的一些利益集团就会收购他的公司。会议陷入僵局，伊顿返回克利夫兰。

英萨尔不想花费太多现金，于是向伊顿提出了一个新建议：交易部分股票，并在四个月内支付购买费用。伊顿终于接受了这一提议，并轻而易举地获得了 4000 万美元的现金和新控股公司——公司证券将近 8.9 万股的股票。此次购买将由更多的银行贷款以及其他控股公司发行的债券来提供资金。英萨尔从自己的其他公司大举借款以偿还伊顿的债务。尽管为了获得更多融资，英萨尔又一次去了伦敦，但他能借到的钱几乎已经达到了极限。到 1930 年夏天，他已经借了 1.1

亿美元，并承诺将自己公司 4.4 亿美元的证券作为抵押品。英萨尔吩咐哈尔西-斯图尔特公司出售更多的债券，为控股公司筹集资金，但债券销售因缺乏买家而受阻。

1930 年 10 月，英萨尔完全还清了伊顿的债务。其灾难性的后果就是，英萨尔所有的控股公司都陷入了债务泥潭，现金短缺到了危险的地步。但英萨尔仍然相信股市会好转，所以他拒绝中断在运营公司进行的改良性资本支出计划。不过，为了充实自己的现金储备，他不得不亲自向银行求助，其中包括（第一次）纽约的一家银行——中央汉诺威银行和信托公司（Central Hanover Bank & Trust Company）。他筹集了 2000 万美元，不过没多大帮助。1930 年底，股市持续下跌，使得英萨尔公用事业公司和公司证券持有证券的账面价值分别缩水了 6500 万美元和 4500 万美元。

股市在 1931 年初反弹，因此这两家控股公司的证券价值又反弹了 8600 万美元。英萨尔相信股市崩盘已经结束，于是他大胆要求自己的 3 万名员工重新开始购买股票。有传闻称，邪恶的纽约银行家们正试图夺取他芝加哥帝国的控制权，这使他困扰不已。他让马拉尼努力使公众相信，英萨尔的股票是安全的，应该为了地方自豪感而购买。工程师、职员和秘书再次走上街头，向他们的家人、邻居和朋友兜售股票。美国其他地区对任何种类的股票都没有兴趣。一场旱灾正在肆虐高地平原，把泥土变成了尘沙。农民没有信贷，也没有钱来交纳他们的税款。玉米、小麦以及其他农产品的价格跌得如此之低，以至于几乎没人能在这片土地上谋生。由于没有得到政府的支持，饱受蹂躏的产粮地带的农民们收拾好卡车前往加利福尼亚州。救济厨房的队伍越来越长。男人们在街上贩卖苹果和铅笔，他们的妻子则去做佣人，或是在炎热的、充满蒸汽的洗衣店工作。英萨尔的大部分员工仍在继续提供电力、煤气和交通，但每个家庭都在削减开支。全国人民都不顾一切地紧紧抓住自己口袋里的钢镚儿，不让它们从指缝轻易溜走，即便是英萨尔的公司也无法不受其影响。

罗斯福确信，美国已经对公用事业行业宣传斗士虚张声势的行为失去了忍耐。无论美国人为电力支付多少钱，对于在街上乞讨小钱的人来说，这都太多了。未能把公共水力发电从圣劳伦斯河引入纽约州的失败经历，给罗斯福州长上了一课，于是他投身于一场自己发起的信息运动。罗斯福在 1930 年说道："我们已经允许私营企业垄断电力行业，并以他们可以获得的最高价格销售电力。"他以国有安大略水力发电系统的电费为例，向纽约市民证明，他们的电费可以大大降低。他用人们能够理解的方式做到了这一点：在纽约市，一个使用常用电器的完全电气化的家庭将支付 19.95 美元的电费；在奥尔巴尼（Albany），9.90 美元；在新罗谢尔（New Rochelle），25.63 美元。相比之下，加拿大人只须为同样多的电力支付 3.32 美元。纽约共和党人嘲笑罗斯福的说法是"蛋奶烘饼烤模运动"。不过，这一消息却在该州居民中引起了强烈反响。

罗斯福在电台中有力陈述了自己的理由，这是他与选民关系极度融洽的一个标志。他与听众建立了亲密关系，这使他具有了可信度。他直接与人们交流。人们开始质疑：为什么在工资如此之低、就业机会消失的时候，他们的电费还如此之高？他估算电力公司多收的费用在 4 亿至 7 亿美元之间，并将这笔钱转化为被剥夺了省力电器带来的好处的日常生活以进行对比。罗斯福通过广告传单补充了他的演讲和电台谈话，表明了哪些电器在加拿大可以用得起，而美国人又如何在同样的电器上被私营生产商所欺骗。

192　　　电力行业一直拒绝告诉公众他们如何证明自己制定的价格是合理的。在 1930 年以前，英萨尔一直坚决拒绝公开他的账簿。这个行业不提倡公开信息。1928 年，电力债券与股票公司被送上法庭，从而公开其账簿。马丁·英萨尔在公开场合坚持说，他的公司一直"开诚布公"，并且常常否认公用事业公司获得了实实在在的利润。保罗·道格拉斯及其芝加哥改革者团队知道，英萨尔的公司是赢利的，尽管他们可能会把资金转移到各个控股公司。罗斯福对公用事业公司的抨击给道格拉斯留下了深刻的印象，他受邀成为稳定就业委员会（Committee to Stabilize Employment）的顾问。道格拉斯还反对极具破坏性的《斯穆特–霍利关税法》(Smoot-Hawley tariff)①，他加入了1000 多名经济学家的队伍，反对这项因加剧大萧条而受到谴责的反贸易措施。在更多地了解罗斯福及其与小儿麻痹症的英勇抗争后，道格拉斯成了罗斯福的一个崇拜者和支持者。他的芝加哥进步派骨干也加入了罗斯福阵营。伊克斯和利连索尔凭借他们对英萨尔公司的了解，将在扩大罗斯福政府的公共权力方面发挥重要作用。

---

① 该法案将 2000 多种进口商品的关税提高到历史最高水平，在 1930 年 6 月 17 日得以通过后，许多国家对美国采取了报复性关税措施，美国的进出口业务遭受了重创。以道格拉斯、费舍尔为首的 1000 多名经济学家联名签署了请愿书，请求胡佛总统否决该法案。

英萨尔在精神上、身体上和经济上都筋疲力尽。他面色蜡黄，走起路来明显有些驼背。从他凹陷的脸颊上，能看到他承受的压力。自从股市崩盘以来，他的生活就是不断地恳求银行家、将自己的债务转移到控股公司、出售债券以及发表盲目乐观的讲话。尽管如此，员工活动仍在继续，仿佛大萧条根本没有发生一样。好船"爱迪生尼亚"号将于 1 月 8 日起航，开始它的第 23 次年度晚宴巡航之旅。电灯协会的征文比赛允诺了总计 1750 美元的现金奖励。爱迪生和伊莱克特拉俱乐部 1931 年的干事将在帕尔默酒店的晚宴上被正式任命。歌剧院正在举办"公用事业员工星期日"，其中的特别节目是汉密尔顿·福里斯特（Hamilton Forrest）创作的歌剧《卡米尔》(Camille)，福里斯特曾是英萨尔办公室的勤杂工，后来被玛丽·加登发掘。员工持股计划在经历中断之后再次启动，为参与者开出了诱人的条件，这些参与者"被限制在 50 股以内"。员工购买股票只须先付 10%，其余的则按 9 个月分期付款。

英萨尔在 1931 年 1 月的公司简讯中几乎没什么可说的。没有提到他为偿还伊顿债务而付出的令人沮丧、损失惨重的努力，没有提到他在银行家面前的多次走动，也没有提到他为保持自己的控制权而背负的巨额债务。"这是艰难的一年，"他在《爱迪生圆桌会议》中表示，"但通过我们员工的能力和忠诚，我们已经履行了对我们的客户、社区、所有者（我们的证券持有者）的义务……如果说这一年教会了我们什么，那就是工作和节俭是舒适、安全的基础。"

格拉迪丝为上流社会举办了一场演出，由此开始了新的一年。她

193

那优雅的"守夜派对"结束了对英萨尔一家来说原本不吉利的一年。这次聚会在歌剧院大楼气派非凡的新顶层公寓里举办，她准备了小桌子，每张桌子上都摆着装满了温室水果的羊角装饰，象征着 1931 年将是丰衣足食的一年。她发表了一篇奇怪的祝酒词，被《芝加哥论坛报》的专栏作家"表姐夏娃"（Cousin Eve）记录下来。她披着一件银白色的长礼服，用她那可爱而又富有感情的声音说道："为那些尽管打扮各异但都很美丽的女士们干杯，为那些尽管困惑但才华横溢的男士们干杯。"大提琴、竖琴和小提琴的旋律为这所可以欣赏城市迷人风景的宽敞公寓增色不少。随后还有萨尔维娅·拉维拉斯夸伊兹（Salvia la Velasquez）等歌剧明星献上的各种各样的歌唱表演，"深红色的天鹅绒、发插和塞维利亚式面纱"衬托了萨尔维娅的美丽。作为一位无可挑剔的女主人，格拉迪丝优雅地介绍了每一位表演者，而且深受他们的喜爱。一位歌手唱完后，她单膝跪地，献上了一篮百合花，歌手亲吻了格拉迪丝的手，行了个屈膝礼。"表姐夏娃"甚至还对英萨尔办公室的装饰称赞不已，这些"新奇有趣又古老的英国画，是多年前在国外购买的，直到现在才展出"。

站在角落里的小英萨尔头发蓬乱，穿着黑色短外套和灰色精纺裤子，他想知道自己这一年是否会被赋予更多的责任。他现在 31 岁，了解父亲大部分的融资机制。在与伊顿的谈判桌上，他知道需要做些什么。他负责接管了布里顿·巴德领导下的南岸铁路，在盘活城际铁路方面，他干得非常出色。就像爸爸递给他一套拆分后的铁路机组模型，而他成功地将其重新组装起来一样，他增加了新的路基、每小时发车业务和新的速度纪录。他可以夸口说，1930 年的客运收入比

1926 年增长了 247%，货运收入增长了 650%。如果他是法定继承人，他就确信自己拥有正当的资格。出于对父亲的尊重，他也是一个名义上的禁酒主义者，一心扑在工作上。不过，他也许比父亲更脱离现实世界。他在一个小岛上建了一座英式乡村风格的"简朴房子"，湖里养了鲈鱼，离父亲的庄园只有几英里远。除了坐船以外，只有一种方法可以过去——一座狭窄的桥。这房子看起来好像被一条护城河所环绕。1931 年，小英萨尔开始思忖，他能够给自己的儿子（还在他妻子的子宫里）留下什么样的伟大事业。和父亲一样，他在公众面前保持着自信而又常常过于自信的面孔。不过私下里，资产负债表却令他困扰不已。小英萨尔也反思了前一年的一些公关活动。似乎每前进一步，又会后退一步。他和叔叔马丁发起了一场耗资 50 万美元的宣传运动来挫败缅因州的全民公投，从而阻止那些公用事业公司从该州出口廉价的水电，这使他们受到了新闻界的鄙夷。保护自己企业的利益难道不合法吗？

当领取救济食物的队伍蜿蜒在街区周围的时候，他的父亲仍在扩大和完善联邦爱迪生公司的投资组合。1930 年还有哪家公司能提出这样的要求？两栋耗资 130 万美元的新建筑拔地而起，这两栋豪华的庞然大物呈现出装饰派艺术风格，巧妙地隐藏了变压器和重型设备。尽管经历了股市崩盘，但所有运营公司 1930 年的利润都比 1929 年有所增长。中西部公司的利润达到了创纪录的 2500 万美元，比前一年增长了 43%。联邦爱迪生公司的利润增长了 4%，伊利诺伊州北部公用事业公司增长了 14%。在华尔街的一片混乱中，马丁甚至还成功地收购了国家公用事业公司（National Utilities Corporation）。如果经济好转，英萨尔利益集团就会占上风。

保守的乐观主义是英萨尔的主题，1931 年 2 月，他召开了年度会议并公开了英萨尔公用事业投资公司和公司证券的一些账簿。英萨尔公开这些是为了向公众表明，他们的企业正在蓬勃发展，没有什么可隐瞒的，当股市恢复景气时，它们就会兴旺发达起来。这两家公司都显示为盈利：英萨尔公用事业投资公司的利润为 1000 万美元，而公司证券的利润为 800 万美元。当然，这些公司拥有的主要资产就是运营公司（在大萧条时期仍在赚钱）的证券。1930 年底，股市略有回升，这意味着公司的投资组合只下降了 6%。现金股息将继续维持1.5% 的季度利率。

新员工持股计划是报告的重点，为联邦爱迪生公司带来了 1 万名新股东，人民煤气公司 5000 名，公共服务公司 7500 名。在新的城市剧院里，英萨尔对股东们说道：

> 投资者已经从股市重大转机的歇斯底里中彻底恢复过来，现在对形势的看法已经理智多了……随着全国各地银行存款规模空前庞大，唯一合理的推测就是，今年将有充足的资金资助商业贸易的扩张。[4]

195   到了 8 月份，无论是经济还是股市都没有如英萨尔预测的那样。因购买股票和贷款给投机者而过度杠杆化的银行，除了最大的客户以外，已经不向任何人提供贷款。雇主不断裁员，个人收入蒸发。胡佛的政策是依靠工业来引导经济走出大萧条。在各大城市里，胡乱搭建的一堆堆简陋棚屋和帐篷摇摇欲坠，被称为"胡佛村"（Hoovervilles）①，人们失去了工作和住所，走上了街头或铁轨②。当经济进一步陷入僵局时，84 岁的托马斯·爱迪生把英萨尔叫到了家中。这位奇才身体已经垮掉，生命垂危，他正在进行最后一个实验，看自己是否能熬过糖尿病、胃病和其他一大堆疾病。两个人聊了大约三刻钟，英萨尔告诉记者："他看上去很虚弱，但思维还是很敏捷，甚至比我之前所了解的他还要敏捷。"爱迪生打趣道："我还要再活十年。"他希望自己能和约翰·D. 洛克菲勒一样长寿。随后爱迪生开始了 20 英里（约 32 千米）的汽车之旅。应哈维·费尔斯通的请求，向来埋头于实验室的爱迪生在生命的最后几年一直在试图寻找一种橡胶替代品。橡胶这种商品由东南亚的一个卡特尔（cartel）③ 控制着，费尔斯通想知道是否有一种原料可以作为替代品在美国种植。经过数百次的实验后，爱迪生发现一枝黄花属植物——一种在各个州都生长的杂草，可以合成某种橡胶。整个冬天，这个发明家在佛罗里达的实验室里花了无尽的时间，试图找到生产过程正确的组合，但这在商业上根本就不可行。

爱迪生和英萨尔回忆并笑谈起他们让珍珠街发电站步入正轨的时光，还有爱迪生发现英萨尔在曼哈顿下城的街道上打盹的时光。两个

---

① 由于 1929 年开始的大萧条，大街上出现了很多铁皮、纸板和粗麻布搭起的棚户区，这与胡佛竞选总统时的口号大相径庭，人们将其称为"胡佛村"以讽刺胡佛。
② 指自杀。
③ 卡特尔是垄断组织的形式之一，是由一系列生产类似产品的独立企业所构成的组织。

人一起建立了一个完整的电力系统，从仅有的一家电力公司发展成为通用电气公司。那个瘦削而又热切的伦敦男孩，在爱迪生 1881 年第一次见到他的那一天，努力让别人听懂自己表达的意思，现在却已经变得肥胖、有权有势，而且是一个和爱迪生一样羸弱的帝国的霸主，不过他没有向爱迪生提及这一点。英萨尔已经去掉了自己大部分的口音，透过用绳子挂在一只耳垂上的夹鼻眼镜眯着眼看东西。他面色红润，双手还是很柔软，看上去更像是一位衰弱的子爵，而不是一个前伦敦速记员。曾管理着爱迪生数千页的账单、资金和信件的英萨尔，却在 71 岁时拒绝阅读任何超过 200 字的信件。他大方得过了头，对下属却粗暴无礼，对那些跟不上他脚步的人没有耐心。爱迪生凝视着英萨尔那双乌黑的眼睛——那扇通往强大的活力海湾的窗户，回忆起了这一切。他可以看到作为组织者、金融家、推销员、总规划师和政治操盘大师的英萨尔。爱迪生有在富人面前展示自己才华横溢的项目的洞察力、想法和毅力。英萨尔则进入金融家的头脑，了解他们所知道的，然后超越他们的知识，使爱迪生的梦想变成实实在在的现实。如果爱迪生是苹果的种子，那么英萨尔就是果实，为散布于世界各地的种子提供生长所需的营养。当他们紧紧握住彼此的手，开始他们新的旅程时，一切尽在不言中。

1931 年初，英萨尔有理由改善自己对公司前景的看法。他大部分的银行贷款都是短期的，而且正在如期偿还。他从中西部公司借来的 2800 万美元中，已还 1700 万美元。他的未偿债务约有 1100 万美元，但他确信银行还会提供更多的资金。他的信贷额度在芝加哥几乎已经用尽，于是他回到纽约，从担保信托公司（Guaranty Trust）获得了 500 万美元，从欧文信托（Irving Trust）获得了 100 万美元，从他的公司证券和芝加哥第一国民银行（First National Bank of Chicago）取出了余额。6 月，哈罗德·斯图尔特建议英萨尔再次前往纽约，为支付将来的债务筹集资金，英萨尔亲自拜访了美国信孚银行（Bankers Trust）、中央汉诺威银行、查塔姆-菲尼克斯银行（Chatham-Phenix）以及与他有业务往来的其他银行。然而，他用公司股票作为抵押，对银行家来说没多大价值。1931 年中期，英萨尔公用事业和公司证券的市场价格低于其清算价值 1 亿美元。这一策略并没有帮他借到任何新的贷款，因此英萨尔做了一件非同寻常的事情：他通过纽约国家城市银行（National City Bank of New York）① 的查尔斯·米切尔（Charles Mitchell）获得了 500 万美元的个人贷款。他现在把自己的名字和财产作为抵押品，把钱交给公司证券以偿还其他到期贷款。

9 月，当他离开纽约前往伦敦时，股市再次暴跌。银行自然想要更多的股票作为抵押品，因为他之前抵押股票的价值再次大幅缩水。接着，可怕的谣言流传开来，说英萨尔正在利用他的帝国来偿还贷款，这个帝国的价值正随着股市开盘每一分钟都在缩水。窃窃私语变成了从华尔街到芝加哥拉萨尔街（LaSalle Street）上的大喊大叫：有人看见英萨尔被拒绝贷款后，呜咽着离开了纽约的一家银行；英萨尔遭到了摩根家族的嘲笑和羞辱，因为在过去的四十年里他拒绝和他们做生意；伦敦的银行家们打电话叫他还钱；他病得很厉害；他已经

---

① 纽约国家城市银行即后来的花旗银行。

197 死了；他实际上是犹太人，而白人新教徒（WASP）① 银行家正在惩罚他。这里面没有一件是真的，因为当时他正在穿越大西洋。

英萨尔到达伦敦时，英格兰银行（Bank of England）已经废除了金本位制，这意味着银行将不再以自由交割黄金换取纸币。对于世界股市和经济体本已岌岌可危的状况而言，这相当于感染了肺炎。纽约证券交易所的股价重新开始急剧下跌。看着股市行情自动收录器显示的数字每小时都在持续下跌，英萨尔立即坐船回家，并吩咐儿子召集一群高管和商界朋友筹集 500 万美元，开始以每股 10 美元的低价收购中西部公司。作为他们"一切正常"战略的最后一个公开幌子，英萨尔、马丁和小英萨尔同意在 11 月支付公司证券的股息。接下来的一个月里，唯一一个英萨尔没有开口要钱的人是他的朋友——通用电气董事长欧文·扬（Owen Young）。英萨尔请求扬支持他向纽约银行贷款 1000 万美元。英萨尔知道扬有足够的分量说服银行家给英萨尔的公司提供更多的资金，所以他同意告诉扬和银行家们他们想知道的关于控股公司的任何事情，因为他极力避免破产。英萨尔几乎没有可以求助的对象。他抵押的所有证券的价值每分每秒都在下跌，他对此无能为力。银行要求更多的抵押品：

　　不幸的是，在这个时候，包括英萨尔集团证券在内的所有证券的市场价格，都表现为持续下跌；英萨尔公用事业投资公司及

---

① 全称为 "White Anglo-Saxon Protestant"，即白种盎格鲁-撒克逊新教徒，原义指美国新教上流社会，其祖先为来自英国的移民，后也可指非盎格鲁-撒克逊的任何欧裔新教徒。

芝加哥公司证券公司可支配的主要证券的数量，也表现为持续减少，因为银行债权人不断要求增加抵押品。[5]

小英萨尔现在正从战壕里出来，直面银行家的愤怒。英萨尔派他去向芝加哥的所有银行保证，如果他们能同意一项"中止协议"（standstill agreement），暂停他们的还款要求，直到公司能够评估哪些股票可以作为担保，他们就会得到抵押品。随后，小英萨尔与哈罗德·斯图尔特一起前往纽约，请求哥谭市的银行家们也能够延缓债务偿还期。被派来连本带利再押的是小英萨尔，而不是英萨尔本人，这激怒了米切尔，他愤怒地把小英萨尔送到了火车站，因为他向后者的父亲提供了一笔个人贷款，"除了塞缪尔·英萨尔先生，我不会和任何人讨论这件事"。12 月 21 日，英萨尔与儿子一起返回纽约，重新开始了一次乞求银行怜悯之旅。他们想向银行家展示自己的证券已经下跌了多少，并希望协商出一个更宽松的还款时间表。不过这时候，各家银行正为英萨尔一家能够偿还的那点钱互相争吵。欧文信托公司反对中央汉诺威银行获得 150 万美元。银行勉强同意冻结贷款半年，英萨尔获得了喘息的机会。到那一年的年底，芝加哥所有的银行基本上都同意了这一安排。

随着 1932 年到来，英萨尔一家仍在期待股市的复苏。他们没有更多的抵押品，几乎完全受制于银行。在纽约，那些担惊受怕的金融家们纷纷要求英萨尔的所有公司提供更多信息，试图继续了解这些公司是否仍然具备偿付能力。到了 2 月底，与当时大多数银行一样，中央汉诺威银行被迫尽可能地获取现金，他们告诉英萨尔自己正在逐渐退出中止协议，并要求立即还款。到目前为止，扬是唯一一个在纽约银行家面前为英萨尔辩护的人，他担任了首席谈判代表的角色。扬在2月27日来到芝加哥与英萨尔协商，然后返回纽约，在那里他与中央汉诺威银行达成协议，放款给英萨尔，并暂时放弃贷款偿还。现在英萨尔的所有公司都濒临绝境。

　　纽约的银行正密切注视着英萨尔，就像一只猛禽在猎场上空盘旋一样，他们告诉扬，他们不同意从英萨尔的金库中拿出一毛钱。他们现在要求一名合格的独立会计师对英萨尔的账簿进行审计，他们拜访了当时口碑甚佳的芝加哥特许会计师阿瑟·安达信（Arthur Andersen）①。实际上，银行家们现在控制了英萨尔的公司，他甚至无法在未经他们同意的情况下，开出一张支票来报销自己的差旅费。安达信被赋予了"绝对裁判权"来剖析所有英萨尔的账簿，这使英萨尔很苦恼。在安达信仔细研究英萨尔在整个春天和初夏采用的晦涩复杂的会计原则的同时，英萨尔迫切需要现金来维持公司的正常运营。报纸现在开始孜孜不倦地报道英萨尔的不幸。关于英萨尔的财务困境，公众没什么是不清楚的。据《金融界》（*The Financial World*）报道，他的两家主要控股公司的投资组合总价值为"1.12亿美元，或低于成本2.85亿美元"。既然控股公司持有的90%的股票都被用作1亿美元证券的抵押品，那么公司将如何支付在过去一年中新增的1.66亿美元新债呢？"无论是优先股还是普通股，都没有剩余的权益"。与过去不同的是，当英萨尔可以出售新股或发行债券的时候，这两者都没

---

① 阿瑟·安达信（1885—1947），安达信会计师事务所的创始人。安达信原为国际五大会计师事务所之一，因2002年的安然事件倒闭。

有市场了。1932 年无人购买证券，每个人都在抛售股票以获得硬通货（hard currency）①。

《芝加哥每日新闻》(*Chicago Daily News*)的财经专栏作家罗亚尔·芒格（Royal Munger）也认同英萨尔怀有的些许希望。毕竟，运营公司在经济衰退期间仍然是盈利的。1931 年，联邦爱迪生公司的每股收益为 10.40 美元，低于上一年的 11.51 美元，人民燃气公司的每股收益也从 11.51 美元下降到 10.96 美元。"运营公司的经营状况非常令人满意，"英萨尔在联邦爱迪生大楼的办公室里生硬地对芒格说道，"我们有充分的理由相信，1932 年会更令人满意。"芒格注意到英萨尔公司的董事们全都支持他们的这位领导，于是他投出了一张信任票："大家都知道，英萨尔的控股公司经历了巨大的损失。英萨尔自己也承担了其中的一部分。它们的复苏——如果它们确实能够复苏的话——必须建立在运营公司的收益的基础上，这反过来又能在数年内通过它们自身的收益恢复信托投资组合中所持股票的价格。"6

在 1932 年的第二季度，英萨尔距离破产清算只有 1000 万美元。当安达信建议重组英萨尔的公司时，英萨尔、马丁和斯图尔特回到纽约，为其财务独立进行最后一轮恳求。扬主张，至少要竭尽全力拯救中西部公司。因此，他召开了一次高层会议并试图敲定一项协议，芝加哥和纽约的所有银行家都参与其中。扬现在是唯一一个能够解决这场危机的人。"仅限银行家"会议于 4 月 8 日开始，斯图尔特和英萨尔被要求留在会议室外面。银行家们只用了一个小时就决定了他们的

199

---

① 硬通货指国际信用较好、币值稳定、汇价呈坚挺状态的货币。

行动方针：不再贷款。他们中的大多数人没跟英萨尔一行人说一句话就离开了。随后，扬走出来同英萨尔交谈。

"这是否意味着破产管理？"英萨尔闷闷不乐地问道。

"看起来是这样。"扬含蓄地说道。

虽然英萨尔极为震惊，但他并没有郁郁寡欢。他乘坐下一班火车返回芝加哥，并于 4 月 9 日星期六与芝加哥银行家会面。他们都了解他，深信他还有更多的融资想法。他们中的许多人都是他公司的董事，购买了他的股票，并资助了他的扩张。英萨尔几乎无一例外地把钱放进了他们的每个口袋里。他们依赖着他，就好像依赖着一个需要保释出狱的误入歧途的家人一样。尽管存在着种种明显的利益冲突，他们还是任命英萨尔为他自己公司的破产管理人。英萨尔也许委婉地表示反对，但银行家们坚持这么做，因为英萨尔已经赢得了作为一个扭转乾坤的艺术家的良好声誉。他们曾看到他接管所有一文不值的公司，苦苦挣扎的发电站、煤气公司、运输线路和城际铁路，并为其注入新的活力和盈利能力，甚至在美国经济噩梦期间，这种活力和盈利能力也一直保持着。有谁能比英萨尔本人更了解他的控股公司呢？于是这位巨头加入了一个由三名破产管理人组成的委员会，另外两位成员是查尔斯·麦卡洛克（Charles McCulloch）和爱德华·赫尔利（Edward Hurley）。4 月 16 日，文件提交到联邦法院，将中西部公司、英萨尔公用事业公司和公司证券纳入破产管理，目的是重组这些公司。英萨尔的主要控股实体破产了，但他的运营公司仍然具有偿付能力。

英萨尔把注意力转向了运营公司的管理。整个 5 月，他都在改善它们的财务状况，并准备出售联邦爱迪生公司、人民煤气公司和公共服务公司 6000 万美元的高级证券。尽管英萨尔当时并不知情，但公司的独立董事们已经给在印度度假的同事詹姆斯·辛普森（James Simpson）发了电报，让他返回芝加哥。6 月 3 日，斯坦利·菲尔德走进英萨尔的办公室，要求他辞去运营公司的职务，并表示麦卡洛克也希望他辞职，这令英萨尔大吃一惊。起初，英萨尔气势汹汹，说他想以一种适当的方式来做这件事，随后他承诺第二天在爱迪生办公室辞职。讽刺的是，尽管董事们冷不丁地想把英萨尔赶走，但他们还是要求小英萨尔继续留在运营公司，这对英萨尔来说也算是某种安慰。

英萨尔被迫辞职的原因是，董事们发现马丁在用公司资金支付自己的个人股票保证金账户。他设立了虚假账户，并挪用了 26.8 万美元来偿还自己的债务，而英萨尔可能已经在不知情的情况下签署了来自中西部账户的支票。听到这个意外的消息，英萨尔哭了起来。除了以往经历的种种，他现在竟然被自己的亲兄弟出卖了。麦卡洛克派人去请马丁，要求他辞职。马丁脾气暴躁，要求知道原因。"因为你用最离谱的方式把公司经营得一团糟。"麦卡洛克抱怨道。马丁呆呆地坐在椅子上，一言不发，他知道自己已经无能为力了。一切都结束了。与此同时，6 月 6 日，英萨尔签署了由他担任主席的 65 家公司以及他在爱迪生大楼 1700 号套房担任董事的 85 家公司的辞呈。这花了他近三个小时。他请秘书给格拉迪丝打电话。"但如果她在休息，就不要打扰她。"格拉迪丝立刻回了电话。

"喂，"他温柔地说，"你还好吗？唉，一切都结束了。我失业了。今天真不好过，我一会儿就回家。晚饭后我们去开车兜风。再见。"

一个泪眼汪汪的助手在他重新开始签名时脱口而出："您会在半年后回来！您的股东们会要求的。"

"不，"这位倒下的巨人回答说，"我不会回来了。我已经完了。"

签完名后，英萨尔走出会议室，来到街上，记者们像西瓜上的小黄蜂一样簇拥着他。"先生们，我从 14 岁零 7 个月大就一直在工作，"英萨尔说道，声音有些嘶哑，"有一次，我在星期六的下午被解雇了，星期一早上又找到了一份工作。我工作一直很努力，但老实说，在这 58 年里，今天是最艰难的一天。我失业了。我不知道该怎么接受这件事。"

英萨尔的债务超过了他的净资产，而且他无法立即还钱给银行，所以当他离开公司的时候，从理论上来说，他已经破产了。他为自己从纽约银行获得的贷款提供了个人担保，这对 19 世纪的大亨来说并不罕见，但对 20 世纪的大亨来说却闻所未闻。他抵押担保的大部分资产都不属于自己，主要属于他公司的股东。那年 6 月，股市急剧下跌，留给他公司所有者的只是贬值的股票。英萨尔的投资者——卡车司机、发电站工头、抄表员、银行职员——总共损失了 7.5 亿美元。这相当于 2005 年的 105 亿美元，比世界通信公司 110 亿美元的财务欺诈只少 5 亿美元。英萨尔是否存在欺诈行为？库克县和联邦检察官认为他们有确凿的证据。60 多万人手里积压着几乎一文不值的股票，其中肯定牵涉到一些巧妙的花招。英萨尔及他的经纪人、银行家和董事们将被要求对此负责。

在不到三年的时间里，英萨尔已经从商界的红衣主教变成了众所

周知的小偷，他对 1932 年在芝加哥举行的听证会的公正性不抱任何
奢望。那些跟着他投入了毕生积蓄、相信他有能力扭转最无望的商业
环境的人们，感觉到的不仅仅是受了骗，他们想要报复，他们想在密
歇根大街桥上看到英萨尔被长矛刺穿的头颅。公众并不知道，英萨尔
个人的损失比他自己拥有的还要多。斯坦利·菲尔德为他的朋友在遣
散费方面做了所能做的一切，但董事们却对英萨尔感到愤怒，他们拒
绝给他提供每年 5 万美元的养老金和三个月的薪水作为遣散费。菲尔
德说服英萨尔，他必须削减养老金，并做出另一项牺牲，使董事会能
够获得他们应得的钱。英萨尔所能提供的唯一东西，他自己甚至都无
权给予：格拉迪丝的亡夫遗产权，也就是他三分之一的遗产。现在，
债权人也可以从他妻子那里拿走一切值钱的东西。作为补偿，格拉迪
丝将在英萨尔去世时获得每年 2.5 万美元的养老金。她不情愿地签字
移交了自己的权利。英萨尔也同意了 2.1 万美元的养老金。"我是个
该死的傻瓜，"格拉迪丝痛苦地说道，"但我会签的。"现在，她几乎
已经回到了自己还是一个穷演员的时候，只不过青春不再、事业远远
落后。她憎恨芝加哥银行家把这一切——这最后的耻辱强加给她。她
不在乎自己是否会参加另一个黄金海岸沙龙。她将住在巴黎，一个优
雅且无回忆的地方。

英萨尔在感情上、精神上和身体上都已经筋疲力尽，他知道是时
候和格拉迪丝离开芝加哥了。如果他被迫离开董事会，就无法管理公
司使其重回正轨。他对病态的股市无能为力，马拉尼也没什么办法
让股东们相信他们并没有被英萨尔抢劫。英萨尔不相信自己会被永久
禁止经营自己的公司。不过，就目前而言，离开芝加哥以获得一个全

202

新视野并给新管理团队提供机会是绝对必要的。格拉迪丝并不打算很快回到风城，尽管她会想念小英萨尔和他最近出生的宝贝儿子萨姆三世。小英萨尔留了下来，看看自己能做些什么来弥补损失。他是父亲的儿子，不是他的辩护人。随着检察官开始审查证据，他很快就会成为父亲唯一的辩护人。马丁已经悄悄溜到了加拿大，6 月 14 日，英萨尔紧随其后，在蒙特利尔见了朋友 P. J. 麦肯罗。到达加拿大魁北克市（Quebec City）后，格拉迪丝和英萨尔在芳堤娜古堡酒店（Chateau Frontenac）吃了早餐，然后就登上"英国女王"号前往瑟堡（Cherbourg）。乘客名单上没有英萨尔一家的名字，这是他们多年来的习惯。

芝加哥的大部分人并不认为英萨尔的离开是一个迟来的假期。尽管他还没有被指控犯下任何一项罪行，但报纸头条却大肆宣扬，公用事业巨头现在正畏罪潜逃，是一个逃犯。作为中间人的小英萨尔与承担着巨大起诉压力的检察官们斡旋。芝加哥的报纸怒气冲冲。上校和赫斯特的编辑们眉开眼笑。当英萨尔夫妇在巴黎找到了一家低调的酒店时，小英萨尔正忙着与律师和公司高管会面。9 月，英萨尔同意在伦敦与辛普森会面，当时辛普森正从苏格兰度假回来。英萨尔在联邦爱迪生公司的继任者向英萨尔征求关于如何管理电力公司的建议，这位继任者和人民煤气公司的乔治·兰尼（George Ranney）一样，也是新管理团队的成员。他们边吃边谈，直到午夜。第二个月，小英萨尔来到城里向父亲说明了他的法律情况，并谈到了当地政客正如何让他成为替罪羊。看来英萨尔很有可能被起诉。就在那时，英萨尔决定延长自己在欧洲的逗留时间，以避免政治迫害。"我不想把头塞进狮子的嘴里。"他对小英萨尔说道。

罗斯福认为英萨尔的意义超出了竞选议题。英萨尔象征着有关贪婪的公用事业大亨们令人厌恶的一切。更重要的是，英萨尔对垄断权的滥用以及他不受约束的股票销售和控股公司导致了经济的崩溃。由于胡佛在重振经济方面惨遭失败，纽约州州长罗斯福现在站在了舞台中央，即将向美国公众呈现一出可怕的悲剧，而英萨尔将在其中扮演西蒙·勒格雷（Simon Legree）① 的角色。英萨尔的公司于 4 月份首次进入破产管理时，罗斯福被头条新闻吓了一跳。罗斯福推测，英萨尔不仅是一个失败的公用事业巨头。这个人单枪匹马地通过 39 个州的 6000 个发电站，破坏了民主。美国历史上规模最大的单一业务公司破产是个有益的教训，即不受约束的商业主义可能会破坏人们的生活。

在 1932 年 4 月 18 日的杰斐逊诞辰纪念日（Jefferson Day）②，罗斯福开始对世界上的"英萨尔们和以实玛利们 ③"进行讨伐。以私营公用事业公司多年来一直在欺诈客户为主题，罗斯福宣称，"电力公司试图寻求，并且在许多情况下，已经成功获得了许可，收取带来丰厚回报的费用，收费标准不是基于现金投资（发电站），而是基于明

① 西蒙·勒格雷是《汤姆叔叔的小屋》中残暴的奴隶主。
② 杰斐逊诞辰纪念日是美国第三任总统托马斯·杰斐逊（1743—1826）的诞辰日，在某些州是法定假日，此处的"4 月 18 日"疑为"4 月 13 日"之误。杰斐逊是《独立宣言》的主要起草人，与华盛顿、富兰克林并称"美利坚开国三杰"。
③ "以实玛利们"指以实玛利·亚伯拉罕和使女夏甲所生之子，后被其父赶走，指"被社会摒弃的人""社会公敌"等。

显的资本膨胀"。罗斯福发现了英萨尔和糟糕经济间的另一种联系：给英萨尔提供贷款的其中一家银行从胡佛政府收到了一笔用于紧急援助的钱。这一年也标志着 389 家银行的大规模倒闭。爱荷华州、密歇根州、新泽西州、印第安纳州、马里兰州和阿肯色州下令银行歇业和提款限制。参议院银行委员会（Senate Banking Committee）的优秀律师费迪南德·佩科拉（Ferdinand Pecora）开始调查一些更受瞩目的破产案例，比如芝加哥的查尔斯·道威斯中央共和银行（Charles Dawes's Central Republic Bank）。佩科拉迫使道威斯在证词中承认，银行 90% 的存款都借给了英萨尔公司，这明显违反了州法律——禁止银行向单个实体提供 10% 以上的贷款。

在芝加哥，道格拉斯和律师哈里·布思成立了伊利诺伊州公用事业消费者和投资者联盟（Illinois Utility Consumers and Investors League），并将他们的抗议矛头指向了伊利诺伊州商业委员会。他们要求委员会调查英萨尔的商业行为，并立即降低公用事业费。使道格拉斯和布思感到愤怒的是，该委员会已经批准英萨尔公司发行 4000 万美元的债券，以稀释股东在联邦爱迪生公司的利益为代价来支持控股公司。布思也对人民煤气提出了质疑，声称该公司正在用较便宜的天然气取代人工煤气，但并没有降低收费。布思及其合伙人约瑟夫·斯威德勒（Joseph Swidler）因委员会对他们的案件漠不关心而感到失望，他们去找芝加哥报纸揭露委员会友好对待人民煤气提出的每一次价格上涨，却因藐视法庭被传唤。大约在同一时间，随着英萨尔不再牵涉其中，布思对公用服务公司提起了诉讼，揭露它如何制定价格。在罗斯福领头下，布思的团队指责公用事业费"过高、非法和差别对待"。起诉英萨尔的高管时，布思采用的一个论据是，英萨尔正从盈利的运营公司转移资金以维持其控股公司的正常运营。在一封写给芝加哥大学罗伯特·洛维特（Robert Lovett）教授的信中，布思指责说：

> 我们（消费者联盟）的报告显示，这些（运营）公司遭受了数百万美元的损失，原因是利用员工投资基金、年金和保险基金进行投机活动以及为高管及员工提供贷款和预支薪金，其中一些人甚至与运营公司没有任何关系。仅最后一项就导致这三家公司的盈余减少了 500 多万美元。公司承认的亏损总额超过了 8500 万美元。[7]

罗斯福在全国各地游走，告诉美国人他们被私营公用事业公司骗了。罗斯福认为，这些公司就像迷途的顽童一样，需要得到美国政府家长式的监管。"你可以看到，美国这个'精力旺盛的年幼孩子'需要受到其父母——美国人民——的密切关注。"罗斯福推断，尽管美国人投资了 80 亿美元来购买这些公用事业公司的股票，但他们还是受到了欺骗。9 月 21 日，罗斯福在俄勒冈州波特兰市（Portland）发表了一篇影响深远的演讲。他重申了自己的发现，即大多数美国人被剥夺了享有更便宜的公用事业费的权利。他还引用了自己做州长时对加拿大电费的研究。他声称，美国人的公用事业费之所以不像加拿大人那么低廉，是因为"控制电灯和电力行业的利己主义集团没有足够的远见，为广泛的公共用途制定足够低的价格"。罗斯福把自己塑造成公用事业公司想要击败的"危险人物"，巧妙地将公用事业监管斗争拟人化，把自己描述成试图"保护人民福利不受自私贪欲损害"的候选人。接着，他猛烈抨击了胡佛对联邦监管的反对以及控股公司不受约束的时期。在这篇演讲的情感焦点，也就是约拿（Jonah）① 从鲸鱼的腹中冒出来的时候，罗斯福对英萨尔进行了猛烈抨击：

> 英萨尔帝国的崩溃很好地证明了我这四年来一直在证明的事实。这个长期由一群控股公司和投资公司组成的巨大的"英萨尔怪物"，控制着成千上万的运营公司，将证券分配给成千上万的投资者，拿走了他们超过 15 亿美元的资金，不是数百万，而是数十亿！在繁荣时期，这个"英萨尔怪物"不断增长，直到它成为我们无数人民生活中的一个重要元素。这个名字很神奇。当时，投资公众并没有像今天这样意识到，建立这些控股公司的方式完全违背了每一项健全的公共政策。8

205

罗斯福将英萨尔的失败与"最终的毁灭"和"铁路野猫式罢工 ②时期"联系在一起。罗斯福对"新政"的著名呼吁加强了结束公用事业违规行为的运动，当时的"新政"是一个有关公开企业融资、股票所有权、控股公司监管、联邦电力监管和公用事业费制定的八点计划。在接下来的几年里，至少有五点成了法律。英萨尔现在不仅仅是

---

① 约拿是《圣经·旧约》中的先知，因没有遵循神旨去警告尼尼微城的民众而被一条大鱼吞噬，三天后被完好无损地吐出。

② "铁路野猫式罢工"指未经工会正式批准擅自举行的罢工。

一只政治替罪羊，他的愚蠢行为还推动了现代证券和公用事业的监管。实际上，在执政的头一百天里，罗斯福就通过了《1933年证券法》（Securities Act of 1933），这是一项旨在防止又一场英萨尔灾难的法律。

英萨尔不太可能听过罗斯福的任何讲话。尽管如此，小英萨尔还是说服父亲离开了巴黎，在那里他可能会被引渡。英萨尔把格拉迪丝留在酒店，自己则和儿子乘坐晚班火车去了意大利，他的律师认为在墨索里尼政府的领导下，英萨尔不会被引渡。就在两年前，英萨尔被邀请去墨索里尼的威尼斯宫（Palazzo Venezie）讨论意大利电气化的问题。墨索里尼让英萨尔心怀不快地等待了半个小时才出现。墨索里尼穿着黑色的衬衫和军装，下巴像长颈鹿一样凸出。他们在一个拱形大厅里会面。这位独裁者的办公桌占据了大厅的尽头，呈现出罗马皇帝的风格。墨索里尼"强大的武力和权力"给英萨尔留下了深刻的印象，英萨尔建议他更多地依赖水电而不是煤炭，因为如果依赖煤炭的话，该国就必须进口矿物。英萨尔离开了会议，"我很荣幸见到欧洲的一位政坛大人物"。这次会面是在墨索里尼与阿道夫·希特勒结盟之前。

英萨尔在法西斯国家寻求庇护时，芝加哥报纸大肆叫嚣："让墨索里尼抓住萨姆·英萨尔。"到达都灵后，英萨尔认为当局在意大利找到自己只是时间问题。第二天，英萨尔预定了前往希腊的机票，当时希腊与美国没有引渡条约。他不得不乘坐一架三引擎飞机经由阿尔巴尼亚的地拉那（Tirana）飞往萨洛尼卡（塞萨洛尼基）[1]，这是他第

---

[1] 萨洛尼卡是希腊第二大城市，塞萨洛尼基州首府。

一次乘坐飞机离开地面。离开米兰之前，他给格拉迪丝寄了一封信，这封信后来被刊登在芝加哥的报纸上。随后，芝加哥报纸派出了大批记者，把格拉迪丝在巴黎丢掉的垃圾翻了个遍，到处搜寻这位大人物，就好像他谋杀了林白（Lindbergh）① 家的婴儿一样：

> 我最亲爱的格拉迪丝：今晚我感觉自己好像要进行一场真正的冒险一样。我明天一早要乘飞机去希腊的萨洛尼卡……所有这些变化都是根据最佳的（法律）建议作出的，儿子会告诉你所有细节……离开你，我感到很难过，但考虑到今天早上离开都灵前得到的建议，我也没有别的路可走了……我恐怕那些记者让你很不好过，但到周六晚上一切都会结束的，我希望儿子能在周六晚上或周日早上和你碰面。我很高兴他在这里。他在这些可怕的日子里一直是我的主心骨。今晚我很难过，主要是因为你，但我并没有丧失勇气，当这段黑暗的日子过去时，我们会一起度过一些快乐的时光。祝好。你忠诚的丈夫，萨姆。9

跨越亚得里亚海的飞行非常不安稳，因为这架小飞机一遇到气穴就不停地上下颠簸。英萨尔的神经和不断衰弱的心脏慌乱不安，再次回到地面时，他松了一口气。一到萨洛尼卡，他就吃了晚饭，搭上了开往雅典的晚班火车，住进了设备完善的布列塔尼豪华大酒店

---

① 林白（Charles Lindbergh，1902—1974），又译"林德伯格"，美国飞行员，于 1927 年 5 月 20 日至 21 日，完成了首次单人不着陆的跨大西洋飞行。1932 年，其不到两岁的长子被绑架撕票。

（Grande Bretagne Hotel）。

英萨尔在相对舒适的环境里住宿和用餐时，芝加哥却在大萧条的痛苦中越陷越深，政客们越来越多地指出英萨尔出走欧洲就是他欺骗投资者的罪证。城市歌剧院在 1930 年经营状况较好，吸引的观众比礼堂剧院时期还要多。然而，即使是坐着芝加哥最有钱顾客的闪闪发光的大厅，也因为大萧条而变得暗淡下来。艺术家们同意在 1932 年的会演季减薪 20%，不过票价仍然保持在每人 1 美元到 6 美元不等。由于歌剧院观众大幅减少，歌剧委员会在五年多时间里募捐 50 万美元，但只得到了 23.4 万美元的认捐。在 1932 年 1 月 30 日演出《玛莎》（Martha）后，幕布落下，歌剧公司被迫解散。

那年的 10 月 10 日之前，英萨尔一直听从律师的建议，留在雅典，尽管伊利诺伊州的检察官知道他在那里，而且报纸也已经找到了他住的酒店。赫斯特的《先驱考察者报》披露了这一意外发现："在雅典酒店找到英萨尔——从引渡网逃脱的逃亡者；躲避美国抓捕；面临驱逐出境；前巨头似乎现金充足；芝加哥官员可能会出国抓捕。"

然而，这位企业罪恶的象征、逃亡者、倒下的公用事业大帝不仅仅是流亡在外，用《华盛顿邮报》的话来说，他将成为"国家的灾星"，因为罗斯福正竭力将英萨尔带回芝加哥进行审判。

直面困难

英萨尔因欺诈受审

> 艾因霍恩属于最先垮台的人，一部分是由于他自己管理不
> 善。他成千上万的钱在英萨尔"掺水"① 而又连续投机的公用事
> 业股票中损失殆尽……
>
> ——索尔·贝娄（Saul Bellow），《奥吉·马奇历险记》[1]

希腊灿烂的阳光使英萨尔平静下来，他漫不经心地在雅典卫城附近溜达，在希腊式咖啡馆里休息。他的律师告诉他，希腊政府与美国没有引渡条约，也无意起草一份。美国正向希腊人施压，要求将他作为"不受欢迎的外国人"驱逐出境，不过美国尚未提起诉讼。在芝加哥，他的助手约翰·奥基夫被发现向他发送加密电报，但他拒绝为检察官解码，检察官随即传唤了他。英萨尔在希腊首都一个人都不认识，他担心巴黎的格拉迪丝，曾设法通过摩根银行给她电汇了2.5万美元。小英萨尔已经回到巴黎与格拉迪丝待在一起。当时的报纸报道，英萨尔带着1000万美元来到了这个国家，但事实并非如此。他

---

① "掺水"指发行虚股，即增发股票而不相应增加资产，从而稀释了股票的价值。

有的只是衣服、西服套、公文包和旅行箱。第一个告诉英萨尔他在芝加哥被控欺诈和挪用公款的完整消息的人是一位希腊新闻记者兼律师，名叫克里斯托弗·普罗托帕帕斯（Christopher Protopappas）。为国际新闻社（International News Service）工作的普罗托帕帕斯向英萨尔解释了他目前的法律状况，并对这位大亨进行了专访。这位记者首先在雅典警察局找到了英萨尔——不知所措的希腊警察正在那里"审问"他。他们不能把他驱逐出境，因为他所有的文件都符合手续。警察局长表现出著名的希腊式好客，格外友善，把自己的一间办公室给英萨尔作卧室，并允许他在 36 小时的拘留期间在附近一家酒店用餐。

英萨尔平静地回答了普罗托帕帕斯的问题："我没有任何不当行为。我已经失去了我曾拥有的一切。"其实在那个时候，情况还并非如此——从理论上来说，他仍拥有自己的财产、养老金和其他住所——但这样说会方便世界各地的报纸编辑其新闻导语。英萨尔公开描述了自己为躲避警察而离开巴黎以及在意大利的短暂停留，墨索里尼后来表示，他不希望英萨尔待在意大利，因为英萨尔代表了资本主义剥削最糟糕的例子，而他的法西斯主义"改革"将结束这种剥削。英萨尔虽然听说自己被起诉了，但还没有收到传票，并且急于为自己辩护。他表现出一种异常的紧张，烦躁不安地反复折叠报纸，还在记者面前咬指甲：

在我控制的所有公司中，只有中西部公用事业公司和公司证券公司破产了。他们的债务约为 2.5 亿美元，而实际损失则在 1 亿美元左右。我把这些破产归因于全球危机。我、我的妻子和儿子已经失去了我们所有的财产。除了我每年 1.9 万美元的养老金外，我们什么都没有了。[2]

　　这次逮捕后，希腊警方向英萨尔道歉，称他们的行为已经超出了自己的职权范围。希腊警方随后与美国大使馆发生争执。美国大使馆正在发起一场运动，要求将英萨尔拘禁起来，直到国务院能够就他的引渡问题与希腊进行谈判。一个月后，大使馆成功施行了第二次逮捕。英萨尔出现在希腊最高法院，法官们同意拘留他。经过几名医生检查，他被认定身体过于虚弱（心脏问题），不适合监禁，法院将他送回医院，他在那里再次受到尊重。英萨尔的希腊律师赫里斯托斯·拉达（Christos Lada）和泽尼斯·拉扎雷莫斯（Denis Lazaremos）告诉他，美国很难引渡他。希腊的诉讼程序是英萨尔即将接受美国审判的预演。美国提交了证据，而英萨尔的律师将为其辩护，法官将裁定——不是英萨尔是否在美国犯下了罪行，而是这些罪行是否在希腊法律下也能够成立。两个月后，希腊最高法院作出了有利于英萨尔的判决。法院没有发现足够的证据证明英萨尔存在欺诈行为，他可以自由地留在雅典。英萨尔于 12 月 27 日被释放，并返回小皇宫酒店（Petit Palais）。年底，胡佛在离任前签署了对英萨尔的逮捕令。这对这位总统来说一定是痛苦的经历——他支持控股公司肆无忌惮的发展，并且在个人层面信任像英萨尔这样的商人。

　　雅典上流社会对英萨尔相当着迷，欢迎他加入他们的行列。海伦妮·科伊姆佐格卢夫人（Madame Helene Coyimzoglu）实际上收留了英萨尔，并与 1933 年 3 月来到这里的格拉迪丝成了亲密的朋友。英萨尔一家在雅典上流社会行动自由，参加社交晚宴，并讨论改善该国落后电力系统的可能性。来自领事馆和库克县州检察官办公室的官员也来到了雅典，不过他们没有合法手段让英萨尔离开希腊。

在一次上诉中，美国政府再次提出英萨尔犯下了欺诈罪，理应被驱逐出境。希腊法院再次认定不存在引渡的合法理由，并宣告对英萨尔的逮捕令无效。法律学者们接受了这样的理由，即英萨尔是在试图用股票交易和贷款来挽救自己的公司，是恶劣的经济状况使他的控股公司破了产。尽管上诉法院歪曲了他在芝加哥的名声，但他们并没有发现他存在故意欺骗股东的行为：

> 不容忽视的是，在公司证券公司破产之后的很长一段时间里，都没有提交破产申请（控股公司的破产管理），而且直到1933年5月才开始对被告提起诉讼，在此期间，被告将自己在美国的全部不动产转让给了债权人，带着很多同胞的美好祝福离开了美国。所有这些事实都表明，就算是在美国，被告的行为起初也并不被认为是欺诈或没有受到全球金融危机的影响。[3]

罗斯福正试图通过各种外交途径把英萨尔从雅典手中夺回来。一种方法是设法强迫英萨尔离开希腊，在土耳其逮捕他。土耳其与美国关系更好，会批准这次引渡。除了绑架英萨尔之外，想要达到这个目的并不容易，因为英萨尔无意独自离开希腊。尽管英萨尔在罗斯福那里完全没有影响力——他还从来没有见过这位20世纪的总统——但他在5月还是大胆向罗斯福直接递交了一封信，宣称自己是无辜的，并请求在起诉书中不要指控他的同事。"如果有人犯下了被指控的罪行，那是我，而不是其他人。"英萨尔在信的开头说道。

在这封非比寻常的信中，英萨尔承认了"判断上的错误"，不出所料地宣称自己"没有犯任何罪"。然后他向罗斯福解释自己为什么前往欧洲："我拒绝回到芝加哥被伊利诺伊州库克县检察官办公室步步紧逼，他们的指控是当地政治运动的一部分……但是，我愿意回来，证明我对于联邦政府的指控是清白的，对于与英萨尔公用事业投资公司有关的类似指控是清白的。"

罗斯福在读这封信时，一定被英萨尔的勇气给逗笑了。英萨尔不仅请求在联邦法院进行审判，还请求对自己的同事单独审判，而且希望司法部提供人身保护。英萨尔知道，面对芝加哥的检察官和陪审团，坐在县监狱里，审判毫无疑问将是不公正的。不过，如果不能将英萨尔从希腊（那里的法院总是站在英萨尔一边）驱逐出去，美国政府也就无能为力了。

奥基夫就不如他的老板走运。在强烈的质疑声中，这位年轻的助手透露了英萨尔向纽约银行贷款的细节以及欧文·扬的干预。奥基夫目前正在联邦法院回答有关控股公司破产的问题。在解释英萨尔如何以控股公司股票作为抵押获得贷款时，他详述了英萨尔帝国最后的那段日子。与此同时，美国政府成功将马丁从加拿大逮捕并引渡。当记者问及他在加拿大监狱的情况时，有着贵族派头的马丁回答说："说起来太可怕了。"

被问及英萨尔一家时，穿着貂皮大衣、戴着两串珍珠在纽约游历的玛丽·加登，对自己的这位前支持者毫不留情，她对芝加哥歌剧院的解散感到愤怒。"他摧毁了一个健康又完善的组织，"她告诉记者，"我讨厌破坏者。这个人摧毁了世界上最了不起的机构。他是一个金融家，不是一个歌剧导演。你让我坐在英萨尔公用事业公司的董事会会议上，看看我能做些什么。这就是英萨尔在歌剧领域的荒谬之处。他对歌剧一无所知。"

对英萨尔的敌意正在芝加哥不断蔓延，因为报纸称他在雅典过着相对舒适的生活。现在，英萨尔每天的一举一动都被人追踪：他去警察局、医院、假日期间奔赴火鸡大餐。一群新闻记者等着他离开酒店去散步。在雅典逗留期间，希腊法院认定没有引渡他的合法理由时，英萨尔主动提供了一则新闻，他希望这则新闻能激发人们对他的同情。他已经获悉了一个绑架他的"阴谋"。年轻的英国律师道格拉斯·佩奇（Douglas Page）站在英萨尔一边，因此英萨尔发了一份电报，告诉佩奇这个计划。根据这名在逃高管的说法，"芝加哥当局已经在雅典雇用了 4 名希腊裔美国侦探来绑架我，并把我带到一个更有利于实现他们目的的国家"。库克县助理州检察官威廉·里腾豪斯（William Rittenhouse）嘲笑这一阴谋是"荒谬的"。

英萨尔耐心等待，并对希腊的能源状况进行了全面研究。他建议东道主在该国北部开采褐煤资源以生产电力。研究了从小亚细亚大量涌入的希腊人后，他确信这个巴尔干国家能够成功实现工业化。自从第一次世界大战结束和奥斯曼帝国灭亡以来，大约有 75 万名希腊人回到了这个国家。芝加哥报纸报道了他对希腊经济的总体规划，其中包括争取当选电力部长。英萨尔没有获得这一职位，因为他的主要赞助人未能赢得希腊议会的连任。

芝加哥的作家们兴高采烈地嘲笑英萨尔在雅典这个民主发源地的短暂休息。埃德加·李·马斯特斯——他的律师合伙人克拉伦斯·达罗加入了伊克斯的公用事业联盟，与英萨尔剩下的几家公司展开了竞争——这位同时代的人对英萨尔的看法带有诗意的讽刺：

> 没有阿里斯托芬 ① 来讽刺他（英萨尔），也没有狄摩西尼 ② 来谴责他。他是芝加哥作为超级大都市的圆满成就，而整个世界却陷入变革的剧痛。无论世界会重返野蛮，还是文明普遍衰落，都令人深思。如果美国文明像玛雅文明一样灭亡，那么承载着英萨尔电线的输电铁塔可能会留存下来讲述附生植物的故事，这些附生植物从这片波塔瓦托米人曾经拥有的土地上的发电站汲取营养。[4]

然而，对于这座接纳了英萨尔的城市来说，把焦点集中在反思这位前商业大亨上，还不如做些更好的事。芝加哥正在举办又一届世界博览会——进步的世纪（The Century of Progress）。在美国经济最黑暗的时期，博览会的非官方主题却是华丽的灯光。在哥伦比亚博览会成功的基础上，1933 年的博览会是一场令人眼花缭乱的电力展示。每一栋装饰艺术派建筑或现代建筑看起来都像是电影《飞侠哥

---

① 阿里斯托芬（Aristophanes，前 446—前 386），古希腊喜剧作家，主要作品有《骑士》《和平》等。
② 狄摩西尼（Demosthenes，前 384—前 322），古雅典雄辩家、民主派政治家。

顿》(*Flash Gordon*)中的场景，随时准备冲入云霄。不过，这一次通用电气不会错过充分展示其产品的机会。数以百万计的灯泡照亮了博览会，这是一场为各种形式的光和电举办的狂欢庆典。博览会坚决致力于促进商业活动，因此，有近20家企业拥有自己的展馆，而1893年的博览会只有9家。通用汽车建造了一栋耸入云霄的摩天大楼，在博览会期间通过其时髦的公共汽车运送了大约2000万名与会者，在资金雄厚的政治运动的协助下，这种公交汽车正在迅速取代各大城市的有轨电车系统。

212

　　每栋建筑都有自己的广告灯牌、照明设计和展厅。带有鳍状物的装饰性塔式界标似乎充满了灯光。查尔斯·福尔（Charles Fall）设计的电壁画向上流入天空，吸引了等待进入"通用电气魔法之家"的长长的队伍。博览会上，到处都是乳白色的、杂技般的、戏剧化的、实用的灯光。通用电气对其电器、电力系统和照明设备所有可能的用途进行了宣传。它还派发小册子告诉参加展会的人，现代路灯照明为城市节省了3200万美元。"工作用电"展览展示了采用最高效照明方案的美容院、餐厅、面包房、服装店和杂货铺会是什么样。通用汽车有一个流水线的工作模型。大道乐园有一台近20层楼高的空中游览车，还有一个"怪人馆"（Odditorium），里面有怪诞的表演和声名狼藉的扇舞① 舞女萨莉·兰德（Sally Rand）。博览会出席人数十分惊人——有4000多万人入场——以至于罗斯福要求第二年再举办一次，因为他认为这可能会促进消费性支出。亨利·福特拒绝参加博览会的首次

---

① 扇舞，一种色情舞蹈表演，舞者通常全裸或半裸，只以两把鸵鸟羽毛制成的大扇子遮羞。

开幕，可能是因为通用汽车当时也在那里，福特还为 1934 年的博览会建造了一个展览馆。弗兰克·劳埃德·赖特没有参与设计博览会的任何一栋建筑，他称博览会的建筑都是"假象"。

如果 1933 年英萨尔还在芝加哥商界的话，他就会花大量的钱，比出现在这次博览会上的公司宣传得更卖力。通用电气和其他电气参展商正在利用英萨尔二十年前开发的技术，所以即使在大萧条时期，电力仍是势不可挡的商品，逐渐支配着现代住宅。伊利诺伊州罗克福德市的罗伯特·布兰太太是英萨尔产品的活广告。"在今天的家里，我们的日程是由电子钟来安排的。"她在自己小镇举办的"电力 50 周年庆典"上说道，"我们用电动吸尘器清理地毯；我们用电刷擦亮地板；我们用电灯把夜晚变成白天；我用闹钟为我的小鸡把一天提前了好几个小时，闹钟会在我每天早上醒来前的两个小时把灯打开，让鸡开始抓挠。"

希腊因驱逐英萨尔一事而承担的政治压力就和远洋船队一样沉重。在罗斯福政府威胁要减少与这个巴尔干国家的贸易往来后，希腊政府终于妥协了，要求英萨尔在 1934 年 1 月 1 日之前离开。英萨尔是冲突的中心，而这一冲突即将发展成为国际事件。华盛顿不想继续恶化美国与希腊的关系。英萨尔成了一个特殊的外交和运筹问题，因为他无法经过某些对美国怀有敌意的国家。是否可以通过东方快车将他送往欧洲？这行不通，因为他将不得不再次穿过希腊领土。将英萨尔交到土耳其人手里是绝对必要的，那里的政府可以把他移交给美国当局。实际上，英萨尔如今已经任由国务院摆布，国务院设法取消了他的护照，并通知欧洲国家不要给他颁发签证。后来，大胆的希腊人向英萨尔发放了 4 月 5 日到期的临时签证。由于日益恶化的心脏病和糖尿病，英萨尔被医生要求卧床。

芝加哥报纸对英萨尔离开希腊后可能落脚的地点进行了一番猜测。一家报纸称他将飞往阿富汗，另一家则称他将飞往罗马尼亚。由于遭到了每一个申请签证的政府的拒绝，英萨尔决定在半夜乔装打扮一番溜出这个国家。他的希腊朋友给了他足够的钱租用一艘有着 40 年历史的不定期航行货船，所以他向格拉迪丝和科伊姆佐格卢夫人告了别。他的目的地是未知的，他只能依靠船长为他找到一个友好的港口，而船长几乎不会说英语。于是出现了好几种可能性，而且他有权命令船长把他带到船只可以航行的任何地方。他会去一个像吉布提（Jibuti，如今拼写为"Djibouti"，当时为法属索马里）[①] 这样不知名的地方吗？还是会通过达达尼尔海峡（Dardanelles）进入黑海并在土耳其北部定居？塞得港（Port Said）也有可能。他的命运现在掌握在希腊朋友手中，这些朋友努力为他的船在离开比雷埃夫斯（Piraeus）[②] 之后找到一个靠岸的地方。英萨尔把自己的头发和小胡子染黑，并摘掉了眼镜（有报道称他打扮成了女人的样子），1934 年 3 月 13 日，他登上了"迈奥蒂斯"号，没有引起警察的注意。

驶到克里特岛（Crete）[③] 后，船调头返回比雷埃夫斯，不过英萨尔要发现船在返航，唯一途径就是观察太阳的位置。船长用蹩脚的英

---

① 吉布提位于非洲东北部亚丁湾西岸。
② 比雷埃夫斯位于希腊东南部，是希腊最大港口。
③ 克里特岛位于地中海东部，是希腊最大的岛屿。

语解释说，如果不返回港口，希腊海军陆战队就会逮捕他和他的大副。在英萨尔短暂的航行中，希腊警方围捕了一些嫌疑人，包括格拉迪丝和科伊姆佐格卢夫人。她们被安置在不同的房间里交代英萨尔的下落。格拉迪丝曾试图获得前往英国的签证，但遭到了拒绝。比雷埃夫斯的港务警察在"迈奥蒂斯"号上搜查，敷衍地问英萨尔要去哪里。他回答说："那是我的事。"随后，警察不知怎么就把他给放了。船长被告知要与海事部保持联系，并尽快离开希腊水域。

3月29日，"迈奥蒂斯"号离开港口，驶进了伊斯坦布尔海峡（Bosporus）①，停泊在伊斯坦布尔城外，等待淡水和补给。土耳其港务警察扣留了这艘船，并派警卫上船盘问英萨尔。船长上岸去联系希腊领事馆和他的律师。几天后，警卫逮捕了英萨尔，把他带上了伊斯坦布尔的法庭，英萨尔出现在三名法官面前，不过没有译员。在一次模拟审判中，他被出示了一份由美国大使签署的法语文件。没有人愿意翻译给他，他只认得"公司证券公司"几个字。这很有可能是一张逮捕令。然而，出人意料的是，法庭释放了他，因为他没有任何军事犯罪行为，也不是土耳其公民。在一家破旧的旅馆住了一夜后，英萨尔被警察护送出席监狱的另一场听证会。尽管英萨尔要求律师在场，但土耳其警方还是在没有代理人的情况下继续审问他。在潮湿的监狱里待了三天后，英萨尔请求律师A.A.曼戈（A.A. Mango）把他移交给美国大使。曼戈提出了反对意见，认为自己有机会通过土耳其高等法院的上诉释放英萨尔。英萨尔认为土耳其的拘留只不过是美国政府

---

① 伊斯坦布尔海峡又称"博斯普鲁斯海峡"，是沟通黑海和马尔马拉海的一条狭窄水道。

策划的绑架，考虑到当时的形势，这是最有可能发生的情况。

　　土耳其法庭宣判英萨尔败诉，并将他移交给警方，警方将他押上了一艘开往班德尔马（Panderma）的土耳其汽船。从那里，他被带到士麦那（Smyrna）①，然后被护送到美国出口公司（American Export Company）的"伊克斯洛尼厄"号上。在罗斯福和美国国务卿科德尔·赫尔（Cordell Hull）亲自签署的引渡请求下，美国驻伊斯坦布尔大使馆的三等秘书伯顿·贝里（Burton Berry）承担了羁押英萨尔的任务。尽管英萨尔并不怎么欢迎贝里，但他至少已经从土耳其的司法体系中解脱出来。除了没收英萨尔的剃刀以及派警卫看守他以外，贝里对英萨尔很友好。英萨尔准备自己的回忆录时，两人开始彼此了解，互生好感。回家的旅途很愉快，英萨尔和几位新闻记者聊着芝加哥和国外发生的事情，抽着雪茄，在甲板上休息。英萨尔其实过得很开心："在不断横渡大西洋的五十三年里，这是我经历过的最长的航行，无论是在里程上还是在时间上，但它确实是最令人愉快的，我会很乐意再次航行，但要在不同的情境下。"

　　芝加哥的报纸疯狂地报道每天发生的事情，为指控英萨尔打下基础。小英萨尔被传唤到联邦调查局探员梅尔文·珀维斯（Melvin Purvis）面前接受审问。尽管联邦爱迪生公司在1932年支付了股息并获得了1000万美元的利润，但小英萨尔还是被迫辞去了公司副董事长一职。即将接替他的是乔治·兰尼，兰尼曾是人民煤气公司和国际收割机公司（International Harvester）的主管。斯坦利·菲尔德将

① 士麦那又称"伊兹米尔"，位于土耳其西部，是土耳其第三大城市。

在英萨尔审判中成为另一名被告，他也辞去了联邦爱迪生公司董事以及大陆银行董事长的职务。

215 欧文·扬为自己辩护说，他与纽约银行家的斡旋"推迟了英萨尔的垮台"。公用事业联盟向赫斯特报业集团的朋友们发布了一份报告，仔细分析了控股公司之间的证券交易，他们指控："到 1931 年底，（控股）公司转移了 1.7 亿美元……用于未经股东或公众审查的投机活动。"美国参议院银行委员会正准备调查英萨尔的丑闻。委员会后来报告说，英萨尔控股公司的收入与其所得税申报表之间存在4400 万美元的差额。破产的芝加哥银行家查尔斯·道威斯表示，他借给了英萨尔 1200 万美元，并将其抵押品移交给了复兴金融公司（Reconstruction Finance Corporation）——这是胡佛政府为拯救陷入困境的银行而成立的机构。会计师阿瑟·安达信作为破产管理人对英萨尔公司进行了审计，他告诉联邦法院，英萨尔在他提交审计报告书时，几乎已经崩溃。这位审计人员甚至留下了几句好话来形容英萨尔："他拥有我所知道的最过人的才智，并保留了无限的勇气、商业判断力和诚信。"

英萨尔的辩护团队计划把他塑造成大萧条的受害者。当时的构想是，一旦英萨尔踏上美国领土，就把一份定位声明带给他。在被记者包围并弄到他戴着手铐被强制带走的照片之前，英萨尔会宣告辩护词的头几句话。政府小心翼翼地避开了纽约市的一个码头，记者们在那里可以自由地报道。政府的目标是让他尽可能快且悄无声息地抵达芝加哥，让芝加哥媒体能够尽情地报道他。美国国务院也无意让他接近他的律师，因为律师可能会在纽约申请人身保护令，或者采取其他法律行动来阻挠此案的审理。只有国务院的 H.R. 班纳曼（H.R.Bannerman）和海岸警卫队知道英萨尔被移交给当局的具体细节。5月7日，一帮记者和小英萨尔被带到了小型武装快艇"赫德森"号上。小英萨尔没有被搜查。那个时候，船长约翰·扬（John Young）收到了密令。当"赫德森"号驶近"伊克斯洛尼厄"号时，一名水手大喊："告诉英萨尔，他儿子在这里。"

英萨尔听见了水手的话，高声喊道："我的儿子在哪里，我的查皮在哪里？"小英萨尔迅速爬上一架梯子，登上汽船，匆匆走上一段楼梯，他父亲正站在那里，眼泪汪汪。"哎呀，你好，亲爱的小子。"那个时候，小英萨尔拥抱了他，递给他一张纸，那是他的声明。

上午6点47分，在新泽西州桑迪胡克（Sandy Hook）外的"安布罗斯"号灯塔船（Ambrose Lightship）附近，"伊克斯洛尼厄"号上的英萨尔被转移到了快艇上。面对成群的记者，英萨尔拿出了一页纸的声明，开始宣读：

216

> 我回到美国，进行我生命中最重要的战斗——不仅是为了自由，也是为了彻底证明自己的清白。有人告诉我，我不再被需要了。为挽回成千上万的男女的投资而进行不眠不休的斗争使我厌倦，为捍卫朋友和同事的投资和自己所拥有的一切而进行的努力使我气馁，我被迫离开了美国。我想休息……我被专横地命令辞去公司负责人的职位，这些公司是我建立的，也是我尽力保护的。离开三个月之后，我才受到指控。当时我要是回来，会进

一步将公司的重组问题复杂化……我听说自己最大的错误是低估了金融恐慌对美国证券的影响，尤其是对我一手建立的公司的影响。我竭尽全力去拯救那些公司。我犯了错误，但那都是无心之过，是判断上的错误，不是不诚实的操纵。整个事情的来龙去脉并没有和盘托出……事情的原委呈现在法庭上时，我的判断力可能被怀疑，但我的诚实肯定会得到证实。[5]

发表声明后，英萨尔从汉考克堡（Fort Hancock）被带上岸，抵达新泽西州，然后在普林斯顿枢纽站迅速登上了一列火车，被直接送往芝加哥。这份声明把英萨尔描绘成命中注定的企业救星、他人钱财的保护者，以及他未犯罪行的替罪羊。不过，在英萨尔团队的核心圈子以外，很少有人认为这份声明能支撑他的法律辩护。

英萨尔在芝加哥显然是头号公敌。联邦法院将保释金定为20万美元，是卡彭在同一法庭保释金的四倍。几年前，这个黑帮首领已经因逃税问题被法官詹姆斯·威尔克森审判并判刑，威尔克森也将主管英萨尔欺诈案的审判。法官拒绝减少保释金，但允许医生对他进行检查，从监狱医院释放后，医生将他安置在圣卢克医院。在圣卢克医院，他受到了相当多的关注，主要因为他曾经为该机构筹集了数十万美元。经过短暂的休息后，他获准住在东切斯纳特（East Chestnut）200号的塞尼卡酒店（Seneca Hotel）。

前往塞尼卡酒店之前，英萨尔一家在医院安排了一次拍照的机会，这位公用事业领袖在那里是无须付钱的病人。由于英萨尔与电台、报纸和新闻记者打过招呼，于是，记录了这位老人和他儿孙的

照片在世界各地流传开来。萨姆三世把母亲节玫瑰献给了他温柔的白　217
发苍苍的爷爷，而小英萨尔则在一旁观看。三个月前，这个 3 岁小
男孩的母亲因为突发疾病去世了。温馨的场面上冒出个问题："你想
把这位慈祥的祖父送进监狱吗?"这场精心策划的活动激发了人们的
同情。

英萨尔穿着一套无可挑剔的蓝色西装、条纹衬衫和灰色高筒靴，
把白玫瑰戴在翻领上，语气坚决地读了一份写在四张便笺卡上的声明
后，他开始接受媒体的提问：

> 从少年时代起，我就一直在奋斗。我的一生就是一场斗争。
> 53 年前，我第一次来到这个国家的时候，全部家当只有 200 美
> 元和担任托马斯·爱迪生先生秘书的承诺。今天我既没有那 200
> 美元，也没有工作……大萧条对我的打击太大了。我和我的船
> 一起沉没了。你会相信，虽然我的判断力很糟糕，但我并没有不
> 诚实。[6]

英萨尔对摄影师们脾气暴躁，他提醒说自己还是更希望在拍照的
时候被告知一声。他一直对自己的身高难为情，从来不喜欢随意拍摄
的照片。在小英萨尔发表了一段声明后，他们一家人离开了，并且相
信已经提供了最有利的照片和说辞来支持他们的防卫战。

英萨尔雇了芝加哥一个最受人尊敬的律师弗洛伊德·汤普森
（Floyd Thompson）。这位个头高大的杰出律师曾是新闻记者、州检察

官、伊利诺伊州最高法院首席法官以及民主党州长候选人。他是一个
进攻型辩护人，有一种罕见的能力，可以通过富有感情的论据来左右
陪审团。控方是联邦地区检察官德怀特·格林（Dwight Green），他
是一名安静的知识分子，把大部分起诉工作交给了莱斯利·索尔特
（Leslie Salter）。后者是一位来自俄克拉荷马州的言辞犀利的律师，总
是能够激怒被告。法官詹姆斯·威尔克森被认为是严厉而公正的。政
府的案件既不简单也不简洁。10 月 4 日，格林宣读开庭陈词的时候，
他告诉陪审团这将是"缓慢而乏味的"。他果然遵守了诺言，单是开
场发言就长达 28 页，里面详细描述了对英萨尔及其他 16 名被告的复
杂指控，这些被告包括小英萨尔、股票经纪人哈罗德·斯图尔特和
查尔斯·斯图尔特（Charles Stuart）、以及董事之一斯坦利·菲尔德。
这次审判将涉及数量空前的金融交易、股票销售、会计方法和管理决
策。控方已经为这个案子准备了两年，现在已经准备好揭露英萨尔公
司所做的每一笔不正当的股票交易。

218   "这个欺诈计划的涵盖范围十分广泛，"格林宣称，"成千上万的
人受到了欺骗，抛售给公众的是数百万美元不值钱的证券。"

控方案情陈述的重点集中在英萨尔控股公司如何成为估价过高或
一文不值的股票的"倾销地"。格林指控英萨尔和斯图尔特不断向公
众出售股票，即使他们知道这些股票的潜在价值低于他们宣称的价
值。在几乎没有政府监管的时代，这次审判将成为"股票应该如何估
价"的检讨典范。最突出的抱怨是，英萨尔的股票被"掺水"，也就
是说，它们的价格被蓄意抬高，没有得到真实资产的支持。这是当时
反对控股公司股票的核心论点。在罗斯福第二任期内出现强有力的证

券监管之前，公司在如何公布收益、评估资产和出售自己的证券方面有很大的自由。

格林声称，英萨尔控股公司能够以极高的价格出售股票，尽管这些公司从理论上来讲已经无力偿债。他还称，公司证券这个最大的控股公司在 1931 年 9 月 15 日已经负债 600 万美元。此外，英萨尔每股股票只须支付 15 美元，而公众却要支付 40 美元，这保证了他和合伙人能够从一家正在亏损的公司中获得可观的利润。

政府试图证明英萨尔骗走了公众 1.2 亿美元，并竭力表明大量的股票交易不仅使他的集团受益，还欺骗了核心团队以外的所有人。芝加哥经纪公司 J.D. 沙因曼公司（J.D. Scheinman & Co.）的负责人杰西·沙因曼（Jesse Scheinman）属于控方的首批证人。这名经纪人声称，英萨尔资助他做生意，纯粹就是为了"通过虚假账户操纵股市"。当英萨尔这位公用事业运营商认为股价过低时，沙因曼就会收到他的指示，开始购买英萨尔公用事业或公司证券的股票。虽然控方并没有在虚假账户的概念上花费太长时间——设立虚假账户的唯一目的就是通过一个不存在的买家来支持英萨尔股票的市场——但提到了一个当时更广为流传的未经证实的谣言。辩护律师弗雷德·里夫（Fred Reeve）对这则谣言作了解释："某些金融利益集团试图逮住英萨尔，这难道不是真的吗？"

"有一份关于拉萨尔街（芝加哥金融区）的报告，说摩根（纽约投资银行及其附属公司）打算杀了英萨尔。"沙因曼回答说。尽管报纸在标题中强调了"与摩根之战被暴露"，但无论是沙因曼还是其他在这次长达一个半月的审判中作证的人，都没有提供任何证据表明摩

219

根集团试图压低英萨尔股票的价格。在英萨尔控股公司的最后几年里，几乎每个投资者都在抛售英萨尔股票，但华尔街在摧毁英萨尔方面发挥关键作用的可能性或许没有那么大，英萨尔举债经营和伊顿的收购其实更具破坏性。

格林将在之后的审判中再次攻击英萨尔操纵价格的行为。在起诉资料最详尽的部分，他会用令人瞠目的会计细节连珠炮似的轰炸陪审团，并集结 7 名专家证人大肆攻击英萨尔公司的账簿。R.A. 尼特尔（R.A. Knittle）是一位"科学"（法务）会计师，在过去两年里一直在研究英萨尔公司的账簿，他呈上了一张图表，表明控股公司不过是英萨尔其他公司股票的容器。尼特尔向大家展示了每个公司持有证券的一个大烟囱式的图表，并用单调的语气解释了这些公司在这些证券中占有多大比例。格林利用专家证人来证明，英萨尔的公司不仅虚报股票的价值，而且还将这些价值作为事实计入了公司总账。

汤普森愤怒地反对盘问英萨尔公用事业投资公司的副财务主管 P. J. 法伦（P.J. Fallon），并一度与索尔特大声争吵起来。

"你是在耍花招让某些事情看起来有些奇怪，"索尔特尖锐地对汤普森说。"你会承认有些东西挺奇怪的，不是吗？"

"就算有，"汤普森咆哮着说，"那也是因为你提供了一些奇怪的证据。"

几天里，索尔特说明了英萨尔的公司如何兜售其股票，即使这些股票一直在持续下跌。1929 年 10 月 19 日，公司证券的股价为每股 40.30 美元。一年后为每股 18.50 美元。到 1932 年 4 月 16 日，每股只值 12.5 美分。索尔特向陪审团展示了一张图表，上面显示了价格的下跌情况。

索尔特猛然站起来，带着俄克拉荷马州人的拖腔大声说道："这些图表是如此简明，如此真实，如此伤人。我们根据他们自己的记录制作了这些图表。"

"说到伤害，"汤普森反驳说，"听我方审问他们的证人时，辩方律师目瞪口呆——我从未见过如此这般受伤之人。"

"你压根没有撼动这些图表呈现出来的事实。"索尔特说道。

"算了吧。"汤普森回击道。

审判中，汤普森对这一点几乎没有什么可以反驳的。索尔特已经确定，在股市崩盘后，英萨尔股票与其他所有工业股票一起受到重创，这些股票的内在价值或"清算价值"也随之下降。这是 1929 年至 1930 年代中期所有热门股票的共同特征。当陪审团已经被一连串的财务细节搞得目光呆滞时，控方却还没有证明英萨尔存在欺诈意图。格林和索尔特还缺少一个关键因素：受害人情感上的伤痛。格林希望，下一波证人会让陪审团更加清楚地认识到英萨尔破产给 60 多万名股东带来的痛苦。

格林安排了 23 名证人，他们是心碎和焦虑的化身。这些证人有一个共同点：他们都是相信英萨尔的普通人，在错误的时间购买并持有了他的股票。玛丽和艾伯特·琼斯（Mary and Albert Jones）是伊利诺伊州里多特（Ridott）的农民，他们抵押了自己的农场，购买了16000 美元的英萨尔股票。现年 70 岁的琼斯夫人身穿黑色衣服，她说自己"之所以接受这只股票是因为我们相信英萨尔公司员工的判断。我们对他们有显而易见的信心——这就是我们落到今天这步田地的原因"。

露露·布隆伯格夫人（Mrs. Lulu Blumberg）从旧金山赶来作证，她购买了公司证券的股票，因为这只股票通过邮件被推荐给她，号称"第一投资"。

现年 75 岁的乔治·邦德（George Bond）是伊利诺伊州日内瓦的一名汽车装卸工，1930 年至 1931 年期间他购买了公司证券的股票，"为的是投资，而不是投机。我目前仍持有这些股票"。

在对伊利诺伊州威尔米特的老师奥尔加·洛夫格伦（Olga Lovgren）等证人进行交叉询问时，汤普森仅仅是鞠躬和致谢，他没有办法反驳他们的亲身经历。

索尔特强调说，几乎所有的受害人都是通过邮件或公司销售人员才购买这些股票的。在许多情况下，买家被劝阻不要购买其他的英萨尔股票，而被诱导购买公司证券的股票——1930 年代早期"市场上性价比最高的股票"。

股票买家的不幸使英萨尔的前景变得相当暗淡。这些股票被大肆兜售，很少有人会拒绝购买它们。芝加哥的梅·斯特策尔（May Stoetzel）的丈夫在大萧条中丢掉了她的公司，为了"平均"损失，她在股价从 27 美元下跌到 15 美元的过程中继续买进股票。同样来自芝加哥的梅布尔·麦克唐奈（Mabel McDonnell）购买了 25 股公司证券的股票，因为她需要在半年内为某一房产支付 500 美元的首付，一位销售人员告诉她，她可以通过持有英萨尔股票来获得这笔钱。在没有出席的 599977 名股东中，有斯达茨·特克尔的母亲，她在芝加哥拥有一间出租公寓，在英萨尔股票上损失了 2000 美元。英萨尔的大多数投资者都认为他们的购买是十拿九稳的，因为这些公司会支付股息，与英萨尔的品牌相关联，而且还代表着他们每天都能看到的东西——电力、煤气和交通。这些证券通过称职的销售队伍进行推销，几乎包括英萨尔的所有员工，以及邮寄、平面广告和广播广告等方式。邻居卖给邻居。安装工程师卖给他们的客户。那些已经持有并相信英萨尔股票的人同样也是出色的销售人员。

家庭主妇们站在证人席上时，英萨尔没有作出任何反应，但当索尔特提到梦魇似的伊顿买断条款时，他闭上了眼睛，把手放在了头上。从英萨尔金库拿走的4800万美元被用来购买伊顿持有的16万股股票，这构成了控方抨击英萨尔公司股息的基础。政府的明星会计证人哈罗德·赫林（Harold Huling）作证说，英萨尔曾"过高估计"或抬高了其公司资产价值2300万美元，这根本无法证明支付股息是合理的。格林拿出了一张新图表，上面显示记入中西部公司的10美元收入如何通过英萨尔公用事业公司和公司证券公司节节增加，这笔收入一旦到达这两个公司的金库，就会变成518美元的股息。尽管这种数学运算最终让陪审团一头雾水，但其中的逻辑很简单：虚假的利润创造了虚假的股息，以吸引更多的买家购买股票。

汤普森对赫林提出了质疑，声称控股公司使用的三种簿记系统可与赫林及其他会计专家使用的系统相匹敌。然而，围绕会计方法的争论被证明是一件分散注意力的事，陪审团不太可能将所有控股公司都在亏损这一事实与大规模欺诈的动机联系起来。实际上，随着控方结束了对这轮证人的证词采集，事实也越来越清楚，那就是英萨尔确实在尽全力挽救两家公司免于破产。纽约银行最后一刻借出的600万美元贷款被披露出来，对伊顿买断交易的更多细节也进行了审问。如果英萨尔打算欺骗他的投资者，那他为什么还会在控股公司股价下跌的时候大量借贷呢？这就是汤普森的论点。那个能回答这个问题并且勇于面对公司破产的人，被带向证人席为自己辩护。

把被告放在证人席上通常会让辩护律师战战兢兢。被告可能会情绪崩溃，忘记细节，变得好辩，消磨掉陪审团的同情心。不过，唯一能够恰当地为塞缪尔·英萨尔辩护的人正是他本人。75岁的英萨尔弯腰驼背，声音沙哑，走路得拄着拐杖。11月1日，法庭挤得水泄不通，他站在证人席上，看上去"身体近乎垮掉"。他身穿一套熨得很好的蓝色哔叽西装和白色亚麻衬衫，开始发表当时最不正统的证词，格拉迪丝皱着眉在法庭后排聚精会神地听着。英萨尔对着检察官的桌子怒目而视，说道："很抱歉，他们（其他被告）与本案没有什么关系，就像你们一样。"之后，他开始讲述只有他自己才能讲述的故事。

证人席上，英萨尔看上去就像一只被打败的、蜷缩的斗牛犬，在证词开头的战略陈述中，他用自己已经几乎不存在的伦敦口音漫谈起来。英萨尔更像个吟游诗人，完全不像个人民公敌，他将法庭上的人们带回他早年还是伦敦穷小子的那段时光。绝佳的记忆力使他回想起自己卑微的出身，那时他生活在城市的贫困地区，14岁就参加了工作。他愉快地详述了他那一代伟大的美国传奇。他在伦敦每周只挣几个先令，还会在晚上学习优秀文学和速记。他不断跳槽，一步一步走向托马斯·爱迪生代理人的办公室。他骄傲地透过夹鼻眼镜直视着陪审团，直接对他们说："我恰好有这个荣幸去操作第一台美国境外的电话总机长达一个半小时。"

然后，他被派往美国与伟大的爱迪生会面，处理这位发明家生活中的每一个细节，从回复他的信件到熨烫他的衣服。当提到爱迪生的第一任妻子——那位曾像母亲和朋友一样关心他的女人，他的眼圈就红了，海象胡子也垂了下来。他又瞥了一眼陪审团，用一些爱迪生轶事（后来成为一家芝加哥报纸上的一系列插图）迷住了他们："有一次爱迪生推荐我加入一个工程学会，但是申请表格上有一栏写着'申请人在何地接受教育'，爱迪生先生在那一栏填了'在经验大学'。请原谅我这么说，我来美国是因为爱迪生迷住了我，只要他活着，我就会一直对他着迷。"

现在，陪审团则对英萨尔着了迷。无论控方宣称英萨尔做了什么，都很难将他们亲眼所见的最真实的美国发迹史的光环抹去。英萨尔擦去眼里的泪水，继续讲述他是如何帮助爱迪生筹集资金、创办通用电气并满腔热情地接受他导师的劝告："让它运转起来，萨米。"

看到英萨尔对陪审团产生了强有力的影响，索尔特突然从座位上站起来表示反对。"这一切都很有趣，但我们应该了解这与公司证券的欺诈销售有什么关系。"

汤普森笑了笑，让英萨尔继续慢慢讲述他自己在芝加哥爱迪生公司最初的那些日子。英萨尔花了好几分钟描述他如何来到芝加哥领导一家微不足道的、资本不足的公司，年薪只有羞辱性的12000美元。索尔特再次站起来表示反对："这一切与本案有什么关系吗？"汤普森立马阐述了理由："也许控方律师并不清楚它的目的，但我所知道

223 的对一个人晚年行为最有说服力的检验标准，就是他在构建自己的生活和经历的那段时期表现出来的性格，如果不让陪审团对他的早年行为有一定的了解，英萨尔先生甚至都无法描述他的晚年行为。"

英萨尔解释了他如何为芝加哥爱迪生公司融资——他从马歇尔·菲尔德那里获得了 25 万美元的贷款，以及他如何通过出售股票来避免一场早期金融灾难。他开始自命不凡，猛地抬起头来并解释说，无论当时还是现在，他都对证券估价有着坚定的想法。记者区附近的一名听众俏皮地说："这位老人正推销自己。我敢打赌他现在就能卖出公司证券的股票。"

证词采集到现在，英萨尔不再是一个破了产的过气人物，他带观众回到了 1928 年，那时他还是个公用事业大帝。证词不断深入，他的声音变得越来越清晰，越来越坚定，他用右手食指强调要点，并威严地向陪审团发表讲话。他的发音干净利落，解释自己的公司如何将财富扩大到整个密西西比河谷及其他地区时，他的叙述变得越来越详细。他恢复自己的傲慢态度，讲述了自己对小型公用事业公司的多次收购："他们说我是在合并成堆的垃圾。"他缓和了语气，悲伤地看着陪审团，告诉他们自己如何在拯救公司的过程中失去了一切，以及他本可以在 1926 年应英国首相斯坦利·鲍德温（Stanley Baldwin）① 的请求，在芝加哥套现并成为英国电力委员会负责人。令人意外的是，他主动承认了自己的一个过失，那就是在 1929 年的金融危机之前没有向东部的银行示好："如果我对纽约或费城有一点兴趣，那么我想

---

① 斯坦利·鲍德温（1867—1947），英国保守党领袖，曾三次出任首相。

在 1932 年的春天，也就是我急需资金的时候，这里的情况可能会大
不相同。"

　　尽管索尔特频频暴怒——在英萨尔讲述自己的人生故事时，他坐
在椅子上不停地扭动身体——但汤普森还是敦促英萨尔作出解释，为
什么他在面临大萧条时还继续为他的公司贷款。英萨尔详述了自己和
其他商界精英在 1929 年 11 月 28 日如何与胡佛会面，并被告知"国
家的基础行业是建立在健全和繁荣的基础之上的"。英萨尔是众多相
信胡佛声明的工业巨头之一，但如今却满心悔恨，他说："我错了，
所有人都错了，但那是我当时的看法。"英萨尔在 1929 年末也受到了
约翰·D. 洛克菲勒及其儿子的影响，当时这对父子宣布自己正在购
买股票并对经济基础充满了信心。

　　索尔特并不关心胡佛和洛克菲勒，他怒气冲冲地说汤普森"应该
着手解决虚假陈述的问题"。

　　汤普森立刻把英萨尔引向伊顿事件，以及英萨尔是如何在横渡大
西洋的渡口遇到他的，他知道伊顿在购买他的股票，但没有就这件事
对这位克利夫兰金融家说一句话。接着，汤普森巧妙地引导英萨尔解
释控股公司的融资、大量的贷款和可疑的账目。辩护律师正在重新确
立英萨尔通过向控股公司出售证券来拯救公司的合理理由。在巩固了
"英萨尔拼命维持公司偿付能力"的这一论点后，汤普森答应了焦虑
不安但已语气柔和的索尔特，接受他的交叉询问。

　　格拉迪丝戴着一顶时髦的天鹅绒头巾式帽子，穿着一件羔皮外
套，在丈夫讲述完他的生平后，她显得闷闷不乐。她是少数几个保持
镇静的英萨尔亲友团成员。这个时候，所有的共同被告都在哭泣，被

224

英萨尔拯救自己及其公司所作的巨大努力带来的情感上的强大冲击所压倒。

索尔特无视英萨尔的生平事迹，开始抨击他的融资行为，尤其是1930年的股票发行和分红通知。

"你为什么不告诉公众你用这种方法在账上记了多少钱?"索尔特问道，他指的是公司如何计算股息和收益。

"我想我们之前没想过。"

"如果告诉他们（公众）真相，你就不可能卖出这只股票，这难道不是原因吗?"

"不，先生，"英萨尔挺直身子激动地说道，"这不是真的。就算没有任何收益表，卖出那只股票也根本没有问题。"

审问期间，英萨尔的股票价格在每股5美元到1250美元不等。索尔特希望得到关于股票如何定价的准确答案。英萨尔试图解释他的股票价值代表着四十年的收益，不仅仅是一年。

"这就像是以每英亩1.25美元的价格买下一个街角，然后让它涨到1万美元，"英萨尔反驳道，"它还可能回到伊甸园时代。"

索尔特改变了提问方式，问英萨尔是否知道他弟弟马丁利用公司资金来偿还他个人的保证金账户。英萨尔否认自己知道马丁挪用公款，而索尔特则对他的诚实表示怀疑。

"我说的是实话。"英萨尔坚持说。

"别激动。"索尔特反击道。

"我没激动。你怀疑我的诚实，我应当认真对待，先生。"英萨尔以得体的英国方式回答道。在几个激烈的问题后，英萨尔放松下来，交叉着双腿，紧握着双手。

索尔特提出了接二连三的一大堆问题，这些问题涉及资助控股公司股票、银行贷款以及最后一次贷款请求被纽约银行家拒绝时关于他健康状况的传言。在交叉询问的高潮部分，索尔特利用一则推销公司证券股票的广告把英萨尔逼到了角落，当时公司证券背后几乎没有真实资本。

"那么，你真的打算并期望公众相信这种说法——公司已经拥有 225
8000 万美元的资产并且他们正在购买该公司的股票，难道不是吗？"

"情况就是如此，先生们，"英萨尔直接对陪审团说，用双手进行强调，"因为已经签订了合同，以向公司保证会有必要的资金把他们牵扯其中。"

"那么，你为什么不信任公众，把这一切都告诉他们呢？"

"请你告诉我哪个广告不是这么做的。"英萨尔大胆地反驳道。他指出，那个时代的证券法几乎不要求公开披露股票发行的细节。

"这是你唯一的回答吗？"索尔特大声问道。

"这是我的回答。"英萨尔咆哮着回答。

现在，这两个人就公司证券融资的要点开始正面交手，并打得难解难分。英萨尔差不多是大喊大叫地回答问题，他身体前倾，对着索尔特摇手指，仿佛索尔特是个放肆无礼的孩子。英萨尔逐渐失去了冷静，承认了 1000 万美元的错误，随后又否认了这个错误。汤普森会插话牵制索尔特，虽然这对缓和他的提问没有什么效果。有新闻标题描述了残酷的交叉询问："英萨尔在激烈的美国质问下退缩。"

索尔特转而采取了新策略来攻击英萨尔的声明——他所有的行动

都是为了保护自己的投资者。索尔特公布了一张新图表，上面显示从 1929 年到 1931 年，英萨尔共获得 13 家公司 140 万美元的薪水以及英萨尔公用事业公司和公司证券公司近 47100 美元的股息。这一策略失败了，因为英萨尔表示自己捐给慈善机构的钱比他挣的钱还要多，而且"如今要靠我儿子来支付我当前的开销，给我提供零花钱"。他的辩护事宜则要由朋友们买单。

索尔特突然停止了有关工资的争论，开始审问英萨尔前往欧洲一事。

"那么，你 1932 年 6 月离开芝加哥是为什么?"

"我身体差不多垮掉了，而且也不太年轻。我经历了一场可怕的磨难。我的事业被毁了，我的健康也因此受到了影响，我去欧洲是为了得到休息和宁静，远离那些烦心事。"

英萨尔坦率地讲述了自己从巴黎到意大利再到希腊的旅行，这几乎没有引起陪审团的敌意。毕竟，他当时真的很累，又上了年纪，而且还破了产。"我想，如果我回来，我肯定会被钉死在十字架上，自我保护是自然第一法则。"

索尔特再次改变攻击方向，重新开始审问英萨尔在控股公司申请破产保护之前出售它们的相关细节。尽管索尔特在描述英萨尔如何逃离国家的问题上没有提出什么论据，但他知道自己可以通过再次质疑英萨尔的正直品格来激怒他。

226

"你诱使公众出资 3100 万美元。"索尔特在谈到股票销售时说道。

英萨尔勃然大怒："是的。我没法知道你是怎么想的。但我做的一切都是出于我的正直，这种品质我仍然拥有!"

"你不觉得如果你说出全部真相,这种看法就会动摇一点吗?"

"我不觉得。"

索尔特继续攻击英萨尔的股票销售与公司所得税申报表上数据的不一致、中西部公司的重组以及一个无可争辩的事实——在英萨尔最积极的销售活动期间,控股公司却在亏损。索尔特知道自己正在挑动英萨尔的神经,他期待英萨尔的情绪彻底崩溃。

"英萨尔先生,对你来说,投入这些公司的证券究竟花了你多少钱是一个相当敏感的话题,不是吗?"索尔特刺激英萨尔。

"不,先生,"英萨尔断然回答,"根本没那回事,你没有激怒我。如果这就是你的目的,那你显然是失败了。"

在证人席上的第四天,英萨尔准备在汤普森开始再次直诘之前与索尔特进行最后一次对质。索尔特不停地追问他的公司为什么在赔钱的时候还会支付股息。

"那么,英萨尔先生,你违背自己和H.L.斯图尔特的判断,支付这只股票(公司证券)的股息,仅仅是为了让这只股票对那些你邀请投资这家公司的公众更有吸引力,对吗?"

"不,"英萨尔结结巴巴地说,"你说这违背了我和斯图尔特先生的判断。一个人的判断是在与他的同事们讨论后得出的。"英萨尔喊道,砰砰地重重击打围栏。

索尔特意识到顺着这条审问路线英萨尔不会再供认什么,于是他再次对员工股票销售活动提出了质疑,在这次活动中,英萨尔同意公司从"电梯小子到煤炭工人"的每个人都必须推销股票。英萨尔说自己并不赞成员工计划,他更希望这个计划是非强制性的,但是被公司的其他人给否决了。

再次直诘中，汤普森只简短地询问了一些关于英萨尔是否从控股公司获得薪水的问题。英萨尔没有。

英萨尔最后告诉法庭，他已经将自己和妻子的全部财产作为他贷款的抵押品，包括 4000 英亩（约 16 平方千米）的霍索恩农场和 100 万美元的人寿保险。

227　　　"不管怎么说，你签字放弃了所有的财产？"索尔特难以置信地问道。

"是的，先生。"

离开证人席时，英萨尔笑了。经历了无休止的盘问之后，英萨尔对记者开玩笑说："我认为他们一度逼得我走投无路。"

一个名叫利昂·德普雷（Leon Despres）的年轻律师（也是未来的芝加哥市议员）看着英萨尔与记者们唇枪舌剑，他注意到这位被告看上去瘦小但是很结实，并且信心十足，尽管他已经失去了所有的公司权力和物质财富。现在，英萨尔所拥有的一切只有他的正直，他拼尽全力用这把长矛与索尔特战斗。

和英萨尔的证词比起来，接下来的证人简直平淡得令人扫兴，对控方的案情陈述没有提供任何帮助。充满男爵派头的斯坦利·菲尔德强调了他对芝加哥的贡献，如菲尔德博物馆、芝加哥动物学社（Chicago Zoological Society）、谢德水族馆（Shedd Aquarium）和芝加哥孤儿院（Chicago Orphan's Asylum）。身穿黑色日常服装的红衣主教芒德莱恩作为哈罗德·斯图尔特的品行证人短暂地露了个面，并表示后者在正直方面的名声"相当好"。伊顿也来到证人席上证实英萨尔控制股权收购的细节。哈罗德·斯图尔特讲述了自己与英萨尔公司进行的 20 亿美元的股票和债券交易以及为拯救他的公司所作的共同努力。

最后一名证人小英萨尔进一步证实了父亲的证词，他补充说，把工资捐给慈善机构并缴纳税款之后，父亲"在工资方面，有 137044 美元的亏空"。索尔特试图让小英萨尔透露更多有关他们通过股票交易来支持英萨尔公司所作的最后努力，但是小英萨尔设法巧妙地总结了自己和其他被告的辩护词。

"我们无法偿还所有的债务，但我们希望能还多少就还多少，所以我们就这么做了。"年轻的英萨尔简洁地说道。

除了"电力产量近四年来最高"和"爱迪生公司出现收入增长"等头条新闻外，芝加哥报纸还刊登了汤普森和索尔特精彩的最后陈述。索尔特用堆积如山的法庭证据质问这些被告，并用各种各样的《圣经》引文来证实他的指控，他直接从手里拿着的《圣经》读道："你们要防备假先知，他们到你们这里来，外面披着羊皮，里面却是残暴的狼。凭着他们的果子，就可以认出他们来。荆棘上岂能摘葡萄呢？蒺藜里岂能摘无花果呢？"

另外，索尔特还在最后陈述中引用了牛顿和爱默生，并再次表明，英萨尔的股票被"巧妙地操纵"了，他们（英萨尔及其同事）"故意抬高股价，希望股价上涨，这样就可以使夸大的资产成为公司证券的基石。而这一切都发生在大萧条之前"。

汤普森以一种忧郁而又亲昵的语气开始了他的最后陈述，他充满感情地恳求道："政府必须证明这些人是有罪的。而我们已经证明

228

他们是无罪的。如果你们陪审员看到了这两个前提——诚实和不诚实，你们就有义务宣告他们无罪，因为他们一直都是诚实的。我们要把这些人从他们的家庭和他们在这个世界所处的位置上带走吗？我说完了。政府将作出回应。但我恳请你们通过判决去掉这些人身上的污点。把这位老人送回他的家。把他的儿子送回他工作的公司，送回他没有母亲的儿子身边。"

汤普森坐下来擦干了眼泪，喝了一杯水，然后把目光从陪审团身上移开。他的同事们在哭，被告们在哭，英萨尔也在抽泣。威尔克森下达了一系列冗长的指令后，案件被交给陪审团作出裁决。

第十二章

时机成熟

英萨尔的遗产

> 最多愁善感的城市，她为拖欠债务的金融家们哭泣，在持枪
> 歹徒的棺材里堆满大量的鲜花。
>
> ——克里斯托弗·莫利（Christopher Morley），
>
> 《老糊涂：给芝加哥的一封情书》[1]

审讯结束后，陪审团开始商议。英萨尔显得信心十足、欢欣鼓舞，他兴高采烈地在威尔克森法官的办公室里摆好姿势让摄影师拍照。一位摄影师抱怨没有足够的光线，英萨尔愉快地说："光线不足吗？啧啧。"一位摄影师让英萨尔和汤普森合影。"看看他，我会为你吻他。"英萨尔笑道。随后他预测，经过两个小时的商议，他将被判无罪。也许他是被汤普森在陪审团面前作的最后辩护表现出的情感力量所鼓舞，也许是在捍卫自己的正直和讲述个人传奇的过程中重新获得了巨大的自信。或者，英萨尔可能已经确信，由他的"同辈们"组成的陪审团能够同情他在大萧条时期所处的困境，他们不会发现他的任何欺诈行为，因为他已经失去了所拥有的一切，捐给慈善事业的钱比挣的钱还要多。

索尔特最后将英萨尔比作拿破仑，而陪审团将在他作的比较和汤普森催人泪下的恳求之间摇摆不定。45 天后，雪片般的晦涩难懂的会计报告、股票交易、激烈的交叉询问、英萨尔令人起敬的自传故事以及他对索尔特的蔑视，有关这次审判的一切都掌握在了陪审团的手中。这份耗人精力的听力文稿涵盖了长达 200 万字、9500 多页的庭审记录。陪审员们在法庭大楼里闭关了 54 天，每天赚得 3 美元的工资，总计 162 美元（折合 2005 年的 2318.78 美元）。政府为他们支付了宽敞的大北方酒店（Great Northern Hotel）的食宿费用。讽刺的是，1892 年英萨尔第一次来到芝加哥时就住在这里。审判期间，光是西联汇款公司和邮政电报的记者就发出了 150 万字，花费了政府大约 25 万美元。

全世界都在等待判决的时候，陪审员们则非常有耐心。他们在几分钟内就作出了裁决，但决定至少等上两个小时，以免让人觉得他们得出了过于草率的结论。他们宣布英萨尔及所有的共同被告无罪。

书记员宣读判决书时，英萨尔的嘴角扬到了突出的颧骨上。他紧紧地搂住小英特尔，眼里含着泪水，用力握着汤普森的手。所有被告的妻子们都哭了起来。斯坦利·菲尔德太太用一只白手套擦了擦眼泪，大声喊道："好极了！这是唯一可能的结果。"斯坦利·菲尔德擦了擦眼睛，擤了擤鼻子，喃喃地说："我非常、非常、非常开心。我想不出还能有什么别的判决结果。"

法官和陪审团离开法庭后，庆祝活动还持续了很长时间。威尔克森法官办公室外的喧闹声实在是太大了，他把头伸到外面，瞪着人群，长袍只脱了一半。

"如果你们继续这样吵闹下去，我就重新开庭，把这里的每个人都抓起来！"尽管这位法官对喜气洋洋的被告简慢无礼，但有人拍到他戴着一顶时髦的浅顶软呢帽离开法庭，脸上还挂着一丝狡黠的微笑。

当《芝加哥论坛报》的一名记者把消息告诉格拉迪丝时，她正和自己的法国女佣娜娜待在塞尼卡酒店的套房里。她把这个消息翻译给她的女仆听，女仆顿时面露喜色。她们哭着拥抱在一起。"哦，我太高兴了！我们受了那么多的苦。世上还是有正义的。"

格林和索尔特离开法庭时记者围住了他们。尽管格林无可奉告，但索尔特还是抽着烟斗，好像蒸汽机车一样，平静地说："我们彻底审理了此案，尽了最大的努力。"格林能够以偷税漏税罪名将卡彭送到阿尔卡特拉斯岛（Alcatraz）①，但是被几十万人唾骂的英萨尔却躲过了他最出色的一次起诉。第二年，格林从美国检察官办公室退休，从事州政治工作。1941年，他成为伊利诺伊州州长，任职至1949年。

陪审团由清一色的男性组成，他们很高兴回到家。来自伍德斯托克（Woodstock）的杂货商路易斯·本丁（Louis Bending）打趣道，他的妻子"今晚要宰头小肥牛。这次审判是一次很好的经历。我在杂货店的收入让我看起来像个不敢做大买卖的人，但我很适应没有数百万美元的生活"。

来自埃文斯顿的钻石商人罗伊·理查森（Roy Richardson）说："很高兴英萨尔被释放。但我妻子几乎不了解我。我要坐下来喝杯

---

① 阿尔卡特拉斯岛是美国加州旧金山湾内的一处小岛，俗称"恶魔岛"。1859年至1933年期间是一座军事监狱，1963年以前为联邦监狱，现为旅游胜地。

231 酒。"威廉·奥斯汀（William Austin）回到他在伍德斯托克的奶牛场，却发现妻子去看电影了，因为她没想到他这么快就回家了。

　　除了英萨尔一家、斯图尔特一家以及菲尔德以外，其他无罪释放的人还包括英萨尔的前任秘书约翰·奥基夫，公司证券董事爱德华·多伊尔（Edward Doyle），经纪公司哈尔西-斯图尔特公司的副总裁弗兰克·施拉德尔（Frank Schrader），英萨尔的私人律师沃尔多·托比（Waldo Tobey），哈尔西-斯图尔特公司的秘书克拉伦斯·麦克尼尔（Clarence MacNeille），哈尔西-斯图尔特公司的副总裁克拉伦斯·西尔斯（Clarence Sills），公用事业证券公司（公司证券的营销公司）的副总裁弗雷德·谢尔（Fred Scheel），公用事业证券的秘书弗兰克·埃弗斯（Frank Evers），公用事业证券的副总裁罗伯特·韦特（Robert Waite），公用事业证券的助理秘书乔治·坎普（George Kemp），以及公司证券的副总裁菲利普·P.J. 麦肯罗。

　　小英萨尔身后跟着一大群人，他飞快地将英萨尔带出法庭，抢在众人前面，希望能找到一辆出租车。法警马歇尔·兰格（Langer）为英萨尔一家扫清了障碍，并在他们叫出租车时给了一个极有用的建议："如果我是你，我今晚就会出去喝个酩酊大醉，英萨尔先生。"这位无罪释放的金融家回头看了看，笑着说："我愿意，但我不喝酒。"

　　回到塞尼卡酒店，一拨记者涌进大厅。格拉迪丝下楼并试图同时拥抱父子俩，但没能做到，因为她丈夫实在是太胖了。她分别拥抱了他们，大叫着说："感谢上帝！感谢上帝！"夫妻俩上楼去自己的套房，小英萨尔则前往酒店的"甲板"酒吧。他本来发誓在 11 月 25 日前都不饮酒，但他打破了承诺，激得那些记者跑来跟他说他没资格喝。痛饮了两杯鸡尾酒后，他上楼和家人共进晚餐。

第二天，英萨尔夫妇和他们的孙子以及一只叫作科林·格兰坎农（Colin Glencannon）的苏格兰梗犬摆好了姿势让摄影师拍照。英萨尔穿着一套深色西装，配上浅色背心和鞋罩。格拉迪丝穿着一件白衬衫，系了一条红领带。

"看看爷爷，他打扮得这么漂亮，"格拉迪丝一边说，一边瞥了一眼英萨尔。"现在，格兰坎农，我必须微笑，而你必须竖起耳朵。"那只梗犬汪汪地叫了起来。

"我一直在外面庆祝。"英萨尔大笑着说。

世界各地的头条新闻都宣布了英萨尔一群人无罪释放，还补充报道了他登上权力宝座的非凡历程。这在伦敦和雅典都是头版头条，他的希腊朋友说，他们觉得帮助他逃脱引渡是正当的行为。

尽管英萨尔一群人有理由高兴，但他们的法律纠纷还远未结束。在另外两起案件中，英萨尔一家仍面临着挪用公款和破产欺诈的指控。虽然他们在这些审判中也被宣告无罪，但英萨尔个人欠了一些债权人几百万美元，因为他在控股公司的最后几个月里找他们贷了款。成千上万的投资者也没有很快原谅他。英萨尔一家仍然需要保镖。破产后，一颗子弹差点打中了英萨尔，当时他坐在自己的豪华轿车上。子弹打伤了他的司机，不过司机最后活了下来。这次未遂谋杀之后，英萨尔买了一辆16缸装甲凯迪拉克，配有1英寸厚的平板玻璃窗。英萨尔一家每天都会收到20封从西海岸寄到中西部的信，威胁要枪击、刺杀和炸死他们。

232

　　罗斯福并没有把英萨尔的多次无罪释放看作放弃证券立法和公用事业改革立法的信号。实际情况正好相反。罗斯福及其进步同盟将英萨尔垮台作为监管改革的基础，游说并最终通过了《公用事业控股公司法》（Public Utility Holding Company Act），该法案限制了英萨尔及其所处行业在 20 世纪的前三十多年被指控的大部分滥用职权行为。正如英萨尔案表明的那样，控股公司是一栋在任何经济衰退时期都不可能安然无恙的稻草房子。它的复杂性和对持续收入流的依赖使其极不稳定，尤其是在现金紧张的时候。英萨尔集团就是很好的例子：控股公司金字塔的顶端是英萨尔家人及其核心圈子，他们控制着公司证券 69% 的股份以及英萨尔公用事业公司 64% 的股份，这是两家主要的控股公司或信托公司。这些公司拥有中西部公用事业公司（中间的控股公司）及其所有运营子公司 28% 有投票权的股票。中西部公司拥有国家电力公司 99% 的股份，而国家电力拥有全国公共服务公司（National Public Service）93% 的股份，全国公共服务拥有沿海公共服务公司（Seaboard Public Service）100% 的股份，沿海公共服务则拥有以下公司的全部资产：佛罗里达电力公司（Florida Power）、东部公共服务公司（Eastern Public Service）、佐治亚电力和照明公司（Georgia Power & Light）、弗吉尼亚公共服务公司（Virginia Public Service）、佛罗里达西海岸冰厂（Florida West Coast Ice）、潮水发电公司（Tide Water Power）以及其他许多子公司。这只是对英萨尔资产的一个概述，这些资产无法在两页纸上清晰全面地呈现出来。庞大的英萨尔集团是如此广泛和复杂，以至于罗斯福都不太可能知道英萨尔的一个公司甚至给他自己位于佐治亚州温泉镇（Warm Springs）的住宅提供了电力。

控股公司的结构使英萨尔仅用 2700 万美元就控制了 32 个州及 5000 个社区的 5 亿美元的公司资产。这是一个盈利的实体，在 1922 年到 1927 年期间，控股公司的数量从 102 家增至 180 家，而运营子公司的数量则从 6355 家减至 4409 家。英萨尔及摩根附属利益集团等主要的合并者控制了这些公司中的大多数：1932 年，区区 8 家控股公司控制了 75% 的投资者所有的公用事业公司。

新政之前的证券法赋予了控股公司很大的自由去交易和操纵自己的股票，这使得它们可以随心所欲地进行投机活动。由于对自己的公司和管理充满信心，英萨尔在 1930 年至 1931 年期间仍在继续贷款以支撑他的股票。在用于第一次审判的手写稿中，他记录了英萨尔公用事业公司的市值从 1930 年底的 1.88 亿美元上升到 1931 年 2 月 11 日的 2.37 亿美元，公司证券的市值也从 9500 万美元上升到 1.33 亿美元。受累于自己的傲慢和判断失误，英萨尔写道，"所有人都认为这些麻烦早在 1931 年的头几个月就已经过去了"。此外，由于股票是控股公司资本化的基础，他被劝说在股市崩盘后以更低的价格购入更多的股票，使英萨尔公用事业公司和公司证券公司持有更多他确信会出现反弹的证券。英萨尔基本上成了一个过于自信的股票交易者，而非地产、公司和员工的管理者，他试图看透不可预测的、急剧下跌的股市。

就像许多被过度自信蒙蔽了双眼的股东一样，英萨尔和他的公司在股票下跌的时候买进，确信自己买得很合算，而且会在股市反弹后获利。不过，英萨尔并不是唯一这样做的。行为经济学家的学术研究表明，大多数投资者在投资时很容易受到自信心的影响：他们通常在股市的最高点买进，在应该抛售的时候却不抛售。诺贝尔经济学奖获得者丹尼尔·卡尼曼（Daniel Kahneman）发现，人们似乎天生就会作出糟糕的财务决策，因为个人乐观主义几乎在所有情况下都会压倒理性。

当时的法律允许并鼓励英萨尔扮演一个命中注定的角色——保护自己投资组合的坚定交易者。然而，成为变幻莫测的股市的人质使他陷入了一种进退维谷的境地。整体商业环境、股市传闻和持续的抛售向来不利于买入持有型交易者。英萨尔无法立即否认关于摩根集团是他的控股公司股票抛售的幕后黑手以及自己从英国回来后就重病或死亡的谣言。在瞬息万变的股市，信息至关重要。和同辈们一样，英萨尔也不知道大萧条什么时候会结束。他在稿子中写道："我和其他人一样认为繁荣即将到来。"因此，英萨尔在一个最不恰当的时刻为其控股公司借入或批准了 700 万美元的贷款，以维持这些公司的偿付能力。他的求生本能压倒了一切，但考虑到历史上的那一刻，他根本不知道自己选择的时机有多糟糕。

控股公司法案有效地解体了公用事业投资结构。即使没有立法，它们也不可能在 1930 年代存活下来。大量借贷或举债经营是为了购买股票以保持控股公司的控制权，这其实扩大了英萨尔集团的灾难。银行家们讨还贷款的时候想要更多的抵押品。在很短的时间内，英萨尔抵押了自己拥有的全部证券。这些证券以控股公司股票的形式存在，除了价值下跌以外并没有什么用。通过展现企业信心、拒绝削减发电站和设施的资本支出，英萨尔进一步加剧了集团的崩溃。伊顿买断交易也从他的公司金库中抽走了现金，使他没有任何硬通货来偿还银行贷款。含糊的会计操作夸大了证券以及下层运营公司资产的价值。没有严格的会计监管，控股公司金字塔只不过是合法的空壳把戏而已。

罗斯福还成功地控制了不受约束的证券销售。针对证券销售的违规行为，美国证券交易监督委员会（Securities and Exchange Commission，SEC）成立了，首任主席为约瑟夫·P. 肯尼迪（Joseph P. Kennedy）。设立该委员会的法律 [①] 要求对股票发行和销售、利益相关方和交易费用进行更全面的披露。英萨尔控股公司之间的交易充满了冲突，但是没有联邦法律禁止他们像新政法律颁布之前那样做生意。1938 年，控股公司法案在其首次重大法律诉讼中得到了支持，当时电力债券与股票公司起诉了刚刚成立的美国证监会并败诉。

新政之前，公开披露公司财务状况是一个重大问题。正如英萨尔的审判及其公司提供的文件表明的那样，几乎没有多少信息需要披露给投资者，尤其是关于控股公司的信息。例如，联邦爱迪生公司 1915 年的年度报告的资产负债表部分，一共只有 12 行；有关公司财务状况的部分只有两页；最后一行逻辑上应该是净收入，但它却是"结存盈余"。你无法准确判断这家公司是否在盈利。15 年后，联邦爱迪生公司的年度报告长达 10 页（今天的年报可能长达数百页），包含了该公司的股票和债券销售情况，虽然顺便提及了"子公司"（其投资是"为了公司利益"），但解释得不是很清楚。次年的年度报告没有提及子公司在公开市场上购买联邦爱迪生股票、大萧条对该公司的

---

① 此处指《1934 年证券交易法》。

影响以及控股公司与联邦爱迪生的关系，这份 7 页的报告根本没有披露什么重要的细节。考虑到经济和股市上发生的事，这份报告就十分可笑了，因为它缺乏细节和前瞻性的陈述。因为詹姆斯·辛普森取代了英萨尔的高管埃德·多伊尔，所以 1932 年的报告有几处间接承认了控股公司互相购买股票的行为以及新董事会的政策——"逐步取消这类投资，并将公司的经营业务限制在电力的生产和配送上"。该公司最终在 1933 年一份长达 24 页的报告中披露了它在控股公司和附属公司中的权益，其中包括房地产、联邦电力（一家标志性公司）、湖畔草地旅馆（一个员工休假地）、"进步的世纪"、皮博迪煤炭公司（Peabody Coal）、芝加哥捷运（Chicago Rapid Transit），以及 5 家铁路公司和人民煤气公司。毫无疑问，股东们有权知道英萨尔在 1933 年之前的所有交叉投资。

罗斯福在控股公司的欺诈把戏上学到的东西比任何总统都要多。在 1935 年的国情咨文中，他提出了遏制公用事业融资弊端的法案，实际上他看错了一句有关"消灭控股公司的罪恶"的话。他想说的是控股公司的"邪恶特征"，并在随后的新闻发布会上纠正了自己。公用事业行业利用这次对其运作方式的威胁，重新启动了宣传机器，甚至散布谣言说罗斯福疯了。但是这场活动收效甚微。全国各地的人们坚持认为，英萨尔庞大的控股公司是造成大萧条的部分原因。仅芝加哥就有 70 万人失业，40% 的工人流落街头。

罗斯福主张的《公用事业控股公司法》得到了美国联邦贸易委员会 84 卷报告《公用事业公司》的大力支持。后面这项庞大的研究是在 1928 年至 1935 年期间进行的，不仅仔细研究了英萨尔帝国，还展现了纽约投资银行家在控制联合公司方面无处不在的影响力；联合公司拥有从圣劳伦斯河到墨西哥湾的 5 个主要控股公司的股份。联邦贸易委员会的报告不遗巨细地记录了公用事业宣传机器、股票所有权和会计操作。揭露出来的真相触目惊心。其中一个案例中，价值 12 亿美元的标准煤气和电力集团（Standard Gas & Electric）被发现仅由 23100 美元的普通股所控制。接受调查的 151 家公司也被发现将其资产价值夸大了 14 亿美元。联邦贸易委员会的报告和哈罗德·伊克斯领导的国家电力政策委员会（National Power Policy Committee）得出了相同的结论：即使不是全部，至少也要清除大部分控股公司。

联邦贸易委员会的报告进一步抹黑了英萨尔的声誉。他被间接地描绘成公用事业行业（该行业进行了大规模宣传来打败其敌人）阴险的操纵者。在英萨尔集团瓦解后的很长一段时间里，罗斯福抨击 236 "与所有人作对的英萨尔人们" 的演讲仍然引起了共鸣。约翰·弗林（John Flynn）在《国家》（Nation）中写道："英萨尔先生的财务困境会让非基督徒感到极大的满足。英萨尔是联邦贸易委员会揭露的邪恶宣传运动的发起者，他一直是所有权力巨头中最傲慢、最无礼、最不合群的，权力集团的反对者不能因为记得这一点而受到指责。"

此外，控股公司法还有效地瓦解了所有没有实际联系的联合企业。因此，如果控股公司在亚特兰大和圣路易斯拥有运营公司，那么它们将不得不放弃自己的权益，除非它们通过电线连接起来。不过，英萨尔的超级电力概念在新法律下倒是进展得很顺利，因为立法促进了电力系统的互联，形成了现代电网。

尽管罗斯福在竞选纲领中把英萨尔作为最突出的攻击目标以使美

国摆脱控股公司的危机，但英萨尔集团并不是当时最大的公用事业控股公司。市值 34 亿美元的电力债券和股票公司及其附属控股公司美国电力和照明公司、国家电力和照明公司以及电力和照明公司直接或间接地拥有 234 家子公司，规模接近英萨尔公司的两倍。在最高法院的诉讼中败诉后，电力债券公司花了两年的时间将公司解体，又花了至少二十年的时间将其彻底重组。控股公司法授权政府解散电子债券公司持有和分持的数家公司。一个同样有待解决的问题是公司控制权和财富的集中。电力债券联合企业与英萨尔集团生产了美国一半以上的电力。

作为公共电力的支持者，罗斯福在 1933 年成立了田纳西河流域管理局。该公营机构旨在将电力、娱乐和就业机会带到这个国家最贫困的地区。为了实现这一目标，该管理局在贫穷的田纳西河流域修建了许多水坝、水电站和湖泊。姊妹机构博纳维尔电力管理局（Bonneville Power Administration）在太平洋西北部做了同样的事情。1936 年的《农村电气化法》（Rural Electrification Act）成立了一个新机构，具有讽刺意味的是，该机构将建立在英萨尔为远郊地区供电的梦想之上。只有新机构才会直接与非营利性的农民合作社合作配送电力。罗斯福在担任州长期间未能在纽约上州修建一座水电站，因为他无法与加拿大达成协议，他将电力视为一个平等问题：每个人都应该以尽可能低的成本获得电力，无论他们住在哪里。

237　　罗斯福认为，所有的大型联邦水坝，比如在"一战"期间修建的用于为某硝酸盐（化肥）工厂供电的马斯尔肖尔斯水坝（Muscle Shoals），都应该由华盛顿控制，并通过政府控制的配电网来提供电力。参议员乔治·诺里斯是参议院的进步人士，他成功地将马斯尔肖尔斯水坝继续置于联邦政府的保护下。与之相比，顽石坝（Boulder Dam）最初是由胡佛支持的，胡佛希望拉斯维加斯南部科罗拉多河（Colorado River）生产的电力可以直接卖给由英萨尔这类人控制的、投资者拥有的公用事业公司。1936 年，顽石坝（后来改名为胡佛水坝）完工，将电力输送到一条 28.7 万伏的线路，全长 266 英里（约 428 千米），这是交流电的胜利，也是英萨尔倡导的超级电力技术的胜利。

在罗斯福的新证券法和公共电力法时期，能源生产的性质也正经历着一场世界性的变革。1934 年，物理学家莱奥·齐拉特（Leo Szilard）描述了核链式反应是如何发生的。当时的每一位核物理学家都知道，这个发现意味着核能和原子弹的诞生，而那是一种世界从未见过的毁灭性力量。1938 年，在希特勒可怕的崛起期间，德国的物理学家们开始研究铀核人工裂变。四年后，恩利克·费米以及他在芝加哥大学（距离弗兰克·劳埃德·赖特设计的电气化的罗比之家只有几个街区）的团队成功地控制了第一次持续链式反应。

尽管英萨尔的财务困境仍在继续——他还是不得不卖掉自己的财产以偿还债权人——但他在审判后充满了活力，想要重新进入商界。尼古拉·特斯拉在审判结束后露面，让英萨尔参与一项新的商业计划。令人振奋的是，审判的"恶意攻击"已经结束了，特斯拉希望英萨尔有兴趣推广一种新的电动发电机 ①，这种发电机有一个活塞在充

---

① 指同时具有电动机和发电机两种功能的电机。

满气体的金属套管中振动。这是一台超高效发电机，几乎不会受到摩擦力的影响。和特斯拉的许多想法一样，该发电机是革命性的，需要耗费数百万美元来研发和测试。在交流电系统取得成功后，特斯拉转向了无线电技术，并开始尝试一个大型项目——通过地球和大型钢塔输送电力。从理论上讲，这是一个令人信服的想法：地核的主要元素是铁和镍，在适当的条件下可以用来导电。根据特斯拉的理论，你可以在芝加哥生产电力，然后不用电线就把电输送到中国。在花光了所有的投资之后，特斯拉放弃了这个项目，并继续在无数其他领域进行实验。

238　　　像英萨尔一样，特斯拉从未失去自信以及他对伟大实用的电气系统的憧憬。他满怀热情地写信给英萨尔，概述了自己的"远距地球动力学"（Tele-Geodynamic）发明，他认为这一发明对世界具有"不可估量的重要性"。根据他的描述，这个系统听起来像是一台巨大的无线电发射机，"将足以在全世界传递力学效应，并因此提供一种全球通讯的可靠手段"。这个装置不仅可以发送和接收来自地球上任何地方的信号，还可以让船只"沿着最短的路线精确地航行"，并能"找到世界上任何地方的任何地下矿床，包括矿石、煤、石油、硫和其他矿物"。

　　　"这项发明能够揭示地球物理构造和特性的秘密，其科学重要性再怎么强调都不过分。"特斯拉在 1935 年给英萨尔的信中写道。特斯拉不仅预见并描述了雷达和地理定位系统等技术，还为英萨尔的东山再起制订了计划：

你穿过了一个炽热的熔炉，出来的时候像金子一样纯洁，所有公正的人、朋友或敌人都应该比以往任何时候更尊重你。但你的辩护只是你任务的第一部分，接下来要做的是弥补你自己和那些信任你的人所遭受的巨大损失。为此，有两个要求：第一，注意你的身体；第二，引荐一些极具商业价值的新发明……在推广一个诸如我的交流电系统这样的发明时，你可以在保持完全独立的同时，重新获得你原来的财富和权力。[2]

特斯拉在信的结尾找英萨尔索要几千美元来启动他的新项目。虽然英萨尔同意与特斯拉会面，但他很可能告诉后者自己没有现金、证券或银行存款，他所有的财产都在银行或拍卖行手中。在和格拉迪丝争论去哪里定居的时候，英萨尔已经有了一个新的商业计划。他打算与小英萨尔建立一个广播电台网。为附属广播公司（Affiliated Broadcasting Company）的运营提供资金的是两家大型公司（名称不详），它们将签约足够多的广告来支付运营费用。所有的本地广告都能卖出好价钱。英萨尔邀集了合伙人，找朋友募集了资金，开始了这项事业。不幸的是，广告这一块根本没有实现。这是一场短暂的投机活动，因为其中一名员工被怀疑动用了公司资金，导致公司在1936年根本没能顺利开张。

英萨尔资产的清算工作花了好几年，因为他和小英萨尔很想尽自己最大的努力解决每一项索赔。他把霍索恩农场的所有权转让给了中央共和信托公司（Central Republic Trust Company），包括房屋内和农场里的一切。银行获得了他所有的家具、马、牛、农业设备、汽车、货车、马车、家居用品、绘画、挂毯和银器。银行甚至拥有湖里的天鹅和所有窗帘的所有权。英萨尔收藏的大量书籍和文件也被送上了拍卖台，其中包括《大宪章》(Magna Carta)的副本，路易十六和玛丽·安托瓦内特的婚姻契约以及萨克雷的《名利场》、艾萨克·沃尔顿(Izaak Walton)的《钓客清谈》(Compleat Angler)和威廉·布莱船长的《邦蒂号兵变纪实》(Narrative of the Mutiny on the Bounty)这几本著作的初版。

英萨尔的所有几乎要么被拍卖要么被出售，最后他还剩下93.3万美元的资产。然而，他还欠债权人1930万美元。正如英萨尔在法庭上坚称的，他在审判结束后不仅仅是破了产，他欠银行的钱远远超过了自己的身价，这些钱他一辈子都还不了。除了中央共和以外，他还欠通用电气、纽约国家城市银行和芝加哥大陆银行的钱。他仅有的收入是退休金21250美元、债券和储蓄账户的年息约20000美元以及他在申请破产前建立的一个信托基金的400653美元。他创办的广播公司在倒闭前向他支付了4000美元的薪水。

这位公用事业巨头的慈善捐款也没有夸大其词。他还欠了182750美元的未缴认捐款。其中一些捐款将付给伦敦禁酒医院的一个分部（22500美元）、威尔士亲王基金（40000美元）、童子军（17250美元）、金斯顿皇后大学（4800美元）、圣卢克医院（7500美元）、塔斯基吉学院（1500美元）和格伦伍德手工培训学校（7500美元）。英萨尔的财产最终在1940年清算完毕，《芝加哥论坛报》称债权人只收回了十万分之一的债款。

和债权人打交道的事几乎由小英萨尔一手操办，英萨尔和格拉迪丝则回到了欧洲。格拉迪丝强烈反对留在芝加哥，她也不喜欢伦敦，所以他们采取了一个折中的方案，在巴黎安顿下来。1938 年春天，英萨尔最后一次去芝加哥看望小英萨尔。返回巴黎的航行中，他遭遇了横渡大西洋 200 多次以来的第一次海难，当时"阿斯科尼亚"号在圣劳伦斯河搁浅。船上所有乘客的情况查明后，英萨尔在救援船上的一张台球桌上铺好了床。格拉迪丝没有兴趣看着他们的所有个人财产被拍卖掉——这有点残忍。在歌剧大楼举行的十室顶层公寓拍卖会入场费为 1 美元，拍卖物品包括英萨尔那张铺着金色和玫瑰色床单的四帷柱大床、玳瑁刷子、谢拉顿（Sheraton）^①式的梳妆台、205 件韦奇伍德（Wedgwood）^②成套餐具、皇家伍斯特（Royal Worcester）茶具、以及一台能做出 224 块冰块的冰箱。拍卖的时候，她的橄榄油和粉末状的明矾还在谢拉顿式的梳妆台上等待着她，仿佛她会在一小时内就到达歌剧院似的。英国家具、绘画作品和东方地毯这批拍卖品只给银行带来了区区 2.6 万美元的进账。她唯一保留的物品是一条价值 20 万美元的项链，由 101 颗相配的东方珍珠串成。她唯一关心的珠宝不是冕状头饰或领圈，而是这条项链。她付不起 3000 美元的保险费，所以自 1932 年以来就一直把项链存放在银行的保险库里。她最终还是因为想念家人回到了芝加哥，和 1936 年娶了玛格丽特·伯恩斯（Margaret Byrnes）的小英萨尔待在一起。格拉迪丝逝于 1953 年 9

240

---

① 托马斯·谢拉顿（Thomas Sheraton，1751—1806），英国家具设计师，以平直线条、简洁式样为特色。
② 韦奇伍德是英国骨瓷餐具品牌，由陶瓷工艺家乔赛亚·韦奇伍德于 1759 年创立。

月 23 日。

玛丽·加登活到了 90 岁，在歌唱生涯结束后，她开始了自己的第二份工作——声乐教师。她为贝弗利·西尔斯（Beverly Sills）等未来歌剧女演员提供了指导和灵感，西尔斯是仅有的另一位领导大型歌剧公司的女性。玛丽向每个学生收费 1500 美元，指导他们表演她生来就很擅长的法语剧目。她教西尔斯小姐《玛农》(Manon)和《泰依丝》(Thais)，上课期间只讲法语。西尔斯小姐回忆起玛丽给她上的那些折磨人的课程：

> 虽然我已经开始专注于法国歌剧，因为我喜欢莉莉·庞斯①，但是玛丽·加登真的让我着迷。就连她的教学方法也不能阻止我对她的喜爱。她并不迷人。玛丽·加登常常让我觉得她是我见过的最刻薄的女人。她慷慨大方地向我示范自己如何表演《玛农》，但相当糟糕的是，她不允许我有一丁点创意……当我们不工作的时候，玛丽似乎就变了个人——她变得耐心又友好……她给我了几把她在舞台上用过的扇子，当我们学完《泰依丝》时，玛丽把她独领风骚那部歌剧时佩戴的冕状头饰送给了我……"从现在开始，除了你，没有人能戴这顶王冠。"[3]

小英萨尔无法在公用事业一行工作，因此，"二战"期间他在海军服役，并因恪尽职守受到了海军部长的嘉奖。1929 年初，他的

---

① 莉莉·庞斯（Lily Pons，1898—1976），法国花腔女高音歌唱家。

身价达到了 1360 万美元，但他也在 1930 年代失去了自己所有的财产。他在保险业里取得了一定的成功，并于 1950 年成立了自己的公司。他余生一直在努力偿还父亲的债务并洗清家族的污点，为此弄得精疲力竭。1958 年，他以诽谤罪起诉了三家出版商，因为他们宣称"英萨尔一家最终进了监狱，并贿赂了公职人员"。哈佛历史学家小阿瑟·施莱辛格（Arthur Schlesinger，Jr.）在他的《旧秩序的危机》（Crisis of the Old Order）中犯了一个事实错误。肯尼思·特朗布利（Kenneth Trombley）在他的《一个快乐自由派的生平与时代》（Life and Times of a Happy Liberal）中也犯了类似的错误。法院裁定出版商不在伊利诺伊州做生意后，该诉讼被撤销。小英萨尔将家族文件捐给了洛约拉大学，之后协助福里斯特·麦克唐纳（Forrest McDonald）撰写了 1962 年出版的权威传记《英萨尔》。

作为英萨尔大多数公司的董事，小英萨尔仍然面临着几起诉讼，并最终于 1948 年达成和解。他从事公共服务工作，是科学与工业博物馆、菲尔德自然历史博物馆和芝加哥洛约拉大学的受托人。尽管他清楚地意识到自己的名字在父亲去世 40 年后仍然会激起人们的愤怒，但他还是被认为是一位"谦虚、值得尊敬的绅士，富有幽默感"。1977 年，他对《芝加哥论坛报》的记者 R.C. 朗沃思（R.C. Longworth）说道："我走进这里的某个地方，说我是小塞缪尔·英萨尔。他们可能会对我恨之入骨，或者认为我是个英雄，但我至少没必要跟他们绕弯子。"小英萨尔于 1983 年去世，享年 82 岁。

尽管英萨尔的声誉在他风光不再后的很长一段时间里仍然蒙着

一层阴影，但他的失败为如今投资者享有的许多保护措施奠定了基础。有关证券监管和控股公司的新政法律，虽然不断受到质疑和修正，却有助于提高公司的透明度和公平性，揭露利益冲突。如果不是英萨尔集团的兴衰在大萧条期间激起了罗斯福的愤慨，当代的保障措施就不会如此有力而全面。英萨尔同时代的律师弗朗西斯·X. 布施（Francis X. Busch）解释了这项由英萨尔破产而推动并通过的法律：

> ……英萨尔的公司轰隆一声坍塌了，在其回声消失之前很久，法令全书中就有了法律来规范证券发行、取缔控股公司、约束股票交易所。总的来说，这些法律向剪了毛的羔羊以及尚未出生的羔羊保证，不会再用相同的工具剪它们的毛。毫不夸张地说，令人受益的《联邦证券交易法》是建立在英萨尔帝国的废墟之上的。[4]

公众的记忆不会善待英萨尔，因为人们普遍认为英萨尔是他那个时代恶毒的克洛伊索斯（Croesus）①，把公司建立在无尽贪婪的基础上，尽管他为了拯救自己的公司而破产。消费者律师唐纳德·里奇伯格曾在一次与英萨尔的斗争中问过英萨尔的一位密友："一个有脑子的人怎么能认为，为了照亮我们的家园而败坏我们的道德是值得的呢？"这位朋友的回答可能会被视为对托马斯·爱迪生、乔治·威斯汀豪斯或亨利·福特的描述：

---

① 克洛伊索斯（前595—前546），吕底亚国王，以财富甚多而闻名。

英萨尔不问"为什么"，他不去猜测未来。他没有环顾四周去看正在发生的一切。他紧盯着眼前的工作。他看到了他要建造的那座发电站，它将生产如此多千瓦时的电。他将建造它，使机器顺利运转，然后继续下一个工作。他知道这个工作应该完成。他看到了一种能够做到的方式，于是他就这样做了。他没有问"为什么"。[5]

1938 年 7 月 16 日，英萨尔在巴黎地铁里去世。最初的报道称，他躺在地铁站的时候遭到了抢劫。法国当局随后拒绝在等待验尸官报告期间交出停放在玛莫丹医院太平间的英萨尔的遗体。格拉迪丝在巴黎默默地独自哀悼，请求把他的遗体送到伦敦。未能出席葬礼的小英萨尔不在 17 名送葬者之列。在伦敦边缘的帕特尼维尔公墓（Putney Vale cemetery）的一座白色小教堂里，约翰·伯德（John Bird）牧师念了圣公会葬礼的悼词，尽管英萨尔和家人都不是圣公会教徒。他没有提到英萨尔令人难以置信的飞黄腾达——从一个伦敦勤杂工成为世界上最富有、最有影响力的商人。他的橡木棺材被埋在一棵山楂树下的坟墓里，离他父母安葬的地方不远。葬礼上究竟说了些什么，哈里·塞尔弗里奇（Harry Selfridge）提供了唯一的说法，哈里曾是芝加哥的一名商人，后来拥有了伦敦的一家百货商店。"我是出于钦佩才参加的，"他说，"他曾在一艘救援船上站了好几个小时，把座位让给了一位妇女。"

全世界的报纸都报道了他的死讯，还强调了他 1932 年的惨败。

在芝加哥，英萨尔集团的股票损失带来的痛苦仍然留着裸露的伤口，还会世世代代感染化脓。许多芝加哥人都在想，这位老人是不是把他的财产藏在什么地方了？许多人仍然被他那可能是杜撰出来的答案所困扰，即所有投资于他公司的钱都到了"忍冬花缠绕的地方"。这是一个"流落到当铺"的古老说法吗？还是说，这是引自1872年一场涉及普遍贪腐现象的骗局"动产信贷丑闻"的作案者说的话？又或者，这是否是向1870年的一首歌曲致敬，仅仅意味着消失了，死了，被大萧条的无情之手给摧毁了？

忍冬花或旋花草，在北美被称为忍冬属植物，是一种外来的、顽强的灌木，一旦扎根于土壤，无论气候多么恶劣，都很难根除。虽然它的花朵很芬芳，但它经常会抢夺其他本土植物的资源，而且生长速度非常惊人。一旦英萨尔找到一种办法，给几乎每个工厂、办公室、商业大楼和家庭通上电，他的花园就会不断壮大，成为诞生了现代大都市的电力和信息时代不可或缺的手段，并继续茁壮生长。尽管英萨尔可能已经播下了种子并失去了一笔巨大的财富，但他培育的森林，无论好坏，仍与我们同在，日日生长。

后 记

周而复始

建立一个无处不在的能源世界，在新的消费文化中起到了不可或缺的作用，把美国梦的技术愿景变成了日常现实。

——哈罗德·普拉特,《电力城市：
能源与芝加哥地区的增长，1880—1930》[1]

在我写这本书的时候，1990年代末股市泡沫的余波——数不清的刑事诉讼仍在世界各地的许多法院进行裁决。在这段时间里，对各类股票的狂热毁灭了投资者，这在很多方面与1920年代有着惊人的相似。在以股票期权为基础的巨额薪酬包的推动下，上市公司的高管们过度地强迫他们的公司报告更高的收益（有时是违法的），从而将股价推升至荒谬的高度。信息、电信、硬件和软件技术公司取代电力公司成为华尔街的宠儿。股票期权奖励使这些高管腐败堕落，他们和他们的经历让人想起了英萨尔的故事，但有一个不同之处：卷入1990年代丑闻的高管们没有哪个试图主动保护自己的公司或股东的利益完好无损。

世界通信公司首席执行官伯纳德·埃贝斯（Bernard Ebbers）因参与110亿美元的会计造假而被判有罪，迄今（2006年）为止已经

246

超过安然 ① 和英萨尔破产，成为史上规模最大的企业破产（1070 亿美元）。他被判处 25 年徒刑。在撰写本书的时候，他正在提请上诉。曾在美国第五大有线电视公司阿德尔菲亚（Adelphia）工作的约翰和蒂莫西·里加斯（John and Timothy Rigas）父子因在该公司破产时存在欺诈行为而被判有罪，分别被判处 15 年和 20 年监禁。安然和帕玛拉特（Parmalat）公司的其他高管也将出庭受审。历史重演了吗？这些公司的领导者们是否沉迷于权力和贪欲，以至于所有的新政证券法规都是他们攫取数十亿美元的小小绊脚石？值得注意的是，尽管数以百万计的投资者在 2000 年至 2003 年的熊市中损失了超过 3 万亿美元，但全球大萧条并未随之而来。有一半的美国人投资股市，但随着低息贷款的涌入，他们中的绝大多数人在那段时期保住了工作并看到自己的房屋净值暴涨。当然，未来还会出现其他灾难，毫无疑问，但重要的是要用我们这个时代的眼光来看待英萨尔的遗产。

过去五年里，通过《萨班斯-奥克斯利法》(Sarbanes-Oxley) ② 等更为严格的会计法规，英萨尔破产案催生的证券法得到了加强，并且可能已经阻止了 1990 年代肆无忌惮的公司渎职行为。正如印第安纳大学法学教授威廉·亨德森（William Henderson）和联邦上诉法院法

① 安然公司（Enron）曾经是世界上最大的电力、天然气以及电讯公司，名列《财富》杂志"美国 500 强"的第 7 名，却在 2001 年 12 月 2 日正式申请破产，由备受业界尊重、颇有创新能力的一家超级上市企业，在短时间内戏剧性地由顶峰坠至谷底，创下了美国历史上规模最大的破产记录，在美国金融市场引起了巨大的震动。
② 《萨班斯-奥克斯利法》是美国国会在安然、世界通信等丑闻之后通过的一项法案，全称为《2002 年公众公司会计改革和投资者保护法》，该法对英萨尔时代颁布的《1933 年证券法》《1934 年证券交易法》等法律作出大幅修订。

官理查德·库达希（Richard Cudahy）在一项比较英萨尔和安然公司破产的研究中指出的，"英萨尔最大的遗产可能就是历史没有重演"。阿瑟·安达信的会计师事务所在 1932 年揭露英萨尔公司财务问题时发挥了重要作用，但因为卷入了安然破产和其他会计违规行为而垮台。该公司还对世界通信及其他几家存在严重会计违规行为的公司进行了审计。如果没有英萨尔时代的法律奠定基础，安然破产之后对公司信息透明度进行监管的新手段就不可能实现。如果被判定为不称职的公司管理人员，就算是公司董事也会被法院和股东追究责任。

　　无论是在上市公司的会议室还是在政府里，秘密始终是开放社会的祸根。我们需要采取新的措施来公开高管、董事和一个应该维护公众利益的政府的决策和行动。英萨尔对其 1920 年代和 1930 年代初期的所作所为的掩饰对当时的投资者来说是有害的，他揭开了现代企业掩饰其内部有着矛盾冲突而又薪酬过高的高管、董事以及有权势的股东的序幕。然而，新一代的企业大亨几乎没有受到英萨尔时代越轨行为的教训，他们设法避开了罗斯福为保护投资者所作的最大努力。现在这些法律在很多方面都遭到攻击和修订。

　　由于受到了几项修正案的削弱，《公用事业控股公司法》的效力已经大不如前，该法是罗斯福希望阻止公用事业行业中的权力合并的壁垒。在 1978 年通过该法的一项修正案后，共有 120 多家公用事业公司合并，仅 1999 年和 2000 年就有 75 家。控股公司又一次占据了公用事业行业的主导地位，自 1978 年以来成立了 54 家控股公司，而且该行业正被越来越少的公司所控制。随着放宽行业的管制，政府允许的新一轮合并导致了大约 15 万个工作岗位流失。在本书付印之际①，英萨尔集团的后代公司爱克斯龙公司正准备以 128 亿美元的价格与新泽西州公共服务公司集团（New Jersey Public Service Enterprise Group）合并，从而打造美国最大的公用事业团体。另一家占据主导地位的美国公用事业公司杜克能源（Duke Energy）正计划斥资 91 亿美元收购辛纳吉公司（Cinergy Inc.）。大投资者沃伦·巴菲特已经提出收购太平洋集团（Pacificorp），这家西部公用事业公司为 10 个州的 300 万客户提供服务，营收 51 亿美元。巴菲特表示，如果控股公司法被废除，他将向自己的公用事业公司投资 100 亿至 150 亿美元。英萨尔肯定会为该行业正在进行的重新整合和放松管制而欢呼。进步主义的批评家们就没那么乐观了。虽然这些新集团肯定会形成规模经济，但很难说该行业公司权力重新集中是否会对公用事业的客户和股东有益。

撤销管制规定导致英萨尔的州监管结构解体，且正在产生喜忧参半的结果。由于能源批发交易商操纵市场，消费者电价在放松管制的情况下（尤其是在安然存在期间）大幅上涨。在安然公司交易员的恶意操纵下，电价在 2000 年的夏天和秋天上涨了 50 倍，造成加利福尼亚州约 60 亿美元的经济损失。随着国家电力系统日益复杂化且缺少更密切的监管，它很容易出现大崩溃。2003 年夏天的大规模停电从底特律一直蔓延到纽约，造成 5000 万美国人断电。

电力行业（从家庭到工业对电力永不满足的需求为该行业提供了支持）无限制扩张的另一个更阴暗的方面是发电工业的环境遗产。煤

---

① 大概为 2006 年。

仍是世界各地发电站的主要燃料。与石油和燃气相比，煤是一种既丰富又廉价的商品，对环境和公共健康造成了诸多危害。据估计，这些发电站造成的空气污染会导致美国每年 6 万多人死亡。免受环境法限制的燃煤老发电站产生了大约 75 万吨会形成烟雾的氮氧化物和近 3 亿吨的二氧化碳，正是二氧化碳导致了全球变暖。随着燃煤发电站的经济状况继续有利于其运营和扩张，这些发电站的产能预计会在 2015 年翻倍。人们希望新设备的污染程度能够远远低于旧设备。

美国能源部（U.S. Department of Energy）报告说，有 92 座燃煤 **248**
发电站（截至 2005 年）在计划新建中，发电量约为 5.9 万兆瓦。随着发电量增加，空气质量越发糟糕。由于更严格的污染法规，总体空气质量在过去的 30 年里有所改善，但美国国家环境保护局（Environmental Protection Agency）表示，31 个州的 500 个县仍未达标。虽然这种污染很大一部分可归因于交通运输，但燃煤发电站会排放很多有害物质，从有毒的水银到加重哮喘的颗粒物（儿童哮喘的发病率正在上升）。目前尚未解决的另一个迫在眉睫的环境问题就是如何处理核电站废物。能源产业将核能宣传为"清洁和安全"的发电方式，但核能不可能完全符合这一口号，除非找到一种环保的办法储存 5 万多吨分散在美国 120 个地方的乏燃料（spent nuclear fuel）①。英萨尔在伊利诺伊州创立的运营公司目前经营着 14 座商业核电站，是所有州中最多的，这充分体现了他对投资最新最高效的可用技术的偏好。他们还储存了近 8000 吨的乏燃料，这些燃料在数万年内都具有

---

① 乏燃料指经过辐射照射、使用过的核燃料，通常由核电站的核反应堆产生。

放射性。人们希望研发新技术，使核废料的处理或回收安全又可靠。有了这样的进步，核能才可能成为未来的"绿色"能源。

具有讽刺意味的是，随着燃料电池、太阳能、风能和热电联产发电站的出现，技术上的革新最终可能会淘汰中央电站。小而紧凑的发电站很可能最终将为单体建筑和住宅提供唯一的电力来源——就像英萨尔为大型电站时代注入活力之前的情况一样。令人振奋的是，1880年代由英萨尔的管理才能塑造的通用电气，把对环保先进能源技术的投资额增加了一倍。

然而，英萨尔使工作场所和家庭电气化的梦想仍在继续。如今，超过 80% 的美国家庭拥有微波炉、洗衣机、录像机、搅拌机、无绳电话和电动咖啡机。家里超过三分之一的电力由电灯和电器消耗，其余的则由取暖和制冷消耗。每年都有成百上千的新电器问世，消费者不大可能短时间内减少电力消费。2003 年，这种对电力的渴求转化成美国 39 亿兆瓦时的用电量，比 1992 年增加了 25%。总体而言，用电量的增长大致与在过去十年里一直以每年 3% 至 4% 的速度增长的国内生产总值保持同步。

249　　令人鼓舞的是，随着用电量增加，每一种新设备的能耗都在逐步减少，这遵循了英萨尔的格言——不断提高运行效率。虽然风能等可再生能源仅占美国能源消耗的 6%，但它们正成为清洁能源的主要来源。"绿色"技术只会变得更加可行，因为越来越多的电力公司会建造可再生能源工厂并实现规模经济，而且公民和从政者们也要求制定支持可再生能源的完善法律以及国家和国际层面上的保护措施。这很简单：如果要使这些技术在经济上可行，我们都必须在自己的住宅、公司和政府设施中采用绿色技术。

为了说清楚英萨尔及该行业依公共利益行事的需要，联邦爱迪生公司前任主席詹姆斯·奥康纳（James O'Connor）在英萨尔被迫离开自己公司四十多年后的演讲中引用了英萨尔的话。他告诉我："英萨尔高度赞扬为一家提供公共利益和个人回报的公司工作所获得的满足感。对于英萨尔来说，衡量这些个人回报的不仅仅是薪水，还有与致力于帮助解决当时'大问题'的组织一起工作所带来的愉悦和兴奋。"

最终，政府官员需要更好地监管电力生产和销售方式，使环境和经济影响与各种来源的对电力不断增长的需求保持平衡。要做到这一点，最重要的就是政府和企业共同承担责任来解决那些"并非单纯的政治、金融、经济或技术问题"，英萨尔这样说道。在这个透明穹顶下，保护投资者和环境应该是首要任务。应该给予股东和董事更多机会来监督董事会活动，把不负责任而又贪婪的管理者赶走。应该给予政府更有力的工具来侦查公司欺诈和操纵市场的行为，并保护地球、水域和天空不受发电站污染物的影响。现在整个世界实际上是个巨大的信息中心，遵循着英萨尔的消费主义，显然，这些任务对我们人类的健康和生存来说更为重要。

参考文献说明

　　在芝加哥洛约拉大学档案馆（以下简称"英萨尔档案馆"[IA]）里，井然有序的塞缪尔·英萨尔文件由档案管理员凯西·杨（Kathy Young）精心管理，对了解英萨尔的生活至关重要。档案馆由英萨尔的儿子捐献建造，是世界上有关英萨尔的最广泛的资料库。我也非常感谢洛约拉大学校长、耶稣会士迈克尔·J. 加兰齐尼神父（Father Michael J. Garanzini, S.J.）和学院行政总监蒂莫西·奥康奈尔（Timothy O'Connell）博士，他们允许我便捷查阅档案馆的某些部分。另一位洛约拉名人哈罗德·普莱特（Harold Platt）教授同样非常慷慨地抽出了时间，大方分享了他的看法，他的《电力城市》是对英萨尔工作方法的一流调查。我还从英萨尔自行出版并作为礼物的两卷演讲集中搜集到了一些有助于了解英萨尔的信息。

　　英萨尔回忆录（IM）的原始手稿基本是在海上（从土耳其被引渡的途中）完成的，保存于印第安纳大学伯明顿分校的利利图书馆。印第安纳大学法学院教授威廉·亨德森和法官理查德·库达希阁下对英萨尔遗产进行了透彻的解读，慷慨地分享了他们关于这一课题的研究和论文。英萨尔回忆录最容易找到的版本是 *The Memoirs of Samuel Insull: An Autobiography*（Transportation Trails, 1992），由拉里·普拉基诺（Larry Plachno）编辑。该回忆录是本书叙述的关键，经许可被大量参考和引用。

唯一的一本英萨尔传记——福里斯特·麦克唐纳的 *Insull*（University of Chicago Press，1962），也是一个主要资料来源。我感谢麦克唐纳教授在电话会谈中梳理了一些重要细节，他虽然已经退休，但仍在回答媒体有关英萨尔的疑问。

联邦爱迪生公司档案馆内也有大量的文件，由爱克斯龙商业服务公司（Exelon Business Services）负责保管。除英萨尔档案和回忆录以外，这是英萨尔相关材料最重要的来源，是有关 20 世纪初一切电气设备的无价信息源。档案馆里的 9000 多个档案盒涵盖了大部分的发电现代史。罗伯塔·戈林（Roberta Goering）和梅格·拉迪（Meg Ruddy）帮了我很多忙，而且非常有耐心，她们从仓库里拖出覆满百年灰尘的档案盒（后来这些档案盒在她们的隔间旁边放了好几个月），执行我一大堆的复印请求，最后还要把档案盒送回仓库。

芝加哥历史协会（Chicago Historical Society）是一个由英萨尔提供经济支持的严肃机构。出人意料的是，这里保存着一些其他地方找不到的文件、信件、照片和书籍。非常感谢该协会耐心专业的员工们。我的朋友比尔·巴恩哈特（Bill Barnhart），一位受人尊敬的《芝加哥论坛报》专栏作家，带我找到了这个很棒的资料来源。

爱迪生相关材料公认的母本保存于罗格斯大学托马斯·A. 爱迪生档案馆（以下简称爱迪生档案馆 [EA]）。网站（http：//edison.rutgers.edu/index.htm）只允许在线访问 500 万页信息中的一小部分，这些材料的数字化仍在进行中。

一个位于库克之家暨博物馆（Cook House and Museum）地下室的志愿者小组——利伯蒂维尔-曼德莱恩历史协会以及伊利诺伊州利伯蒂维尔的库克纪念图书馆（Cook Memorial Library）也意外地提供了有关英萨尔的信息。协会和图书馆都保存有一些文件，着重探讨他对当地发展的影响。感谢杰罗尔德·舒尔金（Jerrold Schulkin）、迪恩·拉森（Dean Larson）、海伦·凯西（Helen Casey）、奥黛丽·克鲁格（Audrey Krueger）以及这些繁忙而拥挤的机构里优秀又专业的员工。伊利诺伊州格雷斯莱克地区纪念图书馆（Grayslake Area Memorial Library）的馆员以极大的细心和耐心，通过庞大的伊利诺伊州馆际图书系统找到了旧书和年代久远的文章。

纽约海德公园的罗斯福总统图书馆（FDR Library）、哈佛商学院的贝克图书馆（藏有亨利·维拉德的相关文件）、威斯康星大学麦迪逊分校、得克萨斯大学奥斯汀分校的亚历山大建筑档案馆（在那里Nancy Sparrow 帮我找到霍索恩农场住宅和庄园的图纸），以上这些机构都提供了有关英萨尔生活不同方面的有用细节。海伦·魁里尼（Helen Quirini）曾是通用电气的工人和活动家，她帮我进入纽约斯克内克塔迪的通用电气档案馆查询资料。

参考文献

缩　写

EA　　爱迪生档案馆（罗格斯大学的托马斯·A. 爱迪生档案馆）
CEA　联邦爱迪生公司（爱克斯龙）档案馆
IM　　英萨尔回忆录
IA　　英萨尔档案馆（位于芝加哥洛约拉大学）

序

在研究过程中，我参观了发电站，追踪了输电线路，仔细观察了变电站，还目睹了英萨尔创造的令人惊叹的电网。我考察的那些输电线曾为伊利诺伊州莱克县的一个变电站供电，就在我生活的地方。直到我参观了英萨尔的几处住所，我才开始欣赏他的个性、影响和遗产。

引言　1938 年 7 月 16 日，巴黎

关于英萨尔生命最后一天进入的巴黎地铁站的原始材料依然有一些争议。官方说法是正对着里沃利街的杜伊勒里宫，不过我看到有些文献说是几个街区外的协和广场。我采纳了杜伊勒里宫作为事发地点记录我想象中的英萨尔的最后几分钟。相关背景知识我还参考了网站 www.virtualtourist.com 和 www.discoverparis. net。有关心脏病发作和糖尿病的信息来自网站 www.prevention.com、www.virtua. org 和 www.medicinenet.com。他心脏病发作的顺序在很大程度上是根据他的各种疾病推测出来的。有关他死亡的叙述，我参考了 1938 年 7 月 18 日的《芝加哥论坛报》，同时还与当天其他报纸的报道进行了核对。作为一个英国人，他喜欢准时赴约商务午餐，这是众所周知的，正如麦克唐纳的传记和认识他的那些人的说法一样。那艰难的一年的事件总结是从网站 www.algis.com（1938 年大事记年代表）上搜集而来的。爱迪生在英萨尔离开公司后很久依然欣赏他。他在 1917 年 6

月 20 日发给英萨尔的一封贺电（保存于英萨尔档案馆，16 号档案盒，4 号文件夹）中称英萨尔是"美国最伟大的商人，如潮水般不知疲倦"。爱迪生之所以发这封电报，是因为当时他正忙于政府研究（关于第一次世界大战），无法离开实验室。这位发明家表达了自己的遗憾，为他不能参加为庆祝英萨尔在联邦爱迪生公司任职 25 周年举办的聚会。

1. 伊克斯引语来自 *The Secret Diary of Harold Ickes*，volume 2（Simon & Schuster）1938 年 7 月 23 日的一条记录。

2. 有关"危险的伟大"的内容来自罗恩·切尔诺（Ron Chernow）了不起的 *Alexander Hamilton*（Penguin Press，2004），第 254 页。与汉密尔顿一样，英萨尔做的好事常常被他的悲剧结局和多变个性掩盖了。

3. 塞缪尔·克莱门斯在英萨尔诞生之前很久就驾驶过汽船，这一引语来自 *Life on the Mississippi*（1896 edition），在网站 www.underthesun.cc/Classics/Twain/ lifeonthemississippi/lifeonthemississippi57.html。

第一章　奔流不息：来自爱迪生的召唤

1. Michael Faraday, *Experimental Researches in Electricity*, 1831（Encyclopedia Brittanica/Great Books of the Western World），page 265.

2. George Bernard Shaw, *The Irrational Knot*：*A Novel*（Constable & Co.，1880），pages vi—vii.

莎士比亚的引语与英萨尔提到的"忍冬花"有着模糊的关联。在《仲夏夜之梦》中，这句话诗意地暗示了在森林里嬉戏，不再压抑自己，这当然不是在形容英萨尔的清教徒性格。这句话很可能暗指英萨尔在工作中抛弃了传统智慧。有关英萨尔与爱迪生第一年相处的大部分细节来自他的回忆录，并被麦克唐纳和爱迪生的许多传记作家所证实。英萨尔喜欢重构自己的成长期与这位发明家的关联，并在芝加哥发表的数百场演讲中无数次提及这些引文和轶事。多年来讲述的细节没有任何变化。我从他 1927 年 12 月 8 日的 Public Service Company of Northern Illinois in Chicago 演讲及 1929 年 1 月 15 日的 Middle West Educational Club 演讲（来自 IA，22 号档案盒，3 号文件夹）中提取的一些信息，也与他回忆录呈现的事实一致。我还参考了英萨尔档案馆中有关这方面的信件。有关非国教徒的背景信息，我参考了 John Bowker 的 *Oxford Concise Dictionary on World Religions* 的摘录，网址为 www.spartacus.schoolnet.co.uk/REnonconformists.htm。这个来源也提供了一则有关英国禁酒协会的有用报道。萧伯纳与英萨尔的交往可能仅限于他短暂的电话接线员生涯，尽管他们在 20 世纪也许有过联系。门洛帕克的所有场景以及英萨尔在伦敦与格拉德斯通夫人的电话趣事来自爱迪生的助手弗朗西斯·杰尔以及他的 *Menlo Park Reminiscences*（Edison Institute，1937）。英萨尔在纽约的时候没有几个知心朋友，杰尔是其中一个，他是一个富有同情心的倾听者，不像其他门洛帕克的开拓者，他在英萨尔死后依然很敬重他。我还将他在纽约的相关细节与纽约斯克内克塔迪的通用电气档案馆的资料进行了对照。20 世纪前照明方式和设备改进的相关背景信息来自 Malcolm MacLaren 的 *Rise of the Electrical Industry During the 19th Century*（Princeton：1943），第 66—67 页。为了概述爱迪生的众多企业，我参考了爱迪生档案馆（见上文）的在线版本。关于爱迪生的其他背景资料是从以下这些优质来源提炼出来的：Jill Jonnes 的 *Empires of Light：Edison、Tesla、Westinghouse、and the Race to Electrify the World*（Random House，2003），L.J.Davis 的 *Fleet Fire：Thomas Edison and the Pioneers of the Electric Revolution*（Arcade Publishing，2003）以及 Matthew Josephson 的 *Edison：A Biography*（John Wiley & Sons，1959）。

第二章　蚌中珍珠：爱迪生的电厂

1. Daniel J. Boorstin，*The Americans：The Democratic Experience*（Random House，1973），page 536。我还参考了布尔斯廷对珍珠街发电站第一天运营的描述。

2. B.C. Forbes，*Men Who Are Making America*（Forbes Publishing，1917），page 207。英萨尔对自己与爱迪生工作时间的回忆以及对珍珠街发电站的观察来自福布斯对英萨尔的一次采访。福布斯认为英萨尔给爱迪生企业带来了无上的管理技能。"美国人民欠英萨尔先生一份应有的感谢。"福布斯在对英萨尔片面、乐观的评价中写道。

3. 1882 年 9 月 28 日，英萨尔写给查尔斯·巴彻勒的信，来自 EA。在这封长信中，英萨尔几乎分析了爱迪生所有的公司以及爱迪生和投资者在这些公司上投入的资本。这封信的深度和细节令人印象深刻，考虑到英萨尔在前一年才开始为爱迪生工作，而这个时候，他已经掌握了爱迪生公司面临的财务困难，并意识到应该采取怎样的措施来改善这种状况。

4. 同上。

5. 同上。

6. 1883 年 10 月 7 日，英萨尔写给爱迪生的信，来自 EA。

7. 1882 年 9 月 28 日，英萨尔写给巴彻勒的信，来自 EA。

灯泡体积这则趣事来自英萨尔回忆录。Jill Jonnes 在 *Empires of Light* 中对
1880 年代初的纽约进行了生动的描写。爱迪生对珍珠街发电站第一天运营的回
忆可以在他的许多传记中找到。大部分的细节我都参考了权威的 Josephson 版
本。电力照明效率历史来自经济学家 John Kay 的 *Culture and Prosperity*（Penguin
Books，2004），第 184—185 页。除了多次参观库克之家外，我还查阅了利伯
蒂维尔 - 曼德莱恩历史协会的 *Ansel B. Cook Victorian Museum: A Brief History,
Visitor's Guide, and Drawings*。英萨尔的一系列信件是从爱迪生档案馆里获得
的。社会批评家 Mumford 的 *The Brown Decades: A Study of the Arts in America
1865—1895*（Harcourt，Brace，1931），第 247 页，用图表说明了美国内战后"权
力与财富稳步集中"的现象。泰特对布鲁克林大桥落成典礼的回忆以及爱迪生
对闪电的评论，都是从他的回忆录 *Edison's Open Door: The Life Story of Thomas
Edison, a Great Individualist, by His Private Secretary*（Dutton，1938）中收集
到的。虽然爱迪生的大部分拥护者可能不喜欢这个态度冷淡的英国人，但是泰
特和杰尔一样，对英萨尔基本持一种赞许的态度。特斯拉的部分来自 Margaret
Cheney 和 Robert Uth 的 *Tesla: Master of Lightning*（Metro Books，1999）。杰尔的
Reminiscences（volume 3）提到了特斯拉与爱迪生和巴彻勒早期相处的细节，该
书也对当时的技术挑战提供了一些见解。电力机车趣事也来自杰尔的回忆录。英
萨尔在写给巴彻勒的信中详细阐述了爱迪生公司的经营状况。在回忆录中，英萨
尔简要提到了他对爱迪生建筑部门的处理。爱迪生的许多员工都认为英萨尔对该
公司处理不当，但英萨尔能做的不多，因为该公司明显资本不足。英萨尔建议将
其关闭，这也算是帮了爱迪生一个忙。

第三章　危机与合并：摩根收购

1. Lewis Mumford, *The Brown Decades*（Hartcourt，1931）.

2. 1885 年 11 月 2 日，英萨尔写给父亲的信，来自 EA。

3. 1885 年 7 月 2 日，英萨尔写给哥哥约瑟夫的信，来自 EA。

4. Josephson, *Edison*, page 293.

5. 1887 年 9 月 2 日，英萨尔写给泰特的信，来自 EA。

6. 1887 年 6 月 11 日，英萨尔写给泰特的信，来自 EA。

7. 1887 年 4 月 15 日，英萨尔写给泰特的信，来自 EA。

8. 1888 年 12 月 27 日，英萨尔写给爱迪生的信，来自 EA。

9. *Fleet Fire*，page 264.

10. 同上，第 267 页。

11. 1889 年 1 月 19 日，英萨尔写给爱迪生的信，来自 EA。

12. 1889 年 3 月 7 日，英萨尔写给爱迪生的信，来自 EA。

13. 1890 年 7 月 16 日，英萨尔写给爱迪生的信，来自 EA。

14. 1890 年 10 月 20 日和 12 月 22 日，英萨尔写给爱迪生的信，来自 EA。

15. 爱迪生，引自 *Thomas A. Edison: A Streak of Luck*，by Robert Conot（DaCapo Press，1979），page 294。

Neil Baldwin 的 *Edison: Inventing the Century*（Hyperion，1995），Ronald Clark 的 *Edison: The Man Who Made the Future*（Rainbird，1977）以及 Josephson 的传记，很好地回顾了玛丽·爱迪生去世以及爱迪生后来对米娜·米勒的追求。有关 1880 年代中后期事件的背景主要来自这三部作品。英萨尔的回忆录记载了他对爱迪生最黑暗的那段日子的回顾，爱迪生重返电报业这则趣事来自英萨尔在 1920 年代发表的各大演讲，他的说法前后一致，大受听众欢迎。英萨尔在回忆录中简短地提到了爱迪生调整董事会的行为，杰尔又对细节加以充实。杰尔还回忆起英萨尔在罢免伊顿的过程中所起的作用。目前尚不清楚英萨尔是如何制定自己的创业计划的。他的回忆录中没有提到这个计划，也没有提到哥哥约瑟夫及其情况。英萨尔更乐意分享他在斯克内克塔迪建设机械厂的那段经历，他在多年来的无数访谈中提到了这件事，回忆录中也有详细的记录。和英萨尔一样，亨利·维拉德是那个时代极具传奇色彩的人物，他似乎没有留下多少传记材料。他的两卷回忆录几乎囊括了他在内战期间的大部分经历，但没怎么提及和爱迪生的交往。我还参考了 Alexandra Villard de Borchgrave 和 John Cullen 的 *Villard: The Life and Times of an American Titan*（Doubleday，2001）以及哈佛大学贝克图书馆（那里保管着维拉德的档案）的一些索引材料。我还从 Helmut Schwab 的 *Henry Villard: Journalist, Industrialist, Abolitionist* 获得了一些背景材料，这篇论文受到版权保护，由普林斯顿大学出版社于 1994 年出版，2003 年再版。维拉德成立爱迪生通用电气公司以及爱迪生那句"稳妥总比后悔好"的引语来自英萨尔回忆录。"电流之战"部分，我参考了 Clark 的 *Edison*，Jonnes's *Empires of*

Light 以及 Andre Millard 的 *Edison and the Business of Innovation*（Johns Hopkins Press，1990）。特斯拉部分主要来自 Cheney 和 Uth 的 *Tesla*。交流电 / 直流电之战在 *Fleet Fire* 一书中得到了很好的概述。目前有关交流电 / 直流电之战最全面的书是 Mark Essig 的 *Edison and the Electric Chair*：*A Story of Light and Death*（Walker，2003）。关于交流电的技术优势比较容易理解的解释可以在 Harold Sharlin 的 *The Making of the Electrical Age from the Telegraph to Automation*（Abelard-Schuman，1963）一书中找到。有关 1889 年曼哈顿停电的部分来自 Jill Jonnes 的 New York Unplugged，1889，该文于 2004 年 8 月 13 日发表于《纽约时报》第 A23 版。MacLaren 的 *Rise of the Electrical Industry* 提供了 19 世纪最后二十年的电气工业的关键背景信息以及汤姆孙-豪斯顿电气公司的历史。Paul Israel 的 *Edison*：*A Life of Invention*（John Wiley，1998）详细介绍了摩根合并。泰特和英萨尔（在他的回忆录中）很少提及这笔交易。英萨尔声称他的行为符合爱迪生最大利益的部分，主要基于他的回忆录和爱迪生的传记作者。

第四章　开放之城：英萨尔前往芝加哥

1. Theodore Dreiser，*The Titan*（World Publishing，1914），page 60.

2. Dreiser，*Sister Carrie*（Robert Bentley，1900），page 19.

3. Herbert Asbury，*The Gangs of Chicago*：*An Informal History of the Chicago Underworld*（Thunder's Mouth Press，1940），page 204.

4. Frank Lloyd Wright，*Collected Writings*，volume 2（Rizzoli International/Frank Lloyd Wright Foundation，1992），page 155.

5. 同上。

6. Louis Sullivan，*The Autobiography of an Idea*（Dover Publications，1956），pages 308—309.

7. Henry Adams，*The Education of Henry Adams*（Houghton Mifflin，1973），pages 342—343.

德尔莫尼科宴会记录在爱迪生的文献资料中，不过，目前还不清楚维拉德和摩根集团如何看待英萨尔的夸口。从纽约搬到芝加哥的大部分内容都来自英萨尔的回忆录。关于芝加哥的历史书籍有很多，我参考了 Kenan Heise 的 *The Chicagoization of America 1893—1917*（Chicago Historical Bookworks，1990）以及 Harold Mayer 和 Richard Wade 的 *Chicago*：*Growth of a Metropolis*（University of Chicago Press，1969），这两本书为芝加哥引人注目的往事提供了一些细节。关于芝加哥早期和美洲原住民的历史，我找到了一本颇有见地的小册子——James Patrick Dowd 的 *The Potawatomi：A Native American Legacy*（St. Charles Historical Society，1989）。1972 年 2 月，Roger Anderson 在 *Outdoor Illinois* 上发表的 The Prairies 概述了高草草原的进化史和生物群落。你也可以通过走进芝加哥马凯特大厦的圆形大厅来了解法国人和美洲原住民之间的相互关系，那里展出了船夫、耶稣会士和当地酋长的几座浮雕，这些浮雕可以追溯到 1830 年代初波塔瓦托米人与美国政府签署协议转让芝加哥以前。马凯特大厦就在（新）爱迪生大楼旁边，所以英萨尔会对当地历史有所了解。如果要更好地了解这座城市如何成为一张基础设施扩建和生态影响网，Alvin Boyarsky 的 *The Idea of a City*（MIT Press，1996）以及 William Cronon 的 *Nature's Metropolis：Chicago and the Great West*（Norton，1991）能够提供一个概览。在网站 www.religiousmovements.lib.virginia.edu/nrms/wctu.html 上可以找到关于 19 世纪的禁酒运动以及普遍酗酒的一个非常好的历史记录。我从这个来源找到了苏珊·B. 安东尼的引语以及酒类消费和禁酒的数据。William Stead 的 *If Christ Came to Chicago*（Laird & Lee，1894）的副标题是 "A Plea for the Union of All Who Love in the Service of All Who Suffer"。这本令人着迷的书囊括了丑闻揭露、福音派愤怒和妓院名单，让读者能够对 19 世纪末的芝加哥一览无余。和五十年前的斯特德一样，Asbury 在他的 *Gangs of New York* 的续集中，提供了芝加哥犯罪活动发展过程中出现的人物和地点。吉卜林引语来自 Heise 的 *Chicagoization of America*，该书汇编了芝加哥历史主要塑造者的小品文，比如简·亚当斯、克拉伦斯·达罗以及其他一些社会改革家。Miles Berger 的 *They Built Chicago：Entrepreneurs Who Shaped a Great City's Architecture*（Bonus Books，1992）一书概述了埃奇沃特的发展以及赖特在其中所起的作用。赖特对芝加哥的第一印象摘录于他的自传 *The Collected Writings of Frank Lloyd Wright*，volume 1（Rizzoli International/Frank Lloyd Wright Foundation，1992）。由 James Grossman、Ann Durkin Keating 以及 Janice Reiff 编辑的 *The Encyclopedia of Chicago*（University of Chicago Press/Newberry Library，2004）对芝加哥的基础设施和历史进行了精彩的记录。这部巨著是风城所有相关事实的来源。Carl Condit 的 *The Rise of the Skyscraper：The Genius of Chicago Architecture from the Great Fire to Louis Sullivan*（University of Chicago Press，1952）是了解芝加哥现代建筑发展史不可或缺的文本。虽然沙利文的 *Autobiography of an Idea* 表现出他

对传统建筑明显的厌恶，但该书仍有助于了解现代建筑学的伟大创新者。英萨尔的回忆录详细记录了他在芝加哥的早期生活，特别是经济方面的细节。Heise 的 *Chicagoization* 提供了世界哥伦比亚博览会的基本事实。我还查阅了 James Gilbert 的 *Perfect Cities: Chicago's Utopias of 1893*（University of Chicago Press，1991），该书对 19 世纪末芝加哥地区进行的几个乌托邦实验进行了比较。Erik Larson 的 *The Devil in the White City: Murder, Magic, and Madness at the Fair That Changed America*（Crown，2003）提供了一些有关博览会和那一时期的有趣细节，并将其穿插在一起谋杀案中。丹尼尔·伯纳姆无疑是个有远见的人，被历史学家视为一个杰出的推动者或城市规划师。关于这位芝加哥造诣最高的梦想家，我参考了 Thomas Hines 的 *Burnham of Chicago: Architect and Planner*（University of Chicago Press，1979）。博览会上的特斯拉部分来自 Cheney 和 Uth 的 *Tesla*。亚当斯的 *Education* 对博览会的重要意义进行了简单而又富有见地的介绍，这部经典之作应该成为每门美国历史课程的必修内容。德沃夏克参观博览会和美国的部分来自 Joseph Horowitz 的 *Dvorak in America: In Search of the New World*（Cricket Books，2003），该书以一种令人愉快的方式记载了他 1893 年的美国之行。

第五章 爱情与战争：英萨尔结婚，战争逼近

1. Alex Kotlowitz，"A Meeting of Writers: The Champions of Underdogs," *New York Times*，January 1，2005.

2. Frederic Edward McKay，"Dramatic World," *Mail Evening Express*，December 8，1898.

3. 1893 年 1 月 30 日，英萨尔写给泰特的信，来自 EA。

4. 1898 年 11 月 14 日，格拉迪丝写给英萨尔的信，来自 IA（4 号档案盒，7 号文件夹）。

5. 1899 年 4 月 29 日，同上，来自 IA（5 号档案盒，4 号文件夹）。

6. 来自 IM，第 96 页。

通过 1897 年到 1899 年两人的数百封信件，可以了解英萨尔对格拉迪丝·沃利斯的正派追求。但出于某种原因，英萨尔档案馆中只保存了那段时期她写给英萨尔的信件，除了麦克唐纳的传记外，几乎很少或根本没有其他渠道来了解英萨尔是如何追求她的。麦克唐纳的传记提供了本书有关格拉迪丝的大部分背景资料。我还于 2005 年 4 月 22 日对麦克唐纳教授进行了电话采访。在英萨尔档案

馆中可以找到对格拉迪丝表演的两篇评论。我大致推测了第一篇评论的出版时间和刊物，但是没有找到有关第二篇评论出版时间和刊物的任何信息。英萨尔在芝加哥爱迪生公司的早年经历和演讲在他的回忆录中得到了概述。关于格拉迪丝和英萨尔在芝加哥早年生活的其他背景，我查阅了 Emmett Dedmon 的 *Fabulous Chicago*（Macmillan，1981），这是一本可读性非常强的芝加哥历史读物。另外一本热情洋溢的芝加哥历史读物是 Donald Miller 的 *City of the Century*，*The Epic of Chicago and the Making of America*（Simon & Schuster，1996）。对第一次世界大战前电影业的描述来自 Diana Dretske 的 *Lake County*，*Illinois*（Heritage Media，2002）。通过对伊利诺伊沃孔达的莱克县探索博物馆（Dretske 小姐是档案管理员）的多次访问，我了解到莱克县和芝加哥在 20 世纪早期流行文化的产生中所起的重要作用。近十年前，我从该博物馆的档案馆开始了对英萨尔的早期研究。Edward Bellamy 的 *Looking Backward*（Penguin，1982）是了解镀金时代的最后几年以及进步派兴起的必读书。John Thomas 的 *Alternative Americ*（arvard University Press，1983）探讨了 Bellamy 和 Henry Demarest Lloyd 等早期进步领导人的作用。虽然没有关于英萨尔和沃利斯婚礼的详细书面记录，但英萨尔档案馆里的婚礼相册就和曼哈顿的电话簿一样厚，里面有爱迪生、维拉德以及其他到场达官显要的贺信。这场婚礼不大可能吝惜费用。对于 1898 年的快照，我参考了 David Traxel 的 *1898：The Birth of the American Century*（Knopf，1998），其中包括对杜威和控股公司的一些深刻见解。我还参考了 Janette Greenwood 的 *The Gilded Age：A History in Documents*（Oxford University Press，2000）中出色的大事纪年代表。菲斯克街涡轮发电机安装的叙述来自英萨尔的回忆录和麦克唐纳的传记。我对菲斯克街发电站外观的描述是基于一次参观、从发电站档案馆收集的信息以及发电站当前所有者中西部发电有限责任公司（他们非常慷慨地为我准备了一份关于该发电站的剪贴簿）的帮助。联邦爱迪生档案馆里的 *A Report on the Fisk Street Station of Commonwealth Edison 1902—1909*（作者不详）进一步详述了该发电站的历史。关于管理员的趣事也来自这份文件。爱迪生和福特的对话在所有爱迪生文献资料中反复提及。关于最初的大型发电站，Lloyd Lewis 和 Henry Justin Smith 的 *Chicago：The History of Its Reputation*（Harcourt Brace，1929）提供了一个更接近那个时代的描述。1905 年大事记来自 Simon Singh 于 2005 年 1 月 2 日发表在《纽约时报》的 Even Einstein Had His Off Days。英萨尔在 1906 年 1 月 15 日和 5 月 7 日写给爱德华·布鲁斯特的信件中，概述了他的商业策略以及他对市议会

的担忧。这两封信都是从芝加哥历史协会获得的。我在 Elizabeth Kolbert 于 2004
年 11 月 29 日发表在《纽约客》的 Why Work? A Hundred Years of the Protestant
Ethic 中还找到了一些关于马克斯·韦伯的有趣的新研究。莱克县实验和农村地
区通电之前的生活来自杂志《爱迪生》第 9 卷第 1 期（1987 年），英萨尔的回忆
录中也简要地提到过。联邦爱迪生广告战略发展的大部分内容来自 H.A. Seymour
的 History of the Commonwealth Edison Company，这是我在公司档案馆找到的一份
1935 年版打字稿。莱克县和利伯蒂维尔 1910 年以前的历史是从利伯蒂维尔–曼
德莱恩历史协会的档案馆和网站 www.libertyville.com/history.htm 上收集的。赖特
的引文来自 Donald Hoffman 的 Frank Lloyd Wright's Robie House：The Illustrated
Story of an Architectural Masterpiece（Dover House，1984）。格拉迪丝在小塞缪尔
生病和康复（以及她的引语）中所起的作用来自麦克唐纳的传记。

第六章　新型权力：英萨尔树立形象

1. Louis Brandeis, *Other People's Money and How Bankers Use It*（Stokes, 1914），pages 22—23.

2. Mary Garden, with Louis Biancolli, *Mary Garden's Story*（Simon & Schuster, 1951），pages 62—63.

3. 同上，第 212—213 页。

4. Brandeis，pages 80—81.

5. 同上，第 156—157 页。

6. Bernard Sunny, *Samuel Insull：A Many-Sided Man*,（Franklin Institute, 1926），在富兰克林学院发表的一次演讲，该演讲旨在表彰英萨尔并为其肖像揭幕。

7. Harold Ickes, *The Autobiography of a Curmudgeon*（Reynal & Hitchcock, 1950），page 190.

8. 1919 年 3 月 16 日，小塞缪尔·英萨尔写给英萨尔的信（感谢 Barbara Mahoney）。

布兰代斯的《别人的钱：投资银行家的贪婪真相》是一部重要的经典之
作，对任何想要了解第二次世界大战前托拉斯时代的人来说是必读书目。在
我的研究过程中，玛丽·加登这个人物的个性在 20 世纪初就和英萨尔一样突
出，但她很少被历史作品提及。好在最近有一本传记给予了玛丽公正的评价，那
就是 Michael T.R.B. Turnbull 的 *Mary Garden*（Timber Press，1997）。玛丽与 Louis

Biancolli 合著的自传 *Mary Garden's Story*（Simon & Schuster，1951）包含大量有关玛丽超乎寻常个性的描写，但里面丝毫没有透露她的内心生活或者她与英萨尔的关系。这两个文本是我了解这位迷人女性的主要来源。我从互联网上收集了更多关于她的录音和演出经历的背景资料，比如 www.cantabile-subito.de/Sopranos/Garden_Mary/hauptteil_garden_m-ary.html（她的第一个引语就是出自此处）、国家公共广播电台的 At the Opera 网站 www.npr.org/programs/attheopera/archives/000408.ato.html、Brainy Encyclopedia 网站 www.brainyencyclopedia.com 以及明尼苏达州公共广播电台网站 www.news-minnesota.publicradio.org/features/2005/01/31_morelockb_pelleas-melisande/。奇怪的是，英萨尔在自己的回忆录中很少提到她，考虑到他们一定对彼此产生了很大的影响，这着实令人费解。所有关于玛丽表演的引文均来自 Turnbull 的书。联邦爱迪生公司最初几十年的所有事实均来自其卷帙浩繁的档案馆（约有 9000 盒），现在由爱克斯龙商业服务公司管理。帕姆·斯特罗贝尔（Pam Strobel）对其祖母在公司任职的回忆来自 2005 年 1 月 31 日的一次电话采访。关于联邦爱迪生历史的另一个主要资料来源是约翰·霍根（John Hogan）的 *A Spirit Capable*（Mobium Press，1986）。我还在 2004 年 12 月 8 日采访了约翰，并交换了几封邮件。小熊队最后一次赢得世界大赛冠军的悲惨故事（悲惨还在继续）以及"宝贝"鲁思的崛起等内容来自网站 www.chicagosports.com 2004 年 10 月 12 日的记录。Mayer and Wade 的 *Chicago: Growth of a Metropolis* 举例说明了城际系统的广泛性以及它是如何将芝加哥和三大州连接在一起的。同样很有帮助的还有 Bruce Moffat 的 *The "L": Development of Chicago's Rapid Transit System 1888—1932*（Bulletin 131 of the Central Electric Railfan's Association，1995）。特定的铁路线路以及已经停用的城际铁路（如北岸铁路）如今仍有活跃的粉丝俱乐部。其中一家俱乐部 www.northshoreline.com 非常慷慨地帮助我获取资料（见下文的"特别鸣谢"）。我对英萨尔豪宅的描述是基于 2004 年至 2005 年间的几次访问以及从得克萨斯大学获得的原始图纸。我找不到马歇尔对英萨尔豪宅的任何评价。我对这栋类似帕拉弟奥新古典主义建筑风格的房子的大部分描述都是基于 Bruce Boucher 的 *Andrea Palladio: The Architect in His Time*（Abbeville Press，1998）。我也无法找到延斯·延森巧妙的庭院原始景观规划，但我相信，马歇尔的图纸也许包含了他的想法。库尼奥公司的主管约翰·拜恩（John Byrne）尤其对我有帮助，因为他的父亲曾在这个庄园工作过，他为还原这所房子在更早时期的大致面貌提供了一定的指导。

第七章　爵士春秋: 1920 年代的繁荣

1. Nelson Algren, *Chicago: City on the Make*（University of Chicago Press, 1951）, page 54. 阿尔格伦的这首散文诗总结了他与这座影响了他的小说创作的城市的爱恨关系，其中也顺便提到了英萨尔。

2. 联邦爱迪生公司在其公司出版物《电气之城》上刊登的一则广告，第 11 卷，来自 CEA。

3. 亨利·德马雷斯特·劳埃德，引自 Gwendolyn Wright 的 *Building the Dream*（Random House, 1981）, 第 170 页。

4. 同上，第 156 页。

5. 联邦爱迪生公司的一则广告，1925 年，来自 CEA。

6. Phineas T. Barnum, *The Life of Phineas T. Barnum, Written by Himself*（University of Illinois Press, 2000）, pages 394—396.

7. 1921 年 3 月 11 日，英萨尔在伊利诺伊州的皮奥里亚商会发表的一次题为"我的生意就是你们的生意"（My Business Is Your Business）的演讲。

8. John Gruber and J.J. Sedelmaier, "SIC Transit," *Print Magazine*, May-June, 1998.

9. 英萨尔，出自伯纳德·马拉尼摘录和编辑的 *Principles of Utility Management*（小册子）, 1924 年 2 月 15 日，来自 IA（22 号档案盒，7 号文件夹）。

联邦爱迪生档案馆是 20 世纪头三十多年电力销售情况的宝贵信息来源。我在这个主题上的大部分发现都是从这个来源获得的，包括引用的许多广告和宣传。Gwendolyn Wright 的 *Building the Dream* 是了解这一时期以及电力与家庭生活如何交织在一起的重要文献，从中可以找到本章列出的几个事实。联邦爱迪生在 1926 年为查尔斯·科芬奖提交的一本小册子中，详细记录了其整个广告策略，包括大量电力销售的数据，公司最终因在电力和电器销售方面的杰出表现荣获该奖。关于芝加哥地区电力使用和电气产品广告的大部分事实都是从这个来源找到的。格拉迪丝和簿记员的轶事来自麦克唐纳的传记。John Hogan 的 *A Spirit Capable* 一书也填补了 1920 年代公司历史上的许多空白。Heise 的 *The Chicagoization of America* 提供了"一战"后非裔美国人社区的简史。Studs Terkel 记录（通过他在印刷品、电视和广播中的绝妙采访）的美国历史也许比其他任何一个作家都要多，他在一次电话采访中慷慨地提供了他对 1920 年代的回忆。玛丽·加登在自传中简要地提到了她在芝加哥广播电台的首演之夜。我在网站 www.richsamuels.com/nbcmm/kyw.html 上发现了关于早期芝加哥电台的更详尽的历史。我参考了 Richard Norton Smith 的 *The Colonel: The Life and Legend of Robert R. McCormick*（Houghton Mifflin，1997），这本传记非常客观，主角是和英萨尔一样备受争议的芝加哥巨头。英萨尔的趣闻轶事均来自这本书。Joseph Epstein 于 1997 年 8 月发表于 *Commentary* 的 The Colonel and the Lady 一文也值得一读。英萨尔的回忆录中特别提到了他对英国的几次访问。巴纳姆的自传并不怎么可靠，所以我参考了 Philip B. Kunhardt、Philip B. Kunhardt, Jr.、Philip B. Kunhardt III 以及 Peter W. Kunhardt 的 *P.T. Barnum: America's Greatest Showman*（Borzoi-Knopf，1995）。英萨尔在 1910 年到 1929 年发表的数场演讲中，一再吹嘘他的公司有多少客户和投资者。从他发表的两卷演讲中，我总结了他大部分的主要观点，包括他对联邦监管并接管其行业的厌恶。城际铁路部分我大量参考了 Ronald Cohen 和 Stephen McShane 的 *Moonlight in Duneland: The Illustrated Story of the Chicago South Shore and South Bend Railroad*（Quarry Books，1998）与网站 www.northshoreline.com 列出的事实和插图。另一本非常有用的城际铁路网指南是 George Hilton 和 John Due 的 *The Electric Interurban in America*（Stanford University Press，1964）。为了解芝加哥的基础设施是如何发展的，我还参阅了 Ann Durking Keating 的 *Invisible Networks: Exploring the History of Local Utilities and Public Works*（Krieger Publishing，1994），书中包含了一些关于电气连接、城际铁路和芝加哥公共卫生系统的非常有用的事实和见解。1924 年 12 月 14 日，英萨尔在芝加哥房地产委员会发表的演讲中，详细介绍了房地产价格如何沿着他的电气铁路线上涨（感谢芝加哥哈罗德·华盛顿图书馆和芝加哥市政参考图书馆）。关于 1920 年代的其他背景资料，我参考了 David Kyvig 的 *Daily Life in the United States, 1920—1940: How Americans Lived through the "Roaring Twenties" and the Great Depression*（Ivan Dee，2002），Perry Duis 的 *Challenging Chicago: Coping with Everyday Life 1837—1920*（University of Illinois Press，1998），1923 年 5 月通用电气的杂志 *Light* 以及 1976 年 2 月 5 日发表于 *Libertyville Independent-Register* 的 Samuel Insull: His Son Remembers the Tycoon。

第八章　稳住场面：1920 年代中期的丑闻

1. Charles R. Walgreen，连锁药店创始人，1932 年，引自 Richard Lindberg 编

辑的 *Quotable Chicago*（Wild Onion Books，1996），第 56 页。

2. Arthur Meeker，Jr.，*Chicago Herald & Examiner*，June 2，1925，引自麦克唐纳的 *Insull*，第 234—235 页。

3. Pauline Kael，*Raising Kane*（Bantam Books，1971），page 12.

4. Ben Hecht，*Gaily*，*Gaily*：*The Memoirs of a Cub Reporter in Chicago*（Elek Books，1964），pages 151—152.

5. Morris Werner，*Julius Rosenwald*：*The Life of a Practical Humanitarian*（Harper & Brothers，1939），page 299.

6. Hogan，*A Spirit Capable*，page 148.

7. 赫伯特·胡佛，1925 年 6 月 17 日，在国家电灯协会第 48 届大会上发表的题为"State versus Federal Regulation in the Transformation of the Power Industry to Central Generation and Interconnection of Systems"的演讲，来自 *NELA Proceedings*，第 82 卷。

8. 英萨尔，1925 年 5 月 7 日，在伊利诺伊大学香槟分校发表的题为"Why Do So Many Bright Young Men Enter the Public-Utility Business？"的演讲。

9. J.E. Davidson，国家电灯协会主席，1926 年 5 月 18 日在国家电灯协会第 49 届大会上发表的讲话，来自 *NELA Proceedings*，第 3 卷。

10. *Chicago Tribune* 的社论，引自 Ronald Davis 的 *Opera in Chicago*（Appleton Century，1966），第 160 页。

11. 英萨尔 1926 年 6 月 19 日在芝加哥体育馆举行的国际圣体大会上发表的讲话，来自芝加哥大主教区的档案馆。

12. Clarence Darrow，*Attorney for the Damned*，edited by Arthur Weinberg（Simon & Schuster，1957），pages 200—201.

13. Lawrence Bergreen，*Capone*：*The Man and the Era*（Simon & Schuster，1994），page 226.

史密斯事件在麦克唐纳的传记中有相当详细的叙述，英萨尔回忆录中提及该事件的四段话几乎是带着歉意的。Hogan 的 *A Spirit Capable* 也客观地看待了这一丑闻。出乎意料的是，我在 Morris Werner 的 *Julius Rosenwald* 中找到了一个关于这件事的相对较好的叙述。David Thelen 的 *Robert M. La Follette*（Little，Brown，1976）概述了 1920 年代中后期的进步运动。马丁·英萨尔在国家电灯协会发表的讲话表明了他对公用事业所有权的反对。我引用了他 1923 年 6 月 17 日在国家电灯协会发表的讲话。每一家芝加哥报纸都提到了格拉迪丝重返戏剧界的消息。我的叙述大部分都来自麦克唐纳的传记。英萨尔、曼凯维奇、韦尔斯与《公民凯恩》之间的联系在 Pauline Kael 的一本有关这部伟大电影的书中得到了巧妙地处理。同样有帮助的还有 Frank Brady 的 *Citizen Welles：A Biography of Orson Welles*（Scribners，1989） 和 Barbara Leaming 的 *Orson Welles*（Viking Penguin，1985）。本·赫克特的早期回忆录会让你感受到他的《头版》岁月。他漫长而优秀的职业生涯的部分电影目录来自网站 www.imdb.com/name/nm0372942/。拿破仑引语来自麦克唐纳的传记。玛丽·加登在自传中对自己的风流韵事含糊其辞，而且她最近的传记也很少提及她的爱情生活。《芝加哥论坛报》社论以及她在英萨尔接任前对歌剧的管理可参见 Ronald Davis 的 *Opera in Chicago*（Appleton Century，1996）。引语来自加登的传记。Edward Kantowicis 的 *Corporation Sole：Cardinal Mundelein and Chicago Catholicism*（University of Notre Dame Press，1983）对红衣主教芒德莱恩进行了简要介绍。我还使用了从芝加哥天主教大主教区获得的背景材料——英萨尔写给芒德莱恩的信件。1972 年 10 月 23 日，小英萨尔在利伯蒂维尔-芒德莱恩历史协会发表的讲话中回忆起英萨尔在家中接待红衣主教的往事。北岸铁路的数据来自网站 www.northshoreline.com。我对芒德莱恩神学院的描述是基于无数次的拜访（距离我家大约三英里）。其他事实详见网站 www.usml.edu。对 1920 年代音乐的概述，我参考了 Alec Wilder 的 *American Popular Songs：The Great Innovators 1900—1950*（Oxford University Press，1972）。刘易斯的轶事来自卡尔·桑德堡的 *The Sandburg Range*（Harcourt，1957），第 123—124 页。一本关于刘易斯的客观传记是 Richard Lingeman 的 *Sinclair Lewis：Rebel from Main Street*（Random House，2002）。我在利伯蒂维尔-芒德莱恩历史协会的档案馆里以及 Katherine Hamilton-Smith 于 2004 年 6 月 20 日发表在 *Daily Herald* 上的文章中，发现了当地报纸对朗道特抢劫案的报道。

第九章　四面楚歌：崩盘、溃败和歌剧院

1. Edgar Lee Masters, *The Tale of Chicago*（G.P. Putnam，1935），pages 305—306.

2. 来自 IM，第 188 页。

3. Harold Platt, "Samuel Insull and the Electric City" as excerpted from a chapter in *A Wild Kind of Boldness：A Chicago History Reader*, edited by Rosemary Adams

（Chicago Historical Society，1998），page 218.

4. 英萨尔于 1928 年 8 月 11 日在伊利诺伊州北部公共服务公司的示范农场开幕式上发表的讲话（来自芝加哥历史协会档案馆）。

5. David Nye，*Electrifying America：Social Meanings of a New Technology*（MIT Press，1990），page 277.

埃德加·李·马斯特斯对伊顿事件的描述，包含了其他说法缺乏的新鲜感。他可能亲自目睹了英萨尔对自己公司的控制逐步瓦解的过程。大部分财务细节来自回忆录和英萨尔档案馆中有关英萨尔受审的文件。有关 1920 年代的全面历史，我参考了 Nathan Miller 的 *New World Coming：The 1920s and the Making of Modern America*（Scribner，2003），该书详细介绍了控股公司的兴起以及英萨尔在创造它们的过程中所起的作用。国家电灯协会 1920 年代后期的宣传活动在大卫·奈的 *Electrifying America：Social Meanings of a New Technology*（MIT Press，1990）中有所提及，该书对解释 20 世纪电力如何主宰消费文化起到了重要作用。我找到了 1929 年 1 月的《美国信使》（*American Mercury*）的一份副本，对其中的广告比对文章更感兴趣。英萨尔似乎没有吹嘘他的股票，而且还在其回忆录中为此进行辩护。示范农场和利伯蒂维尔这个部分得到了利伯蒂维尔-芒德莱恩历史协会提供的若干材料的帮助（包括该区居民的个人回忆）。英萨尔及其同事还在当地商会和商人团体面前发表了讲话，相关信息也是出于这个来源。我还参观了小英萨尔在锡利岛的故居。伊利诺伊州大学建筑研究生院的凯利·帕特里克·拉弗蒂（Kelly Patrick Rafferty）在一篇未发表的论文（1983 年 6 月）中，提供了有关利伯蒂维尔公共服务大楼的背景资料。西切斯特/泽拉斯基部分得到了西切斯特地区历史协会和他们详尽细致的网站 www.franzosenbuschheritagesociety.org 的帮助，该网站上有英萨尔的简介。奈在 *Electrifying America* 中解释了电气化的社会影响，该书是这一部分内容的主要资料来源。我从 Kyvig 的 *Daily Life* 中收集了更多关于新兴消费文化的事实。T.H. Watkins 的 *Righteous Pilgrim：The Life and Times of Harold Ickes*（Henry Holt，1990）淋漓尽致地描述了进步分子对英萨尔的运输提议的攻击。对股市暴涨和崩盘的经典描述，我参考了 John Kenneth Galbraith 的 *The Great Crash 1929*（Houghton Mifflin，1979）。尽管英萨尔的新歌剧院的开幕之夜在他的所有资料中都有所提及，但有关这栋大楼和电力俱乐部的详尽背景资料是由这栋大楼的现任所有者、办公物业投资公司和俱乐部的管理人员提供的。抒情歌剧院在网站 www.lyricopera.org/about/house.asp 上也提供了有关这栋大楼的历史。我也曾去过几次歌剧院（那里有一个英萨尔的房间），参观了曾是他顶级公寓的地方（现在是办公空间），参观了塔楼俱乐部，我在大楼周围四处走动的次数多到我都记不清。1929 年的歌曲和书籍的概要是在网站 guweb2.gonzaga.edu/ty/campbell/enl311/1920m.html 上找到的。

第十章　退位与流亡：英萨尔逃离美国

1. John Dos Passos, *The Big Money* from *The USA Trilogy*（Literary Classics, 1996），page 1212. 在这部以新闻短片为灵感的经典作品中，英萨尔是包括爱迪生、福特及赫斯特在内的一系列欢乐小短文中的一个主题。

2. Galbraith, *The Great Crash*, page 135.

3. Insull, *Electrical World*, December 14, 1929, page 1165.

4. "Courage to Be Big Need of 1931—Insull," *Chicago Herald-Examiner*, February 17, 1931.

5. 来自 IM，第 203 页。

6. Royal Munger, "Insull Losses Leave Earning Power Secure：Directors Have Confidence in Utility Leader：Control Assured," *Chicago Daily News*, March 7, 1932.

7. 1932 年 1 月 20 日，哈里·布思写给罗伯特·洛维特的信（来自芝加哥历史协会）。

8. 1932 年 9 月 21 日，富兰克林·德拉诺·罗斯福在俄勒冈州波特兰市的市政礼堂发表的演讲，来自罗斯福图书馆，着重词是罗斯福自己加的。

9. 1932 年 10 月 6 日，英萨尔在意大利米兰写给格拉迪丝的信，来自 IA（19 号档案盒，10 号文件夹）。

加尔布雷思的《大崩盘》对理解股市崩盘至关重要，我采用了他 50 周年的纪念版作为背景资料。相比之下，联邦爱迪生的出版物则充满了英萨尔的乐观主义。伊顿部分来自英萨尔的回忆录、笔记以及麦克唐纳的传记。以下文献提供了有关那个时代的关键信息：保罗·道格拉斯的回忆录 *In the Fullness of Time*（Harcourt Brace, 1971）、Roger Biles 的 *Crusading Liberal：Paul H.Douglas of Illinois*（Northern University Press, 2002）、*Fortune* 杂志 1931 年 9 月刊发表的以 "塞缪尔二世" 为题的小英萨简介、Marian Ramsay 的 *Pyramids of Power：The Story of Roosevelt, Insull, and the Utility Wars*（Bobbs-Merrill, 1937）、Frederick

Lewis Allen 的 *Since Yesterday*（Harper & Row，1986）、Frank Freidel 的 *Franklin D. Roosevelt*（Little，Brown，1973）以及 Kenneth Davis 的 *FDR：The New York Years 1928—1933*（Random House，1985）。格拉迪丝的晚宴在《芝加哥论坛报》1931 年 1 月 11 日的"表姐夏娃"社会专栏中进行了特别报道。爱迪生的访问和英萨尔公司的财务账户来自芝加哥报纸的报道。他的回忆录详细记录了自己与银行的谈判。英萨尔辞职的后果在麦克唐纳的传记和回忆录中都有记载。我在网站 www.niulig.niu.edu/rbsc/2coos.html 上发现了有关歌剧院在经济崩溃后的财务状况的一则报道。Royal Munger 的小册子 *The Rise and Fall of Samuel Insull*（没有发现出版日期，但据信是 1930 年代中期他的 *Chicago Daily News* 新闻报道的汇编）以及 John T.Flynn 从 1932 年 12 月开始在 *Colliers* 杂志上发表的系列文章 Up and Down with Sam Insull 提供了极其重要的同时代的叙述。

第十一章　直面困难：英萨尔因欺诈受审

1. Saul Bellow，*The Adventures of Augie March*（Viking Press，1953），page 106. 这本 20 世纪伟大的小说竟然提及了英萨尔，真是令人惊喜。以此纪念。

2. Christopher Protopappas，"'Innocent' Says Samuel in Exclusive Talk," *Chicago American*，October 10，1932.

3. "Decision of the Greek Court of Appeals on the application of the U.S.A. for the extradition of Samuel Insull，Sr.，1933," *American Journal of International Law*，1934，page 362.

4. Masters，*The Tale of Chicago*，page 327.

5. Insull statement，Fort Hancock，New Jersey，May 7，1934，IA（box 66，folder 18）.

6. "Insull to Appear in Court on Wednesday," *Chicago American*，May 14，1934.

1932 年，芝加哥所有的报纸都详细报道了英萨尔的这次出逃和玛丽·加登的评论。通用电气 1933 年秋天发行的杂志 *Light* 概述了世博会"进步的世界"。芝加哥所有的报纸都对这次审判进行了报道，而且还翻印了审判记录。审判前、审判中、审判后的所有引语都出自这些来源，尤其是《芝加哥论坛报》《先驱考察者报》和《美国人》。英萨尔写给罗斯福的信来自 IA（11 号档案盒，1 号文件夹）。

第十二章 时机成熟：英萨尔的遗产

1. Christopher Morley，*Old Loopy*：*A Love Letter for Chicago*（Argus Book Shop，1935）.

2. 1935 年 3 月 18 日特斯拉写给英萨尔的信，来自 IA（8 号档案盒，2 号文件夹）。

3. Beverly Sills，*Beverly*：*An Autobiography*（Bantam Books，1987），pages 54—55.

4. Francis X. Busch，*Guilty or Not Guilty*?（Bobbs-Merrill，1952），page 127.

5. Ramsay，*Pyramids of Power*，page 114.

审判后的场景和引文来自芝加哥的报纸。我还进入联邦爱迪生档案馆提取了年度报告，并注意到 1932 年以前的报告是多么稀少。为了深入了解控股公司的力量，我参考了 Ramsay 的 *Pyramids of Power*、网站 www.ucan.org/law_policy/energydocs/history.htm、Leonard Hyman 的 *America's Electric Utilities*：*Past*，*Present*，*and Future*，Public Utilities Reports，2000）、Joel Seligman 的 *The Transformation of Wall Street*（Houghton-Mifflin，1982）、Thomas Parke Hughes 的 *Networks of Power*（Johns Hopkins University Press，1983）以及 Conrad Black 的 *Franklin D. Roosevelt*：*Champion of Freedom*（Public Affairs，2003）。对英萨尔的死亡和葬礼的描述来自芝加哥的报纸。我从网站 www.wildyorkshire.co.uk/naturediary/docs/2003/6/246.html 获得了忍冬花的参考资料。有关英萨尔财产的细节几乎都来自英萨尔档案馆。

后记 周而复始

1. Harold Platt，*The Electric City*：*Energy and the Growth of the Chicago Area 1880—1930*（University of Chicago Press，1991），page 289.

我试图把英萨尔的生平事迹放在现代背景下来看待，在我使用的所有资料中最具启发性的是理查德·库达希阁下和教授威廉·亨德森的 From Insull to Enron：Corporate Re-regulation after the Rise and Fall of Two Energy Icons，该文发表于 *Energy Law Journal* 2005 年第 26 卷第 1 期。库达希法官和亨德森教授毫不吝惜他们的时间，慷慨分享他们掌握的资料。有关能源消耗、环境问题、放松管制和安然时代的重要事实来自美国联邦能源管理委员会、网站 www.washingtonpost.

com、彭博新闻社、《芝加哥论坛报》、《华尔街日报》（2005 年 5 月 25 日，第 A1
版）、网站 www.publiccitizen.org/print_article.cfm?ID=4180、《金融时报》、网站
www.nytimes.com、*Inside Exelon*、爱迪生电气协会、美国消费者联盟、美国能源
部 / 能源情报署以及 Sharon Beder 的 *Power Play*：*The Fight to Control the World's
Electricity*（New Press，2003）。我还要感谢詹姆斯·奥康纳在 2004 年 12 月 13
日接受了我的面谈（以及之后的通信）。

特别鸣谢

斯德麦尔制作有限公司（J.J. Sedelmaier Productions，Inc.，网站为 www.jjsedelmaier.com）的 J.J. 斯德麦尔（J.J. Sedelmaier）提供了大量的英萨尔图片，极其慷慨地贡献了自己的时间和资源。约翰·马克森（John Maxson）慷慨大方，乐于助人，让我有机会接触到联邦爱迪生的前负责人和其他人士。乔治·特拉弗斯（George Travers）提供了一些英萨尔的趣闻，还生动地模仿了这位绅士。约翰·霍根（John Hogan）的《有才干的精神》（*A Spirit Capable*）是一部有关联邦爱迪生公司的细致详尽的历史，该公司令人尊敬的前任主席詹姆斯·奥康纳也提供了独特的见解。同时也要感谢爱克斯龙公司的帕姆·斯特罗贝尔（Pam Strobel）、詹妮弗·梅德利（Jennifer Medley）和凯利·萨博（Kellie Szabo）。

位于斯克内克塔迪的通用电气档案也提供了一些有关该公司早期历史的资料。感谢圣玛丽湖大学 / 芒德莱恩神学院的玛丽·奥卡塞克（Mary Ocasek）和芝加哥教区档案馆的朱莉·扎茨格（Julie Satzig）。感谢小约翰·库尼奥（John Cuneo，Jr.）的帮助，他的父亲在1937年买下了英萨尔庄园；库尼奥博物馆和花园（Cuneo Museum and Gardens）的运营总监约翰·拜恩（John Byrne）；还有吉姆·米纳西克（Jim Minarcik），他带我参观了一些和英萨尔相关的地方。感谢塔楼俱乐部（Tower Club）的经理凯特·牛顿（Kate Newton）和股权办公室（Equity Office）的朱莉·诺瓦克（Julie Nowak）花时间带我参观了"英萨尔的王座"。抒情歌剧院的丹尼·纽曼（Danny Newman）和我的朋友丹尼斯·费尔蒂希（Dennis Fertig）也提供了一些关于英萨尔与电影《公民凯恩》之间的联系的背景资料。美国股票（U.S. Equities）的露西·阿尔瓦雷斯（Lucy Alvarez）允许我和芝加哥教育委员会的埃斯特拉·贝尔特伦（Estela Beltran）一起参观爱迪生公司的老会议室和英萨尔的办公室。中西部发电有限责任公司的苏珊·奥利瓦里亚（Susan Olivarria）、约翰·肯尼迪（John Kennedy）、丹·德默（Dan Dammer）及鲍勃·巴拉（Bob Balla），毫不吝惜他们的时间，使我能够参观并研究菲斯克街发电站。

我在芝加哥艺术学院的赖尔森和伯纳姆图书馆找到了很有帮助的背景资料，这些图书馆藏有大量关于芝加哥建筑史的文献。

还有很多人在我的研究中提供了帮助，包括斯蒂夫·巴格（Steve Barg）、蒂姆·吉梅西德（Tim Girmsheid）、J.B.德拉库尔（J.B. Delacour）、琼·戈特沙尔（Joan Gottschall）、劳拉·海登（Laura Heiden）、汤姆·赫雷拉（Tom Herrerra）、约翰·霍茨（John Hotz）、约翰·海茨（John Hides）、克莉丝汀·海茨（Christine Hides）、芭芭拉·马霍尼（Barbara Mahoney）、吉尔·克兰德尔（Jill Crandall）、杰基·哈里斯（Jackie Harris）、乔治·麦克凡特里奇（George McFetridge）、萨拉·谢里克（Sarah Skerik）、约翰·卡洛尔（John Carroll）、乔治·兰尼（George Ranney）、托马斯·盖根

（Thomas Geoghegan）以及利昂·德普雷（Leon Despres）。感谢我在普雷里克罗辛（Prairie Crossing）的耐心邻居们，他们已经听我大言不惭地吹嘘这本书一年多了。

我也很荣幸能与彭博新闻社的众多优秀编辑和记者共事，特别是马特·温克勒（Matt Winkler）、比尔·阿赫恩（Bill Ahearn）以及吉姆·格雷夫（Jim Greiff）。

如果没有我的代理人罗伯特·谢泼德（Robert Shepard）的大力奉献，这一切都不可能实现。谢泼德被无数次地拒绝，无数次地修改出版计划，但编辑们却再三表明："我们不想再出版有关爱迪生的书。"他一直是这本书的顾问和坚定的支持者，是捍卫自己客户和信仰的少有的、勇敢的人。感谢帕尔格雷夫·麦克米伦出版社的编辑艾瑞·斯图尔特（Airie Stuart）出版这部传奇故事。同样感谢梅利莎·诺萨尔（Melissa Nosal）在帕尔格雷夫的支持。

如果没有神明庇佑，任何作家都无法挺过来，感谢我的天使凯思琳·罗斯（Kathleen Rose）、萨拉·弗吉尼亚（Sarah Virginia）和朱莉娅·特蕾莎（Julia Theresa）。

英萨尔相关名胜

　　许多与英萨尔最相关的地方仍然很容易到达。在研究过程中，我参观了所有这些地方，发现英萨尔在他建造的建筑物中并没有被遗忘。伊利诺伊州弗农山的库尼奥博物馆和花园是英萨尔以前的乡村庄园的皇冠之珠，如今由库尼奥家族悉心维护。英萨尔会很高兴地知道，位于霍索恩农场中心的粉色宫殿被一个能源密集型的大开发区和购物中心所包围。这栋房子本身就可以帮助了解一位 1920 年代大亨的生活。虽然英萨尔的财产几乎没有保留在房子里，但是你在任何地方都可以感觉到他的存在。这处庄园的庭院设计得很精致，也是茱莉亚·罗伯茨的电影《我最好的朋友的婚礼》的拍摄地，不过延斯·延森的原始景观设计在几十年前就变了样。这个占地 75 英亩（约 0.3 平方千米）的庄园有一个栽满异域植物的温室，还有一群稀有的白色黇鹿。

　　英萨尔留下来的最著名的建筑位于北瓦克尔大道 20 号，在当地被称为歌剧大楼，是芝加哥抒情歌剧院的所在地，从玛丽亚·卡拉斯（Maria Callas）到鲁契亚诺·帕瓦罗蒂（Luciano Pavarotti）的每一位歌唱家都为它宽敞的舞台增添了光彩。毫无疑问，这栋大楼不仅驻有世界上首屈一指的歌剧公司，还可与有关英萨尔的参考资料相对照。歌剧大楼由办公物业投资公司（Equity Office Properties）拥有和管理，目前塔楼俱乐部（一个私人俱乐部和餐厅，英萨尔为商业伙伴和朋友创立的电力俱乐部）还在那里。然而，英萨尔著名的顶层公寓已经不复存在，几年前就已经被翻新成了办公空间。

英萨尔的电气化城际铁路只有一条仍在运行——从印第安纳州西北部到芝加哥伦道夫街车站的南岸铁路，但是你仍然可以通过网站http://www.northshoreline.com 了解城际交通时代是什么样的。那些想要看到英萨尔时代北岸铁路的老式城际车站的人，可以乘坐芝加哥交通管理局（CTA）的斯科基快轨（Skokie Swift line）前往登普斯特街终点站，这条线可以从芝加哥乘坐 CTA 的捷运红线（Red Line）（在霍华德街换乘）抵达。对阿瑟·格柏（Arthur Gerber）设计的终点站的复原展现了英萨尔在支持电气化城际铁路时对美学细节的重视（当然，星巴克除外）。

对于那些对发电方式很感兴趣的人，中西部发电有限责任公司的菲斯克街发电站值得一去。虽然最初的发电机没有一台在那里——有一台在纽约斯克内克塔迪的通用电气集团——但是你还是可以领略到发电过程是多么令人惊叹，即使在这个时代。

想要找到英萨尔委托建造的北欧都铎式混合风格的建筑，可以顺路参观位于伊利诺伊州利伯蒂维尔市中心的密尔沃基大道和教堂街上的哈里斯银行大楼。这栋建筑由赫尔曼·冯·霍尔斯特（Hermann von Holst）设计，曾属于英萨尔在莱克县的总部，他的公用事业公司和银行都在那里。

一个绝对和英萨尔没什么关系的地方——佛罗里达州迈尔斯堡市

中心的爱迪生-福特庄园建筑群很值得一去。虽然没有证据表明英萨尔去过那里，但你可以去看看爱迪生的实验室和相邻的博物馆，那里保存着数量惊人的爱迪生的发明，并按时间顺序概述了这位发明家的生活和工作。爱迪生和福特住过的两个避寒别墅保存得很好。想要更好地了解爱迪生早年的生活，可以去底特律附近的格林菲尔德村看看，福特在那里保存着门洛帕克实验室的一部分。

索 引

（索引中的页码为原版书页码，即本书页边码）

图书在版编目（CIP）数据

电力商人：塞缪尔·英萨尔、托马斯·爱迪生，以及现代大都市的创立 / (美) 约翰·F.瓦希克著；徐丹译. — 上海：上海教育出版社，2021.6
　　ISBN 978-7-5720-0915-0

　　Ⅰ.①电… Ⅱ.①约…②徐… Ⅲ.①塞缪尔·英萨尔－传记 Ⅳ.①K837.125.38

中国版本图书馆CIP数据核字(2021)第136954号

上海市版权局著作权合同登记号：图字09-2019-393号
THE MERCHANT OF POWER
Text Copyright © 2006 by John F. Wasik
Published by arrangement with St. Martin's Press
Simplified Chinese Translation copyright © 2021
By Shanghai Educational Publishing House Co., Ltd.
All Rights Reserved.

特约策划　周媛媛
责任编辑　林凡凡
封面设计　董茹嘉

Dianli Shangren: Saimiu'er Yingsa'er、Tuomasi Aidisheng，yiji Xiandai Da Dushi de Chuangli
电力商人：塞缪尔·英萨尔、托马斯·爱迪生，以及现代大都市的创立
[美] 约翰·F.瓦希克　著
徐　丹　译

出版发行　上海教育出版社有限公司
官　　网　www.seph.com.cn
地　　址　上海市永福路123号
邮　　编　200031
印　　刷　上海盛通时代印刷有限公司
开　　本　890×1240　1/32　印张 13.5
字　　数　298 千字
版　　次　2021年10月第1版
印　　次　2021年10月第1次印刷
书　　号　ISBN 978-7-5720-0915-0/K·0011
定　　价　65.00 元

如发现质量问题，读者可向本社调换　电话：021-64377165